高等学校交通运输与工程类专业教材建设委员会规划教材

Bridge Vibration
桥梁振动

周智辉　魏　标　邹云峰　郭向荣　编著

人民交通出版社股份有限公司
北　京

内 容 提 要

本书介绍了结构动力学基础理论、桥梁抗风、桥梁抗震及列车-桥梁振动的基本知识，包含了中南大学在桥梁动力学方面的一些原创性成果，例如弹性系统动力学总势能不变值原理与形成系统矩阵的“对号入座”法则及程序实现方法等。

本书可作为土木工程、铁道工程等专业高年级本科学生“桥梁振动”与“结构动力学”等课程的教材或教学参考书，也可供有关教师、研究人员及工程技术人员参考。

Summary of Contents

This book introduces the fundamentals of structural dynamics, wind-resistant design of bridges, seismic design of bridges and train-bridge vibration. It also covers some original contributions presented by Central South University, including the principle of total potential energy with stationary value in elastic system dynamics, and the “set-in-right-position” rule for assembling system matrices and method of computer implementation, etc.

The book can be used as a textbook or supplementary material for the courses of bridge vibration and structural dynamics for undergraduates with a background in Civil, Railway Engineering, etc. It will also be a handy reference for college teachers, researchers and practical engineers.

图书在版编目(CIP)数据

桥梁振动 / 周智辉等编著. — 北京 : 人民交通出版社股份有限公司, 2021.8

ISBN 978-7-114-17431-5

Ⅰ.①桥… Ⅱ.①周… Ⅲ.①桥梁振动—高等学校—教材 Ⅳ.①U443

中国版本图书馆 CIP 数据核字(2021)第 125082 号

高等学校交通运输与工程类专业教材建设委员会规划教材

Qiaoliang Zhendong

书　　名: **桥梁振动**
著 作 者: 周智辉　魏　标　邹云峰　郭向荣
责任编辑: 卢俊丽
责任校对: 席少楠　龙　雪
责任印制: 张　凯
出版发行: 人民交通出版社股份有限公司
地　　址: (100011)北京市朝阳区安定门外外馆斜街 3 号
网　　址: http://www.ccpcl.com.cn
销售电话: (010)59757973
总 经 销: 人民交通出版社股份有限公司发行部
经　　销: 各地新华书店
印　　刷: 北京虎彩文化传播有限公司
开　　本: 787 × 1092　1/16
印　　张: 17.75
字　　数: 432 千
版　　次: 2021 年 8 月　第 1 版
印　　次: 2021 年 8 月　第 1 次印刷
书　　号: ISBN 978-7-114-17431-5
定　　价: 55.00 元

前言
FOREWORD

近20年,我国高速铁路发展迅速,高速铁路对列车运行平稳性与舒适性提出了极高的要求,确保列车平稳舒适运行涉及列车-轨道-桥梁系统振动问题。跨江跨海跨峡谷大桥建设正处于高峰期,极端风环境是桥梁建设必须面临的挑战,抗风设计成为大跨度桥梁建设必须攻克的难题。工程建设遍及全国各地,地震带上修建桥梁不可避免,桥梁抗震性能关系到桥梁全生命周期的安全问题。可见,桥梁振动问题在桥梁建设中日渐突出。掌握桥梁振动的基本知识,对从事工程建设工作大有帮助。

为了适应桥梁工程的发展形势,我校针对土木工程专业高年级本科生已开设“桥梁振动”课程将近20年。经过多次教学大纲的修订调整,形成了“结构动力学基础+桥梁抗风+桥梁抗震+车桥振动”的模块化教学方式,由研究基础厚实的教师进行模块化授课,充分发挥教师的研究专长与特色,教学效果很好。在教学过程中,缺乏相对成熟的教材资料,我们只能从研究生相关课程资料中摘录部分内容用于本课程的教学。经过多年的教学实践与积累,形成了一本有特色的《桥梁振动》讲义,这是我们出版本书的基础。

本教材的主要特点有:

(1)模块化设计:教材内容由4个模块组成,包括结构动力学基础与3个桥梁振动专题(抗风、抗震、车振),方便相关院校采用1+X模式灵活安排教学内容,1代表结构动力学基础,X表示选用桥梁振动专题中1~3项。

(2)科研特色明显:教材部分内容为我校在结构动力学与桥梁振动方面的一些原创性成果,如弹性系统动力学总势能不变值原理、形成系统矩阵的“对号入座”法则及程序实现方法、列车-桥梁气动干扰规律、列车-桥梁系统振动分析理论等。

本书共分为8章,各章基本内容如下:

第1章介绍结构动力学的基本概念。

第2章介绍建立系统运动方程的常用方法与原理,如动力直接平衡法、虚位移原理、弹性系统动力学总势能不变值原理、形成系统矩阵的"对号入座"法则。

第3章为单自由度系统的振动分析,重点讲述单自由度系统在各种外部荷载(简谐荷载、已知基础运动、周期性荷载、冲击荷载以及任意动力荷载)作用下的响应分析方法,并讨论了与特有振动现象相关的物理概念。

第4章为多自由度系统的振动分析,主要讲述离散多自由度系统固有频率与振型的计算方法及其正交性,介绍了多自由度系统动力响应分析的振型叠加法与逐步积分方法(Wilson-θ 法 与 Newmark 法)。

第5章为频率和振型的近似计算,递进式地介绍了计算系统部分振型与频率的瑞利能量法、瑞利-里兹法、矩阵迭代法、子空间迭代法。

第6章为桥梁抗风设计,在阐述近地风特性的基础上,介绍风对桥梁结构的作用,重点讲述颤振、涡振、抖振等几种典型桥梁风致振动的特征及其控制措施。

第7章为桥梁抗震设计方法,主要介绍了地震作用下的桥梁结构反应、抗震验算、控制措施及振动台试验等内容。

第8章为列车-桥梁时变系统振动分析方法,介绍了工程中列车-桥梁振动问题以及影响列车-桥梁振动的主要因素,详细阐述了列车-桥梁系统振动方程的建立及求解方法,并用实例展示了列车-桥梁振动理论在铁路桥梁中的应用。

此外,在书后附上了用MATLAB编写的结构动力学常用计算程序。

全书由中南大学周智辉、魏标、邹云峰、郭向荣4位老师合作编写,具体分工如下:周智辉负责结构动力学基础(第1章至第5章)的编写以及全书统稿工作;邹云峰承担了桥梁抗风设计方法的编写工作(第6章);魏标完成了桥梁抗震设计方法(第7章)的撰写工作;郭向荣贡献了列车-桥梁时变系统振动分析方法(第8章)的内容。另外,硕士研究生杨曼璇、尹巍、谢黎灿、赵晓苗等承担了相关程序编制与文字图表绘制工作。

限于作者水平,错漏之处仍然难免,敬请各位同行朋友批评指正,我们的联系邮箱为 zzhyy@ csu. edu. cn。

本书部分图片选自网络或其他媒体,特此申明,并致谢意！本书的编写与出版得到了中南大学创新创业教育课程建设项目与中南大学本科教材建设项目资助,同时得到了人民交通出版社股份有限公司领导、李喆与卢俊丽编辑的大力支持,在此表示衷心的感谢。

作　者

2020 年 10 月

目录
CONTENTS

第1章

结构振动概述

1.1 结构振动分析的目的

1847年英国切斯特(Chester)铁路桥在列车通过时由于剧烈振动而垮塌,工程界首次提出了列车-桥梁系统振动分析问题。1940年11月美国塔科马(Tacoma)悬索桥在18m/s左右的大风中动力失稳而破坏,桥梁工程界深为震惊。1957年武汉长江大桥通车典礼,公路桥面上人山人海、桥梁摇晃,晃动持续到晚上人群散去为止。1966年四川渡口两座钢拱桥由于大量群众集会而出现晃动,使该桥限制运营。2001年,上海铁路局发现南京长江大桥128m下承式简支钢桁梁在提速货物列车通过时,晃动较大,横向振幅超过9mm,担心该梁横向刚度不能满足列车安全运行要求,对桥上列车走行安全性与舒适性进行了评估。

最近几十年,全球处于地震高发期,如1960年智利地震、1976年中国唐山地震、1985年墨西哥地震、1995年日本阪神地震、2001年印度地震以及2008年中国汶川地震,给所在国家经济建设和人们生命财产安全造成了严重破坏。为了减少或避免地震对工程结构物的破坏,必须对一些重点建设项目和地震高设防地区的结构物进行抗震设计。

飞机机翼的颤振、发动机的异常振动,曾多次造成飞机事故。在机械工程中,振动影响精密仪器、设备的功能,降低机械加工的精度和光洁度,加剧机械部件的疲劳和磨损。振动也有有利的一面,各种发生器、钟表及一些生产设备,如振动传输机、振动筛选机、振动研磨机、振动打桩机等,都利用机械振动的有利特点。

研究结构振动的目的在于,了解结构振动的机理和规律,以便控制振动危害,或发挥其有益的作用。例如,在机械中设法消除或隔离有害振动,在桥梁中防止动力失稳和危害正常使用的振动,利用筑路机械振动压实路面等。就本书而言,介绍结构动力学基础理论(前5章)是为了给后续的桥梁振动专题(桥梁抗风、桥梁抗震与列车-桥梁系统振动)提供必要的动力学基础。

1.2 结构动力问题的特点

动力问题在以下几个方面有别于静力问题:第一,动力问题具有随时间变化的性质。由于作用在结构上的荷载和结构的响应随时间变化,动力问题不像静力问题那样具有不随时间变化的单一解,针对感兴趣时间范围需要求解一系列的解。因此,动力分析要比静力分析更复杂且更耗时。第二,在动力问题中加速度起着很大作用。加速度引起与之反向的所谓“惯性力”作用在结构上。例如,如图1-2-1a)所示的悬臂梁在动力荷载 $F(t)$ 作用下发生振动时,梁中弯矩、剪力不仅要平衡外荷载 $F(t)$,而且要平衡振动中梁的加速度所引起的“惯性力”。若悬臂梁所承受的是静力荷载 F,如图1-2-1b)所示,则其弯矩、剪力及挠度直接依赖于给定的静力荷载 F。一般来说,在结构内部弹性力所平衡的全部荷载中,如果“惯性力”所占比例较大,就必须考虑问题的动力特性;反之,若荷载随时间变化十分缓慢,从而结构的振动也缓慢到致使“惯性力”小到可以忽略不计的程度,即使荷载和响应可能随时间而变化,对任何瞬时的分析,仍可用静力分析方法来解决。如果荷载作用频率不超过结构最低固有频率的1/3,可以将其视为静力学问题处理(根据图3-2-3可更好地理解此概念)。第三,阻尼也是动力问题中需要考虑的重要因素。所有的结构在振动时都要消耗能量。当仅考察结构的固有特性,或只研究结构在较小时段内的动力响应时(如冲击荷载作用),一般可以采用无阻尼分析。然而当阻尼很大,或阻尼虽小但振动持续时间较长,或研究在共振区的振动形态时,就必须考虑阻尼对结构振动的影响。

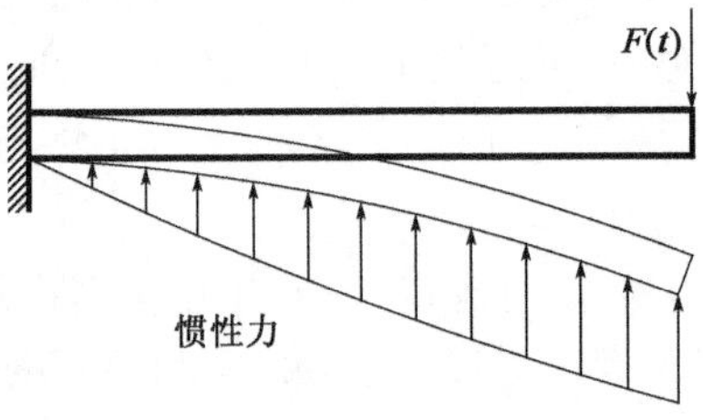

a)动力荷载

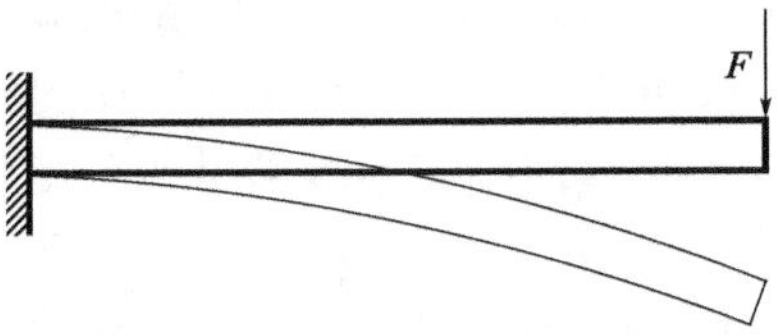

b)静力荷载

图1-2-1 悬臂梁受动力与静力荷载作用

1.3 振 动 分 类

(1)按系统响应是否确定分为确定性振动与随机振动。

①确定性振动:荷载与系统都是确定的,系统响应可以用一个确定的函数或者若干离散的值来描述。

②随机振动:荷载或系统是不确定的,系统响应是随机的,但服从一定的统计规律,可用概率统计的方法进行分析。飞行器在大气中飞行时由于气动噪声引起的振动、列车在不平顺轨面运行导致的列车-轨道-桥梁系统振动等都是随机振动。

(2)按激扰因素的类型,分为自由振动、强迫振动、自激振动和参数激振。

①自由振动:外部扰动导致系统偏离初始平衡位置或系统具备初始速度,扰动迅速撤除后系统发生的振动,称为自由振动。

②强迫振动:系统在持续外界激扰下发生的振动,分为与振动初始条件相关的瞬态振动和具有与激扰相同频率的稳态振动。由于阻尼作用,瞬态振动快速衰减,故强迫振动又称为稳态振动。

③自激振动:由系统自身运动引发和控制的振动称作自激振动。分析自激振动时,首先要确定系统的组成部分,此外还要弄清楚各部分相互作用和系统能量输入与消耗的过程。系统做自激振动时,以系统某一部分的周期振动从外界获取能量,其激振力是系统本身运动的位移、速度和加速度的函数。在自然界、工程技术中,乃至在人们的日常生活中,自激振动无处不在,例如发动机的活塞运动、钟表运动、美国塔科马(Tacoma)桥风致振动(相关内容见第6章)以及微风中的树叶振动等。仔细观察树叶在风力作用下的摆动过程可知:当微风吹向迎风而立的树叶时,风对叶片的推动使枝条弯曲,改变了叶片的迎风角度;一部分气流沿叶片滑过,减弱了风对叶片的正压力;于是枝条的弹性恢复力使叶片回归原处;如此重复,表现为树叶的顺风摆动现象。归纳上述过程可知:作为恒定能源的风并非周期变化,但它对叶片的作用力是周期变化的。变化的原因在于叶片自身的运动控制了风对叶片的作用。也就是说,叶片的运动成为风力能源的控制阀。这种类型的振动称为自激振动。

④参数激振:外力作用使系统的参数按一定规律变化,由于改变系统参数而产生的振动。做周期性变化的单摆运动是参数激振的一个简单例子[图1-3-1a)],考虑单摆微振动,其运动方程为 $\ddot{\varphi}+2(\dot{l}/l)\dot{\varphi}+(g/l)\varphi=0$,推导过程见例2-5-1,可见外力作用使系统参数随摆长 l 按一定规律变化,在系统运动方程中外力并不体现在荷载项。另一例子是受周期变化轴向压力作用下直杆发生振幅逐渐增大的横向振动[图1-3-1b)]。周期性变化的轴向力导致横向弯曲振动方程中的参数发生周期性改变(具体方程见文献[1]第17章),从而导致直杆横向弯曲振动。当作用力频率 $\overline{\omega}$ 与压杆横向振动固有频率 ω 满足一定关系,即 $\overline{\omega}=2\omega/K(K=1,2,\cdots)$ 时,压杆横向振幅越来越大[图1-3-1c)],以致丧失稳定性,这就是杆件轴线方向激扰力周期性变化激起杆件横向"共振"现象。

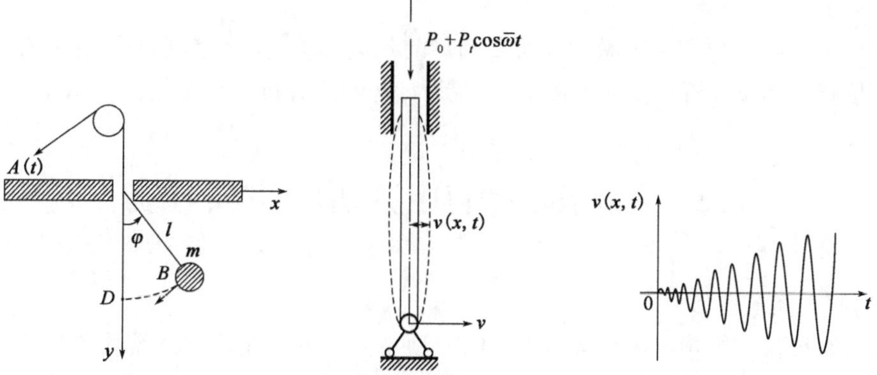

a)变化摆长的单摆运动　b)直杆横向振动失稳　c)参数共振响应曲线

图1-3-1　参数激振实例与响应特性

(3)按描述系统振动的微分方程是否为线性,分为线性振动和非线性振动。

①线性振动:系统的惯性力、阻尼力、弹性恢复力分别与加速度、速度及位移呈线性关系,能够用线性微分方程表示的振动。此时微分方程中只出现加速度、速度及位移参量的一次项,而不出现它们的高次项。本书主要讨论线性振动问题。

②非线性振动:系统的惯性力、阻尼力、弹性恢复力具有非线性特性,只能用非线性微分方程表示的振动。例如,地震引起的结构破坏性倒塌、强风作用下柔性结构的大幅振动均属于非线性振动。

1.4　工程振动分析的几类问题

在振动研究中,通常把所研究的对象(如工程结构物)称为振动系统,一般用质量特性 M、刚度特性 K 以及阻尼特性 C 表述振动系统;把外界对系统的作用或引起系统运动的因素称为激励或输入;在激励作用下系统产生的动态行为称为响应(反应)或输出,如结构加速度、速度以及位移等。激励与响应由系统的振动特性(质量特性 M、阻尼特性 C、刚度特性 K)联系,如图 1-4-1 所示。

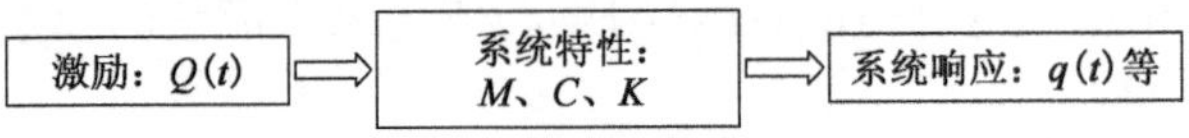

图 1-4-1　描述系统振动的三要素

振动分析就是研究系统、激励与响应之间的关系。从理论上讲,只要知道两者就可以确定第三者。这样工程振动分析所要解决的问题可以分为以下几类:

(1)响应分析:已知系统特性和激励,求系统响应。响应分析为分析结构强度、刚度和评估系统振动状态等提供依据。本书重点讲述响应分析问题。

(2)环境预测:在系统特性与系统响应已知的情况下,反推系统输入特性,以判别系统的环境特征。

(3)系统识别:在外部激励与系统响应均为已知的情况下,求系统参数,以便了解振动系统的特性。系统识别包括物理参数(质量、刚度、阻尼等)和模态参数(固有频率与振型等)识别。

(4)系统设计:已知系统激励和所要满足的响应要求,设计合理的系统参数。通常系统设计依赖于响应分析。实际工作中,系统设计与响应分析是交替进行的。

1.5　结构动力响应分析的主要任务

(1)描述系统位形

求解系统位移等响应是结构动力学的一项重要任务。而建立系统所受惯性力、阻尼力、弹性力以及外荷载之间的动力平衡方程(即系统运动方程)是求解系统响应的前提。系统所受惯性力、阻尼力、弹性力甚至外荷载与系统各点的位移、速度、加速度以及系统自身属性直接相关。为此,需要描述任意时刻结构振动位形(位置与形状)。实际结构一般都是连续系统,描述其振动位形理论上需要无限个位移参量。例如,精确地描述简支梁在竖平面的振动需要获取沿梁长度方向连续分布质点的位置坐标 v_k($k=1,2,\cdots$),如图 1-5-1a)所示。这在实际振动分析中非常困难,也无十分必要。作为满足工程精度要求的结构振动近似分析,可将梁划分为有限个单元,单元的振动位形由其节点位移来描述,如图 1-5-1b)所示。选取合适的振动坐标描述结构振动位形实质是结构动力学计算模型的抽象,关系到计算工作的简繁和计算结果的精度,是结构振动分析非常重要的第一步。

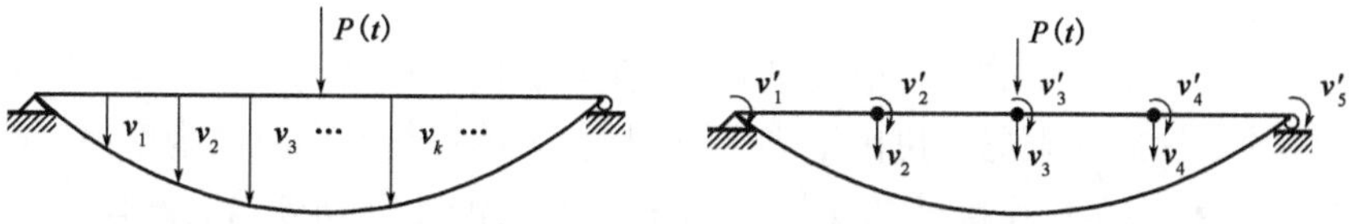

a)精确描述简支梁位形　　b)用有限元法近似描述简支梁位形

图 1-5-1　梁的振动位形描述

(2)确定激振源

引起结构振动的各种因素统称为激振源,实际结构振动的激振源很复杂且受随机因素支配。例如,列车对桥梁的动力作用就是很复杂的激扰,它包括轮对蛇行引起的轮轨接触力、车辆惯性偏载、轨道表面空间不平顺产生的附加力等。这些激扰一般难以用确定性的数学式定量描述,但满足一定统计规律性。地震对结构的动力输入用地震时记录的地震动加速度波表示,但不同地区相同级别的地震加速度波不能用统一的数学式表示,具有随机性。同样,风对建筑物的作用也是随机的。上述动力作用统称为随机荷载。

实际工程中也存在特殊的振动激励,尽管任意时刻的振动幅值随机变化,但这些变化均是围绕某一确定性均值发生微小波动,这类激励用随时间按确定性规律变化的函数来表述已具有足够的精度。例如,匀速转动的转子偏心引起的谐振激扰。

根据激扰作用能否用确定性数学方法描述,结构振动激励分为两大类:

①随机性动力荷载。荷载随时间的变化规律不能精确表述,每次试验均得出差异较大的荷载量值,但可由概率论描述量值的统计规律特征。

②确定性动力荷载。荷载随时间的变化完全清楚,通过不同次试验能得出基本相同(考虑试验记录误差)的荷载值。其典型形式如图 1-5-2 所示。

确定性动力荷载包括周期性荷载与非周期性荷载。其中,周期性荷载可分为简谐荷载[图 1-5-2a)]与复杂周期荷载[图 1-5-2b)];非周期性荷载可分为持续时间极短的冲击荷载[如冲击波或爆炸波,见图 1-5-2c)]和具有一定持续时间的荷载[如实测地震激励,见图 1-5-2d),确定性振动分析时将它视为确定性荷载]。

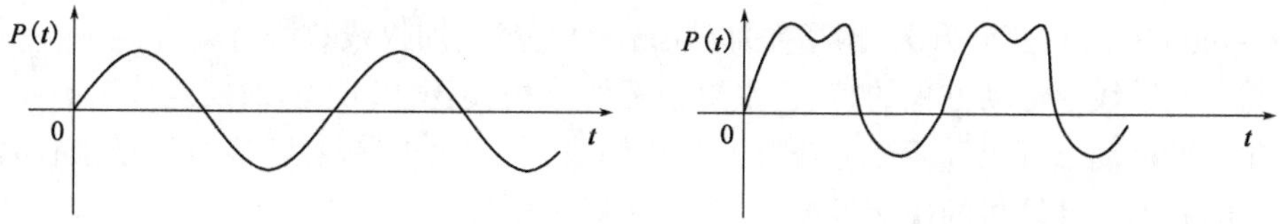

a)简谐荷载　　b)复杂周期荷载

图　1-5-2

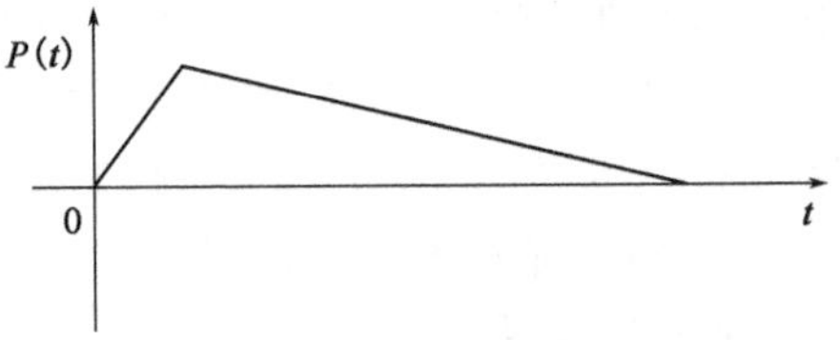

c)冲击荷载

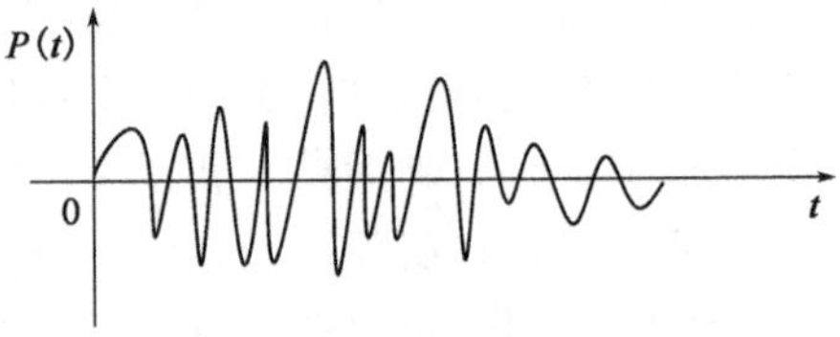

d)任意非周期性荷载

图 1-5-2 典型确定性振动激扰时程

(3)构建阻尼力模型

结构振动过程中出现的机械能耗散机制(阻尼)很复杂,至今未完全弄清楚。与能量耗散相对应的结构振动阻尼力可由下列因素引起:固体材料变形时的内摩擦、结构连接部位的摩擦(如钢结构螺栓连接处的摩擦)、混凝土裂纹的张开与闭合、结构构件与非结构构件之间的摩擦(如梁与支座的摩擦)、结构周围外部介质引起的阻尼(如空气、流体的影响)等。确切了解阻尼对结构振动的影响,需要先建立阻尼力的数学表达式。因为有许多机理在结构中起作用,所以准确模拟阻尼通常很困难。不过,如果只有一种形式的阻尼占优势,就有可能找到一种较合理的模型。如黏滞阻尼力大小与速度成正比,即 $F_d = c\dot{v}$,其方向与速度方向相反,这部分内容将在 3.7 节中详细介绍。

(4)建立系统运动方程

结构动力学的一项重要任务是计算给定动荷载作用下已知结构的位移-时间历程等响应。在大多数情况下,应用仅包含有限自由度数目的近似分析方法(如有限元法)就足够精确了。这样问题转化为求出这些选定位移参量的时间历程。描述动力位移的数学表达式称为系统运动方程(在引入惯性力概念之后也称为动力平衡方程,有时也称为振动方程)。而求解这些方程可得到所需的位移-时间历程等响应。多自由度结构振动规律可用以下运动方程来描述:

$$\boldsymbol{M}\ddot{\boldsymbol{q}} + \boldsymbol{C}\dot{\boldsymbol{q}} + \boldsymbol{K}\boldsymbol{q} = \boldsymbol{Q} \tag{1-5-1}$$

式中,$\boldsymbol{q}$ 为广义坐标(位移)向量;$\dot{\boldsymbol{q}}$为广义速度向量;$\ddot{\boldsymbol{q}}$ 为广义加速度向量;$\boldsymbol{M}$ 为质量矩阵;$\boldsymbol{C}$ 为阻尼矩阵;$\boldsymbol{K}$ 为刚度矩阵;$\boldsymbol{Q}$ 为与外荷载对应的广义力向量。

对于连续系统,其运动方程为偏微分方程的形式,在例 2-5-3 中有简单介绍。因为只有简单连续系统的动力响应可以通过求解偏微分运动方程得到,故关于此类方程的求解本书未作详细叙述,可参阅文献[1-2]等。

(5)求解运动方程

线性运动方程求解方法比较成熟,可分成以下两大类:

①常系数线性运动方程的解法:主要包括经典方法——数值积分法(如 Euler 方法、Runge-Kutta 方法)、变分方法、振型叠加法、逐步积分法、加权残数法。

②变系数线性运动方程的解法:主要包括变分法、逐步积分法、加权残数法。

非线性运动方程求解至今无普遍的分析解法,一般用小参数法、变分法及加权残数法求解。随着电子计算机的快速发展,较多采用逐步积分法。

(6)测试振动响应及相关参数

振动测试主要目的是检验理论分析结果的正确性、修正理论分析模型和测定理论分析中需要的参数和资料,例如结构各阶固有频率、振型、阻尼系数以及作为动力输入的地震加速度资料等都是振动测试内容,它们是结构振动分析的基础。

思考题与习题

1.1　结构动力与静力分析的主要区别有哪些?

1.2　确定性动力荷载与随机性动力荷载的主要区别是什么?如何用数学方式表达这两类动力荷载?

1.3　简述工程振动分析中常见的几类问题以及它们之间的关系。

第2章

系统运动方程的建立

建立系统运动方程的前提条件是选择合适的位移参量描述系统的振动位形。对于受约束的系统,描述其振动位形必然涉及约束概念。为此,本章首先介绍约束的类型及对应的约束方程,以及用广义坐标法(包括其特殊形式——有限元法)描述系统位形的基本思想。建立系统运动方程的原理与方法主要包括:①动力直接平衡法;②虚位移原理;③拉格朗日方程;④哈密尔顿原理;⑤弹性系统动力学总势能不变值原理以及形成系统矩阵的"对号入座"法则❶。本章重点介绍①、②、⑤这3种原理与方法。基于本章方法,可建立系统运动方程,而求解方程的解(即系统响应)将在第3章、第4章展开。

2.1 系统的约束

讨论系统振动时选取地球作为参照系,取固结于地球的笛卡尔坐标系(图2-1-1),该坐标系称为基础坐标系。O表示坐标系原点。桥梁、房屋等都固结在地球上,不能自由运动,只能做满足外部约束条件的运动。这种系统称为约束质点系,或称为非自由质点系。天空中的飞机、飞鸟等能相对于地球(即基础坐标系)沿各方向自由运动,称为自由质点系。其中每个质点在满足系统内部约束的条件下,都可以相对于基础坐标系在各方向自由运动。

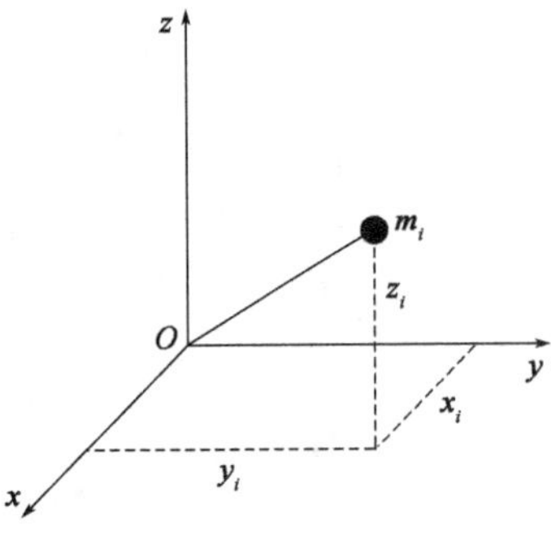

图2-1-1 基础坐标系下质点位置描述

对质点的位置和速度所施加的几何学或运动学的限制称为约束,通过约束方程表示。例如结构边界条件就是一类约束方程。下面简要介绍常见的约束分类。

(1)根据约束方程所涉及的状态变量分为几何约束和运动约束。

几何约束:只限制系统质点的位置。例如图2-1-2中质点m的位置坐标(x,y,z)必须

---

❶此原理与此法则由曾庆元院士提出,可以方便地建立具有复杂动力作用的系统有限元方程,已成功解决列车-轨道-桥梁等复杂系统振动方程的建立问题。

满足方程

$$x^2 + y^2 + z^2 = l^2 \tag{2-1-1}$$

式(2-1-1)称为约束方程,l 为刚杆的长度。故描述质点 m 在 t 时刻的空间位置坐标 x、y、z 中只有两个坐标是相互独立的。

运动约束:不仅限制质点位置,还限制质点的运动速度。例如图 2-1-3 所示圆柱筒沿水平地面 x 方向运动,其质心 C 的位置必须满足

$$z_C = R \tag{2-1-2}$$

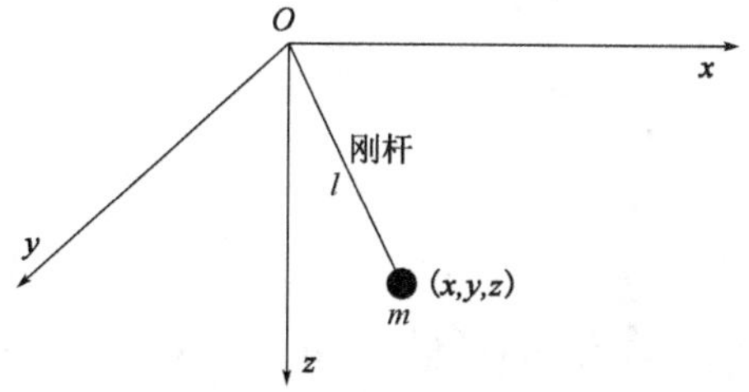

图 2-1-2 受刚杆约束的空间质点

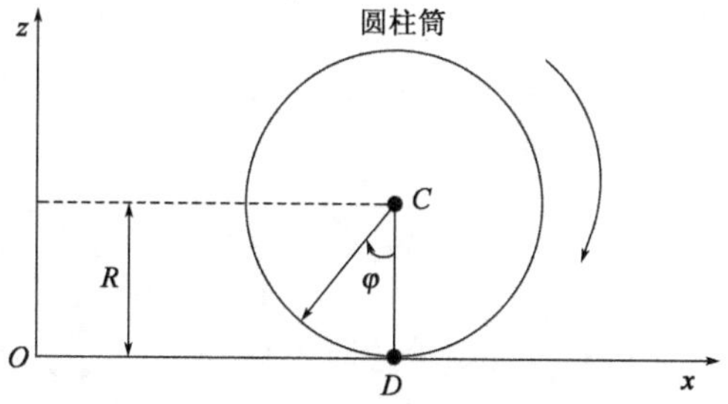

图 2-1-3 圆柱筒水平滚动

式(2-1-2)为几何约束方程。若只能滚动,不能滑动,则滚筒与地面接触点 D 的速度为零,即

$$\dot{x}_C - R\dot{\varphi} = 0 \tag{2-1-3}$$

此为运动约束方程。经过积分,可得 $x_C = R\varphi + c$(c 为积分常数),运动约束变为几何约束。但是,有些运动约束方程不能积分为几何约束方程。如图 2-1-4 所示,冰刀在冰面上的运动可以简化为杆 AB 在一平面上的运动,而质心 C 的速度 v_C 始终沿 AB 的方向,它在 x 和 y 方向上的两个速度分量 $\dot{x}_C$、$\dot{y}_C$ 应满足关系式

$$\frac{\dot{y}_C}{\dot{x}_C} = \tan\theta \text{ 或 } \dot{x}_C\sin\theta - \dot{y}_C\cos\theta = 0$$

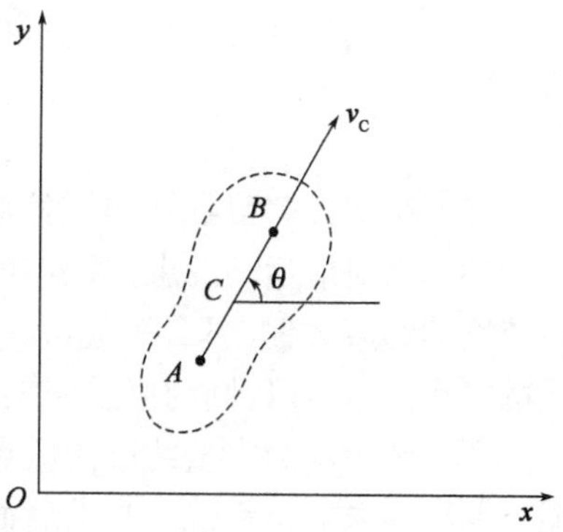

图 2-1-4 冰刀面内运动

上式是一个运动约束方程,由于杆 AB 和 x 轴夹角 θ 随着系统运动而不断变化,故上式是一个不可积分的运动约束方程。如何判别运动约束方程是否可积分,可参考文献[12]。

(2)根据约束方程是否显含时间变量分为稳定(定常)约束和非稳定(非定常)约束。

稳定约束:约束方程不显含时间变量 t。式(2-1-1) ~ 式(2-1-3)表示的约束均为稳定约束。

设力学系统由 l 个质点组成,稳定约束方程一般表达式为

$$f_c(\boldsymbol{r}_1, \cdots, \boldsymbol{r}_l, \dot{\boldsymbol{r}}_1, \cdots, \dot{\boldsymbol{r}}_l) = 0$$

或

$$f_c(x_1, y_1, z_1, \cdots, x_l, y_l, z_l, \dot{x}_1, \dot{y}_1, \dot{z}_1, \cdots, \dot{x}_l, \dot{y}_l, \dot{z}_l) = 0 \tag{2-1-4}$$

式中,$\boldsymbol{r}_k$ 为第 k 个质点的位置矢量,$k = 1, 2, \cdots, l$;$\dot{\boldsymbol{r}}_k$ 为第 k 个质点的速度矢量,$k = 1$,

$2,\cdots,l$；(x_k,y_k,z_k)为基础坐标系下的第 k 个质点的坐标分量，$k=1,2,\cdots,l$；$(\dot{x}_k,\dot{y}_k,\dot{z}_k)$为基础坐标系下的第 k 个质点的速度分量，$k=1,2,\cdots,l$。

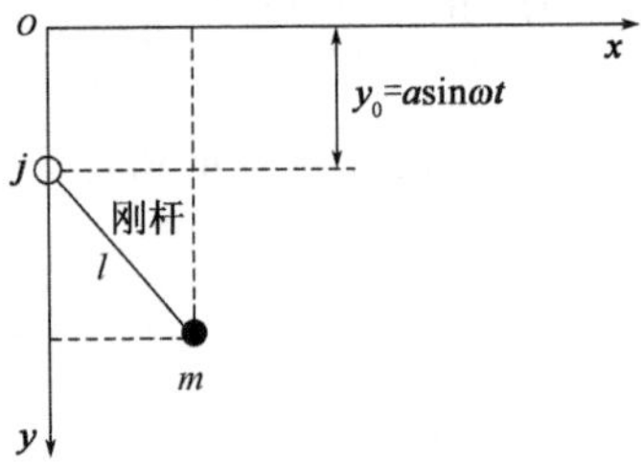

图 2-1-5　悬挂点作垂向运动的单摆

非稳定约束：约束方程显含时间变量 t。例如图 2-1-5 所示平面摆的悬挂点 j 按 $y_0=a\sin\omega t$ 正弦模式沿铅垂方向上下运动，质点 m 的约束方程为

$$x^2+(y-a\sin\omega t)^2=l^2 \tag{2-1-5}$$

式(2-1-5)为非稳定约束方程。非稳定约束的一般表达式为

$$f_c(\boldsymbol{r}_1,\cdots,\boldsymbol{r}_l,\dot{\boldsymbol{r}}_1,\cdots,\dot{\boldsymbol{r}}_l,t)=0$$

或

$$f_c(x_1,y_1,z_1,\cdots,x_l,y_l,z_l,\dot{x}_1,\dot{y}_1,\dot{z}_1,\cdots,\dot{x}_l,\dot{y}_l,\dot{z}_l,t)=0 \tag{2-1-6}$$

(3)根据约束方程是否显含质点速度项分为完整约束和非完整约束。

完整约束：几何约束和可积分的运动约束称为完整约束，其约束方程不包含坐标对时间的导数(速度分量)。其一般表示式为

$$f_c(\boldsymbol{r}_1,\cdots,\boldsymbol{r}_l,t)=0\text{ 或 }f_c(x_1,y_1,z_1,\cdots,x_l,y_l,z_l,t)=0 \tag{2-1-7}$$

非完整约束：不可积分的运动约束称为非完整约束，其约束方程包含坐标对时间 t 的导数。其一般表示式为

$$f_c(\boldsymbol{r}_1,\cdots,\boldsymbol{r}_l,\dot{\boldsymbol{r}}_1,\cdots,\dot{\boldsymbol{r}}_l,t)=0$$

或

$$f_c(x_1,y_1,z_1,\cdots,x_l,y_l,z_l,\dot{x}_1,\dot{y}_1,\dot{z}_1,\cdots,\dot{x}_l,\dot{y}_l,\dot{z}_l,t)=0 \tag{2-1-8}$$

如前所述，图 2-1-3 所示圆柱筒水平滚动的约束均为完整约束。图 2-1-4 所示冰面上运动的冰刀对应运动约束方程不可积分，属于非完整约束。因此，如果给定了一个含有质点速度的约束方程，那么就应当研究是否可以通过该方程对时间的积分得到式(2-1-7)形式的方程。若可以，则约束是完整的；反之，就是非完整约束。

所有约束均为完整约束的质点系称为完整系统，存在一个或一个以上非完整约束的质点系称为非完整系统。本书后面各章节主要针对完整系统展开论述，关于非完整系统的详细内容见文献[12]。

2.2　系统振动位形的描述

能唯一确定系统位形的独立参量称为广义坐标。对于完整系统，系统广义坐标数即为自由度数，简称自由度，用 n 来表示；对于非完整系统，两者并不相等，详见文献[12]。一个自由质点在空间的位置，需用 3 个独立坐标来确定。由 l 个质点(以后凡不另说明均设为 l 个质点)组成的自由质点系，则需要有 $3l$ 个独立坐标才能完全确定系统位形。对于非自由系统来说，由于受到一些约束的限制，系统中各质点的位置坐标要满足一定的约束条件而不是完全独立的。

设一非自由完整系统，受有 s 个完整约束，则 $3l$ 个坐标需满足 s 个约束方程，只有 $3l-s$ 个坐标是独立的，而其余 s 个坐标则是这些独立坐标的给定函数。这样，要确定系统的位形只需要 $3l-s$ 个独立坐标就足够了，即 $n=3l-s$。

例如，一个自由质点在空间有3个自由度。若将它约束在一个平面上，则有2个自由度。假如此质点再用一根刚杆与平面上某一固定点相连，则此质点只有1个自由度。又如，双锤摆（图2-2-1）在铅垂面内摆动，则摆锤 m_1 和 m_2 的4个坐标 x_1、x_2、y_1、y_2 要满足以下两个几何约束方程：

$$x_1^2+y_1^2=l_1^2;(x_2-x_1)^2+(y_2-y_1)^2=l_2^2$$

因此，只有两个坐标是独立的，此系统只有两个自由度。

一般情况下，用直角坐标表示其独立坐标并不总是很方便，有时还会破坏独立坐标的唯一性。例如，图2-2-1所示的双锤摆选取 x_1、x_2（或 y_1、y_2）作为独立坐标，则对应于这组坐标各有上、下（或左、右）两个不同的可能位置。显然以它们为独立坐标是不适宜了。如选用 φ_1 和 φ_2 为独立坐标，则很方便且唯一地确定质点系的位形。各质点的直角坐标可表示为 φ_1 与 φ_2 的单值、连续函数。

对于同一系统，广义坐标可能有多种选择。例如，考虑梁在铅垂面内振动，见图2-2-2，根据简支梁的边界约束条件，梁的振动位形可用傅立叶级数展开为

$$v(x,t)=\sum_{i=1}^{\infty}a_i(t)\sin\frac{i\pi x}{L} \tag{2-2-1}$$

式中，$\sin(i\pi x/L)$ 为形函数，L 为梁的跨度，它是满足边界条件的给定函数；$a_i(t)$ 为广义坐标，是一组待定参数，对动力问题而言，它是时间的函数。这样，简支梁的振动位形由无限多个广义坐标 $a_i(t)(i=1,2,\cdots,\infty)$ 所确定，系统自由度为无限多个。与数学分析中的处理方法相同，在实际分析中仅取级数的前面若干项，例如取 n 项，可近似表达系统的振动位形，即

$$v(x,t)\doteq\sum_{i=1}^{n}a_i(t)\sin\frac{i\pi x}{L} \tag{2-2-2}$$

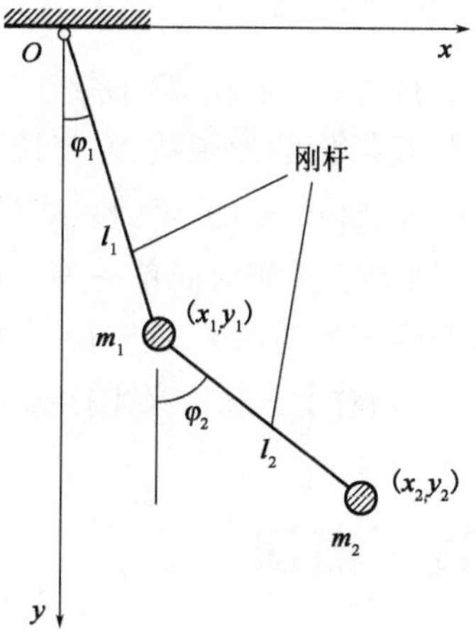

图2-2-1　双摆面内运动

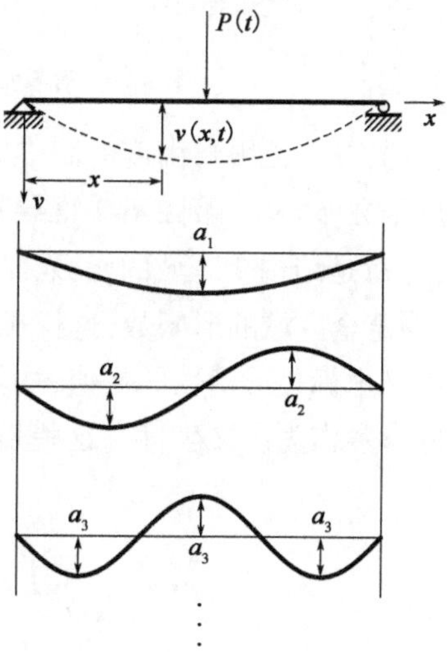

图2-2-2　简支梁竖向振动位形描述

这样,无限自由度的简支梁被简化为有限自由度的系统。广义坐标表示形函数的大小,若形函数是位移量,则广义坐标具有位移的量纲。然而,广义坐标往往并不是真实的物理量,只有 n 项叠加后才是真实的位移物理量。这种表述系统位形的方法称为广义坐标法。

另外,有限元法作为广义坐标法的特殊形式,在结构分析中应用非常普遍。上述一般广义坐标法中广义坐标是形函数的幅值,往往没有明确的物理意义,而且形函数是针对整个结构定义的,对于复杂结构找到合适的形函数组比较困难。而有限元法采用具有明确物理意义的参数作为广义坐标,形函数可以用分片区域的函数间接表达得到,确定其表达式相对简单一些。以图 2-2-3a)所示简支梁为例作简要说明。

将简支梁划分为 3 个单元,包含 4 个节点,取节点竖向位移 v 与转角 v'[$v'=\partial v/\partial x$,如图 2-2-3a)所示]为广义坐标。考虑到节点 1、4 处的位移边界条件,该有限元模型共有 6 个广义坐标(位移参数):v_1'、v_2、v_2'、v_3、v_3'、v_4'。每个节点位移参数只在节点相邻单元内引起位移,图 2-2-3b)、c)、d)分别给出了与节点位移 v_1',v_2,v_2'相对应的形函数 $\varphi_1(x)$、$\varphi_2(x)$、$\varphi_3(x)$,其他与之类似。参照式(2-2-2),简支梁的振动位形可用 6 个广义坐标及其形函数表述如下

$$v(x,t)=v_1'\varphi_1(x)+v_2\varphi_2(x)+v_2'\varphi_3(x)+v_3\varphi_4(x)+v_3'\varphi_5(x)+v_4'\varphi_6(x)$$

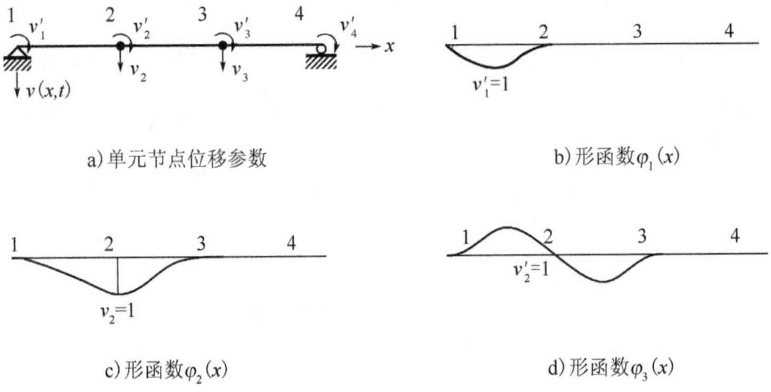

a)单元节点位移参数　b)形函数$\varphi_1(x)$

c)形函数$\varphi_2(x)$　d)形函数$\varphi_3(x)$

图 2-2-3　有限元法简支梁离散化示意图

通过这样的方法,无限自由度的简支梁转化为具有 6 个自由度的系统。

这里的形函数 $\varphi_i(x)$与例 2-6-2 推导的单元位移插值的形函数 N_i 密切相关,但不能完全对等。$\varphi_i(x)$是结构全区域的函数,N_i 是分片区域(单元)的函数。通过分片区域形函数 N_i 可以确定全区域的形函数,这样确定形函数表达式相对简单一些。同时,一般广义坐标法中广义坐标是形函数的幅值,往往没有明确的物理意义,而有限元法采用具有明确物理意义的参数作为广义坐标。这些是有限元法相对于一般广义坐标法的优点。

2.3　动力直接平衡法

惯性是物体保持原有运动状态的能力。惯性的作用表现在,当物体运动状态改变时,

惯性将反抗运动状态的改变,提供一种反抗物体运动状态改变的力,这种力称为惯性力,用f_I表示。惯性力的大小等于物体质量与加速度的乘积,方向与加速度方向相反。

一般将质点系所受的力分为主动力、约束反力和惯性力,其中主动力与约束反力的划分并不是绝对严格的,可以根据分析问题的需要有不同的理解与归类方式,如支座反力可以视为约束反力,还可归为主动力。质点系的达朗贝尔原理表述为:在质点系运动的任意瞬时,若除了实际作用于每一质点的主动力和约束反力外,再加上假想的惯性力,则在该瞬时质点系将处于假想的平衡状态,称之为动力平衡状态。

由l个质点组成约束质点系,$\boldsymbol{F}_k$、$\boldsymbol{f}_{Ik}$、$\boldsymbol{R}_k$分别为质点m_k所受的主动力、惯性力和约束反力,则达朗贝尔原理可表示为

$$\boldsymbol{F}_k + \boldsymbol{R}_k + \boldsymbol{f}_{Ik} = \boldsymbol{0} \qquad (k = 1,2,\cdots,l) \tag{2-3-1}$$

通常主动力$\boldsymbol{F}_k$包括外荷载$\boldsymbol{P}(t)$、阻尼力$\boldsymbol{f}_D$和弹性恢复力$\boldsymbol{f}_S$,运动方程(2-3-1)也称为动力平衡方程。

[**例 2-3-1**] 图 2-3-1 所示为两质点动力系统,列出该系统的运动方程。

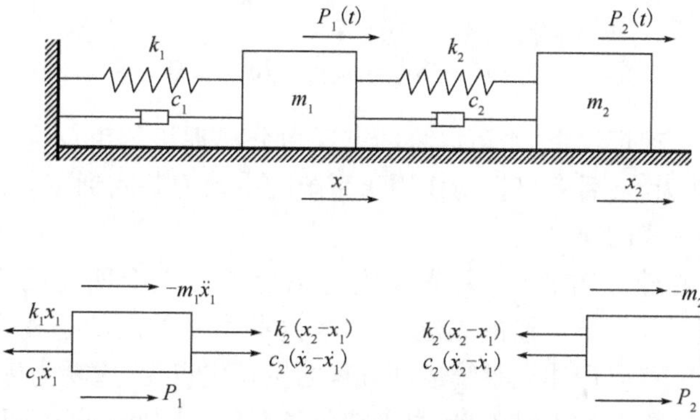

图 2-3-1 两质点动力系统模型示意图

解:设质点m_1与m_2相对于地面的水平位移x_1与x_2为系统的广义坐标。

质点m_1上所受的主动力为$F_1 = P_1 + k_2(x_2 - x_1) + c_2(\dot{x}_2 - \dot{x}_1) - k_1x_1 - c_1\dot{x}_1$,惯性力为$f_{I1} = -m_1\ddot{x}_1$,以向右为正。

质点m_2上所受的主动力为$F_2 = P_2 - k_2(x_2 - x_1) - c_2(\dot{x}_2 - \dot{x}_1)$,惯性力为$f_{I2} = -m_2\ddot{x}_2$。代入动力平衡方程得

$$P_1 + k_2(x_2 - x_1) + c_2(\dot{x}_2 - \dot{x}_1) - k_1x_1 - c_1\dot{x}_1 - m_1\ddot{x}_1 = 0$$

$$P_2 - k_2(x_2 - x_1) - c_2(\dot{x}_2 - \dot{x}_1) - m_2\ddot{x}_2 = 0$$

整理后写成矩阵形式

$$\begin{bmatrix} m_1 & 0 \\ 0 & m_2 \end{bmatrix}\begin{Bmatrix} \ddot{x}_1 \\ \ddot{x}_2 \end{Bmatrix} + \begin{bmatrix} c_1 + c_2 & -c_2 \\ -c_2 & c_2 \end{bmatrix}\begin{Bmatrix} \dot{x}_1 \\ \dot{x}_2 \end{Bmatrix} + \begin{bmatrix} k_1 + k_2 & -k_2 \\ -k_2 & k_2 \end{bmatrix}\begin{Bmatrix} x_1 \\ x_2 \end{Bmatrix} = \begin{Bmatrix} P_1 \\ P_2 \end{Bmatrix}$$

2.4 虚位移原理

一般形式的虚位移原理可表述为：质点系在一组力（包括主动力 $\boldsymbol{F}_k$、约束反力 $\boldsymbol{R}_k$、惯性力 $\boldsymbol{f}_{Ik}=-m_k\ddot{\boldsymbol{r}}_k$）作用下处于动力平衡状态，当该系统产生约束所允许的虚位移时，这组力所做虚功之和等于零，即

$$\sum_{k=1}^{l}(\boldsymbol{F}_k\cdot\delta\boldsymbol{r}_k+\boldsymbol{R}_k\cdot\delta\boldsymbol{r}_k-m_k\ddot{\boldsymbol{r}}_k\cdot\delta\boldsymbol{r}_k)=0 \tag{2-4-1}$$

式(2-4-1)中，力、位移及加速度均表示为矢量形式，对应的虚功表示为矢量点积的形式。

对于具有理想约束的质点系，由于在任意虚位移下约束反力所做虚功之和恒等于零，即 $\sum_{k=1}^{l}\boldsymbol{R}_k\cdot\delta\boldsymbol{r}_k=0$，于是有，任意瞬时主动力和惯性力在任意虚位移上所做虚功之和等于零，即

$$\sum_{k=1}^{l}(\boldsymbol{F}_k\cdot\delta\boldsymbol{r}_k-m_k\ddot{\boldsymbol{r}}_k\cdot\delta\boldsymbol{r}_k)=0 \tag{2-4-2}$$

若系统约束不是理想约束，则可以将约束反力分成理想约束反力与非理想约束反力两类，前者所做虚功为零，后者可视为作用于系统的主动力并入到主动力 $\boldsymbol{F}_k$ 中，此时对应动力学虚功方程仍为式(2-4-2)。

运用虚位移原理建立方程时，首先要确定系统各质点上所受的力（惯性力包含在内）；然后引入相应于每个自由度的虚位移，根据这些力做的虚功总和等于零可得出系统运动方程。利用虚位移原理建立系统运动方程的主要优点为：虚功为标量，可以按代数方式相加。而作用于结构上的力是矢量，只能按矢量叠加。因此，对于不便于列平衡方程的复杂系统，虚位移方法较直接平衡法方便。

[例 2-4-1] 图 2-3-1 所示为动力系统，试用虚位移原理列出其运动方程。

解：质点 m_1 上所受的主动力为 $F_1=P_1+k_2(x_2-x_1)+c_2(\dot{x}_2-\dot{x}_1)-k_1x_1-c_1\dot{x}_1$，惯性力为 $f_{I1}=-m_1\ddot{x}_1$。

质点 m_2 上所受的主动力为 $F_2=P_2-k_2(x_2-x_1)-c_2(\dot{x}_2-\dot{x}_1)$，惯性力为 $f_{I2}=-m_2\ddot{x}_2$。

当系统发生虚位移 δx_1、δx_2 时，根据虚位移原理，有

$$[P_1+k_2(x_2-x_1)+c_2(\dot{x}_2-\dot{x}_1)-k_1x_1-c_1\dot{x}_1]\delta x_1-m_1\ddot{x}_1\delta x_1+$$
$$[P_2-k_2(x_2-x_1)-c_2(\dot{x}_2-\dot{x}_1)]\delta x_2-m_2\ddot{x}_2\delta x_2=0$$

由于 δx_1、δx_2 的任意性，于是有

$$\begin{cases}P_1+k_2(x_2-x_1)+c_2(\dot{x}_2-\dot{x}_1)-k_1x_1-c_1\dot{x}_1-m_1\ddot{x}_1=0\\P_2-k_2(x_2-x_1)-c_2(\dot{x}_2-\dot{x}_1)-m_2\ddot{x}_2=0\end{cases}$$

可整理得到与例2-3-1同样的矩阵形式方程，两者结果一致。

[例2-4-2] 图2-4-1a)所示系统由两根刚性杆AB和BC组成。两根杆除A、C处有刚性约束外，在B点还有竖向弹簧约束，对应的弹簧刚度系数为k，在E点有竖向阻尼约束，对应的阻尼系数为c。AB杆为均匀质量杆，单位长度的质量为$\overline{m}$。BC杆为无重杆，中点E有一个集中质量m。E点作用一个集中动荷载$P(t)$，AB杆作用均布荷载$p(t)$，C端沿杆端作用常量为N的轴向力。试用虚位移原理列出其运动方程。

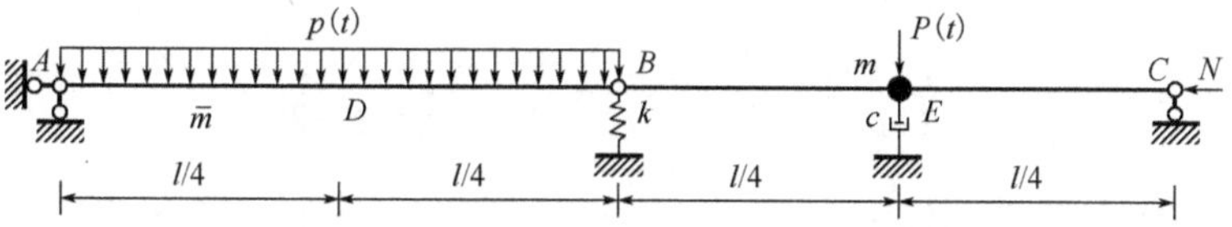

a)系统基本参数

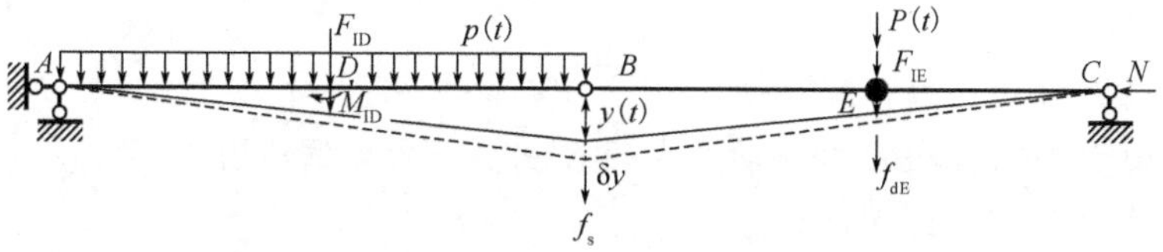

b)系统位形与受力

图2-4-1 刚体组合单自由度结构

解：图2-4-1所示系统虽然既有集中质量又有均布质量，但因两个杆都是刚性的，整个系统的位移仅用一个位移参数即可唯一确定，故为单自由度系统。下面选B点的竖向位移$y(t)$为基本位移参量，其他各点的位移均可以通过它来表示，见图2-4-1b)。可以用动力直接平衡法建立该系统运动方程，但用虚位移法更简便，具体过程如下。

作用于系统上的主动力与惯性力如下(先不考虑轴向力的影响)。

(1)弹性力：

$$f_s = -ky$$

(2)阻尼力：

$$f_{dE} = -c\frac{\dot{y}}{2}$$

(3)集中质量m的惯性力：

$$F_{IE} = -m\frac{\ddot{y}}{2}$$

(4)AB杆均布质量平动惯性力：

$$F_{ID} = -\overline{m}\frac{l}{2}\times\frac{\ddot{y}}{2}$$

(5)AB杆均布质量绕质心D转动惯性矩：

$$I_D = \overline{m}\frac{l}{2}\frac{(l/2)^2}{12} = \frac{\overline{m}l^3}{96}$$

与之相应的绕质心 D 转动惯性力矩为

$$M_{ID} = -I_D \times \frac{\ddot{y}}{l/2} = -\frac{\overline{m}l^2}{48}\ddot{y}$$

(6)动荷载:$p(t)$ 和 $P(t)$。

给系统以虚位移 δy,如图 2-4-1b)所示,支座约束反力所做虚功为零,系统上主动力与惯性力在该虚位移下所做总虚功为

$$\delta W = -ky\delta y - c\frac{\dot{y}}{2}\frac{\delta y}{2} - m\frac{\ddot{y}}{2}\frac{\delta y}{2} - \frac{\overline{m}l}{4}\ddot{y}\frac{\delta y}{2} - \frac{\overline{m}l^2}{48}\ddot{y}\frac{\delta y}{(l/2)} + P\frac{\delta y}{2} + p\frac{l}{2}\frac{\delta y}{2}$$

根据 $\delta W = 0$,可得系统运动方程

$$\left(\frac{m}{4} + \frac{\overline{m}l}{6}\right)\ddot{y} + \frac{c}{4}\dot{y} + ky = \frac{P}{2} + \frac{pl}{4}$$

若 C 端作用轴向压力 N,则在虚功方程中应添加 N 力所做的虚功。B 点产生竖向虚位移 δy 时,由于 AB 杆与 BC 杆转动产生的 C 端水平向虚位移均为 $[y(t)/(l/2)]\delta y$,因此 N 力所做的虚功为 δW_N 为

$$\delta W_N = N\left(\frac{y}{l/2} + \frac{y}{l/2}\right)\delta y = \frac{4N}{l}y\delta y$$

考虑轴力 N 后,系统总虚功为

$$\delta W = -ky\delta y - c\frac{\dot{y}}{2}\frac{\delta y}{2} - m\frac{\ddot{y}}{2}\frac{\delta y}{2} - \frac{\overline{m}l}{4}\ddot{y}\frac{\delta y}{2} - \frac{\overline{m}l^2}{48}\ddot{y}\frac{\delta y}{(l/2)} + P\frac{\delta y}{2} + p\frac{l}{2}\frac{\delta y}{2} + \frac{4N}{l}y\delta y$$

根据 $\delta W = 0$,可得系统运动方程

$$\left(\frac{m}{4} + \frac{\overline{m}l}{6}\right)\ddot{y} + \frac{c}{4}\dot{y} + \left(k - \frac{4N}{l}\right)y = \frac{P}{2} + \frac{pl}{4}$$

由此可见,添加轴力作用时,仅对系统运动方程的广义刚度项有影响。轴向压力 N 降低了系统的刚度,而轴向拉力则增强了系统的刚度。

2.5 弹性系统动力学总势能不变值原理

中南大学曾庆元院士根据达朗贝尔原理,将动力问题转化为动力平衡问题,仿照静力学总势能不变值原理的建立思想,由虚位移原理导出了弹性系统动力学总势能不变值原理。为阐述此原理,本节首先介绍虚位移原理及静力学总势能不变值原理的主要思想;然后,给出弹性系统动力学总势能不变值原理的推导过程;最后,用 3 个实例说明该原理的实施过程。

2.5.1 虚位移原理及静力学总势能不变值原理的主要思想

虚位移原理由平衡力系对系统无限小虚位移做功之和等于零导出。虚位移是想象的

满足系统变形协调条件(约束条件)的任意小位移,与系统的实际作用力无关,因而称为虚位移。文献[6]由弹性力学3个平衡方程乘以虚位移,经过数学演证,导出静力学虚位移方程为

$$\int_s \boldsymbol{\varphi} \cdot \delta \boldsymbol{u} \mathrm{d}s + \int_v \boldsymbol{X} \cdot \delta \boldsymbol{u} \mathrm{d}v = \int_v \boldsymbol{\sigma} \cdot \delta \boldsymbol{\varepsilon} \mathrm{d}v \tag{2-5-1}$$

式(2-5-1)左边为面力 $\boldsymbol{\varphi}$ 和体力 $\boldsymbol{X}$ 做的外力虚功之和 δW,右边为系统的虚应变能 δU_{i},故式(2-5-1)简写为

$$\delta W = \delta U_{\mathrm{i}} \tag{2-5-2}$$

因为力做功 W 的负值为其势能 U_{e},故 $\delta W = -\delta U_{\mathrm{e}}$,代入式(2-5-2),得出虚位移原理更简洁的表达式

$$\delta_{\varepsilon} U = \delta_{\varepsilon}(U_{\mathrm{i}} + U_{\mathrm{e}}) = 0 \tag{2-5-3}$$

式(2-5-3)称为系统总位能(亦称势能)驻值原理,其中 $U = U_{\mathrm{i}} + U_{\mathrm{e}}$ 为系统总势能,U_{e} 为外力位能(即势能)。文献[11]将式(2-5-3)看作 $U = U_{\mathrm{i}} + U_{\mathrm{e}}$ 具有不变值的数学条件,并称"$U = U_{\mathrm{i}} + U_{\mathrm{e}}$ = 不变值"为势能不变值定理。文献[6]指出:"加到变分号 δ 的下标 ε,是强调只有弹性应变和位移是变分的。在计算外力位能 U_{e} 时,应该看到,所有的位移均被认为是变量,而对应的力则是指定的(即不变化,作者注)。"这段话的中心思想是强调对系统总势能变分时,要保持式(2-5-3)的虚位移原理本质,外力和应力保持不变,只有位移和应变变分,让式(2-5-3)中的 δ 始终保持式(2-5-1)中 δ 对位移和应变变分的作用。不能因为将虚位移原理式(2-5-1)表示为总势能驻值原理式(2-5-3),就使变分号 δ 的意义背离式(2-5-1)中表示虚位移和虚应变的本意,而把 δ 看作一个对总势能 U 的数学变分符号。

基于虚位移原理的主要思想与上述势能的定义,结合实例进一步阐述外力势能如下。假定图2-5-1a)所示的荷载 P 在静力平衡位置 B 时的势能为 V_B,梁在静力平衡位置发生虚位移 $\delta\Delta$,则荷载 P 将做虚功 $\delta W = P\delta\Delta$。根据前述势能的定义,则有 $\delta V_B = -\delta W = -P\delta\Delta$。由虚位移原理的物理概念可知,虚位移过程中作用于结构上的力大小,作用方向均不变化,故有 $\delta V_{\mathrm{B}} = \delta(-P\Delta)$,$V_{\mathrm{B}} = -P\Delta + V_0$($V_0$ 表示梁初始位置势能大小,在本例中取为零)。因此,荷载 P 的势能为 $V_{\mathrm{B}} = -P\Delta$,$\Delta$ 代表梁在 P 作用点沿 P 力方向的位移。

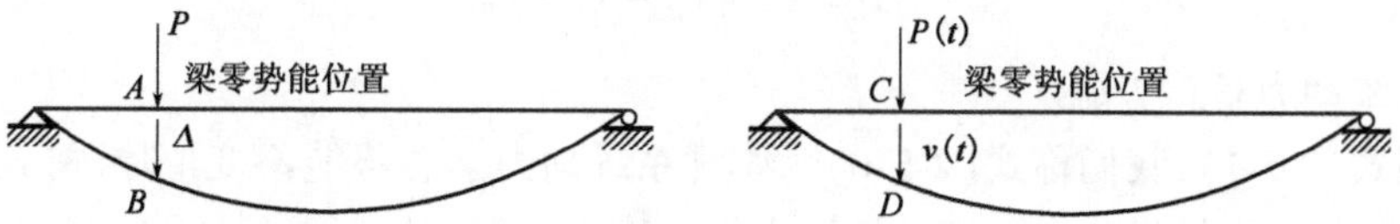

a)静力作用梁　　b)动力作用梁

图2-5-1　任意外荷载势能

对于平面梁的振动分析问题,如固定时间 t,动荷载 $P(t)$ 的作用方向和大小就不变了。因此动力分析问题中的动荷载势能亦可用上述思路计算。例如图2-5-1b),某时刻 t,梁在动力荷载 $P(t)$ 作用下呈现通过位置 D 的振动位形,此时 $P(t)$ 在位置 D 的势能为 $V = -P(t)v(t)$。

根据上述论述,可总结出两点:①虚位移是想象的平衡系统任意小的变形协调位移,是一种可能发生的趋势,与系统中的外力和应力无关;它不是实际位移,不破坏力系平衡,故虚位移过程中外力和内力是不变化的。②将式(2-5-1)中的虚位移和虚应变符号前的 δ 移到积分号外,即得到弹性系统总势能驻值原理。式(2-5-3)中 δ 的这种移动,不引起系统外力和应力的变化;故进行系统总势能 U 的一阶变分时,只应对位移 $\boldsymbol{u}$ 和应变 $\boldsymbol{\varepsilon}$ 变分,对外力和应力不应变分,这样才能保证由式(2-5-3)返回到式(2-5-1),这恰好反映了虚位移原理的要求。

2.5.2 弹性系统动力学总势能不变值原理的推导

在引入达朗贝尔原理并考虑阻尼力作用后,弹性系统动力学问题即转化为动力平衡问题,其平衡方程的一般形式为

$$\boldsymbol{f}_{\mathrm{m}}+\boldsymbol{f}_{\mathrm{c}}+\boldsymbol{f}_{\mathrm{s}}+\boldsymbol{P}(t)=\boldsymbol{0} \tag{2-5-4}$$

式中,$\boldsymbol{f}_{\mathrm{m}}$ 为系统惯性力矢量;$\boldsymbol{f}_{\mathrm{c}}$ 为系统阻尼力矢量;$\boldsymbol{f}_{\mathrm{s}}$ 为系统弹性力矢量;$\boldsymbol{P}(t)$ 为系统外力(包含重力在内)矢量。

在给定瞬时 t,式(2-5-4)两边乘以系统虚位移 $\delta\boldsymbol{u}$,并考虑弹性力虚功 $-\delta\boldsymbol{u}\cdot\boldsymbol{f}_{\mathrm{s}}$ 为系统虚应变能 U_{i} 的变分 δU_{i},得出

$$\delta U_{\mathrm{i}}=\delta\boldsymbol{u}\cdot\boldsymbol{f}_{\mathrm{m}}+\delta\boldsymbol{u}\cdot\boldsymbol{f}_{\mathrm{c}}+\delta\boldsymbol{u}\cdot\boldsymbol{P}(t) \tag{2-5-5}$$

式(2-5-5)即为弹性系统动力学虚位移原理的一般表示式。与静力学虚位移原理一样,式(2-5-5)可表示为如下简洁的形式

$$\delta_{\varepsilon}(U_{\mathrm{i}}+V_{\mathrm{m}}+V_{\mathrm{c}}+V_{\mathrm{P}})=0 \tag{2-5-6}$$

式中,U_{i} 为系统弹性应变能;$V_{\mathrm{m}}=-\boldsymbol{u}\cdot\boldsymbol{f}_{\mathrm{m}}$ 为系统惯性力做功负值;$V_{\mathrm{c}}=-\boldsymbol{u}\cdot\boldsymbol{f}_{\mathrm{c}}$ 为系统阻尼力做功负值;$V_{\mathrm{P}}=-\boldsymbol{u}\cdot\boldsymbol{P}(t)$ 为系统外力做功负值。

因为对平衡系统应用虚位移时,时间瞬时固定,所有作用于系统的力都不变,它们做功只与位移的起始位置和终了位置有关,而与力作用点的运动路径无关,符合有势力的定义,所以它们都可视为有势力。这样,V_{m}、V_{c} 与 V_{P} 分别称为系统惯性力、阻尼力、外力的势能。因此,我们称

$$\Pi_{\mathrm{d}}=U_{\mathrm{i}}+V_{\mathrm{m}}+V_{\mathrm{c}}+V_{\mathrm{P}} \tag{2-5-7}$$

为弹性系统动力学总势能。

仿照式(2-5-3),我们称式(2-5-6)为弹性系统动力学总势能不变值原理,式中变分号 δ 的右下标 ε 同样是强调对弹性系统动力学总势能 Π_{d} 变分时,要保持式(2-5-6)的虚位移原理本质,即只对弹性应变和位移变分,惯性力、阻尼力、外力等力素分量均不变分,即在计算 V_{m}、V_{c} 与 V_{P} 时,所有应变及位移均被认为是变量,而对应的力则是指定的。式(2-5-6)的物理意义为:在引入达朗贝尔原理之后,在给定瞬时 t,弹性系统动力学总势能 Π_{d} 的一阶变分必须等于零,Π_{d} 取不变值。一般泛函取驻值是根据泛函变分原理得出的。这里总势能 Π_{d} 取不变值是根据虚位移原理得出的,显然没有理由要求按变分法计算 Π_{d} 的一阶变分,而只应根据虚位移原理的物理概念对 Π_{d} 中的应变和位移分量进行变分。

综上所述，由弹性系统动力学总势能不变值原理建立系统运动方程的基本步骤如下：首先推求作用于系统各作用力势能，得出运动系统的总势能 Π_d；再由 $\delta_\varepsilon \Pi_d = 0$ 的条件引出系统振动微分方程。为了检验弹性系统动力学总势能不变值原理列式的正确性与简便性，列举如下3个算例。

［**例 2-5-1**］ 如图 2-5-2 所示，外力作用使单摆摆长 l 按一定规律变化，试用弹性系统动力学总势能不变值原理推导该单摆的运动方程。

解：选择如图 2-5-2 所示坐标系，势能零点取为 O 点，选取任意时刻 t 系统振动状态为研究对象，取 φ 为该单摆的广义坐标。

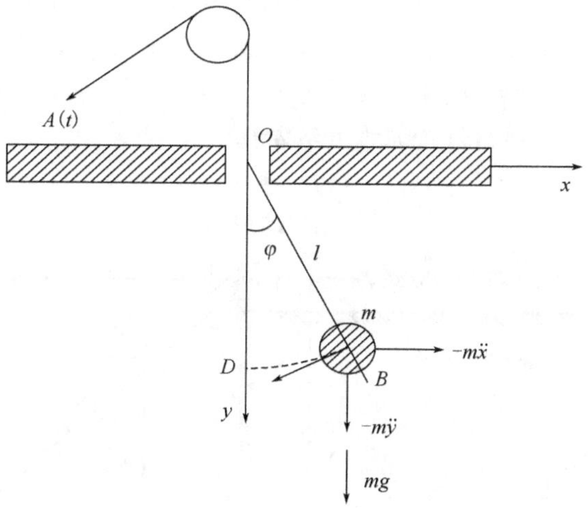

图 2-5-2　变长单摆的动力平衡状态

由图知：

$$x = l\sin\varphi$$

$$\dot{x} = \dot{l}\sin\varphi + l\cos\varphi\dot{\varphi}$$

$$\ddot{x} = \frac{\mathrm{d}\dot{x}}{\mathrm{d}t} = \frac{\mathrm{d}}{\mathrm{d}t}(\dot{l}\sin\varphi + l\cos\varphi\dot{\varphi})$$

$$y = l\cos\varphi$$

$$\dot{y} = \dot{l}\cos\varphi - l\sin\varphi\dot{\varphi}$$

$$\ddot{y} = \frac{\mathrm{d}}{\mathrm{d}t}(\dot{l}\cos\varphi - l\sin\varphi\dot{\varphi})$$

故系统总势能为

$$\Pi_d = -mgl\cos\varphi - (-m\ddot{x}x) - (-m\ddot{y}y)$$

$$= -mgl\cos\varphi + m\frac{\mathrm{d}}{\mathrm{d}t}(\dot{l}\sin\varphi + l\cos\varphi\dot{\varphi})l\sin\varphi + m\frac{\mathrm{d}}{\mathrm{d}t}(\dot{l}\cos\varphi - l\sin\varphi\dot{\varphi})l\cos\varphi$$

$$\delta_\varepsilon \Pi_d = mgl\sin\varphi\delta\varphi + m\frac{\mathrm{d}}{\mathrm{d}t}(\dot{l}\sin\varphi + l\cos\varphi\dot{\varphi})l\cos\varphi\delta\varphi + m\frac{\mathrm{d}}{\mathrm{d}t}(\dot{l}\cos\varphi - l\sin\varphi\dot{\varphi})(-l\sin\varphi\delta\varphi)$$

$$= \delta\varphi(ml^2\ddot{\varphi} + 2ml\dot{l}\dot{\varphi} + mgl\sin\varphi) = 0$$

因为 $\delta\varphi\neq0$，所以

$$ml^2\ddot{\varphi}+2ml\dot{l}\dot{\varphi}+mgl\sin\varphi=0$$

即 $l^2\ddot{\varphi}+2l\dot{l}\dot{\varphi}+gl\sin\varphi=0$，该方程为非线性运动方程。若 φ 角很小，则有 $\sin\varphi\approx\varphi$，$\ddot{\varphi}+2(\dot{l}/l)\dot{\varphi}+(g/l)\varphi=0$，即为变系数线性方程。式中第二项相当于阻尼项。当 $\dot{l}$ 为正时，为正阻尼，振幅将随时间衰减；当 $\dot{l}$ 为负时，为负阻尼，振幅将不断随时间扩大。具体分析见3.1.3节。

[**例2-5-2**] 图2-5-3所示系统中，质量 M 用弹簧(弹簧刚度为 k)连接于活动质点 O，质量 M 与 O 都限定在同一水平面沿 x 轴做直线运动，O 点的运动规律已知为 $x_0(t)$。另外在质量 M 上悬挂一物理摆，摆锤质量为 m，其重心 C 至悬挂点的距离为 l，摆绕其重心轴的回转半径为 ρ。试列出该系统的运动方程。

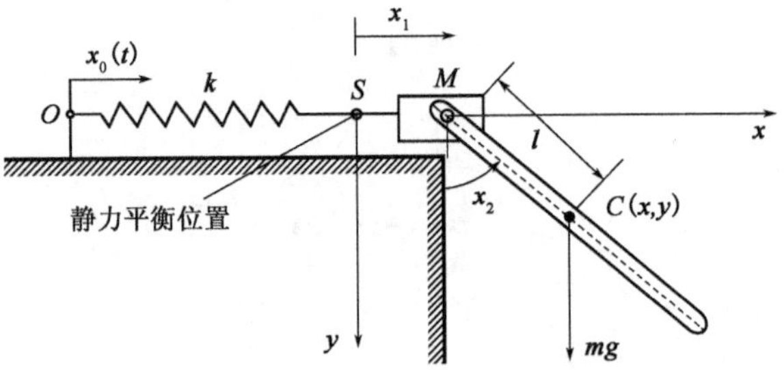

图2-5-3 平面机构运动状态描述

解：该系统振动位形由图示广义坐标 x_1、x_2 描述，C 点坐标：$x=l\sin x_2+x_1$，$y=l\cos x_2$，所以

$$\dot{x}=l\cos x_2\dot{x}_2+\dot{x}_1$$

$$\ddot{x}=l\cos x_2\ddot{x}_2-l\sin x_2\dot{x}_2^2+\ddot{x}_1$$

$$\dot{y}=-l\sin x_2\dot{x}_2$$

$$\ddot{y}=-l\sin x_2\ddot{x}_2-l\dot{x}_2^2\cos x_2$$

惯性力势能为

$$\begin{aligned}V_{\mathrm{m}}&=-(-m\ddot{x}x-m\ddot{y}y-M\ddot{x}_1x_1-m\rho^2\ddot{x}_2x_2)\\&=m(l\cos x_2\ddot{x}_2-l\sin x_2\dot{x}_2^2+\ddot{x}_1)(l\sin x_2+x_1)+\\&\quad m(-l\sin x_2\ddot{x}_2-l\dot{x}_2^2\cos x_2)l\cos x_2+M\ddot{x}_1x_1+m\rho^2\ddot{x}_2x_2\end{aligned}$$

重力势能(势能零点取在 S 点)为

$$V_{\mathrm{P}}=-mgl\cos x_2$$

弹簧应变能为

$$U_{\mathrm{i}}=\frac{1}{2}k(x_1-x_0)^2$$

系统总势能为

$$\Pi_{\mathrm{d}}=V_{\mathrm{m}}+V_{\mathrm{P}}+U_{\mathrm{i}}$$

由 $\delta_{\varepsilon}\Pi_{\mathrm{d}}=0$,得

$$m(l\cos x_2\ddot{x}_2-l\sin x_2\dot{x}_2^2+\ddot{x}_1)(l\cos x_2\delta x_2+\delta x_1)+$$

$$m(-l\sin x_2\ddot{x}_2-l\dot{x}_2^2\cos x_2)(-l\sin x_2\delta x_2)+M\ddot{x}_1\delta x_1+$$

$$m\rho^2\ddot{x}_2\delta x_2+mgl\sin x_2\delta x_2+k(x_1-x_0)\delta x_1=0$$

按 δx_1、δx_2 集合,得

$$\delta x_1[(m+M)\ddot{x}_1+ml\cos x_2\ddot{x}_2-ml\sin x_2\dot{x}_2^2+k(x_1-x_0)]+$$

$$\delta x_2[m(l^2\cos^2x_2\ddot{x}_2-l^2\sin x_2\cos x_2\dot{x}_2^2+\ddot{x}_1l\cos x_2+$$

$$l^2\sin^2x_2\ddot{x}_2+l^2\sin x_2\cos x_2\dot{x}_2^2)+m\rho^2\ddot{x}_2+mgl\sin x_2]=0$$

因为 $\delta x_1\neq0$,$\delta x_2\neq0$,所以

$$\begin{cases}(m+M)\ddot{x}_1+ml\ddot{x}_2\cos x_2-ml\dot{x}_2^2\sin x_2+k(x_1-x_0)=0\\ ml\ddot{x}_1\cos x_2+(ml^2+m\rho^2)\ddot{x}_2+mgl\sin x_2=0\end{cases}$$

若仅考虑系统线性微振动,则 x_1、x_2 为小量,$\cos x_2\approx1$,$\sin x_2\approx x_2$,略去所有非线性项,上式可近似写为

$$\begin{cases}(m+M)\ddot{x}_1+ml\ddot{x}_2+k(x_1-x_0)=0\\ ml\ddot{x}_1+(ml^2+m\rho^2)\ddot{x}_2+mglx_2=0\end{cases}$$

从例 2-5-1 与例 2-5-2 可以看出,当仅考虑系统线性微振动时,系统运动方程通常可以近似线性化。

[例 2-5-3] 如图 2-5-4 所示变截面简支梁,梁长为 L,取梁的中性轴为 x 轴,并将原点取在梁的左端,单位长度分布质量为 $m(x)$,弯曲刚度为 $EI(x)$,单位长度的横向动荷载为 $p(x,t)$。设梁中性轴上的横向位移为 $v(x,t)$,此位移的初始位置是梁在自重作用下的静平衡位置,计算动力响应时,自重的影响可以不予考虑。运用弹性系统动力学总势能不变值原理,建立该梁的运动方程。

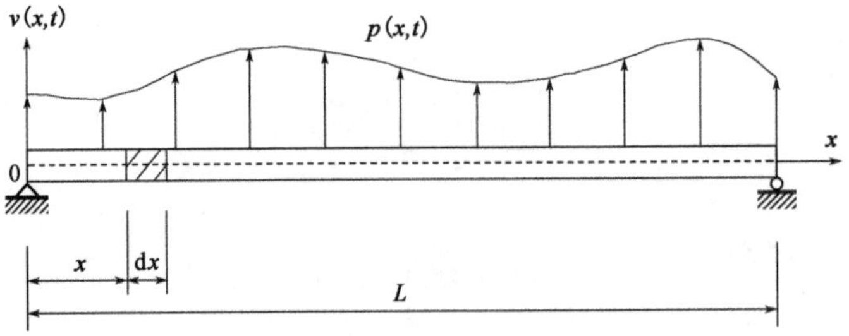

图 2-5-4　简支梁横向振动示意图

解:梁体弯曲应变能为

$$U_{\mathrm{i}} = \frac{1}{2}\int_0^L EI(x)\left(\frac{\partial^2 v}{\partial x^2}\right)^2 \mathrm{d}x$$

外力势能[梁端支反力做功为零,故只计入横向动荷载 $p(x,t)$ 做功]为

$$V_{\mathrm{P}} = -\int_0^L p(x,t)v\mathrm{d}x$$

梁体惯性力势能为

$$V_{\mathrm{m}} = -\int_0^L -m(x)\frac{\partial^2 v}{\partial t^2}v\mathrm{d}x = \int_0^L m(x)\frac{\partial^2 v}{\partial t^2}v\mathrm{d}x$$

对 U_{i} 做一阶变分并分部积分,得

$$\begin{aligned}
\delta U_{\mathrm{i}} &= \int_0^L EI(x)\frac{\partial^2 v}{\partial x^2}\delta\left(\frac{\partial^2 v}{\partial x^2}\right)\mathrm{d}x \\
&= EI(x)\frac{\partial^2 v}{\partial x^2}\delta\left(\frac{\partial v}{\partial x}\right)\Bigg|_0^L - \int_0^L \frac{\partial}{\partial x}\left[EI(x)\frac{\partial^2 v}{\partial x^2}\right]\delta\left(\frac{\partial v}{\partial x}\right)\mathrm{d}x \\
&= EI(x)\frac{\partial^2 v}{\partial x^2}\delta\left(\frac{\partial v}{\partial x}\right)\Bigg|_0^L - \frac{\partial}{\partial x}\left[EI(x)\frac{\partial^2 v}{\partial x^2}\right]\delta v\Bigg|_0^L + \int_0^L \frac{\partial^2}{\partial x^2}\left[EI(x)\frac{\partial^2 v}{\partial x^2}\right]\delta v\mathrm{d}x \\
&= \int_0^L \frac{\partial^2}{\partial x^2}\left[EI(x)\frac{\partial^2 v}{\partial x^2}\right]\delta v\mathrm{d}x
\end{aligned}$$

V_{P} 的一阶变分为

$$\delta V_{\mathrm{P}} = -\int_0^L p(x,t)\delta v\mathrm{d}x$$

V_{m} 的一阶变分为

$$\delta V_{\mathrm{m}} = \int_0^L m(x)\frac{\partial^2 v}{\partial t^2}\delta v\mathrm{d}x$$

将 δU_{i}、δV_{P} 及 δV_{m} 的计算式代入式(2-5-6),整理得出

$$\int_0^L \left\{ \frac{\partial^2}{\partial x^2}\left[EI(x)\ \frac{\partial^2 v}{\partial x^2} \right] + m(x)\ \frac{\partial^2 v}{\partial t^2} - p(x,t) \right\} \delta v \mathrm{d}x = 0$$

因为 $\delta v \neq 0$,要使上式满足,必须有

$$\frac{\partial^2}{\partial x^2}\left[EI(x)\frac{\partial^2 v}{\partial x^2} \right] + m(x)\frac{\partial^2 v}{\partial t^2} = p(x,t)$$

可见,本例题的简支梁为连续系统,其运动方程为偏微分方程,限于篇幅,本书未对此类方程的求解展开叙述,可参阅相关文献。

2.6 形成系统矩阵的“对号入座”法则及程序实现方法

2.6.1 形成系统矩阵的“对号入座”法则

设系统有 n 个独立位移坐标 $q_i(i=1,2,\cdots,n)$,由于系统发生虚位移时,时间 t 固定,作用于系统的外荷载保持为常量,弹性系统动力学总势能 Π_d 为系统位移 $q_i(i=1,2,\cdots,n)$ 的函数,则由弹性系统动力学总势能不变值原理 $\delta_\varepsilon \Pi_\mathrm{d}=0$,得出

$$\delta_\varepsilon \Pi_\mathrm{d} = \sum_{i=1}^{n} \frac{\partial \Pi_\mathrm{d}}{\partial q_i}\delta q_i = 0 \tag{2-6-1}$$

由于 $\delta q_i \neq 0(i=1,2,\cdots,n)$,必有

$$\frac{\partial \Pi_\mathrm{d}}{\partial q_i} = 0 \qquad (i=1,2,\cdots,n) \tag{2-6-2}$$

式(2-6-2)表示系统的 n 个平衡方程,它原意是表示当 Π_d 对 q_i 变分时,就得到系统第 i 个平衡方程,但从 $\partial \Pi_\mathrm{d}/\partial q_i=0$ 中看不出这个意思,因为其中可能包含其他位移参数。为此,将式(2-6-1)改写成如下形式

$$\delta_\varepsilon \Pi_\mathrm{d} = \delta q_1\ \frac{\partial \Pi_\mathrm{d}}{\partial q_1} + \delta q_2\ \frac{\partial \Pi_\mathrm{d}}{\partial q_2} + \cdots + \delta q_n\ \frac{\partial \Pi_\mathrm{d}}{\partial q_n} = 0 \tag{2-6-3}$$

要使式(2-6-3)满足,必须有

$$\begin{cases} \delta q_1\ \dfrac{\partial \Pi_\mathrm{d}}{\partial q_1} = 0 \\ \delta q_2\ \dfrac{\partial \Pi_\mathrm{d}}{\partial q_2} = 0 \\ \vdots \\ \delta q_n\ \dfrac{\partial \Pi_\mathrm{d}}{\partial q_n} = 0 \end{cases} \tag{2-6-4}$$

因为 $\delta q_i \neq 0(i=1,2,\cdots,n)$，故式(2-6-4)亦是 n 个平衡方程。与式(2-6-2)的区别是它包含了 δq_i，此 δq_i 表示与之相乘的 $\partial \Pi_d / \partial q_i = 0$ 是系统的第 i 个平衡方程。这样，在将 $\delta_\varepsilon \Pi_d$ 的各项放入刚度矩阵、阻尼矩阵、质量矩阵以及荷载向量的过程中，δq_i 表示第 i 行。另外，$\partial \Pi_d / \partial q_i = 0$ 中可能包含位移参量 q_j、速度参量 $\dot{q}_j$ 或加速度参量 $\ddot{q}_j (j=1,2,\cdots,n)$。位移参量 q_j 的序号 j 则表示刚度矩阵的第 j 列，式(2-6-4)中各个与 δq_i 及 q_j 相乘的系数应放在刚度矩阵的第 i 行和第 j 列并进行累加。速度参量 $\dot{q}_j$ 的序号 j 则表示阻尼矩阵的第 j 列，式(2-6-4)中各个与 δq_i 及 $\dot{q}_j$ 相乘的系数应放在阻尼矩阵的第 i 行和第 j 列并进行累加。加速度参量 $\ddot{q}_j$ 的序号 j 则表示质量矩阵的第 j 列，式(2-6-4)中各个与 δq_i 及 $\ddot{q}_j$ 相乘的系数应放在质量矩阵的第 i 行和第 j 列并进行累加。式(2-6-4)中不包含位移参量 q_j、速度参量 $\dot{q}_j$ 或加速度参量 $\ddot{q}_j$ 的项，应反号（因荷载向量移至平衡方程右侧而需反号）后放在荷载向量的第 i 行并进行累加。这就是形成系统矩阵的“对号入座”法则。

从此法则可知：由系统应变能 U_i 的一阶位移变分 $\delta_\varepsilon U_i$ 得出系统刚度矩阵 $\boldsymbol{K}$；由系统阻尼力势能 V_c 的一阶位移变分 $\delta_\varepsilon V_c$ 得出系统阻尼矩阵 $\boldsymbol{C}$；由系统惯性力势能 V_m 的一阶位移变分 $\delta_\varepsilon V_m$ 得出系统质量矩阵 $\boldsymbol{M}$；由外力势能的一阶位移变分负值 $-\delta_\varepsilon V_P$，得出系统荷载向量 $\boldsymbol{Q}$。式(2-6-3)与式(2-6-4)应用于单元，就得出单元矩阵，应用于整个结构，就得出结构总体矩阵。结构中的某些部件，例如桁架桥中的桥门架、横联等，不便将其看作一个单元；有些荷载作用于节点，而不是作用于那一个单元。对于这些情况，应用组拼单元刚度矩阵得出总体刚度矩阵及组拼单元荷载向量得出总体荷载向量的一般做法，就不便处理。将这些部件的应变能及这些荷载的势能计入结构的总势能，应用式(2-6-3)，就可方便地考虑它们的作用。这种思想使得考虑局部变形及零部件作用，建立复杂系统运动方程的工作变得相当清晰和简便。

显然，上述“对号入座”法则与一般有限元分析中的计算机编码法和刚度集成法有本质区别，它是直接来自弹性系统动力学总势能不变值原理 $\delta_\varepsilon \Pi_d = 0$。下面举几个例子说明形成系统矩阵的“对号入座”法则的应用。

[例 2-6-1] 图 2-3-1 所示的两质点动力系统，试用弹性系统动力学总势能不变值原理与形成系统矩阵的“对号入座”法则，建立该系统矩阵形式的运动方程。

解：取系统的两个广义坐标为：x_1、x_2

弹性应变能：

$$U_i = \frac{1}{2}k_1 x_1^2 + \frac{1}{2}k_2 (x_2 - x_1)^2$$

惯性力势能：

$$V_m = -(-m_1\ddot{x}_1)x_1 - (-m_2\ddot{x}_2)x_2$$

阻尼力势能：

$$V_c = -(-c_1\dot{x}_1 x_1) - [-c_2(\dot{x}_2 - \dot{x}_1)(x_2 - x_1)]$$

外力势能：

$$V_P = -P_1 x_1 - P_2 x_2$$

系统总势能：

$$\Pi_{\mathrm{d}} = U_{\mathrm{i}} + V_{\mathrm{m}} + V_{\mathrm{c}} + V_{\mathrm{P}}$$

对总势能进行位移变分：

$$\begin{aligned}\delta_{\varepsilon}\Pi_{\mathrm{d}} &= k_1x_1\delta x_1 + k_2(x_2 - x_1)(\delta x_2 - \delta x_1) - (-m_1\ddot{x}_1)\delta x_1 - (-m_2\ddot{x}_2)\delta x_2 - \\ &\quad (-c_1\dot{x}_1\delta x_1) - [-c_2(\dot{x}_2 - \dot{x}_1)(\delta x_2 - \delta x_1)] - P_1\delta x_1 - P_2\delta x_2 \\ &= [m_1\ddot{x}_1 + k_1x_1 - k_2(x_2 - x_1) + c_1\dot{x}_1 - c_2(\dot{x}_2 - \dot{x}_1) - P_1]\delta x_1 + \\ &\quad [m_2\ddot{x}_2 + k_2(x_2 - x_1) + c_2(\dot{x}_2 - \dot{x}_1) - P_2]\delta x_2\end{aligned}$$

由于 δx_1 与 δx_2 不等于零，根据 $\delta_{\varepsilon}\Pi_{\mathrm{d}} = 0$ 可得系统运动方程

$$\begin{cases} m_1\ddot{x}_1 + k_1x_1 - k_2(x_2 - x_1) + c_1\dot{x}_1 - c_2(\dot{x}_2 - \dot{x}_1) = P_1 \\ m_2\ddot{x}_2 + k_2(x_2 - x_1) + c_2(\dot{x}_2 - \dot{x}_1) = P_2 \end{cases}$$

将上式写成如下矩阵形式

$$\begin{bmatrix} m_1 & 0 \\ 0 & m_2 \end{bmatrix}\begin{Bmatrix} \ddot{x}_1 \\ \ddot{x}_2 \end{Bmatrix} + \begin{bmatrix} c_1 + c_2 & -c_2 \\ -c_2 & c_2 \end{bmatrix}\begin{Bmatrix} \dot{x}_1 \\ \dot{x}_2 \end{Bmatrix} + \begin{bmatrix} k_1 + k_2 & -k_2 \\ -k_2 & k_2 \end{bmatrix}\begin{Bmatrix} x_1 \\ x_2 \end{Bmatrix} = \begin{Bmatrix} P_1 \\ P_2 \end{Bmatrix}$$

以上方法是根据弹性系统动力学总势能不变值原理先建立系统运动方程组，再将其写成矩阵的形式。当系统比较复杂时，这样组拼矩阵形式的运动方程非常不便。下面由“对号入座”法则直接组拼矩阵形式的运动方程。

首先，将系统总势能的变分写成如下形式

$$\begin{aligned}\delta_{\varepsilon}\Pi_{\mathrm{d}} &= k_1x_1\delta x_1 + k_2(x_2 - x_1)(\delta x_2 - \delta x_1) - (-m_1\ddot{x}_1)\delta x_1 - (-m_2\ddot{x}_2)\delta x_2 - \\ &\quad (-c_1\dot{x}_1\delta x_1) - [-c_2(\dot{x}_2 - \dot{x}_1)(\delta x_2 - \delta x_1)] - P_1\delta x_1 - P_2\delta x_2 \\ &= (\delta x_1k_1x_1 + \delta x_2k_2x_2 - \delta x_2k_2x_1 - \delta x_1k_2x_2 + \delta x_1k_2x_1) + \\ &\quad (\delta x_1c_1\dot{x}_1 + \delta x_2c_2\dot{x}_2 - \delta x_2c_2\dot{x}_1 - \delta x_1c_2\dot{x}_2 + \delta x_1c_2\dot{x}_1) + \\ &\quad (\delta x_1m_1\ddot{x}_1 + \delta x_2m_2\ddot{x}_2) - (\delta x_1P_1 + \delta x_2P_2)\end{aligned}$$

系统总势能的变分由以下 4 种形式的子项构成，各对应子项组拼的系统矩阵的规则如下：

(1) $\delta x_i k x_j$，对应刚度参数 k 累加到 $\boldsymbol{K}$ 矩阵第 i 行第 j 列；

(2) $\delta x_i c \dot{x}_j$，对应阻尼参数 c 累加到 $\boldsymbol{C}$ 矩阵第 i 行第 j 列；

(3) $\delta x_i m \ddot{x}_j$，对应质量参数 m 累加到 $\boldsymbol{M}$ 矩阵第 i 行第 j 列；

(4) $\delta x_i P$，对应荷载参数 P 累加到 $\boldsymbol{Q}$ 向量第 i 行。

事先设定两个广义坐标 x_1 与 x_2 在总体位移向量中的位置分别为第1、2行；再将系统总势能各项按照上述规则分别组拼到各自的矩阵对应位置；最终得到矩阵形式的运动方程：

$$\begin{array}{l} \qquad\quad \ddot{x}_1 \quad \ddot{x}_2 \qquad\qquad\qquad \dot{x}_1 \qquad\quad \dot{x}_2 \qquad\qquad\qquad x_1 \qquad\quad x_2 \\ \begin{matrix}\delta x_1\\ \delta x_2\end{matrix}\begin{bmatrix} m_1 & 0 \\ 0 & m_2 \end{bmatrix}\begin{Bmatrix} \ddot{x}_1 \\ \ddot{x}_2 \end{Bmatrix} + \begin{bmatrix} c_1+c_2 & -c_2 \\ -c_2 & c_2 \end{bmatrix}\begin{Bmatrix} \dot{x}_1 \\ \dot{x}_2 \end{Bmatrix} + \begin{bmatrix} k_1+k_2 & -k_2 \\ -k_2 & k_2 \end{bmatrix}\begin{Bmatrix} x_1 \\ x_2 \end{Bmatrix} = \begin{Bmatrix} P_1 \\ P_2 \end{Bmatrix} \end{array}$$

[**例 2-6-2**]　平面连续梁有限元分析。

用有限元法计算结构动力问题是结构动力分析的常用手段。列举本例的目的是用简单实例反映动力有限元法中建立系统矩阵形式的运动方程的基本过程。基于此方程，就可用后续各章的方法计算结构的动力特性与动力响应。这些内容整体构成了结构动力分析有限元法的雏形。

以图 2-6-1a)所示连续梁为例，假定该梁只能在竖平面产生弯曲变形，无轴向伸缩。将梁分为 N 个单元，包含 $N+1$ 个节点，第 n 个单元的计算图式见图 2-6-1b)，节点 i、j 的竖向位移为 v_i、v_j，以向下为正；转角位移为 v'_i、v'_j，以顺时针方向旋转为正；其中 $m(z)$、$c(z)$ 分别为单位长度质量及黏滞阻尼系数。

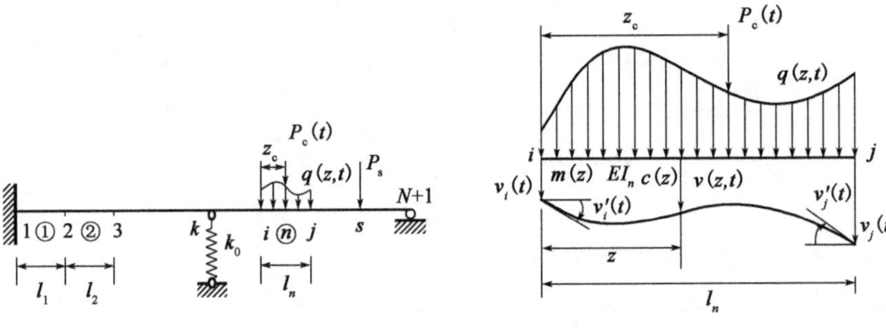

a)单元划分示意图　　　　b)单元位移模型

图 2-6-1　连续梁竖平面振动分析

解：(1)单元位移模式

图 2-6-1b)所示平面梁单元的节点位移参数为

$$\boldsymbol{q}_e = \begin{Bmatrix} \boldsymbol{q}_i \\ \boldsymbol{q}_j \end{Bmatrix} \tag{2-6-5}$$

式中，$\boldsymbol{q}_i = \begin{Bmatrix} v_i \\ v'_i \end{Bmatrix}$，$\boldsymbol{q}_j = \begin{Bmatrix} v_j \\ v'_j \end{Bmatrix}$。

假定单元竖向挠曲位移函数 $v(z,t)$ 用下式给出

$$v(z,t) = a_0 + a_1 z + a_2 z^2 + a_3 z^3 \tag{2-6-6}$$

单元几何边界条件：$z=0$，$v(0)=v_i$，$v'(0)=v'_i$；$z=l_n$，$v(l_n)=v_j$，$v'(l_n)=v'_j$，代入式(2-6-6)或其导数式，可确定系数 a_0、a_1、a_2 及 a_3，得出

$$v(z,t) = \boldsymbol{N}\boldsymbol{q}_e \tag{2-6-7}$$

式中，

$$\boldsymbol{N}=\{N_1\quad N_2\quad N_3\quad N_4\}\tag{2-6-8}$$

$$N_1=1-3\left(\frac{z}{l_n}\right)^2+2\left(\frac{z}{l_n}\right)^3,N_2=z-2\frac{z^2}{l_n}+\frac{z^3}{l_n^2},N_3=3\left(\frac{z}{l_n}\right)^2-2\left(\frac{z}{l_n}\right)^3,N_4=-\frac{z^2}{l_n}+\frac{z^3}{l_n^2}$$

(2)单元刚度矩阵

单元弯曲应变能 $U_{\mathrm{i}}=\int_0^{l_n}\frac{M\mathrm{d}\theta}{2}=\int_0^{l_n}\frac{EI_nv''}{2}\frac{\mathrm{d}(v')}{\mathrm{d}z}\mathrm{d}z=\frac{EI_n}{2}\int_0^{l_n}(v'')^2\mathrm{d}z$

对单元应变能进行位移变分 $\delta_\varepsilon U_{\mathrm{i}}=EI_n\int_0^{l_n}v''\delta v''\mathrm{d}z$

将式(2-6-7)代入上式并考虑 $v''=\boldsymbol{N}''\boldsymbol{q}_{\mathrm{e}}$、$\delta v''=\boldsymbol{N}''\delta\boldsymbol{q}_{\mathrm{e}}$，得出

$$\delta_\varepsilon U_{\mathrm{i}}=\delta\boldsymbol{q}_{\mathrm{e}}^{\mathrm{T}}\left(EI_n\int_0^{l_n}\boldsymbol{N}''^{\mathrm{T}}\boldsymbol{N}''\mathrm{d}z\right)\boldsymbol{q}_{\mathrm{e}}\tag{2-6-9}$$

得到单元刚度矩阵

$$\boldsymbol{K}^{\mathrm{e}}=EI_n\int_0^{l_n}\boldsymbol{N}''^{\mathrm{T}}\boldsymbol{N}''\mathrm{d}z\tag{2-6-10}$$

考虑 $\int_0^{l_n}\boldsymbol{N}''^{\mathrm{T}}\boldsymbol{N}''\mathrm{d}z=\int_0^{l_n}\{N_1''\quad N_2''\quad N_3''\quad N_4''\}^{\mathrm{T}}\{N_1''\quad N_2''\quad N_3''\quad N_4''\}\mathrm{d}z$，并将式(2-6-8)代入式(2-6-10)得

$$\begin{array}{c} \\ \delta v_i \\ \delta v_i' \\ \delta v_j \\ \delta v_j' \end{array}\quad \boldsymbol{K}^{\mathrm{e}}=\frac{EI_n}{l_n^3}\begin{array}{c}\begin{matrix} v_i & v_i' & v_j & v_j' \end{matrix}\\ \begin{bmatrix} 12 & 6l_n & -12 & 6l_n \\ 6l_n & 4l_n^2 & -6l_n & 2l_n^2 \\ -12 & -6l_n & 12 & -6l_n \\ 6l_n & 2l_n^2 & -6l_n & 4l_n^2 \end{bmatrix}\end{array}\tag{2-6-11}$$

(3)单元阻尼矩阵

本例中考虑外部黏滞阻尼，单元阻尼力势能

$$V_{\mathrm{c}}=\int_0^{l_n}c(z)\,\dot{v}(z,t)v(z,t)\mathrm{d}z\tag{2-6-12}$$

其中

$$\dot{v}(z,t)=\frac{\mathrm{d}v(z,t)}{\mathrm{d}t}=\frac{\mathrm{d}}{\mathrm{d}t}(\boldsymbol{N}\boldsymbol{q}_e)=\boldsymbol{N}\dot{\boldsymbol{q}}_e\tag{2-6-13}$$

对单元阻尼力势能进行位移变分

$$\delta_\varepsilon V_{\mathrm{c}}=\int_0^{l_n}c(z)\,\dot{v}(z,t)\delta v(z,t)\mathrm{d}z=\delta\boldsymbol{q}_{\mathrm{e}}^{\mathrm{T}}\left[\int_0^{l_n}c(z)\boldsymbol{N}^{\mathrm{T}}\boldsymbol{N}\mathrm{d}z\right]\dot{\boldsymbol{q}}_{\mathrm{e}}\tag{2-6-14}$$

得到单元阻尼矩阵

$$C^e = \int_0^{l_n} c(z)N^T N dz \tag{2-6-15}$$

当阻尼系数 $c(z)$ 为常数,即 $c(z) = c$ 时,式(2-6-15)可写为

$$C^e = c\int_0^{l_n} N^T N dz = c\begin{bmatrix} \int_0^{l_n} N_1^2 dz & \int_0^{l_n} N_1 N_2 dz & \int_0^{l_n} N_1 N_3 dz & \int_0^{l_n} N_1 N_4 dz \\ \int_0^{l_n} N_2 N_1 dz & \int_0^{l_n} N_2^2 dz & \int_0^{l_n} N_2 N_3 dz & \int_0^{l_n} N_2 N_4 dz \\ \int_0^{l_n} N_3 N_1 dz & \int_0^{l_n} N_3 N_2 dz & \int_0^{l_n} N_3^2 dz & \int_0^{l_n} N_3 N_4 dz \\ \int_0^{l_n} N_4 N_1 dz & \int_0^{l_n} N_4 N_2 dz & \int_0^{l_n} N_4 N_3 dz & \int_0^{l_n} N_4^2 dz \end{bmatrix}$$

$$\begin{array}{c} & \dot{v}_i \quad \dot{v}'_i \quad \dot{v}_j \quad \dot{v}'_j \\ \delta v_i \\ \delta v'_i \\ \delta v_j \\ \delta v'_j \end{array} = \frac{cl_n}{420}\begin{bmatrix} 156 & 22l_n & 54 & -13l_n \\ 22l_n & 4l_n^2 & 13l_n & -3l_n^2 \\ 54 & 13l_n & 156 & -22l_n \\ -13l_n & -3l_n^2 & -22l_n & 4l_n^2 \end{bmatrix} \tag{2-6-16}$$

(4) 单元质量矩阵

单元惯性力势能 $V_m = \int_0^{l_n} m(z)\ddot{v}(z,t)v(z,t)dz$

其中

$$\ddot{v}(z,t) = \frac{d^2 v(z,t)}{dt^2} = \frac{d^2}{dt^2}(Nq_e) = N\ddot{q}_e \tag{2-6-17}$$

对单元惯性力势能进行位移变分

$$\delta_\varepsilon V_m = \int_0^{l_n} m(z)\ddot{v}(z,t)\delta v(z,t)dz = \delta q_e^T \left[\int_0^{l_n} m(z)N^T N dz\right]\ddot{q}_e \tag{2-6-18}$$

得到单元质量矩阵

$$M^e = \int_0^{l_n} m(z)N^T N dz \tag{2-6-19}$$

当分布质量 $m(z)$ 为常数,即 $m(z) = m$ 时,式(2-6-19)可写为

$$M^e = m\int_0^{l_n} N^T N dz = m\begin{bmatrix} \int_0^{l_n} N_1^2 dz & \int_0^{l_n} N_1 N_2 dz & \int_0^{l_n} N_1 N_3 dz & \int_0^{l_n} N_1 N_4 dz \\ \int_0^{l_n} N_2 N_1 dz & \int_0^{l_n} N_2^2 dz & \int_0^{l_n} N_2 N_3 dz & \int_0^{l_n} N_2 N_4 dz \\ \int_0^{l_n} N_3 N_1 dz & \int_0^{l_n} N_3 N_2 dz & \int_0^{l_n} N_3^2 dz & \int_0^{l_n} N_3 N_4 dz \\ \int_0^{l_n} N_4 N_1 dz & \int_0^{l_n} N_4 N_2 dz & \int_0^{l_n} N_4 N_3 dz & \int_0^{l_n} N_4^2 dz \end{bmatrix}$$

$$
= \frac{ml_n}{420}
\begin{array}{c} \delta v_i \\ \delta v_i' \\ \delta v_j \\ \delta v_j' \end{array}
\overset{\begin{array}{cccc} \ddot{v}_i & \ddot{v}_i' & \ddot{v}_j & \ddot{v}_j' \end{array}}{
\begin{bmatrix}
156 & 22l_n & 54 & -13l_n \\
22l_n & 4l_n^2 & 13l_n & -3l_n^2 \\
54 & 13l_n & 156 & -22l_n \\
-13l_n & -3l_n^2 & -22l_n & 4l_n^2
\end{bmatrix}} \tag{2-6-20}
$$

(5)单元荷载向量

单元外荷载势能 $V_{\mathrm{P}} = -P_{\mathrm{c}}v(c) - \int_0^{l_n} qv(z,t)\mathrm{d}z = -P_{\mathrm{c}}v(c) - \int_0^{l_n} q\boldsymbol{N}\boldsymbol{q}_{\mathrm{e}}\mathrm{d}z$

对单元外荷载势能进行位移变分

$$
\delta_\varepsilon V_{\mathrm{P}} = \delta\boldsymbol{q}_{\mathrm{e}}^{\mathrm{T}}\left(-P_{\mathrm{c}}\boldsymbol{N}_{z=z_{\mathrm{c}}}^{\mathrm{T}} - \int_0^{l_n} q\boldsymbol{N}^{\mathrm{T}}\mathrm{d}z\right)
$$

得到单元荷载向量

$$
\boldsymbol{Q}^{\mathrm{e}} = \int_0^{l_n} q\boldsymbol{N}^{\mathrm{T}}\mathrm{d}z + P_{\mathrm{c}}\boldsymbol{N}_{z=z_{\mathrm{c}}}^{\mathrm{T}} \tag{2-6-21}
$$

将式(2-6-8)代入式(2-6-21),得

$$
\boldsymbol{Q}^{\mathrm{e}} = \begin{array}{c} \delta v_i \\ \delta v_i' \\ \delta v_j \\ \delta v_j' \end{array}
\begin{Bmatrix}
\dfrac{ql_n}{2} + (N_1)_{z=z_{\mathrm{c}}}P_{\mathrm{c}} \\
\dfrac{ql_n^2}{12} + (N_2)_{z=z_{\mathrm{c}}}P_{\mathrm{c}} \\
\dfrac{ql_n}{2} + (N_3)_{z=z_{\mathrm{c}}}P_{\mathrm{c}} \\
-\dfrac{ql_n^2}{12} + (N_4)_{z=z_{\mathrm{c}}}P_{\mathrm{c}}
\end{Bmatrix}
$$

(6)结构总体矩阵

梁在任一时刻 t 的总势能不仅包括所有单元总势能(单元弹性应变能、惯性力势能、阻尼力势能、外荷载势能)之和,还包括不包含在单元之内的局部部件与非单元荷载的势能,具体如下

$$
\Pi_{\mathrm{d}} = \sum_{n=1}^{N} U_{\mathrm{i}} + \sum_{n=1}^{N} V_{\mathrm{m}} + \sum_{n=1}^{N} V_{\mathrm{c}} + \sum_{n=1}^{N} V_{\mathrm{P}} + \frac{1}{2}k_0 v_k^2 - P_s v_s
$$

式中,k_0 为中间支承弹簧刚度系数;v_k 为节点 k 的竖向位移;P_s 为作用在节点 s 的竖向集中荷载;v_s 为节点 s 的竖向位移。

根据弹性系统动力学总势能不变值原理,有

$$
\delta_\varepsilon \Pi_{\mathrm{d}} = \sum_{n=1}^{N} \delta_\varepsilon U_{\mathrm{i}} + \sum_{n=1}^{N} \delta_\varepsilon V_{\mathrm{m}} + \sum_{n=1}^{N} \delta_\varepsilon V_{\mathrm{c}} + \sum_{n=1}^{N} \delta_\varepsilon V_{\mathrm{P}} + k_0 v_k \delta v_k - P_s \delta v_s = 0
$$

即有

$$
\sum_{n=1}^{N} \delta\boldsymbol{q}_{\mathrm{e}}^{\mathrm{T}}\boldsymbol{K}^{\mathrm{e}}\boldsymbol{q}_{\mathrm{e}} + \sum_{n=1}^{N} \delta\boldsymbol{q}_{\mathrm{e}}^{\mathrm{T}}\boldsymbol{M}^{\mathrm{e}}\ddot{\boldsymbol{q}}_{\mathrm{e}} + \sum_{n=1}^{N} \delta\boldsymbol{q}_{\mathrm{e}}^{\mathrm{T}}\boldsymbol{C}^{\mathrm{e}}\dot{\boldsymbol{q}}_{\mathrm{e}} - \sum_{n=1}^{N} \delta\boldsymbol{q}_{\mathrm{e}}^{\mathrm{T}}\boldsymbol{Q}^{\mathrm{e}} + k_0 v_k \delta v_k - P_s \delta v_s = 0 \tag{2-6-22}
$$

按结构各节点位移参数的一阶变分集合,整理后得到

$$\delta \boldsymbol{q}^{\mathrm{T}}(\boldsymbol{M}\ddot{\boldsymbol{q}}+\boldsymbol{C}\dot{\boldsymbol{q}}+\boldsymbol{K}\boldsymbol{q})=\delta \boldsymbol{q}^{\mathrm{T}}\boldsymbol{Q} \tag{2-6-23}$$

式中，

$$\begin{cases} \boldsymbol{M}=\sum_{n=1}^{N}\boldsymbol{M}^{\mathrm{e}} \\ \boldsymbol{C}=\sum_{n=1}^{N}\boldsymbol{C}^{\mathrm{e}} \\ \boldsymbol{K}=\sum_{n=1}^{N}\boldsymbol{K}^{\mathrm{e}}+k_0(\delta v_k\cdot v_k) \\ \boldsymbol{Q}=\sum_{n=1}^{N}\boldsymbol{Q}^{\mathrm{e}}+P_s(\delta v_s) \end{cases} \tag{2-6-24}$$

$\boldsymbol{M}$、$\boldsymbol{C}$、$\boldsymbol{K}$、$\boldsymbol{Q}$ 分别为结构总体质量矩阵、阻尼矩阵、刚度矩阵、荷载向量；$\boldsymbol{q}$、$\dot{\boldsymbol{q}}$ 与 $\ddot{\boldsymbol{q}}$ 分别为结构位移、速度、加速度向量；$\delta\boldsymbol{q}$ 为位移一阶变分向量。

式(2-6-24)再次表示："对号入座"法则的含义不是数学上的矩阵相加。其中，$k_0(\delta v_k\cdot v_k)$ 项表示刚度元素 k_0 应累加到总体刚度矩阵中 $\delta v_k\cdot v_k$ 对应的位置，$P_s(\delta v_s)$ 项表示荷载 P_s 应累加到总体荷载向量中 δv_s 对应行。因 $\delta\boldsymbol{q}^{\mathrm{T}}\neq\boldsymbol{0}$，得到结构动力平衡矩阵方程

$$\boldsymbol{M}\ddot{\boldsymbol{q}}+\boldsymbol{C}\dot{\boldsymbol{q}}+\boldsymbol{K}\boldsymbol{q}=\boldsymbol{Q} \tag{2-6-25}$$

本例中单元局部坐标系与结构整体坐标系完全一致，故未作区分，将单元矩阵元素累加到总体矩阵前不需要进行坐标变换。否则，必须通过坐标变换得到整体坐标系下的单元矩阵后才能进行累加，详细内容可参考有限元的相关著作。

式(2-6-25)中尚未处理边界条件，对于动力有限元问题，常见的边界条件处理方法有置大数法和划行划列法。由图 2-6-1a)所示，①号单元的 1 号节点固结，即节点 1 处的竖向位移与转角均为零，N 号单元的 $N+1$ 号节点处无竖向位移。采用置大数法处理边界条件时，可将极大数叠加到上述被约束位移参量在总体结构刚度矩阵中对应的对角元素位置。其物理含义为：在被约束的位移参量 v 上，施加一个刚度系数 k_∞ 为极大值的弹簧(因弹簧刚度极大，此处位移必然趋于零)，该弹簧对应的应变能为 $1/2k_\infty v^2$，对其进行位移变分得 $k_\infty v\delta v$，根据"对号入座"法则，应将 k_∞ 累加到总体刚度矩阵对应的 $\delta v\cdot v$ 位置。

划行划列法是将给定的支承条件引入结构运动方程，对其进行必要的修正。具体修正方法是在矩阵中除去与已知位移自由度对应的行和列。为此把结构位移向量 $\boldsymbol{q}$ 分成两组：一组包括所有已知位移分量，以 $\boldsymbol{q}_0$ 表示，其余未知位移向量以 $\boldsymbol{q}_1$ 表示，则

$$\boldsymbol{q}=\begin{Bmatrix}\boldsymbol{q}_0\\ \boldsymbol{q}_1\end{Bmatrix} \tag{2-6-26}$$

相应地，结构总体荷载向量重新分成两块

$$\boldsymbol{Q}=\begin{Bmatrix}\boldsymbol{Q}_0\\ \boldsymbol{Q}_1\end{Bmatrix} \tag{2-6-27}$$

式中，$\boldsymbol{Q}_0$ 对应于已知向量 $\boldsymbol{q}_0$，反映了支承对结构的反作用力，即支座反力。将式(2-6-26)和式(2-6-27)代入结构运动方程，经过修正(即重新排列)的分块形式的结构

运动方程为

$$\begin{bmatrix} \boldsymbol{M}_{00} & \boldsymbol{M}_{01} \\ \boldsymbol{M}_{10} & \boldsymbol{M}_{11} \end{bmatrix} \begin{Bmatrix} \ddot{\boldsymbol{q}}_0 \\ \ddot{\boldsymbol{q}}_1 \end{Bmatrix} + \begin{bmatrix} \boldsymbol{C}_{00} & \boldsymbol{C}_{01} \\ \boldsymbol{C}_{10} & \boldsymbol{C}_{11} \end{bmatrix} \begin{Bmatrix} \dot{\boldsymbol{q}}_0 \\ \dot{\boldsymbol{q}}_1 \end{Bmatrix} + \begin{bmatrix} \boldsymbol{K}_{00} & \boldsymbol{K}_{01} \\ \boldsymbol{K}_{10} & \boldsymbol{K}_{11} \end{bmatrix} \begin{Bmatrix} \boldsymbol{q}_0 \\ \boldsymbol{q}_1 \end{Bmatrix} = \begin{Bmatrix} \boldsymbol{Q}_0 \\ \boldsymbol{Q}_1 \end{Bmatrix} \tag{2-6-28}$$

当已知支承位移向量 $\boldsymbol{q}_0 = \boldsymbol{0}$ 时，式(2-6-28)可展开为

$$\boldsymbol{M}_{11}\ddot{\boldsymbol{q}}_1 + \boldsymbol{C}_{11}\dot{\boldsymbol{q}}_1 + \boldsymbol{K}_{11}\boldsymbol{q}_1 = \boldsymbol{Q}_1 \tag{2-6-29}$$

$$\boldsymbol{M}_{01}\ddot{\boldsymbol{q}}_1 + \boldsymbol{C}_{01}\dot{\boldsymbol{q}}_1 + \boldsymbol{K}_{01}\boldsymbol{q}_1 = \boldsymbol{Q}_0 \tag{2-6-30}$$

称式(2-6-29)为引入支承条件后修正的结构运动方程，它可以求解任意初始扰动和任意等效节点力 $\boldsymbol{Q}_1$ 作用下的未知位移向量 $\boldsymbol{q}_1$。将求得的 $\boldsymbol{q}_1$ 代入式(2-6-30)可以求得全部动反力 $\boldsymbol{Q}_0$，所以也称式(2-6-30)为动反力方程。

上述处理边界条件的方法在程序设计时可描述为划行划列法，从刚度、质量、阻尼、荷载矩阵中划掉已知零位移自由度所对应的行与列，同样建立非奇异的系统运动方程式(2-6-29)。

2.6.2 基于MATLAB语言符号运算功能的系统矩阵形成方法

基于弹性系统动力学总势能不变值原理和形成系统矩阵的“对号入座”法则，运用MATLAB语言的符号运算功能编制系统矩阵生成程序，可以快捷地列出系统矩阵（单元矩阵或总体矩阵）。该方法由本书第一作者周智辉提出。这里以平面梁单元为例，说明程序的实现思路与使用方法，具体程序见附录。

运用系统矩阵生成程序推导单元矩阵需要准备工作有：

(1)选定单元节点位移参量，对应的速度与加速度参量随之确定，平面梁单元节点位移参量为 v_i、v_i'、v_j、v_j'，对应的速度参量为 $\dot{v}_i$、$\dot{v}_i'$、$\dot{v}_j$、$\dot{v}_j'$，对应加速度参量为 $\ddot{v}_i$、$\ddot{v}_i'$、$\ddot{v}_j$、$\ddot{v}_j'$。

(2)确定单元位移、速度及加速度模式如下。

$$v(z,t) = \boldsymbol{N}\boldsymbol{q}_e,\ \dot{v}(z,t) = \boldsymbol{N}\dot{\boldsymbol{q}}_e,\ \ddot{v}(z,t) = \boldsymbol{N}\ddot{\boldsymbol{q}}_e \tag{2-6-31}$$

式中，$\boldsymbol{N} = \{N_1 \quad N_2 \quad N_3 \quad N_4\}$；$\boldsymbol{q}_e = \{v_i \quad v_i' \quad v_j \quad v_j'\}^T$；$\dot{\boldsymbol{q}}_e = \{\dot{v}_i \quad \dot{v}_i' \quad \dot{v}_j \quad \dot{v}_j'\}^T$；$\ddot{\boldsymbol{q}}_e = \{\ddot{v}_i \quad \ddot{v}_i' \quad \ddot{v}_j \quad \ddot{v}_j'\}^T$。

(3)用单元位移、速度及加速度模式列出单元总势能表达式（不需要具体展开，求导积分等展开工作由MATLAB程序完成），具体如下。

单元弯曲应变能为

$$U_i = \frac{EI_n}{2}\int_0^{l_n} (v'')^2 \mathrm{d}z \tag{2-6-32}$$

单元阻尼力势能为

$$V_c = \int_0^{l_n} c\,\dot{v}(z,t)v(z,t)\,\mathrm{d}z \tag{2-6-33}$$

单元惯性力势能为

$$V_m = \int_0^{l_n} m\,\ddot{v}(z,t)v(z,t)\,\mathrm{d}z \tag{2-6-34}$$

单元总势能为

$$\Pi_{\mathrm{d}} = U_{\mathrm{i}} + V_{\mathrm{c}} + V_{\mathrm{m}} \tag{2-6-35}$$

基于上述准备材料,运用系统矩阵生成程序推导单元矩阵的步骤如下:

(1)列出单元节点位移参量及对应向量 $\boldsymbol{q}_{\mathrm{e}}$、单元节点速度参量及对应向量$\dot{\boldsymbol{q}}_{\mathrm{e}}$、单元节点加速度参量及对应向量 $\ddot{\boldsymbol{q}}_{\mathrm{e}}$。单元节点位移(速度及加速度)参量在向量中的排序决定了单元刚度(阻尼及质量)元素的对应位置,$\boldsymbol{q}_{\mathrm{e}}$、$\dot{\boldsymbol{q}}_{\mathrm{e}}$ 及 $\ddot{\boldsymbol{q}}_{\mathrm{e}}$ 中各参量应一一对应,如平面梁单元节点位移参量 v_i、速度参量$\dot{v}_i$ 与加速度参量 $\ddot{v}_i$ 在各自向量中的序号应相同。

(2)分别用单元节点位移、速度及加速度参量表达单元内部各处位移、速度及加速度,即列出单元位移、速度及加速度的符号表达式,如写出平面梁单元的 $v(z,t)$、$\dot{v}(z,t)$ 及 $\ddot{v}(z,t)$ 的符号表达式。

(3)基于单元位移、速度及加速度的符号表达式,列出单元总势能 Π_{d}(包括弹性应变能、阻尼力势能及惯性力势能)的符号表达式。

(4)对单元总势能 Π_{d} 进行位移变分得到单元刚度元素 k_{ij}^{e}、单元阻尼元素 c_{ij}^{e}及单元质量元素 m_{ij}^{e},具体过程如下:①用单元总势能 Π_{d} 对 $\boldsymbol{q}_{\mathrm{e}}$ 中第 i 个单元节点位移参量求导,得到总势能一阶偏导数 $\Pi_{\mathrm{d},q_{ei}}$ 的符号表达式;②用 $\Pi_{\mathrm{d},q_{ei}}$ 对 $\boldsymbol{q}_{\mathrm{e}}$ 中第 j 个单元节点位移参量求导,得到单元刚度元素 k_{ij}^{e}的符号表达式;③用 $\Pi_{\mathrm{d},q_{ei}}$ 对$\dot{\boldsymbol{q}}_{\mathrm{e}}$ 中第 j 个单元节点速度参量求导,得到单元阻尼元素 c_{ij}^{e}的符号表达式;④用 $\Pi_{\mathrm{d},q_{ei}}$ 对 $\ddot{\boldsymbol{q}}_{\mathrm{e}}$ 中第 j 个单元节点加速度参量求导,得到单元质量元素 m_{ij}^{e}的符号表达式;⑤重复上述工作可导出所有的单元刚度、阻尼及质量元素的符号表达式,从而形成用 MATLAB 字符表达的单元刚度、阻尼及质量矩阵。

运用 MATLAB 程序生成的平面梁单元刚度矩阵、单元阻尼矩阵及单元质量矩阵,如图 2-6-2 所示。所得结果与手工推导完全一致,新生成的矩阵可以直接嵌入 MATLAB 程序之中,为编制动力有限元分析程序提供子模块。

```
[ (12*E*In)/ln^3,     (6*E*In)/ln^2,      -(12*E*In)/ln^3,    (6*E*In)/ln^2]
[  (6*E*In)/ln^2,     (4*E*In)/ln,        -(6*E*In)/ln^2,     (2*E*In)/ln]
[ -(12*E*In)/ln^3,    -(6*E*In)/ln^2,     (12*E*In)/ln^3,     -(6*E*In)/ln^2]
[  (6*E*In)/ln^2,     (2*E*In)/ln,        -(6*E*In)/ln^2,     (4*E*In)/ln]
```

a) 单元刚度 矩阵

```
[ (13*c*ln)/35,        (11*c*ln^2) /210,   (9*c*ln)/70,        -(13*c*ln^2)/420]
[ (11*c*ln^2)/210,     (c*ln^3)/105,       (13*c*ln^2)/420,    - (c*ln^3)/140]
[ (9*c*ln)/70,         (13*c*ln^2)/420,    (13*c*ln)/35,       - (11*c*ln^2)/210]
[ -(13*c*ln^2)/420,    -(c*ln^3)/140,      - (11*c*ln^2)/210,  (c*ln^3)/ 105]
```

b)单元阻尼 矩阵

```
[ (13*ln*m)/35,        (11*ln^2*m)/210,    (9*ln*m)/70,        -(13*ln^2*m)/420]
[ (11*ln^2*m)/210,     (ln^3*m)/105,       (13*ln^2*m)/420,    -(ln^3*m)/140]
[ (9*ln*m)/70,         (13*ln^2*m)/420,    (13*ln*m)/35,       -(11*ln^2*m)/210]
[ -(13*ln^2*m)/420,    -(ln^3*m)/140,      -(11*ln^2*m)/210,   (ln^3*m)/105]
```

c)单元质量矩阵

图 2-6-2　自动生成的单元矩阵

平面梁单元的自由度为4个,其单元矩阵为4×4的矩阵,对于此类规模的单元矩阵,手工推导的计算量并不大。当需要推导的单元自由度数量比较多,单元位移模型比较复杂,单元总势能表达式出现高阶导数与多元积分时,手工推导过程非常烦琐,借助上述程序只需写出单元位移模型与单元总势能列式,便可快捷准确推导出相应单元矩阵。当总势能计算式包含结构系统的全部弹性应变能、阻尼力势能及惯性力势能时,用同样方法可以导出相应的系统总体矩阵。

思考题与习题

2.1 试阐述弹性系统动力学总势能不变值原理与动力学虚位移原理的区别与联系。

2.2 试比较本章所述形成系统矩阵的"对号入座"法则与一般结构力学中介绍的"对号入座"法则。

2.3 试阐述动力学虚位移原理与静力学虚位移原理的区别与联系。

2.4 一总质量为 m_1、长为 L 的均匀刚性直杆在重力作用下摆动,见题2.4图。一集中质量 m_2 沿杆轴滑动并有一刚度为 k_2 的无质量弹簧与摆轴相连,弹簧自由长度为 b。设系统无摩擦,并考虑大摆角,广义坐标 q_1 和 q_2 如题2.4图所示,试用不同方法推导该系统的运动方程。

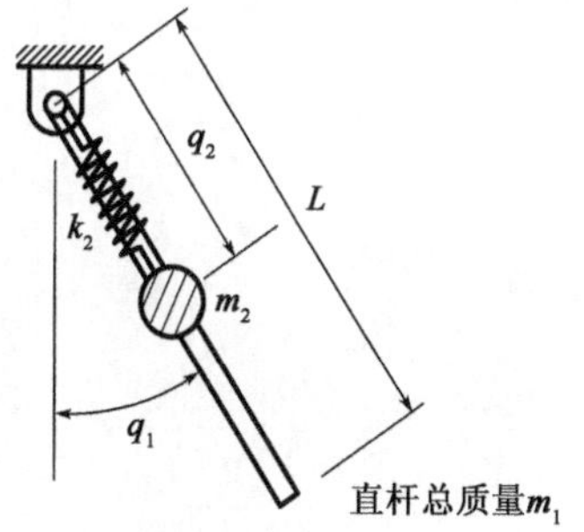

题2.4图

2.5 题2.5图a)所示为Winkler弹性地基梁,采用有限元法计算其竖向平面内的弯曲变形。将弹性地基梁划分为若干带弹性支撑的平面梁单元,设单元长度为 l、抗弯刚度系数为 EI,单位长度质量为 $\overline{m}$,弹簧地基单位长度的刚度系数为 k_0,单元节点位移参数见题2.5图c)。试运用弹性系统动力学总势能不变值原理和形成系统矩阵的"对号入座"法则,推导其单元刚度矩阵、单元质量矩阵。

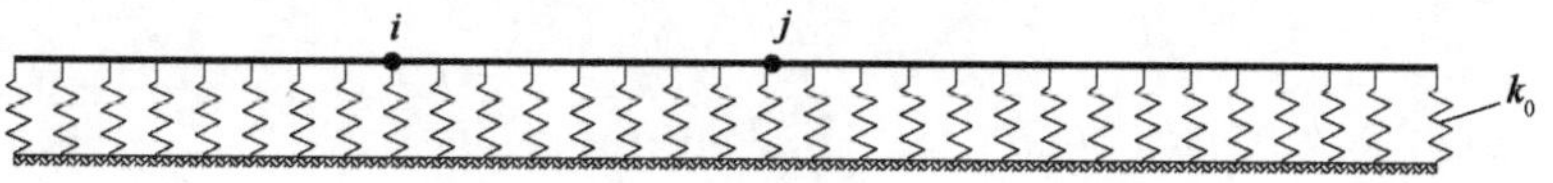

a)弹性地基梁

题2.5图

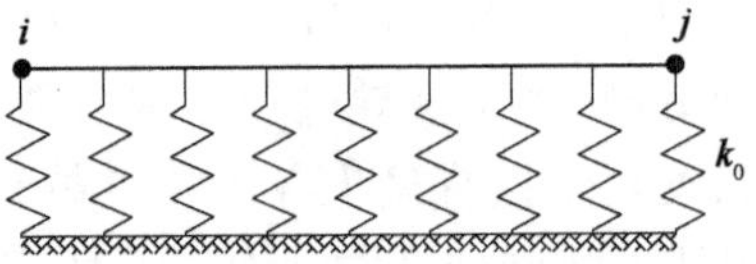

b)弹性地基梁单元

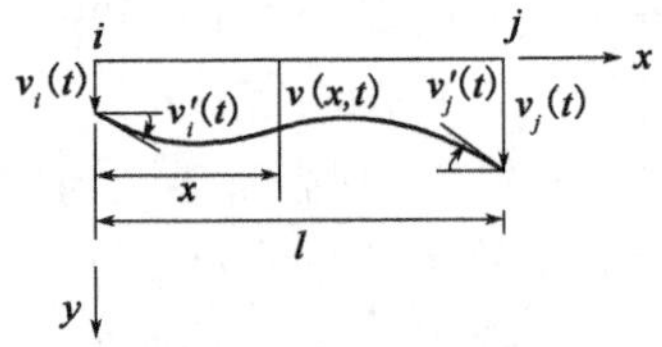

c)单元位移模式

题 2.5 图

2.6 题 2.6 图为跨座式单轨交通的某简支梁竖向振动计算图,结构参数如下:跨度 $L=22\text{m}$,弹性模量 $E=3.96\times10^{10}\text{Pa}$,截面惯性矩 $I=0.2087\text{m}^4$,横截面面积 $A=0.877\text{m}^2$,密度 $\rho=2.551\times10^3\text{kg/m}^3$。跨中作用一竖向力 $P(t)=P_0\sin\omega t$。试将该简支梁划分为若干单元,推导系统运动方程,基于 MATLAB 等程序语言编制系统矩阵的相关程序。本习题的理论推导与编程工作是完成后续习题 4.10 与习题 5.8 的基础。

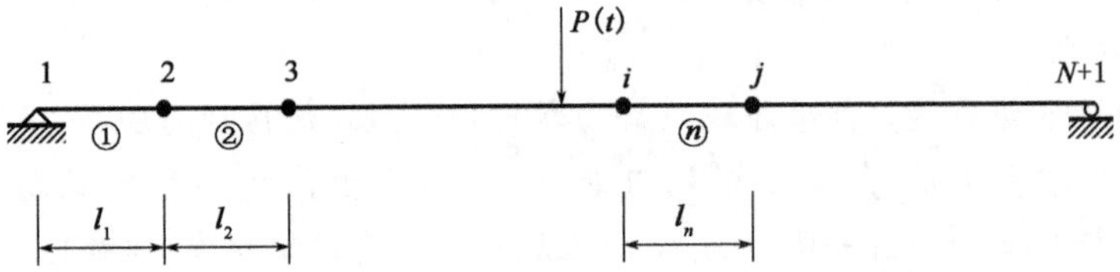

题 2.6 图

第3章

单自由度系统的振动分析

结构振动分析涉及的一般概念是由研究单自由度系统振动特性得出的。这些物理概念是振动分析的基础，对于掌握振动基础理论和深入理解结构动力性能等具有重要意义。本章首先讲述单自由度系统的自由振动特性，了解系统的固有振动特性。其次，介绍了单自由度系统在各种外部荷载（简谐荷载、周期性荷载、已知基础运动、冲击荷载及任意动荷载）作用下的响应分析方法，并讨论了与特有振动现象相关的物理概念。最后，补充介绍了常用的阻尼力模型和阻尼系数测定方法。

3.1 自由振动

3.1.1 无阻尼系统自由振动

设有图3-1-1所示的弹簧-质量系统，不计弹簧质量，其自由振动方程可由建立质量块动力平衡条件得到。质量块在铅垂平面内上下运动的任意时刻，弹簧力、质量块的惯性力、质量块的重力应维持平衡，故有

$$m\ddot{v}+k(v+v_{st})-mg=0$$

式中，m 为质量块的质量；k 为弹簧刚度系数；g 为重力加速度；v_{st} 代表静力位移；v 代表任意时刻 t 的动位移（从静平衡位置计起）。

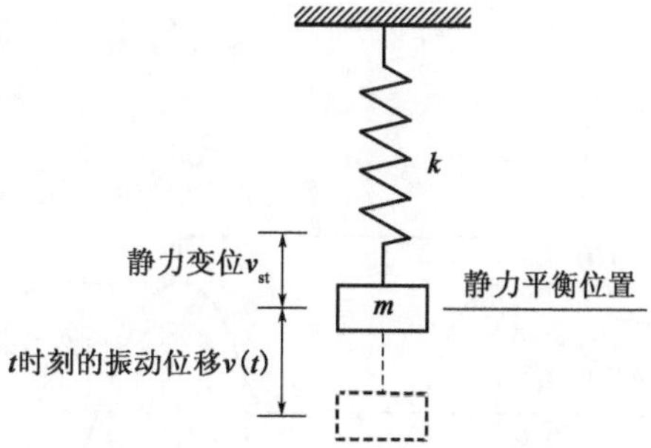

图3-1-1 单自由度系统的自由振动

考虑到质量块的初始静力平衡条件 $kv_{st}-mg=0$，上式简化为

$$m\ddot{v}+kv=0 \tag{3-1-1}$$

方程（3-1-1）的通解为

$$v(t)=C_1\cos\omega t+C_2\sin\omega t \tag{3-1-2}$$

式中，$\omega=\sqrt{k/m}$；C_1 与 C_2 为待定系数，由 $t=0$ 时刻的位移 $v(0)$ 及速度 $\dot{v}(0)$ 确

定。显然，$v(0)=C_1$，$\dot{v}(0)=C_2\omega$，得到 $C_1=v(0)$，$C_2=\dot{v}(0)/\omega$，则

$$v=v(0)\cos\omega t+\frac{\dot{v}(0)}{\omega}\sin\omega t \tag{3-1-3}$$

将式(3-1-3)写成

$$v=\rho\cos(\omega t-\theta) \tag{3-1-4}$$

式中，

$$\rho=\sqrt{[v(0)]^2+\left[\frac{\dot{v}(0)}{\omega}\right]^2} \tag{3-1-5}$$

$$\theta=\tan^{-1}\frac{\dot{v}(0)}{\omega v(0)} \tag{3-1-6}$$

式(3-1-4)描述的振动如图 3-1-2 所示。ρ 为振幅，θ 为相位角，ω 为系统振动的角频率或圆频率，其单位为 rad/s。对于给定的振动系统，k 与 m 一定，所以 $\omega=\sqrt{k/m}$ 为常数，称为固有圆频率(也称自振圆频率)，对应的系统固有周期 $T=2\pi/\omega$，固有频率 $f=1/T$，其单位为次/秒，称为赫兹(简称为赫)，常用 Hz 表示。因为系统的初始静位移 $v_{st}=mg/k$，所以也有如下关系式成立

$$f=\frac{1}{2\pi}\sqrt{\frac{g}{v_{st}}},\omega=\sqrt{\frac{g}{v_{st}}},T=2\pi\sqrt{\frac{v_{st}}{g}}$$

这些公式进一步说明系统自由振动特性完全由系统动力参数决定，与初始条件无关。

3.1.2 有阻尼系统自由振动

设图 3-1-1 所示的质量-弹簧系统引入黏滞阻尼器后，变成图 3-1-3 所示的质量-弹簧-阻尼单自由度系统。考虑到黏滞阻尼器对运动的质量块施加了黏滞阻尼力 $F_d=c\dot{v}$(阻尼理论详见 3.7 节相关内容)，方向与质量块的运动方向相反，该系统运动方程为

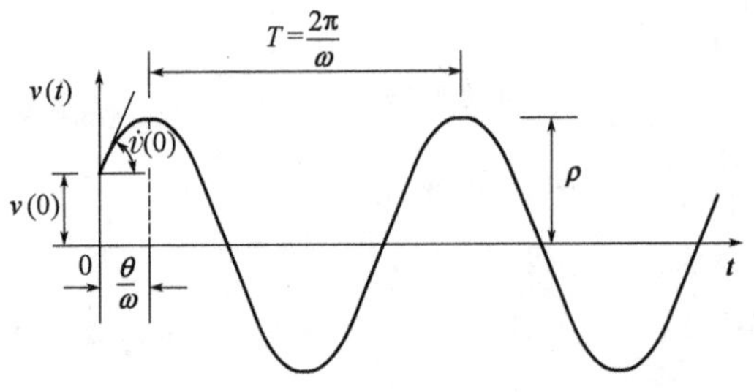

图 3-1-2 无阻尼自由振动反应

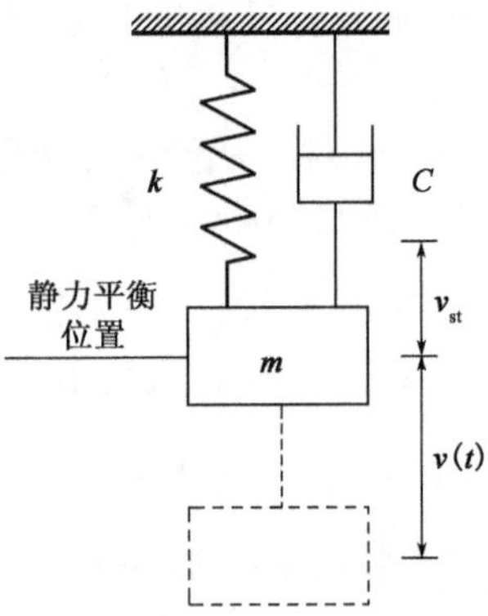

图 3-1-3 有阻尼的单自由度系统自由振动

$$m\ddot{v} + c\dot{v} + kv = 0$$

考虑 $\omega = \sqrt{k/m}$，得

$$\ddot{v} + \frac{c}{m}\dot{v} + \omega^2 v = 0 \tag{3-1-7}$$

式中，c 称为黏滞阻尼系数。根据常系数齐次线性微分方程理论，将 $v = e^{St}$ 及其导数式代入式(3-1-7)，可得

$$S^2 + \frac{c}{m}S + \omega^2 = 0 \tag{3-1-8}$$

解得

$$S_{1,2} = -\frac{c}{2m} \pm \sqrt{\left(\frac{c}{2m}\right)^2 - \omega^2}$$

当结构系统的刚度与质量一定时，上式中根号内的式子取值完全取决于阻尼系数 c。当阻尼系数 c 较大时，根号内数值可能大于零，S_1、S_2 为两个不同实数，系统运动不会发生往复振动；当阻尼系数 c 较小时，根号内数值可能小于零，S_1、S_2 为两个复数，系统运动为往复振动；当阻尼系数 c 等于某临界阻尼值（称此阻尼值为临界阻尼 c_c）时，根号内数值为零，即 $c = 2m\omega \equiv c_c$，S_1、S_2 为两个相同实数，此时的系统运动是上述两种完全不同运动状态的分界线，具体讨论见以下相关内容。另外，引入参数 $\xi = c/c_c$，称为阻尼比。因为实际结构阻尼系数较难确定，而测定阻尼比 ξ 更容易一些，故结构振动分析中多采用阻尼比 ξ。下面分 3 种情形讨论式(3-1-7)解的特性。

1）低阻尼系统（$\xi < 1$）

此时，$S_{1,2} = -\xi\omega \pm \omega_D i$，$\omega_D = \omega\sqrt{1 - \xi^2}$，称为有阻尼自由振动的圆频率，式(3-1-7)的通解为

$$v = e^{-\xi\omega t}(C_1\cos\omega_D t + C_2\sin\omega_D t) \tag{3-1-9}$$

式中，C_1、C_2 为待定常数。将系统振动的初始条件 $v(0)$、$\dot{v}(0)$ 代入上式及其导数式确定 C_1 与 C_2，最终得到

$$v = e^{-\xi\omega t}\left[v(0)\cos\omega_D t + \frac{\dot{v}(0) + \xi\omega v(0)}{\omega_D}\sin\omega_D t\right] \tag{3-1-10}$$

将式(3-1-10)写成

$$v = \rho e^{-\xi\omega t}\cos(\omega_D t - \theta_D) \tag{3-1-11}$$

式中

$$\rho = \sqrt{[v(0)]^2 + \left[\frac{\dot{v}(0) + \xi\omega v(0)}{\omega_D}\right]^2} \tag{3-1-12}$$

$$\theta_D = \tan^{-1}\frac{\dot{v}(0) + \xi\omega v(0)}{\omega_D v(0)} \tag{3-1-13}$$

式(3-1-11)描述的振动时程示于图3-1-4。从中可知,质量 m 前后两次以相同方向达到峰值所经历的时间为 T_D,而振动随时间衰减。因为 $v(t+T_D)\neq v(t)$,$\dot{v}(t+T_D)\neq\dot{v}(t)$,故低阻尼系统自由振动可称为等时振动,不能称为周期振动。不过,一般仍旧称 $T_D=2\pi/\omega_D=2\pi/(\omega\sqrt{1-\xi^2})\approx 2\pi/\omega$ 为低阻尼系统自由振动的周期。

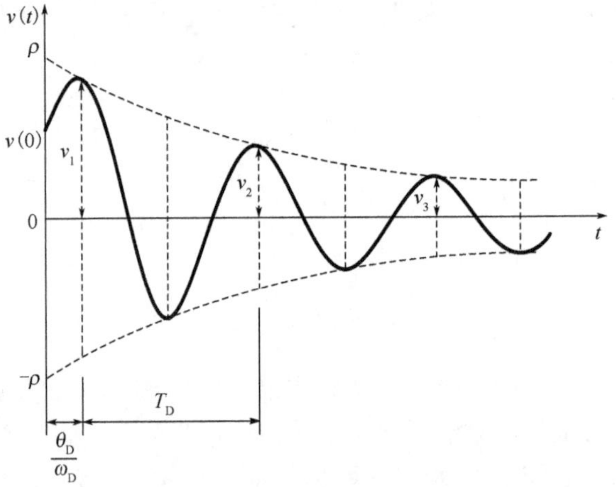

图3-1-4 低阻尼系统自由振动反应

由式(3-1-11)及图3-1-4可知,相邻振幅的比为

$$\frac{v_m}{v_{m+1}}=e^{\xi\omega T_D}=e^{\xi\omega\frac{2\pi}{\omega_D}} \tag{3-1-14}$$

对(3-1-14)两边取自然对数,得到该自由振动的对数衰减率(亦称对数衰减幅率)δ 为

$$\delta=\ln\frac{v_m}{v_{m+1}}=2\pi\xi\frac{\omega}{\omega_D}=\frac{2\pi\xi}{\sqrt{1-\xi^2}}\approx 2\pi\xi(\text{对于多数实际结构 }\xi<20\%,\xi^2\ll 1)$$

则 $\frac{v_m}{v_{m+1}}\approx e^{2\pi\xi}=1+2\pi\xi+\frac{1}{2!}(2\pi\xi)^2+\cdots$

取上式级数的前两项,得到阻尼比 ξ 的计算式为

$$\xi\approx\frac{v_m-v_{m+1}}{2\pi v_{m+1}} \tag{3-1-15}$$

取相隔 s 周的反应波峰值来计算阻尼比 ξ,计算精度更高。此时

$$\frac{v_m}{v_{m+s}}=e^{2\pi s\xi\frac{\omega}{\omega_D}}\approx e^{2\pi s\xi} \tag{3-1-16}$$

而 $\frac{v_m}{v_{m+s}}\approx e^{2\pi s\xi}=1+2\pi s\xi+\frac{1}{2!}(2\pi s\xi)^2+\cdots$

同样,取级数的前两项,得

$$\xi \approx \frac{v_m - v_{m+s}}{2\pi s v_{m+s}} \tag{3-1-17}$$

测出结构自由振动衰减波形图后,从图上量出 v_m 及 v_{m+s},即可由式(3-1-17)计算出结构的阻尼比 ξ。

此外,由式(3-1-16)可得

$$s = \frac{1}{2\pi\xi}\ln\left(\frac{v_m}{v_{m+s}}\right)$$

当振幅衰减到50%(即 $v_{m+s} = 50\% v_m$)时,所需的周期数 $s_{50\%}$ 为

$$s_{50\%} = \frac{1}{2\pi\xi}\ln\left(\frac{v_m}{0.5v_m}\right) \approx 0.11/\xi$$

$s_{50\%}$ 与 ξ 的关系见图3-1-5。由此可见,通过观察衰减自由振动试验记录来估计阻尼比 ξ,比较方便的方法是计算振幅减少到50%所需的振动周期数,再由图3-1-5得到相应的阻尼比 ξ。

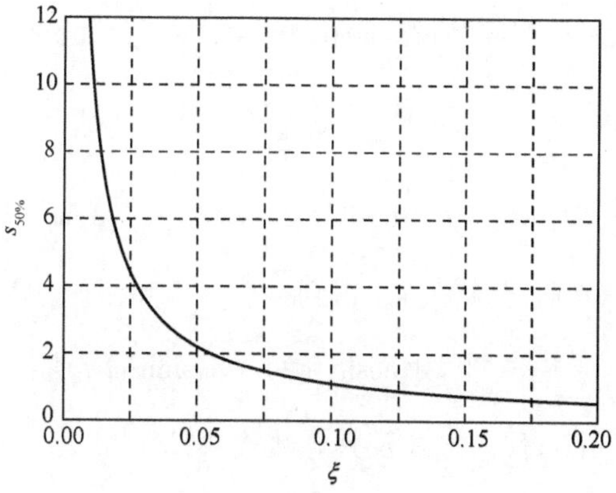

图3-1-5 振幅减少50%所需周期数 $s_{50\%}$ 与阻尼比 ξ 的关系

2)临界阻尼系统($\xi = 1$)

此时,方程(3-1-8)具有两个相等且为负的实根,即 $S_{1,2} = -\omega$,方程(3-1-7)的通解为

$$v = e^{-\omega t}(C_1 t + C_2)$$

C_1、C_2 是待定常数。同样由初始条件 $v(0)$、$\dot{v}(0)$ 可得

$$v = e^{-\omega t}[v(0)(1 + \omega t) + \dot{v}(0)t] \tag{3-1-18}$$

很显然,式(3-1-18)描述的运动是非振荡的衰减运动,临界阻尼的定义是在自由振动反应中不出现振荡所需的最小阻尼值。对于不同的初始条件,振动变化规律可用图3-1-6所示曲线簇来表示。

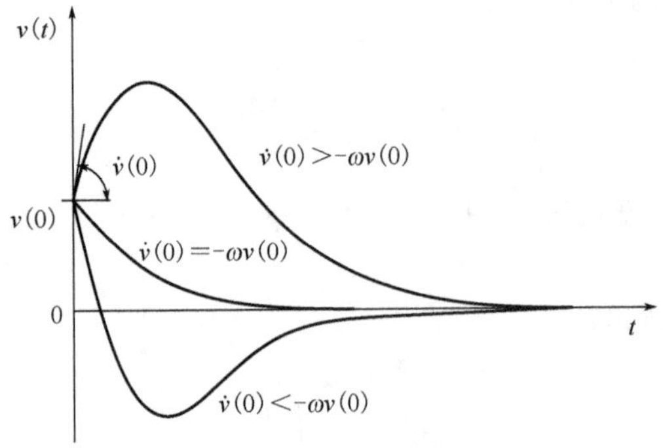

图 3-1-6　临界阻尼系统自由振动反应

3)超阻尼系统($\xi>1$)

此时,方程(3-1-8)具有两个负实根,即 $S_{1,2}=-\xi\omega\pm k_2$,其中,$k_2=\omega\sqrt{\xi^2-1}$,方程(3-1-7)的通解为

$$v=C_1\mathrm{e}^{(-\xi\omega+k_2)t}+C_2\mathrm{e}^{(-\xi\omega-k_2)t}$$

式中,C_1、C_2 是待定常数。上式可以整理为

$$v=\mathrm{e}^{-\xi\omega t}(C_1\mathrm{e}^{k_2t}+C_2\mathrm{e}^{-k_2t}) \tag{3-1-19}$$

另外,考虑到 $\cosh x=(\mathrm{e}^x+\mathrm{e}^{-x})/2$,$\sinh x=(\mathrm{e}^x-\mathrm{e}^{-x})/2$,变换得到:$\mathrm{e}^x=\cosh x+\sinh x$,$\mathrm{e}^{-x}=\cosh x-\sinh x$。

这样式(3-1-19)可写为

$$v=\mathrm{e}^{-\xi\omega t}[(C_1+C_2)\cosh(k_2t)+(C_1-C_2)\sinh(k_2t)]$$

将 C_1+C_2、C_1-C_2 分别记为 A_1、A_2,得到

$$v=\mathrm{e}^{-\xi\omega t}[A_1\cosh(k_2t)+A_2\sinh(k_2t)]$$

将初始条件 $v(0)$、$\dot{v}(0)$代入上式及其导数式,得

$$A_1=v(0),A_2=\frac{\dot{v}(0)+\xi\omega v(0)}{k_2}$$

于是得到

$$v=\mathrm{e}^{-\xi\omega t}\left[v(0)\cosh(k_2t)+\frac{\dot{v}(0)+\xi\omega v(0)}{k_2}\sinh(k_2t)\right] \tag{3-1-20}$$

从式(3-1-20)可知,超阻尼系统自由振动的反应同样是非振荡的衰减运动,与临界阻尼情况相似。但返回零位移位置的速度随着阻尼的增大而减慢。土木工程结构阻尼比一般都是低阻尼,见表4-5-1。在机械系统中有时会出现超阻尼的情况。

[例3-1-1] 在图3-1-7所示单层建筑物的顶部水平放置一液压千斤顶,千斤顶施加88.90kN的力 P,建筑物产生侧向偏离 v_0 为 5.08×10^{-3}m,然后突然释放,引起该建筑物侧向水平自由振动。释放后往返摆动的最大位移 v_1 为 4.064×10^{-3}m,位移循环的周期

为 1.40s。忽略柱的质量，各计算参数如图 3-1-7 所示，试分析该建筑物的动力特性。

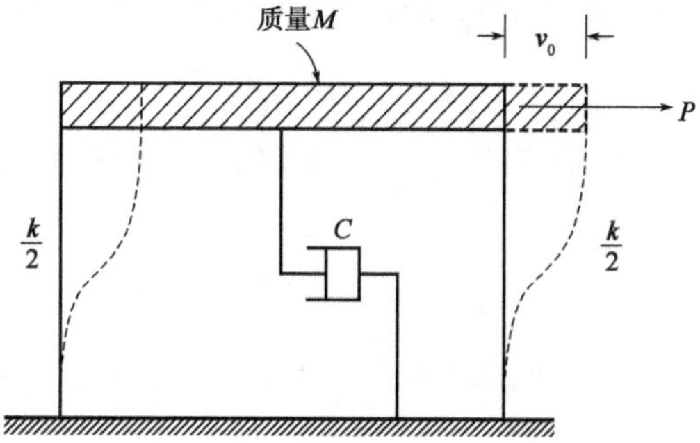

图 3-1-7 单层建筑物的振动试验

解:(1)大梁有效质量 M

$$T_D \approx \frac{2\pi}{\omega} = 2\pi\sqrt{\frac{M}{k}}$$

$$M = \left(\frac{T_D}{2\pi}\right)^2 k = \left(\frac{1.40}{2\pi}\right)^2 \times \frac{88.90\times10^3}{5.08\times10^{-3}} = 8.697\times10^5(\text{kg})$$

(2)固有圆频率 $\omega_D = \frac{2\pi}{T_D} = \frac{2\pi}{1.40} = 4.48(\text{rad/s})$

(3)阻尼特性

对数衰减率 $\delta = \ln\frac{5.08\times10^{-3}}{4.064\times10^{-3}} = 0.223$

阻尼比 $\xi \approx \frac{\delta}{2\pi} = 3.55\%$

阻尼系数：

$c = \xi c_c \approx \xi\cdot 2M\omega_D = 0.0355\times2\times8.697\times10^5\times4.48 = 2.766\times10^5[\text{N/(m}\cdot\text{s)}]$

(4)6 周后的振幅

由式(3-1-16)知，$\frac{v_m}{v_{m+s}} = e^{2\pi s\xi\frac{\omega}{\omega_D}}$，$\frac{v_m}{v_{m+1}} = e^{2\pi\xi\frac{\omega}{\omega_D}}$

故有
$$\frac{v_{m+s}}{v_m} = \frac{1}{e^{2\pi s\xi\frac{\omega}{\omega_D}}} = \left(\frac{1}{e^{2\pi\xi\frac{\omega}{\omega_D}}}\right)^s = \left(\frac{v_{m+1}}{v_m}\right)^s$$

令 $m=0$，$s=6$，已知 $v_0 = 5.08\times10^{-3}(\text{m})$，$v_1 = 4.064\times10^{-3}(\text{m})$，故

$$v_6 = \left(\frac{v_1}{v_0}\right)^6 v_0 = \left(\frac{4.064\times10^{-3}}{5.08\times10^{-3}}\right)^6 \times 5.08\times10^{-3} = 1.33\times10^{-3}(\text{m})$$

3.1.3 运动的稳定性

本节叙述了单自由度系统（无阻尼和黏性阻尼两种情况）自由振动响应。针对的情

况是质量 m 和刚度 k 均为正,阻尼系数 $c \geqslant 0$。实际工程中也存在另一类单自由度系统振动问题,如桥梁颤振(见 6.4.1 小节),其运动方程可以写成下列形式。

$$\ddot{v} + a\dot{v} + bv = 0 \tag{3-1-21}$$

式中,系数 a 和 b 不一定是正的,方程(3-1-21)是一个常系数线性微分方程,其解的形式如下

$$v = G\mathrm{e}^{St} \tag{3-1-22}$$

式中,G、S 为待定复数。将上式代入式(3-1-21),得到特征方程为

$$S^2 + aS + b = 0 \tag{3-1-23}$$

该特征方程的两个根为

$$\left.\begin{matrix} S_1 \\ S_2 \end{matrix}\right\} = -\frac{a}{2} \pm \sqrt{\left(\frac{a}{2}\right)^2 - b} \tag{3-1-24}$$

方程(3-1-21)的一般解可表述为

$$v = G_1\mathrm{e}^{S_1 t} + G_2\mathrm{e}^{S_2 t} \tag{3-1-25}$$

根据运动稳定性划分,由方程(3-1-21)控制的系统运动可分为渐近稳定、稳定、不稳定(图 3-1-8)。运动稳定性的性质取决于两个特征根 S_1 和 S_2,它们可能是纯实数、纯虚数或复数根。设特征根的一般形式为

$$S = R_{\mathrm{e}}(S) + \mathrm{i}I_{\mathrm{m}}(S) \tag{3-1-26}$$

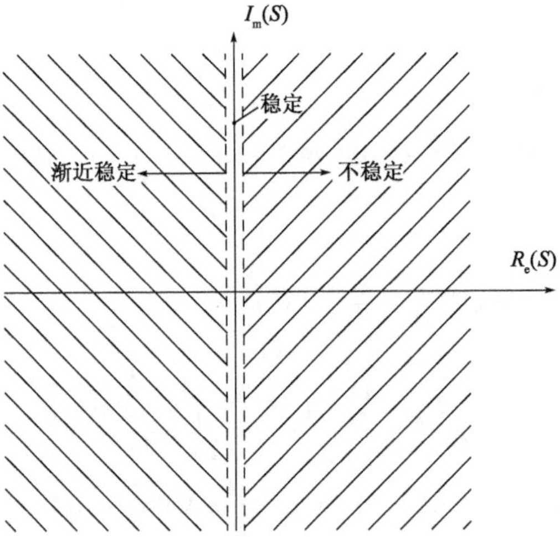

图 3-1-8　复平面上的稳定性关系

两个特征根具体可写为 $S_1 = \alpha_1 + \mathrm{i}\beta_1$,$S_2 = \alpha_2 + \mathrm{i}\beta_2$。

因为 $v(t)$ 必须是实数,纯虚根或复数根只能以复数共轭对形式出现,即当 β_1 与 β_2 不等于零时,必有 $\beta_1 = -\beta_2$。

(1)渐近稳定运动。若特征方程的两个根都在复平面左半平面(即 $\alpha_1 < 0$ 和 $\alpha_2 < 0$),

则称系统运动为渐近稳定。换言之,随着时间的推移,运动将会消失。正如本节前面所述的低阻尼系统、临界阻尼系统和超阻尼系统的行为均可归为此类。低阻尼系统的响应如图 3-1-9a)所示。

(2)稳定振动。若特征方程的两个根都是纯虚数且为共轭复数(即 $\alpha_1=\alpha_2=0$),则表示运动稳定。无阻尼单自由度系统的简谐运动属于此类,如图 3-1-9b)所示。

(3)不稳定振动。若在特征方程的两个根中,只要满足一个根的实部为正(即 $\alpha_1>0$,或 $\alpha_2>0$,或者两者都大于 0),则表示运动不稳定。不稳定运动可细分为如下两类:

①颤振。若这两个特征根是位于右半平面上的共轭复数,则该运动具有发散振荡特征,如图 3-1-9c)所示。避免颤振是大跨度悬索桥、飞机设计过程中必须考虑的一个问题。

②发散。如果两个特征根都位于实轴上,并且其中至少有一个为正根,则会发生非振荡发散运动,发散性如图 3-1-9d)所示。

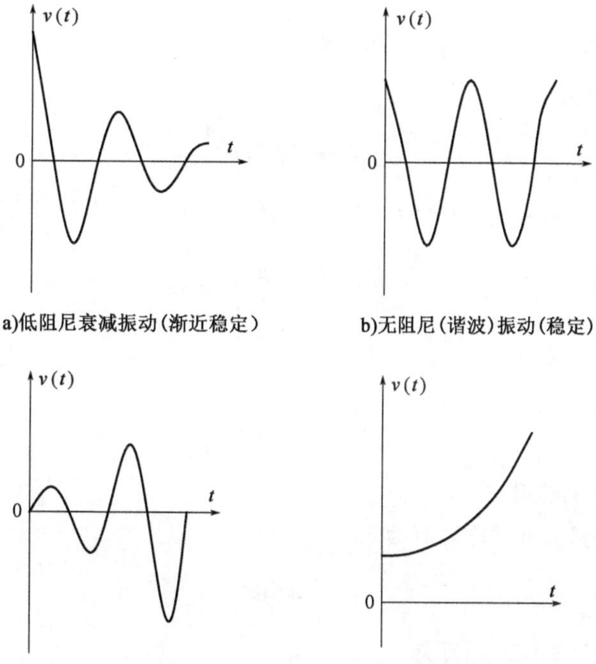

a)低阻尼衰减振动(渐近稳定)　b)无阻尼(谐波)振动(稳定)

c)颤振(发散,不稳定)　d)非振荡发散运动(不稳定)

图 3-1-9　四类单自由度系统的响应

[**例 3-1-2**]　如图 3-1-10 所示,倒立摆由一个刚性的、无质量的杆和位于杆的上端的质点 m 组成,该杆的下端连接在 A 处的销支撑上。质点 m 受到两个线性弹簧(弹簧常数为 k)的横向支撑。

(1)仅考虑系统微振动,即 $\theta\ll1$,列出该系统的线性化运动方程。

(2)已知初始条件为 $\theta(0)=\theta_0$ 和 $\dot{\theta}(0)=0$,求解该系统的自由振动反应。

解:(1)推导小角度微振动的运动方程

首先,画出小位移条件下的倒立摆隔离体,如图 3-1-11 所示。然后,考虑所有作用力对销钉旋转轴的力矩平衡,列出系统运动方程

$$mg(L\sin\theta)-2f_s(L\cos\theta)=mL^2\ddot{\theta}\tag{3-1-27}$$

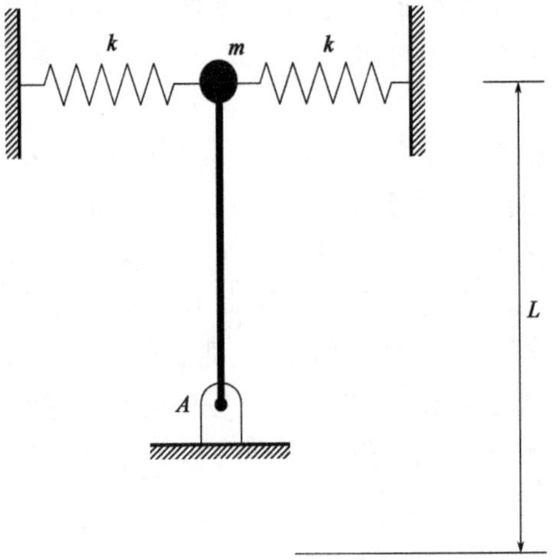

图 3-1-10　倒立摆单自由度系统

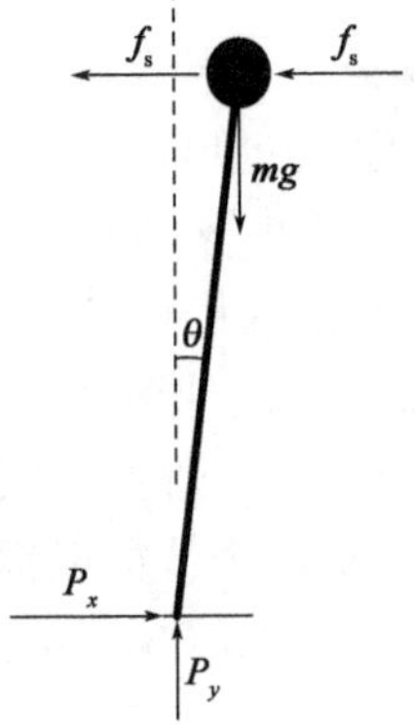

图 3-1-11　倒立摆隔离体示意图

单个弹簧弹力为

$$f_s = k(L\sin\theta) \tag{3-1-28}$$

由于 θ 值很小，故 $\sin\theta \approx \theta, \cos\theta \approx 1$。将式(3-1-28)代入式(3-1-27)，可得

$$\ddot{\theta} + \left(\frac{2k}{m} - \frac{g}{L}\right)\theta = 0 \tag{3-1-29}$$

式(3-1-29)具有以下形式

$$\ddot{\theta} + b\theta = 0 \tag{3-1-30}$$

(2)求解自由振动反应

如前所述，方程(3-1-29)的解为

$$v = Ge^{St} \tag{3-1-31}$$

将其代入方程(3-1-29)，可得

$$S^2 + \left(\frac{2k}{m} - \frac{g}{L}\right) = 0 \tag{3-1-32}$$

显然，式(3-1-32)解的形式取决于括号内表达式的正负性，即有效刚度的正负性。设

$$b = \frac{2k}{m} - \frac{g}{L} \tag{3-1-33}$$

当 b 为正数时，系统将按固有频率 $\sqrt{2k/m - g/L}$ 振动。当 b 为负数时，则方程(3-1-29)的解具有以下形式

$$\theta = G_1 e^{\sqrt{(g/L - 2k/m)}\,t} + G_2 e^{-\sqrt{(g/L - 2k/m)}\,t} \tag{3-1-34}$$

考虑初始条件 $\theta(0) = \theta_0$ 和 $\dot{\theta}(0) = 0$，可得自由振动反应为

$$\theta=\frac{\theta_0}{2}\left[e^{\sqrt{(g/L-2k/m)}t}+e^{-\sqrt{(g/L-2k/m)}t}\right] \tag{3-1-35}$$

显然，式(3-1-35)的第二项会随时间消失，但第一项会随时间以非振荡的方式增长。这种现象称为发散，如图 3-1-9d)所示。

3.2 单自由度系统对简谐荷载的反应

随时间 t 按正弦或余弦规律变化的激扰力称为简谐荷载(也称谐振荷载)。例如，图 3-2-1旋转机械有一个不平衡质量 m_1，它至转轴的距离为 e，机械顺时针转动的角速度为$\overline{\omega}$，产生离心力 $P_0=m_1e\overline{\omega}^2$，其水平分量和垂直分量属于简谐荷载，分别为 $P_0\cos\overline{\omega}t$ 及 $P_0\sin\overline{\omega}t$。

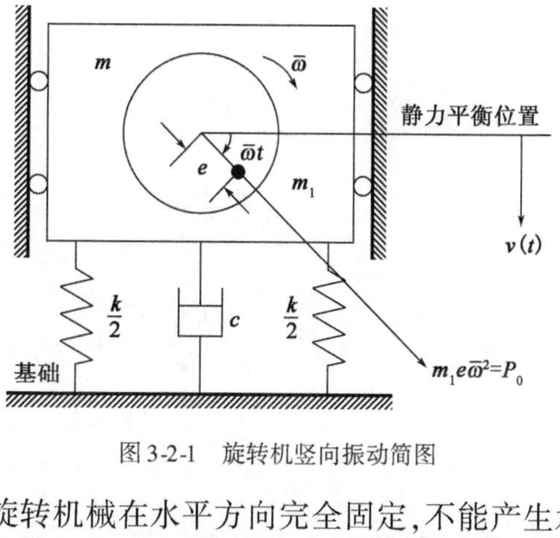

图 3-2-1 旋转机竖向振动简图

设图 3-2-1 所示的旋转机械在水平方向完全固定，不能产生水平方向的振动。在铅垂方向它受到基础弹性约束(由弹簧表示)及黏滞阻尼器作用。基础弹性刚度系数为 k，阻尼系数为 c，机械总质量为 m，自静力平衡位置算起的机械竖向振动位移为 $v(t)$，其竖向运动方程为

$$m\ddot{v}+c\dot{v}+kv=P_0\sin\overline{\omega}t \tag{3-2-1}$$

方程(3-2-1)的解由对应齐次方程的通解 v_c 与其特解 v_p 组成。设阻尼比 $\xi<1$(仅讨论低阻尼情形)，齐次方程的通解 v_c 见式(3-1-9)，方程(3-2-1)的特解 v_p 可以表示为如下形式

$$v_p=D_1\cos\overline{\omega}t+D_2\sin\overline{\omega}t \tag{3-2-2}$$

式中，D_1、D_2 为待定系数。

将式(3-2-2)代入式(3-2-1)，由方程两边正弦及余弦项系数相等的条件，得到两个代数方程，可解出 C_1 与 C_2，但这样求解比较烦琐。下面用复数法求 v_p 比较简便。设复数方程 $m\ddot{Z}+c\dot{Z}+kZ=P_0e^{i\overline{\omega}t}$，将复数 $Z=a+ib$(a 和 b 为时间 t 的实函数)代入上述复数方程得$(m\ddot{a}+c\dot{a}+ka)+i(m\ddot{b}+c\dot{b}+kb)=P_0\cos\overline{\omega}t+iP_0\sin\overline{\omega}t$。由方程虚部相等得到 $m\ddot{b}+$

$c\dot{b}+kb=P_0\sin\overline{\omega}t$。对比该式与方程(3-2-1)可知:上述复数方程解 Z 的虚部即为方程(3-2-1)的特解 v_p。将上述复数方程解的一般形式 $Z=Ae^{i\overline{\omega}t}$ 代入该复数方程可得:

$$A=\frac{P_0}{k-m\overline{\omega}^2+ic\overline{\omega}}=\frac{P_0}{\sqrt{(k-m\overline{\omega}^2)^2+(c\overline{\omega})^2}e^{i\theta}}$$

所以

$$Ae^{i\overline{\omega}t}=\frac{P_0e^{i(\overline{\omega}t-\theta)}}{\sqrt{(k-m\overline{\omega}^2)^2+(c\overline{\omega})^2}}$$

用 $Ae^{i\overline{\omega}t}$ 的虚部表示 v_p 如下:

$$v_p=\frac{P_0\sin(\overline{\omega}t-\theta)}{\sqrt{(k-m\overline{\omega}^2)^2+(c\overline{\omega})^2}} \tag{3-2-3}$$

式(3-2-3)简化为

$$v_p=\rho\sin(\overline{\omega}t-\theta) \tag{3-2-4}$$

式中,ρ 为体系的稳态反应振幅;

$$\rho=\frac{P_0}{\sqrt{(k-m\overline{\omega}^2)^2+(c\overline{\omega})^2}}$$

$$\theta=\tan^{-1}\frac{c\overline{\omega}}{k-m\overline{\omega}^2}=\tan^{-1}\frac{2\xi\beta}{1-\beta^2} \tag{3-2-5}$$

$\beta=\dfrac{\overline{\omega}}{\omega}$为频率比。

另外,定义

$$D=\frac{\rho}{P_0/k}=[(1-\beta^2)^2+(2\xi\beta)^2]^{-\frac{1}{2}} \tag{3-2-6}$$

因为 P_0/k 为系统在静力 P_0 作用时的位移,所以 D 为稳态反应时的系统最大动力位移与静力位移的比值,称为位移动力放大系数。

方程(3-2-1)的解为

$$v=v_c+v_p=e^{-\xi\omega t}(C_1\cos\omega_Dt+C_2\sin\omega_Dt)+\rho\sin(\overline{\omega}t-\theta) \tag{3-2-7}$$

将初始条件 $v(0)$、$\dot{v}(0)$代入上式及其导数式,可得

$$C_1=v(0)+\rho\sin\theta,C_2=\frac{\dot{v}(0)+\xi\omega v(0)+\xi\omega\rho\sin\theta-\rho\overline{\omega}\cos\theta}{\omega_D}$$

于是,式(3-2-7)可写为

$$\begin{aligned}v=&e^{-\xi\omega t}\left[v(0)\cos\omega_Dt+\frac{\dot{v}(0)+\xi\omega v(0)}{\omega_D}\sin\omega_Dt\right]+\\&\rho e^{-\xi\omega t}\cdot\left(\sin\theta\cos\omega_Dt+\frac{\xi\omega\sin\theta-\overline{\omega}\cos\theta}{\omega_D}\sin\omega_Dt\right)+\rho\sin(\overline{\omega}t-\theta)\end{aligned} \tag{3-2-8}$$

式(3-2-8)第一项表示固有频率为 ω_D 的自由振动,它由系统的初始条件决定。在零初始条件下[即 $v(0)=0,\dot{v}(0)=0$],这项振动不会产生。

式(3-2-8)第二项的固有频率为 ω_D,是振幅与激扰力有关的自由振动。由于与初始条件无关,任何初始条件下它都伴随受迫振动一起发生,故称为伴生自由振动。

从以上两项振动幅值可知:由于阻尼作用,固有频率为 ω_D 的自由振动很快衰减,故称为瞬态反应[图3-2-2a)]。

式(3-2-8)的第三项为受迫振动[图3-2-2b)],按激扰力频率 $\bar{\omega}$ 进行,与初始条件无关,振幅 ρ 不随时间改变,故称为稳态反应。

瞬态反应与稳态反应合成的运动如图3-2-2c)所示。可以发现,随着时间的推移,当瞬态反应完全衰减后,系统振动响应完全由稳态反应控制。

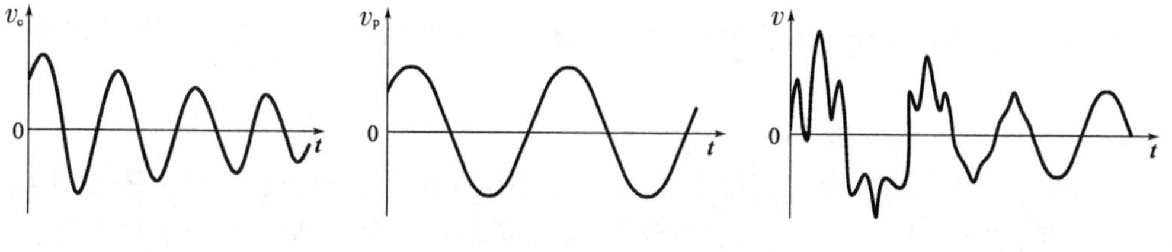

a)瞬态反应　　b)稳态反应　　c)合成反应

图3-2-2　单自由度系统的谐振响应

关于简谐响应的一些重要特征的讨论如下:

(1) D 随 β 与 ξ 的变化规律

将 D 随 β 与 ξ 的变化规律示于图3-2-3,该图称为振动系统的幅频特性曲线。很显然,当 $\beta\to 0$ 时,$D\to 1$,对此现象可以做如下解释:因为激扰力变化很慢,在短暂时间内,它几乎是一个不变的力,近似为静力作用。当 $\beta\gg 1$ 时,D 趋近于零,这是因为 $\bar{\omega}$ 很大,激扰力方向改变很快,振动物体由于惯性原因来不及跟随,结果几乎是静止不动。从图3-2-3可以发现,当出现 $\beta\to 0$ 和 $\beta\gg 1$ 这两种极端情况时,阻尼对动力放大系数的影响几乎可以忽略。

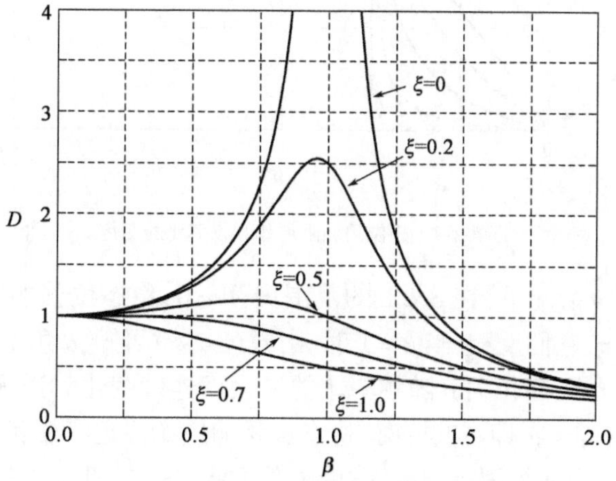

图3-2-3　动力放大系数随阻尼比和频率比的变化

当 $\beta=1$ 时,由式(3-2-6)得

$$\begin{cases} D_{\beta=1}=\dfrac{1}{2\xi} \\ \rho_{\beta=1}=\dfrac{P_0}{2k\xi} \end{cases} \tag{3-2-9}$$

此时,系统振幅与动力放大系数很大,但严格说,它不是最大振幅 ρ_{max} 与最大动力放大系数 D_{max}。将式(3-2-6)对 β 求导数并令其等于零,得到出现 ρ_{max} 与 D_{max} 的频率比为

$$\beta_m=\sqrt{1-2\xi^2} \tag{3-2-10}$$

此式适用于 $\xi\leqslant 1/\sqrt{2}$ 的系统。当阻尼比较小时,动力系数的最大值出现在 $\beta=1$ 的附近,即可取式(3-2-9)的第一式作为动力系数最大值。当 $\xi>1/\sqrt{2}$ 时,$D<1$,即系统不发生放大响应。

(2) θ 随 β 与 ξ 的变化规律

图 3-2-1 中系统激扰力与其稳态反应 v_p 的相位关系由 θ 角描述。由于离心力 P_0 按 $\overline{\omega}t$ 改变方向,激扰力按 $\sin\overline{\omega}t$ 变化,稳态响应按 $\sin(\overline{\omega}t-\theta)$ 变化,稳态反应落后于激扰力 θ 角。例如,当图 3-2-1 中的离心力 P_0 铅垂向下时,质量 m 仍未达其最低位置,要在之后的 $\theta/\overline{\omega}$ 时段才达到最低位置,当质量 m 达到最低位置时离心力 P_0 已转到与铅垂线成 θ 角的位置。相位角 θ 由式(3-2-5)确定,它随阻尼比 ξ 及频率比 β 的变化规律见图 3-2-4,称为相频特性曲线。

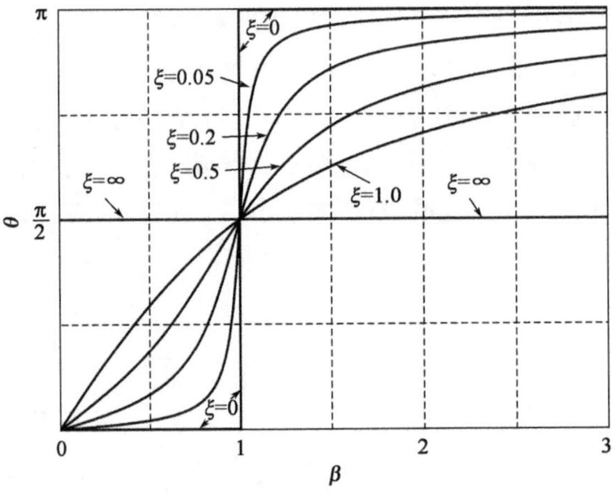

图 3-2-4　相位角随阻尼比和频率比的变化

在零阻尼($\xi=0$)情况下,在 $\beta<1$ 的范围内,$\theta=0$,稳态位移响应与激扰力同相;在 $\beta>1$ 的范围内,$\theta=\pi$,它们反相;当 $\beta=1$ 时,由式(3-2-5)可知,θ 角不定。

在有阻尼的情况下,相位角 θ 随频率比的增大而连续变化。当 $\beta=1$ 时,只要存在阻尼,不管阻尼大小,$\theta=\pi/2$,即在共振时,稳态位移响应始终迟于激扰力四分之一周,可以利用这一性质试验测定系统固有频率,称为相位共振法。在低于共振很远和高于共振很远的频率比 β 值,很小的阻尼比对相位角仅有次要的影响。当 $\beta\ll 1$ 时,$\theta\approx 0$,说明激扰力

的频率很小时,稳态位移响应与激扰力基本同步,这正是静力荷载作用特性;$\beta \gg 1$ 时,$\theta \approx \pi$,稳态位移响应滞后于激扰力 π 角,两者反相。因而在这些情况,阻尼对相位角的影响可不考虑。

(3)稳态振动的动力平衡

按照达朗贝尔原理,加上惯性力后,系统处于动力平衡状态。将图 3-2-1 系统的运动方程(3-2-1)写成

$$-m\ddot{v} - c\dot{v} - kv + P_0\sin\overline{\omega}t = 0$$

此式表示任一时刻 t 作用于体系的惯性力 $-m\ddot{v}$,阻尼力 $-c\dot{v}$,弹性恢复力 $-kv$ 及激扰力 $P_0\sin\overline{\omega}t$ 构成平衡力系。考虑稳态振动及 $c=2m\xi\omega$,$\beta=\overline{\omega}/\omega$,$\rho=P_0D/k$,由式(3-2-4),得

惯性力

$$-m\ddot{v} = m\overline{\omega}^2\rho\sin(\overline{\omega}t-\theta) = P_0D\beta^2\sin(\overline{\omega}t-\theta)$$

阻尼力

$$-c\dot{v} = -\rho c\overline{\omega}\cos(\overline{\omega}t-\theta) = -\rho c\overline{\omega}\sin\left(\overline{\omega}t-\theta+\frac{\pi}{2}\right)$$

$$= P_0D(2\xi\beta)\sin\left(\overline{\omega}t-\theta-\frac{\pi}{2}\right)$$

弹性恢复力

$$-kv = -k\rho\sin(\overline{\omega}t-\theta) = P_0D\sin(\overline{\omega}t-\theta-\pi)$$

激扰力

$$P_0\sin\overline{\omega}t$$

可见,惯性力、阻尼力、弹性力及激扰力都是频率为$\overline{\omega}$,幅值与相位角不等的简谐荷载。其中,惯性力比激扰力滞后相位角 θ,阻尼力比激扰力滞后相位角 $\theta+\pi/2$,弹性力比激扰力滞后相位角 $\theta+\pi$。为了与图 3-2-1 激扰力的方向一致,用诸力幅矢量(即各力最大值)在复平面虚轴上的投影来表示上述各力(图 3-2-5),从图中也可以直观看出各作用力之间的相位关系。惯性力、阻尼力、弹性力的幅值与相位角都是频率比 β 的函数,当 β 取不同值时,存在如下 3 种情形。

①当 $\beta \ll 1$ 时,由于荷载频率很小,系统振动会很慢,此时惯性力及阻尼力都很小,相位角 θ 亦很小,稳态位移与激扰力基本同步,激扰力几乎与弹性力平衡。故此时动力放大系数 $D \approx 1$,阻尼影响很小。

②当 $\beta=1$ 时,$\theta=\frac{\pi}{2}$,稳态位移落后于激扰力$\frac{\pi}{2}$角,稳态速度响应与激扰力基本同步,惯性力与弹性力平衡,激扰力与阻尼力平衡。故此时阻尼影响很大。另外,此时由于动力放大系数 D 接近最大,振幅近似达到最大值,体系近似处于最不利状态。

③当 $\beta \gg 1$ 时,相位角 $\theta \approx \pi$。另外,由图 3-2-3 可知,$D \approx 0$。此时,激扰力频率远高于系统固有频率,简谐荷载变化很快,物体运动方向随激扰力快速变化,加速度较大,但速度与位移都很小。因此,弹性力与阻尼力都很小,激扰力几乎完全用于平衡惯性力。

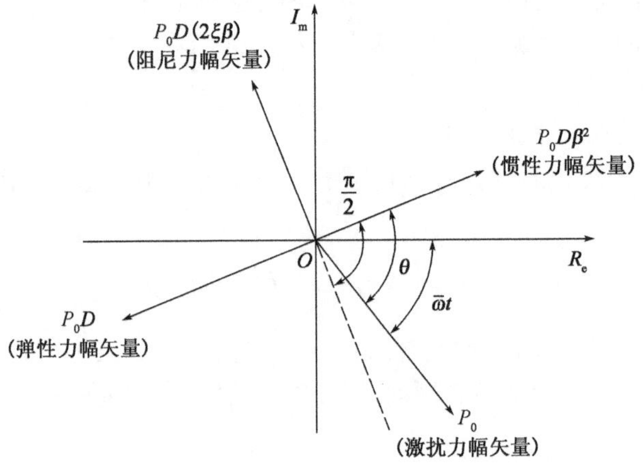

图 3-2-5　稳态反应时力的平衡

(4)共振反应

当激扰频率$\bar{\omega}$等于或接近于固有圆频率 ω 时,体系产生大幅度振动的现象,称为共振。将式(3-2-10)代入式(3-2-6),得到共振时的动力放大系数及稳态反应振幅分别为

$$D_{max} = \frac{1}{2\xi\sqrt{1-\xi^2}} \tag{3-2-11}$$

$$\rho_{max} = \frac{P_0 D_{max}}{k} = \frac{P_0}{2k\xi\sqrt{1-\xi^2}} \tag{3-2-12}$$

因结构阻尼比 $\xi \ll 1$,式(3-2-11)、式(3-2-12)与式(3-2-9)差别很小,故通常说在 $\beta = 1$ 时发生共振。

式(3-2-11)、式(3-2-12)仅体现了反应的最大值,不能说明共振时体系反应达到最大值的历程。为此,将 $\beta = 1$ 代入式(3-2-8)并假定零初始条件(即认为体系从静止开始运动),又注意到此时 $\theta = \pi/2$,$\rho = P_0/(2k\xi)$,$\omega_D = \omega\sqrt{1-\xi^2}$,得

$$v_{\beta=1} = \frac{1}{2\xi}\frac{P_0}{k}\left[e^{-\xi\omega t}\left(\frac{\xi}{\sqrt{1-\xi^2}}\sin\omega_D t + \cos\omega_D t\right) - \cos\bar{\omega}t\right] \tag{3-2-13}$$

$v_{\beta=1}$与荷载 P_0 静力作用时产生的位移 $v_{st} = P_0/k$ 的比值(称为共振反应比,一般 v/v_{st} 称为反应比)为

$$R(t) = \frac{v_{\beta=1}}{v_{st}} = \frac{1}{2\xi}\left[e^{-\xi\omega t}\left(\frac{\xi}{\sqrt{1-\xi^2}}\sin\omega_D t + \cos\omega_D t\right) - \cos\bar{\omega}t\right] \tag{3-2-14}$$

考虑一般结构阻尼比 $\xi < 0.2$,$\omega_D \approx \omega$,$\xi/\sqrt{1-\xi^2}\sin\omega_D t$ 对反应振幅的影响很小,可以忽略,又因为 $\beta = 1$,$\bar{\omega} = \omega$,所以

$$R(t) = \frac{1}{2\xi}(e^{-\xi\omega t} - 1)\cos\omega t \tag{3-2-15}$$

在零阻尼情况,式(3-2-14)称为不定式。应用洛必达法则,考虑 $\omega_D=\omega,\overline{\omega}=\omega$,得无阻尼体系的共振反应比为

$$R(t)=\lim_{\xi\to0}\frac{\frac{d}{d\xi}\left[e^{-\xi\omega t}\left(\frac{\xi}{\sqrt{1-\xi^2}}\sin\omega_D t+\cos\omega_D t\right)-\cos\overline{\omega}t\right]}{\frac{d}{d\xi}(2\xi)} \tag{3-2-16}$$

$$=\frac{1}{2}(\sin\omega t-\omega t\cos\omega t)$$

将式(3-2-15)及式(3-2-16)所描述的曲线示于图3-2-6,它们表示在共振激扰情况下有阻尼和无阻尼体系的反应是如何增加的。显然,两种情况的反应都是逐渐增加。在无阻尼体系中,反应不断增长,因为式(3-2-16)所包含的 $\sin\omega t$ 项对反应的贡献较少,图中峰值基本按线性增长,每个循环增加一个 π 值。除非频率发生变化,否则体系最后必然破坏。在阻尼体系里,阻尼限制共振振幅的发展,使 $R(t)$ 以 $1/(2\xi)$ 为极限。振幅达到最大值所需的振动循环周数依赖于阻尼比 ξ。

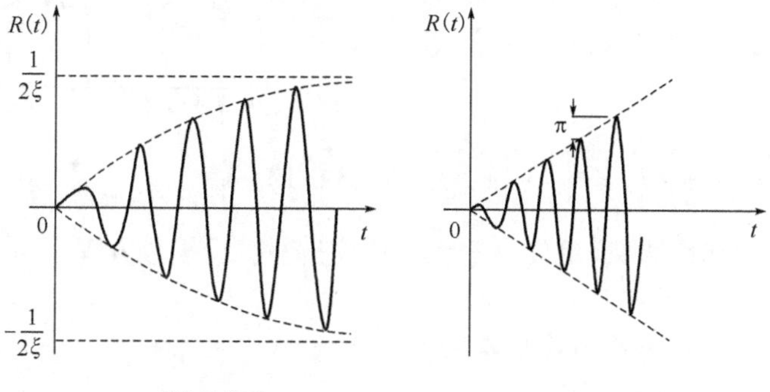

a)阻尼体系　　b)无阻尼体系

图3-2-6　从静止开始的共振($\beta=1$)反应

图3-2-7表示阻尼比不同的共振反应比包络线随循环周数的上升情况。阻尼比越小,达到最大振幅所需要的周数越多。例如,$\xi=0.1$ 时,约需6周;$\xi=0.05$ 时,约需14周。这对列车过桥梁的振动很有利,因为达到最大振幅时,列车已越过很长距离,列车-桥梁系统的振动频率早已改变,共振早已不复存在。

应该指出,共振反应比的分析是基于线弹性理论。实际体系进入大幅振动阶段往往不是线弹性的,例如出现局部塑性变形,体系动力特性便发生明显变化,线弹性分析已不再适用。无阻尼体系反应的无限增加当然不可能。有阻尼体系的共振反应比 $R(t)$ 是否会达到 $1/2\xi$,亦要看其特性是否变化而定。但可以确定的是,在共振或接近共振时,结构的动挠度会很大,不可避免地给结构造成损害,因而要尽量避免共振的发生。通常应使结构避开

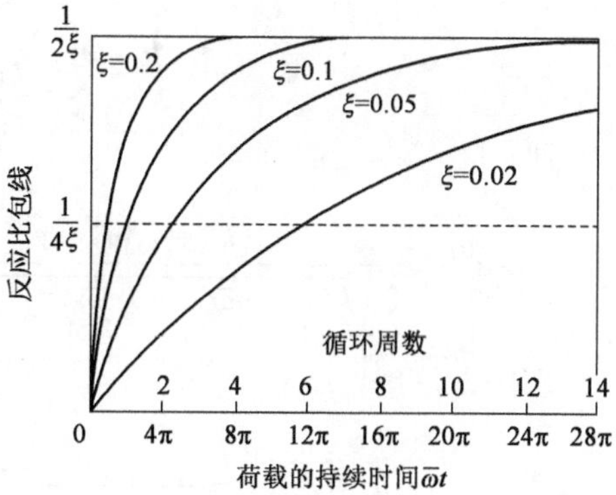

图3-2-7　从静止开始的共振反应的增加速率

$0.75<\beta<1.25$ 的范围,这个区间常称为共振区。

3.3 单自由度系统对基础运动的反应

地震动引起桥梁结构振动,轨道不平顺导致车辆振动,海浪起伏引起船的颠簸等均属于基础运动引起的振动问题。为了给本书第7、8章桥梁抗震与车-桥振动分析提供基本概念与方法,本节针对单自由度系统讲述基础运动引起的振动以及振动隔离等相关内容。

3.3.1 基础运动引起的振动

如图3-3-1所示的质量块 m 被限制在铅垂方向运动。基础发生简谐振动 $v_g=v_{g0}\sin\overline{\omega}t$ 引起质量块 m 的竖向振动 v,v_g 与 v 均为地球基础坐标系下的位移,忽略弹簧及阻尼器的质量,则系统的运动方程为

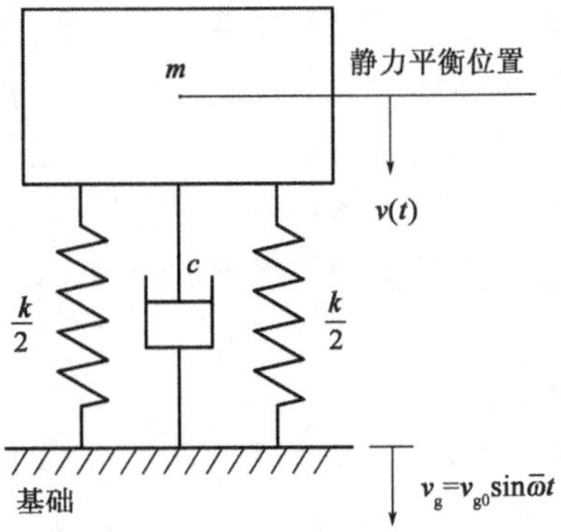

图3-3-1 基础运动引起的物体竖向振动

$$m\ddot{v}+c(\dot{v}-\dot{v}_g)+k(v-v_g)=0$$

即

$$m\ddot{v}+c\dot{v}+kv=c\dot{v}_g+kv_g \tag{3-3-1}$$

现用复数法求其特解(这里仅讨论稳态反应解)v_p,设复数方程

$$m\ddot{Z}+c\dot{Z}+kZ=c\dot{v}_{gc}+kv_{gc}\quad (v_{gc}=v_{g0}e^{i\overline{\omega}t}) \tag{3-3-2}$$

根据上一节的分析可知:上述复数方程解 Z 的虚部是方程(3-3-1)的特解 v_p。将上述复数方程解的一般形式 $Z=Ae^{i\overline{\omega}t}$ 代入式(3-3-2),可得

$$A=\frac{v_{g0}(k+ic\overline{\omega})}{k-m\overline{\omega}^2+ic\overline{\omega}}=\frac{v_{g0}[k^2+(c\overline{\omega})^2]}{\sqrt{[k(k-m\overline{\omega}^2)+(c\overline{\omega})^2]^2+(mc\overline{\omega}^3)^2}\,e^{i\theta}} \tag{3-3-3}$$

式中,

$$\theta=\tan^{-1}\frac{mc\overline{\omega}^3}{k(k-m\overline{\omega}^2)+(c\overline{\omega})^2} \tag{3-3-4}$$

所以

$$Ae^{i\overline{\omega}t}=\frac{v_{g0}[k^2+(c\overline{\omega})^2]e^{i(\overline{\omega}t-\theta)}}{\sqrt{[k(k-m\overline{\omega}^2)+(c\overline{\omega})^2]^2+(mc\overline{\omega}^3)^2}}=\rho\cos(\overline{\omega}t-\theta)+i\rho\sin(\overline{\omega}t-\theta)$$

式中,

$$\rho=\frac{v_{g0}[k^2+(c\overline{\omega})^2]}{\sqrt{[k(k-m\overline{\omega}^2)+(c\overline{\omega})^2]^2+(mc\overline{\omega}^3)^2}} \tag{3-3-5}$$

用 $Ae^{i\overline{\omega}t}$ 的虚部表示方程(3-3-1)的特解 v_p 为

$$v_p = \rho \sin(\overline{\omega}t - \theta) \tag{3-3-6}$$

考虑到 $\rho = |Ae^{i\overline{\omega}t}| = |A|$ 与式(3-3-3),可得

$$\frac{\rho}{v_{g0}} = \sqrt{\frac{k^2 + (c\,\overline{\omega})^2}{(k - m\,\overline{\omega}^2)^2 + (c\,\overline{\omega})^2}} = \sqrt{\frac{1 + (2\xi\beta)^2}{(1 - \beta^2)^2 + (2\xi\beta)^2}} = D\sqrt{1 + (2\xi\beta)^2} \tag{3-3-7}$$

下面分析稳态响应幅值随频率比 β 与阻尼比 ξ 的变化规律。式(3-3-7)描述的 ρ/v_{g0} 与 β 的关系曲线示于图3-3-2。由图可知,当 $\beta > \sqrt{2}$ 时,$\rho/v_{g0} < 1$;当 $\beta \gg 1$ 时,$\rho/v_{g0} \to 0$ 即 $\rho \to 0$,这表示此时基础振动不传递到质量块 m。另外,当 $\beta > \sqrt{2}$ 时,阻尼越大,振幅也越大,阻尼在此范围内起不利作用,故阻尼宜尽量小。若 $\xi \to 0$,则由式(3-3-7)得

$$\lim_{\xi \to 0} \frac{\rho}{v_{g0}} = \frac{1}{|1 - \beta^2|} \tag{3-3-8}$$

此式表明,只要弹簧很软,系统固有频率 ω 远远低于基础激扰频率 $\overline{\omega}$,即 $\beta \gg 1$,则不论基础怎样振动,质量 m 几乎静止不动。例如,$\beta = 5$,质量 m 的振幅 ρ 仅为基础振幅 v_{g0} 的1/24。飞机、汽车上的仪表与仪表板之间垫上塑料片,就是为了减少飞机、汽车的振动对仪表的影响。

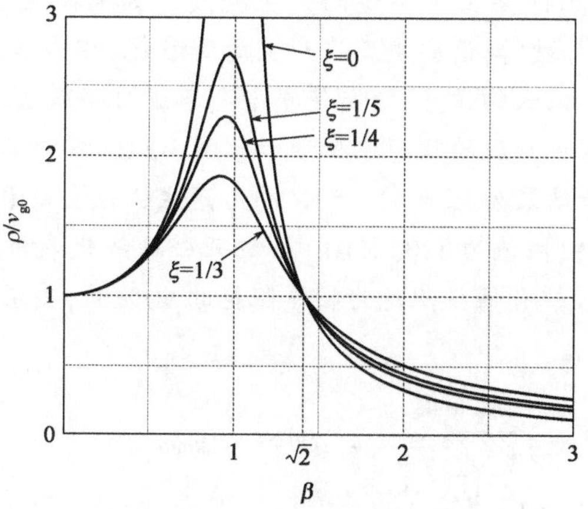

图3-3-2 基础简谐运动引起的振幅随频率比 β 的变化

基础的运动有时用加速度量取,例如地震就是由三向(东西、南北、上下)加速度仪记录的。地震引起的破坏主要是建筑物对地面的相对运动过大引起构件显著变形。因此,工程设计常常关心系统相对于基础的运动。设图3-3-1基础的加速度测出为

$$\ddot{v}_g = \ddot{v}_{g0} \sin \overline{\omega}t \tag{3-3-9}$$

质量 m 相对基础的位移为

$$v_r = v - v_g \tag{3-3-10}$$

故有

$$\begin{cases} v = v_r + v_g \\ \dot{v} = \dot{v}_r + \dot{v}_g \\ \ddot{v} = \ddot{v}_r + \ddot{v}_g \end{cases} \tag{3-3-11}$$

将式(3-3-11)代入式(3-3-1),得

$$m\ddot{v}_r + c\dot{v}_r + kv_r = -m\ddot{v}_g = -m\ddot{v}_{g0}\sin\overline{\omega}t \tag{3-3-12}$$

式(3-3-12)与式(3-2-1)相似,只要以 $-m\ddot{v}_{g0}$ 代替式(3-2-1)中的 P_0,就可沿用式(3-2-1)的解。故质量 m 相对运动稳态反应为

$$v_r = -\frac{m\ddot{v}_{g0}}{k}D\sin(\overline{\omega}t - \theta) \tag{3-3-13}$$

式中,$\theta = \tan^{-1}\frac{2\xi\beta}{1-\beta^2}$。

若不计阻尼,则

$$v_r = -\frac{m\ddot{v}_{g0}}{k|1-\beta^2|}\sin\overline{\omega}t \tag{3-3-14}$$

[**例 3-3-1**] 混凝土桥梁由于徐变而产生挠度。如果桥梁由一系列等跨度的梁组成,当车辆在桥上匀速行驶时,这些挠度将产生简谐激扰,相当于上述基础的竖向简谐运动。汽车弹簧和冲击减振器的设置,就是使整个汽车成为隔振系统,以限制路面不平顺传给乘客的竖向振动。这种系统的理想化模型示于图 3-3-3,图中车辆质量为 1 814kg,弹簧刚度由试验测定。试验结果为施加 444.52N 的力产生 2.032×10^{-3}m 挠度。用一个波长为 12.192m(梁的跨度)、幅值为 3.05×10^{-2}m 的正弦曲线代表桥的纵向竖剖面。当汽车以 72.42km/h 的速度过桥并假设阻尼为临界阻尼的 40% 时,要求预测汽车的稳态竖向运动振幅值。

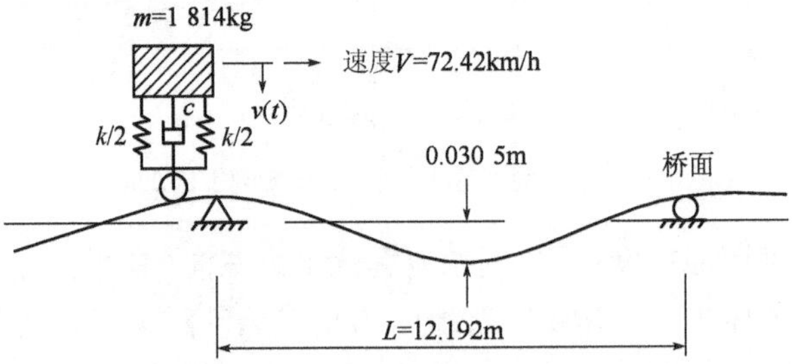

图 3-3-3 在不平桥面板上行驶的车辆示意图

解:稳态竖向振幅由式(3-3-7)算出,即

$$\rho = v_{g0}D\sqrt{1+(2\xi\beta)^2} = \frac{v_{g0}\sqrt{1+(2\xi\beta)^2}}{\sqrt{(1-\beta^2)^2+(2\xi\beta)^2}}$$

车速:

$$V=72.42\text{km/h}=20.12\text{m/s}$$

桥面对车辆的激扰周期：

$$T_{\text{p}}=12.192/20.12=0.606(\text{s})$$

车辆竖向振动周期：

$$T=2\pi\sqrt{\frac{m}{k}}=2\pi\sqrt{\frac{1\ 814}{444.52/(2.032\times10^{-3})}}=0.572(\text{s})$$

因此，频率比：

$$\beta=\frac{\overline{\omega}}{\omega}=\frac{T}{T_{\text{p}}}=\frac{0.572}{0.606}=0.944$$

$$\xi=0.40\quad v_{\text{g0}}=3.05\times10^{-2}\text{m}$$

故振幅

$$\rho=\frac{v_{\text{g0}}\sqrt{1+(2\xi\beta)^2}}{\sqrt{(1-\beta^2)^2+(2\xi\beta)^2}}=\frac{3.05\times10^{-2}\sqrt{1+(2\times0.4\times0.944)^2}}{\sqrt{(1-0.944^2)^2+(2\times0.4\times0.944)^2}}=0.05(\text{m})$$

若车辆没有阻尼($\xi=0$)，则

$$\rho=\frac{3.05\times10^{-2}}{\sqrt{(1-0.944^2)^2}}=\frac{3.05\times10^{-2}}{0.11}=0.277(\text{m})$$

当然，这样大的振幅使弹簧早已超过弹性范围，无实际意义，但它说明：在限制由于路面不平顺所引起的车辆振动中，冲击减振器起着重要作用。

3.3.2 振动隔离

前面讲述了基础运动对结构系统的振动分析方法以及隔振措施。反过来，结构系统振动也会给基础产生作用力，同样需要考虑隔振设计的问题。如图3-2-1所示，具有偏心质量的旋转机器会产生不平衡力。若机器直接装在坚硬基础上，这种不平衡力将全部传给基础，可能使附近的仪器设备及建筑物发生振动，并产生强烈噪声。为减小不平衡力的传递，通常在机器底部加装弹簧、橡皮、软木、毛毡等垫料，这相当于机器底部与基础之间有弹簧与阻尼器隔开。图3-3-1中机器竖向振动时，传给基础的振动力是弹簧力 kv 与阻尼力 $c\dot{v}$ 之和，即

$$kv+c\dot{v}=k\rho\sin(\overline{\omega}t-\theta)+c\overline{\omega}\rho\cos(\overline{\omega}t-\theta)=F_{\text{T}}\sin(\overline{\omega}t-\theta+\alpha)\tag{3-3-15}$$

式中，F_{T} 为传给基础的振动力的幅值；

$$F_{\text{T}}=\sqrt{(k\rho)^2+(c\overline{\omega}\rho)^2}=\rho\sqrt{k^2+(c\overline{\omega})^2}\tag{3-3-16}$$

α 为振动力相位角。

$$\alpha=\tan^{-1}\frac{c\overline{\omega}}{k}\tag{3-3-17}$$

振动力幅值 F_T 与激扰力幅值 P_0 之比称为支承系统的传导比,记为 TR,故

$$TR=\frac{F_T}{P_0}=\frac{\rho\sqrt{k^2+(c\,\overline{\omega})^2}}{k\rho/D}=D\sqrt{1+\left(\frac{2m\xi\omega\overline{\omega}}{k}\right)^2}=D\sqrt{1+(2\xi\beta)^2} \tag{3-3-18}$$

另外,由式(3-3-7)同样得到

$$TR=\frac{\rho}{v_{g0}}=D\sqrt{1+(2\xi\beta)^2} \tag{3-3-19}$$

因此得出结论:要使不平衡力不传递给基础(即要求 $F_T \ll P_0$),或者要使基础的振动不传递给其上的物体(即要求 $\rho \ll v_{g0}$),是完全相同的问题,都是振动隔离问题。

为便于进行隔振系统的设计,宜采用隔振效率 IE = 1 - TR 反映隔振效果。根据图 3-3-2,要保持良好隔振效果,应选择 $\beta \gg \sqrt{2}$ 及非常小的阻尼。当 $\beta < \sqrt{2}$ 时,质量 m 产生的运动将有放大效应,因此,实际隔振系统仅仅在 $\beta > \sqrt{2}$ 时才有效。采用零阻尼的传导比及隔振效率的表达式分别为

$$TR=\frac{1}{\beta^2-1},\ IE=1-TR=\frac{\beta^2-2}{\beta^2-1} \tag{3-3-20}$$

式中,$\beta \geqslant \sqrt{2}$。当 $\beta \to \infty$ 时,IE = 1,表示振动完全隔离;而当 $\beta=\sqrt{2}$ 时,IE = 0,表示起不到隔振作用。

注意到 $\beta^2=\overline{\omega}^2/\omega^2=\overline{\omega}^2 m/k=\overline{\omega}^2 W/(kg)=\overline{\omega}^2 v_{st}/g$($g$ 为重力加速度,$v_{st}=W/k$,v_{st} 为隔振物体由其重量 W 产生的静力位移)及 $\overline{\omega}=2\pi\overline{f}$($\overline{f}$ 为激扰频率,亦称输入频率),则由式(3-3-20)的第二式得出输入频率 $\overline{f}$ 与隔振效率 IE 的关系式为

$$\overline{f}=\frac{\overline{\omega}}{2\pi}=\frac{1}{2\pi}\sqrt{\frac{g(2-IE)}{v_{st}(1-IE)}} \tag{3-3-21}$$

给定 $\overline{f}$ 及 v_{st},可计算出隔振效率 IE;反之,给定 $\overline{f}$ 及 IE,则可算出 v_{st},从而计算出支承衬垫的刚度系数 k。文献[1]根据式(3-3-21)做出了隔振设计计算图,可直接查出所需数据,十分方便。

[例 3-3-2] 一往复式机器质量为 9.071×10^3kg,当机器的运转频率为 40Hz 时,产生幅值为 2.22kN 的竖向谐振力。为了限制此机器对所在建筑物的振动,在其矩形底面的四角,各用一个弹簧支承。为了使机器传给建筑物的全部谐振力限制在 0.355 6kN 以内,所需采用的弹簧刚度应为多少?

解:传导比

$$TR=\frac{F_T}{P_0}=\frac{0.355\,6}{2.22}=0.16$$

由式(3-3-20)的第一式,得 $\beta^2-1=\frac{1}{TR}=\frac{1}{0.16}=6.25$,得到 $\beta^2=7.25$。

同时有

$$\beta^2 = \frac{\overline{\omega}^2}{\omega^2} = \frac{\overline{\omega}^2 m}{k}$$

解得总的弹簧刚度为

$$k = \frac{\overline{\omega}^2 m}{\beta^2} = \frac{(2\pi \overline{f})^2 m}{\beta^2} = \frac{(2\pi \times 40)^2 \times 9.071 \times 10^3}{7.25}$$

$$= 7.90 \times 10^7 (\mathrm{N/m}) = 7.90 \times 10^4 \mathrm{kN/m}$$

因此,机器底面每个角的弹簧刚度应低于

$$\frac{k}{4} = \frac{7.90 \times 10^4}{4} = 1.98 \times 10^4 (\mathrm{kN/m})$$

3.4 单自由度系统对周期性荷载的反应

往复式机械引起的惯性效应及船尾推进器产生的动压力等都属于周期性变化荷载,其随时间变化的一般规律可用图 3-4-1 所示曲线来表征。

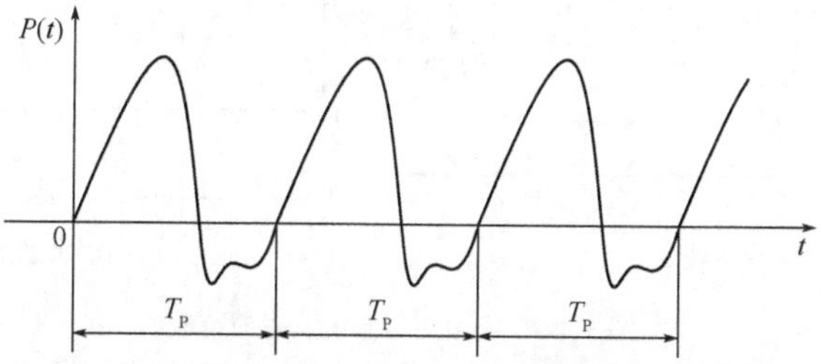

图 3-4-1 任意周期性荷载

由于任意周期荷载可用傅立叶级数展开为多个简谐荷载之和。对于线弹性结构,叠加各简谐荷载的响应,就得出周期性荷载引起的结构总响应。另外,非周期性荷载可以看成周期为无穷大(或是比荷载实际作用时间长很多的有限时间值)的"周期性荷载",从而周期性荷载的响应分析对计算非周期性荷载引起的响应亦有启发。

任意周期性荷载 $P(t)$ 可以展开成傅立叶级数,即

$$P(t) = \frac{A_0}{2} + \sum_{n=1}^{\infty} (A_n \cos n\,\overline{\omega}_1 t + B_n \sin n\,\overline{\omega}_1 t) \tag{3-4-1}$$

式中,$\overline{\omega}_1 = \dfrac{2\pi}{T_{\mathrm{P}}}$;

$A_0 = \dfrac{2}{T_{\mathrm{P}}} \displaystyle\int_0^{T_{\mathrm{P}}} P(t)\,\mathrm{d}t$;

$A_n = \dfrac{2}{T_{\mathrm{P}}} \displaystyle\int_0^{T_{\mathrm{P}}} P(t) \cos n\,\overline{\omega}_1 t\,\mathrm{d}t \quad (n = 1,2,3,\cdots)$;

$$B_n = \frac{2}{T_P}\int_0^{T_P} P(t)\sin n\,\overline{\omega}_1 t\mathrm{d}t \quad (n = 1,2,3,\cdots);$$

其中，T_P 为荷载基准周期，见图 3-4-1。

在周期性荷载 $P(t)$ 作用下，单自由度系统的运动方程为

$$m\ddot{v} + c\dot{v} + kv = \frac{A_0}{2} + \sum_{n=1}^{\infty}(A_n\cos n\,\overline{\omega}_1 t + B_n\sin n\,\overline{\omega}_1 t) \tag{3-4-2}$$

由式(3-2-4)得到系统的稳态响应

$$v(t) = \frac{A_0}{2k} + \frac{1}{k}\sum_{n=1}^{\infty}[A_n D_n\cos(n\,\overline{\omega}_1 t - \theta_n) + B_n D_n\sin(n\,\overline{\omega}_1 t - \theta_n)] \tag{3-4-3}$$

式中，$A_0/(2k)$ 为常量荷载 $A_0/2$ 引起的系统静位移。

$$D_n = [(1-\beta_n^2)^2 + (2\xi\beta_n)^2]^{-\frac{1}{2}} \quad \beta_n = \frac{n\,\overline{\omega}_1}{\omega} \quad \theta_n = \tan^{-1}\frac{2\xi\beta_n}{1-\beta_n^2} \tag{3-4-4}$$

[例 3-4-1] 图 3-4-2a)的单自由度系统承受按图 3-4-2b)所示规律变化的周期性荷载作用，假定荷载基准周期 T_P 为结构固有周期 T 的 4/3。假定结构无阻尼，试求其稳态振动反应。

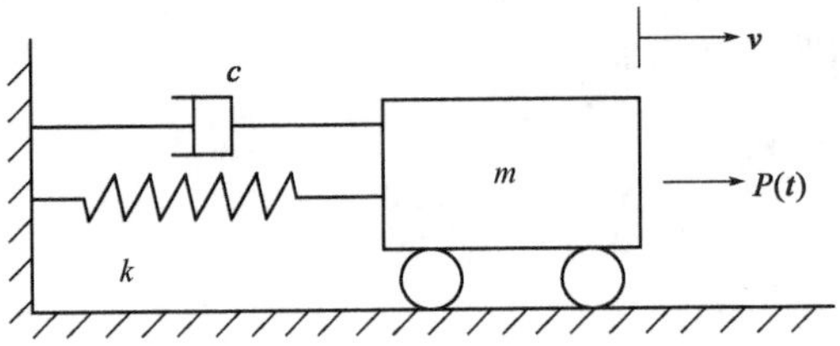

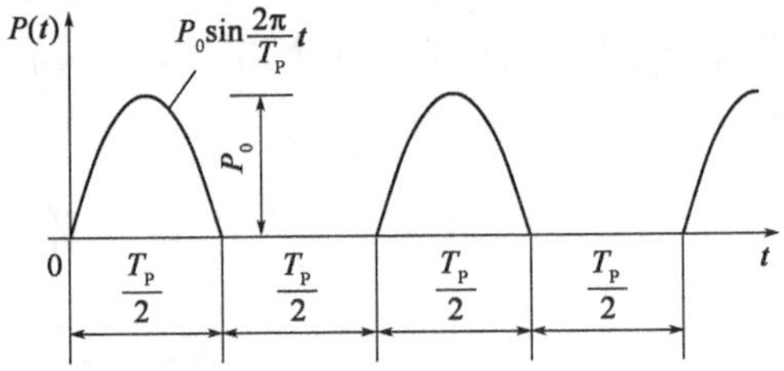

图 3-4-2 单自由度系统及对应荷载

解：先将 $P(t)$ 展开为傅立叶级数，其中 $\overline{\omega}_n = n\,\overline{\omega}_1 = n\frac{2\pi}{T_P}$

$$\frac{A_0}{2} = \frac{1}{T_P}\int_0^{\frac{T_P}{2}} P_0\sin\frac{2\pi t}{T_P}\mathrm{d}t = \frac{P_0}{\pi}$$

$$A_n = \frac{2}{T_P}\int_0^{\frac{T_P}{2}} P_0\sin\frac{2\pi t}{T_P}\cos\frac{2n\pi t}{T_P}\mathrm{d}t = \begin{cases} 0 & (n = 1,3,5,\cdots) \\ \dfrac{P_0}{\pi}\dfrac{2}{1-n^2} & (n = 2,4,6,\cdots) \end{cases}$$

$$B_n = \frac{2}{T_P}\int_0^{\frac{T_P}{2}} P_0\sin\frac{2\pi t}{T_P}\sin\frac{2n\pi t}{T_P}\mathrm{d}t = \begin{cases} \dfrac{P_0}{2} & (n = 1) \\ 0 & (n > 1) \end{cases}$$

代入式(3-4-1)，得荷载 $P(t)$ 的级数表达式为

$$P(t) = \frac{P_0}{\pi}\left[1 + \frac{\pi}{2}\sin(\overline{\omega}_1 t) - \frac{2}{3}\cos(2\,\overline{\omega}_1 t) - \frac{2}{15}\cos(4\,\overline{\omega}_1 t) - \frac{2}{35}\cos(6\,\overline{\omega}_1 t) + \cdots\right]$$

式中，$\overline{\omega}_1=\frac{2\pi}{T_P}$。因$\frac{T}{T_P}=\frac{3}{4}$，故$\beta_1=\frac{\overline{\omega}_1}{\omega}=\frac{T}{T_P}=\frac{3}{4}$，$\beta_2=\frac{2\overline{\omega}_1}{\omega}=\frac{3}{2}$，$\beta_4=\frac{4\overline{\omega}_1}{\omega}=3$，$\beta_6=\frac{6\overline{\omega}_1}{\omega}=\frac{9}{2}$。

又因假定无阻尼，故$D_n=\frac{1}{1-\beta_n^2}$，$\theta_n=0$，所以

$$B_1D_1=\frac{P_0}{2}\frac{1}{1-\beta_1^2}=\frac{P_0}{2}\frac{1}{1-\left(\frac{3}{4}\right)^2}=\frac{8P_0}{7}$$

$$A_2D_2=\frac{P_0}{\pi}\frac{2}{1-2^2}\frac{1}{1-\beta_2^2}=-\frac{2P_0}{3\pi}\frac{1}{1-\left(\frac{3}{2}\right)^2}=\frac{8P_0}{15\pi}$$

$$A_4D_4=\frac{P_0}{\pi}\frac{2}{1-4^2}\frac{1}{1-\beta_4^2}=-\frac{2P_0}{15\pi}\frac{1}{1-3^2}=\frac{P_0}{60\pi}$$

$$A_6D_6=\frac{P_0}{\pi}\frac{2}{1-6^2}\frac{1}{1-\beta_6^2}=-\frac{2P_0}{35\pi}\frac{1}{1-\left(\frac{9}{2}\right)^2}=\frac{8P_0}{2\,695\pi}\approx\frac{P_0}{337\pi}$$

将上述诸参数代入式(3-4-3)，得结构稳态反应为

$$v(t)=\frac{1}{k}\left[\frac{P_0}{\pi}+B_1D_1\sin(\overline{\omega}_1t)+A_2D_2\cos(2\overline{\omega}_1t)+A_4D_4\cos(4\overline{\omega}_1t)+A_6D_6\cos(6\overline{\omega}_1t)+\cdots\right]$$

$$=\frac{P_0}{k\pi}\left[1+\frac{8\pi}{7}\sin(\overline{\omega}_1t)+\frac{8}{15}\cos(2\overline{\omega}_1t)+\frac{1}{60}\cos(4\overline{\omega}_1t)+\frac{1}{337}\cos(6\overline{\omega}_1t)+\cdots\right]$$

此结果反映如下重要概念：荷载分量的频率越高，其激起的结构响应越小，高频率荷载分量几乎带不动结构，此结论与图3-2-3反映的概念一致。

3.5 单自由度系统对冲击荷载的反应

原子弹冲击波和炸弹爆炸对建筑物的冲击，钢轨接头、路面凹陷等对车辆的冲击等都是典型的冲击荷载，如图3-5-1所示。在冲击荷载下，结构在很短的时间内达到反应最大值。此时阻尼力还来不及从结构吸收较多的能量，阻尼对控制结构的最大反应影响很小。因此，计算结构在冲击荷载的响应时，一般不考虑阻尼。为了理解结构受冲击荷载作用的特性，下面介绍两种冲击荷载引起单自由度结构的动力反应特征及相关分析方法。

(1)正弦波脉冲荷载

如图3-5-2所示正弦波脉冲，此时反应可分为两个阶段：阶段Ⅰ相当于荷载作用期内的强迫振动，阶段Ⅱ对应于随后发生的自由振动。

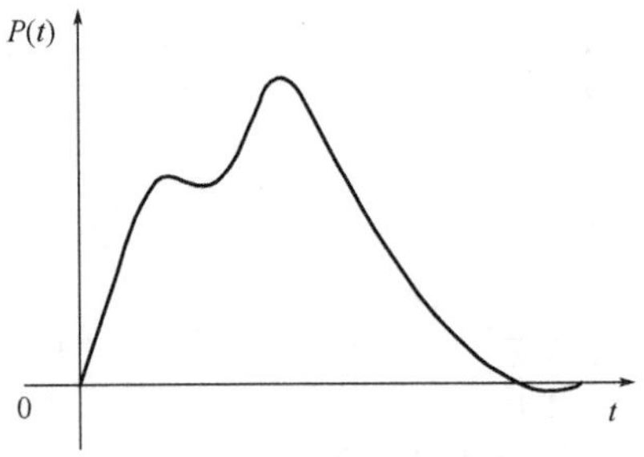

图 3-5-1　典型冲击荷载

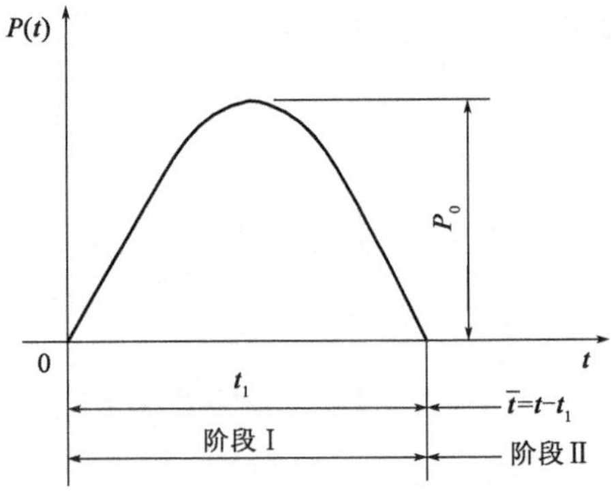

图 3-5-2　半正弦波脉冲荷载

阶段Ⅰ:在这个阶段内($0 \leqslant t \leqslant t_1$),结构承受图 3-5-2 所示单一的半正弦波荷载。假设系统从静止开始运动,即 $v(0)=\dot{v}(0)=0$,不考虑系统阻尼,即 $\xi=0,\omega_D=\omega$。将这些条件代入式(3-2-8),得系统振动的表达式为

$$v(t)=\frac{P_0}{k(1-\beta^2)}(\sin\overline{\omega}t-\beta\sin\omega t)\quad(0\leqslant t\leqslant t_1) \tag{3-5-1}$$

引入参数 $\alpha=t/t_1$,同时考虑 $\overline{\omega}=\dfrac{2\pi}{2t_1}=\dfrac{\pi}{t_1}$,得到阶段Ⅰ反应比时间历程为

$$R(\alpha)=\frac{1}{1-\beta^2}\left(\sin\pi\alpha-\beta\sin\frac{\pi\alpha}{\beta}\right)\quad(0\leqslant\alpha\leqslant 1) \tag{3-5-2}$$

当 $\beta=1$ 时,上式将是不确定的,此时应用洛必达法则获得此特殊情况的适用表达式,即

$$R(\alpha)=\frac{1}{2}(\sin\pi\alpha-\pi\alpha\cos\pi\alpha)\quad(\beta=1,0\leqslant\alpha\leqslant 1) \tag{3-5-3}$$

阶段Ⅱ:在荷载作用终止之后,即当 $\overline{t}=t-t_1\geqslant 0$ 时,系统由于荷载终止时($t=t_1$)的位移 $v(t_1)$ 及速度 $\dot{v}(t_1)$ 而做自由振动,按照式(3-1-3),阶段Ⅱ的系统振动为

$$v(t)=v(t_1)\cos\omega\overline{t}+\frac{\dot{v}(t_1)}{\omega}\sin\omega\overline{t} \tag{3-5-4}$$

由式(3-5-1)算出 $v(t_1)$ 及 $\dot{v}(t_1)$ 为

$$v(t_1)=\frac{P_0}{k(1-\beta^2)}(\sin\overline{\omega}t_1-\beta\sin\omega t_1)=-\frac{P_0\beta}{k(1-\beta^2)}\sin\frac{\pi}{\beta} \tag{3-5-5}$$

$$\dot{v}(t_1)=\frac{P_0}{k(1-\beta^2)}(\overline{\omega}\cos\overline{\omega}t_1-\beta\omega\cos\omega t_1)=-\frac{P_0\overline{\omega}}{k(1-\beta^2)}\left(1+\cos\frac{\pi}{\beta}\right) \tag{3-5-6}$$

将 $v(t_1)$ 与 $\dot{v}(t_1)$ 代入式(3-5-4),得到

$$v(t)=\frac{-P_0\beta}{k(1-\beta^2)}\left[\left(1+\cos\frac{\pi}{\beta}\right)\sin\omega(t-t_1)+\sin\frac{\pi}{\beta}\cos\omega(t-t_1)\right]\quad(t\geqslant t_1) \tag{3-5-7}$$

同样，引入参数 $\alpha = t/t_1$，得到阶段Ⅱ反应比时间历程为

$$R(\alpha) = \frac{-\beta}{1-\beta^2}\left\{\left(1+\cos\frac{\pi}{\beta}\right)\sin\left[\frac{\pi}{\beta}(\alpha-1)\right]+\sin\frac{\pi}{\beta}\cos\left[\frac{\pi}{\beta}(\alpha-1)\right]\right\} \quad (\alpha \geqslant 1) \tag{3-5-8}$$

其中，$\pi/\beta(\alpha-1)=\omega(t-t_1)$。式(3-5-8)与式(3-5-2)一样，对 $\beta=1$ 是不确定的。再次利用洛必达法则推导得

$$R(\alpha) = \frac{\pi}{2}\cos[\pi(\alpha-1)] \quad (\beta=1,\alpha\geqslant 1) \tag{3-5-9}$$

在阶段Ⅰ使用式(3-5-2)和式(3-5-3)，在阶段Ⅱ使用式(3-5-8)和式(3-5-9)，对不同的 β 值可做出图3-5-3实线所示的反应比-时间历程。这里 β 值分别选为1/10、1/4、1/3、1/2、1和3/2，相应的 t_1/T 值（T 为系统固有周期）分别为5、2、3/2、1、1/2和1/3。为了进行对照，图中用虚线作出了拟静力反应比 $[P(t)/k]/(P_0/k)=P(t)/P_0$，它的峰值等于1。注意：对 $t_1/T=1/2$（即 $\beta=1$）的情况，精确的最大反应 e 点出现在阶段Ⅰ结束的时刻。对任何 t_1/T 小于1/2（即 $\beta>1$）的情况，最大反应出现在阶段Ⅱ；而对任何 t_1/T 大于1/2（即 $\beta<1$）的情况，最大反应出现在阶段Ⅰ。显然，反应的最大值依赖于荷载持续时间与系统固有周期的比值 t_1/T。

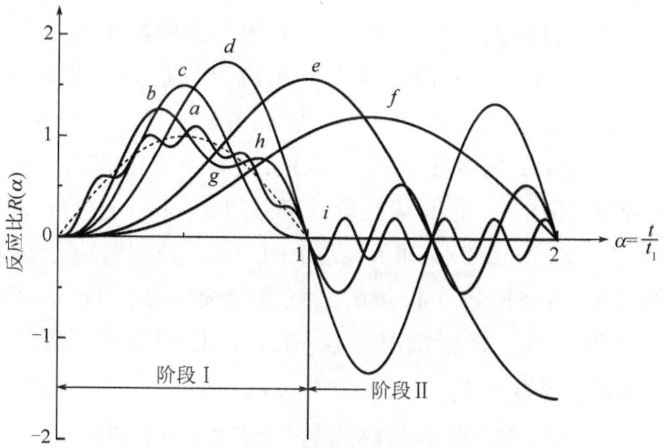

图3-5-3 半正弦波脉冲荷载引起的反应比

虽然理解图3-5-3所示完整的时间历程很重要，但工程技术人员通常仅对 a、b、c、d、e 和 f 点所表示的反应最大值更有兴趣。若最大值出现在阶段Ⅰ，则 α 的值可由式(3-5-2)对 α 求导，并令其等于零获得

$$\frac{\mathrm{d}R(\alpha)}{\mathrm{d}\alpha} = \left(\frac{\pi}{1-\beta^2}\right)\left(\cos\pi\alpha - \cos\frac{\pi\alpha}{\beta}\right)=0 \tag{3-5-10}$$

由此可得

$$\cos\pi\alpha = \cos\frac{\pi\alpha}{\beta}$$

为满足上式,需

$$\pi\alpha = \pm\frac{\pi\alpha}{\beta} + 2\pi n \quad (n = 0, \pm 1, \pm 2, \cdots) \tag{3-5-11}$$

解此可得

$$\alpha = \frac{2\beta n}{\beta \pm 1} \quad (n = 0, \pm 1, \pm 2, \cdots) \tag{3-5-12}$$

当然,只有 α 值位于阶段Ⅰ(即 α 值的范围为 $0 \leqslant \alpha \leqslant 1$)时,式(3-5-12)才有意义。如前所述,仅在 $0 \leqslant \beta \leqslant 1$ 时才遇到这一条件。为了满足这两个条件,n 的正负号要和式(3-5-12)分母中的正负号一致才行。注意:$n = 0$ 的情况可以不予考虑,因为与 $\alpha = 0$ 对应的零速度初始条件已得到满足。

为了增加对式(3-5-12)的理解,现在考虑图 3-5-3 与表 3-5-1 所示的情况。对 $\beta = 1$ 的界限值情况,利用式中正号并且 $n = +1$ 可获得 $\alpha = 1$,代入式(3-5-3)得到图 3-5-3 中 e 点的 $R(1) = \pi/2$。当 $\beta = 1/2$ 时,此时式(3-5-12)仅有一个有效解,即式(3-5-12)中取正号且 $n = +1$,此时 α 的值为 2/3,代入式(3-5-2)得到图 3-5-3 中 d 点的 $R(2/3) = 1.73$。对于 $\beta = 1/3$,式(3-5-12)中取正号分别对应 $n = +1$ 和 $+2$ 可得 α 为 1/2 和 1,代入式(3-5-2)得到图 3-5-3 中 c 点的 $R(1/2) = 3/2$ 和 i 点的 $R(1) = 0$。注意:因为在这种情况下 $\dot{R}(1)$ 是零,因而在阶段Ⅱ没有自由振动。如果 $\beta = 1/4$,显然在阶段Ⅰ有两个极大值(点 b 和 h)和一个极小值(点 g)。点 b 和 h 分别对应式(3-5-12)中取正号,并取 $n = +1$ 和 $+2$,α 分别为 2/5 和 4/5。g 点对应于式(3-5-12)中取负号,并取 $n = -1$,得 $\alpha = 2/3$。现在显然可见,对于最大值,在式(3-5-12)中的符号应该取正,且 n 应是正的来得到 α;而对于最小值,在式(3-5-12)中的符号应该取负,且 n 应是负的来得到 α。将上述的 α 值代入式(3-5-2),可得 $R(2/5) = 1.268$,$R(4/5) = 0.784$ 和 $R(2/3) = 0.693$,分别对应于点 b、h 和 g。若考虑 β 值进一步减小的情况,则在阶段Ⅰ极值的数量将继续增加,如 $\beta = 1/3$ 时只有 1 次,$\beta = 1/4$ 时 3 次,$\beta = 1/10$ 时 9 次。极限情况是 $\beta \to 0$,反应比曲线将接近图 3-5-3 虚线所示的拟静力反应曲线,即 R_{max} 接近于 1。

半正弦波脉冲荷载引起的最大反应比计算情况 表 3-5-1

β	1/10	1/4	1/3	1/2	1	3/2
t_1/T	5	2	3/2	1	1/2	1/3
最大值点	a	b	c	d	e	f
最大值点对应的 α	6/11	2/5	1/2	2/3	1	—
式(3-5-12)中的 n 取值	3	1	1	1	1	—
式(3-5-12)中的"±"选取	+	+	+	+	+	—
R_{max}	1.099 7	1.268	1.50	1.73	1.57	1.20

最后,讨论 $\beta = 3/2$ 的情况,其最大反应发生在阶段Ⅱ,如图 3-5-3 中 f 点所示。在自由振动的情况下,没有必要再去求解最大反应所对应的 α 值。因为所期望的最大值可直接由式(3-5-7)从两正交分量的矢量和得到动力系数为

$$D = R_{max} = \frac{-\beta}{1-\beta^2}\left[\left(1+\cos\frac{\pi}{\beta}\right)^2 + \left(\sin\frac{\pi}{\beta}\right)^2\right]^{\frac{1}{2}}$$

$$= \frac{-\beta}{1-\beta^2}\left[2\left(1+\cos\frac{\pi}{\beta}\right)\right]^{\frac{1}{2}} \tag{3-5-13}$$

最后用三角恒等式$\left[2\left(1+\cos\frac{\pi}{\beta}\right)\right]^{\frac{1}{2}} = 2\cos\frac{\pi}{2\beta}$可将式(3-5-13)写为如下简单形式

$$D = \frac{-2\beta}{1-\beta^2}\cos\frac{\pi}{2\beta} \tag{3-5-14}$$

对上述$\beta = 3/2$的情况，$D = 1.2$。

(2)矩形脉冲荷载

矩形脉冲荷载如图3-5-4所示，反应同样分为两个阶段，阶段Ⅰ为强迫振动阶段，阶段Ⅱ对应于自由振动阶段。

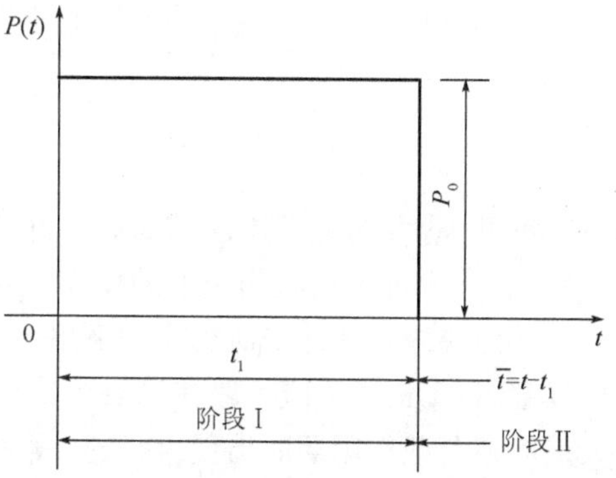

图3-5-4 矩形脉冲荷载

对于阶段Ⅰ(即$0 \leqslant t \leqslant t_1$)，此时单自由度系统的运动方程为$m\ddot{v} + kv = P_0$，其特解$v_p = P_0/k$，对应齐次方程的通解为$v_c = C_1\cos\omega t + C_2\sin\omega t$，故其一般解为

$$v = C_1\cos\omega t + C_2\sin\omega t + \frac{P_0}{k}$$

假定系统从静止开始运动，即$v(0) = \dot{v}(0) = 0$，解得$C_1 = -P_0/k$，$C_2 = 0$，于是

$$v = \frac{P_0}{k}(1-\cos\omega t) \quad (0 \leqslant t \leqslant t_1) \tag{3-5-15}$$

分析$1-\cos\omega t$的函数曲线特征可知，当$t_1 \geqslant T/2$(即$t_1/T \geqslant 1/2$)时，反应的最大值出现在阶段Ⅰ。

当$t_1/T \geqslant 1/2$时，反应出现最大值的时间t_m为

$$t_m = \frac{T}{2} = \frac{\pi}{\omega}$$

对应反应的最大值v_{max}为

$$v_{max} = \frac{P_0}{k}\left[1-\cos\left(\frac{\pi}{\omega}\cdot\omega\right)\right] = \frac{2P_0}{k}$$

当$t_1/T < 1/2$时，反应最大值出现在阶段Ⅱ，可根据自由振动规律确定最大振幅与动力系数如下。

对于阶段Ⅱ(即$t \geqslant t_1$)，系统因$t = t_1$时的位移$v(t_1)$及速度$\dot{v}(t_1)$作用而做自由振动，其振幅为

$$\rho=\left\{[v(t_1)]^2+\left[\frac{\dot{v}(t_1)}{\omega}\right]^2\right\}^{\frac{1}{2}} \tag{3-5-16}$$

式中，$v(t_1)=P_0/k(1-\cos\omega t_1)$；$\dot{v}(t_1)=P_0/k\omega\sin\omega t_1$。

再考虑 $\omega=2\pi/T$，$1-\cos(2\pi t_1/T)=2\sin^2(\pi t_1/T)$，则

$$\begin{aligned}\rho&=\frac{P_0}{k}\left[\left(1-\cos\frac{2\pi t_1}{T}\right)^2+\sin^2\frac{2\pi t_1}{T}\right]^{\frac{1}{2}}\\&=\frac{P_0}{k}\left[2\left(1-\cos\frac{2\pi t_1}{T}\right)\right]^{\frac{1}{2}}=\frac{2P_0}{k}\left|\sin\frac{\pi t_1}{T}\right|\end{aligned} \tag{3-5-17}$$

于是，当 $t_1/T<1/2$ 时，动力放大系数为

$$D=2\sin\frac{\pi t_1}{T} \tag{3-5-18}$$

可见，动力放大系数 D 随荷载脉冲长度比 t_1/T 而变化。

(3)不同冲击荷载作用下的反应比及规律

下面摘录4种冲击荷载作用下单自由度系统的反应比 $R(t)$ 波形示于图3-5-5。从中可以看出：①最大反应一般在第一个峰值处。②荷载持续时间较长（即 t_1/T 较大）时，最大反应在荷载作用期间出现；荷载持续时间很短（即 t_1/T 很小）时，最大反应在自由振动阶段发生。

(4)反应谱

上述各动力放大系数计算式表明：在冲击荷载作用下，无阻尼单自由度结构的最大反应仅依赖于脉冲的持续时间与结构固有周期的比值 t_1/T。因此，对各种冲击荷载，可以做出各自对应的动力放大系数 D 与 t_1/T 的关系曲线，如图3-5-6所示。这些曲线称为各冲击荷载作用下的位移反应谱或简称反应谱。利用这些曲线可在工程设计所需精度内，估计给定冲击荷载产生的简单结构的最大响应。

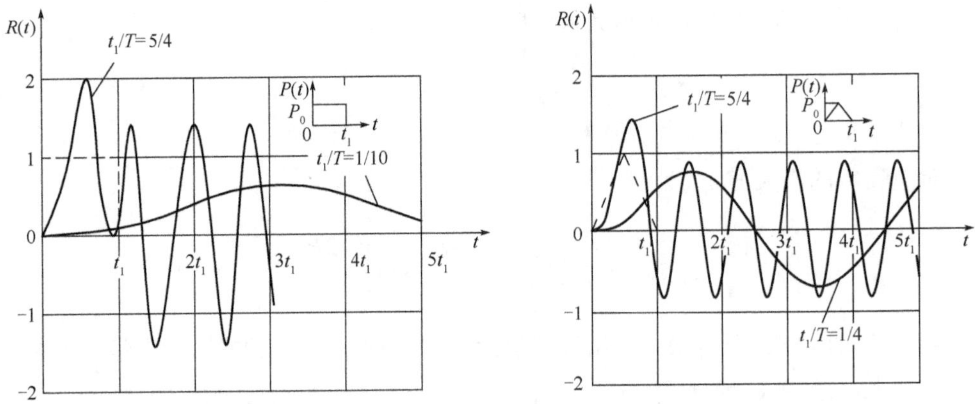

a)矩形脉冲　　b)对称三角形脉冲

图 3-5-5

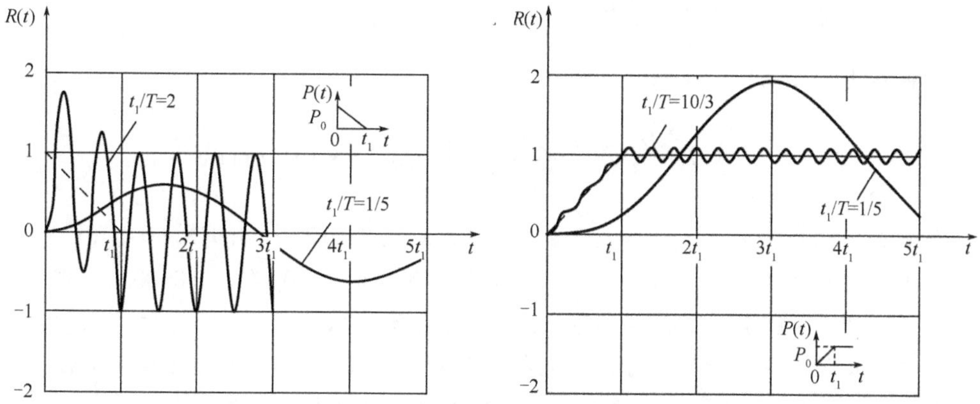

c)突加三角形脉冲　　d)有限渐增时间的常量力

图 3-5-5　不同冲击荷载作用下的反应比

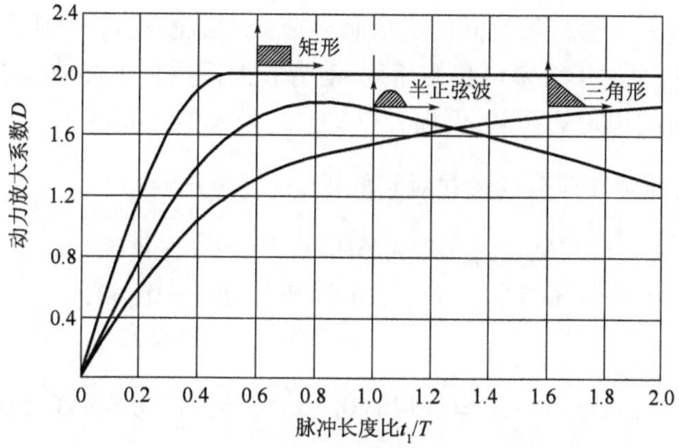

图 3-5-6　单自由度系统对三种脉冲荷载的位移反应谱

[**例 3-5-1**]　图 3-5-7 表示承受冲击波荷载的单自由度建筑物及冲击荷载 $P(t)$。试根据图中资料，利用图 3-5-6 反应谱，估计此结构的最大位移 v_{max} 及最大弹性抗力。

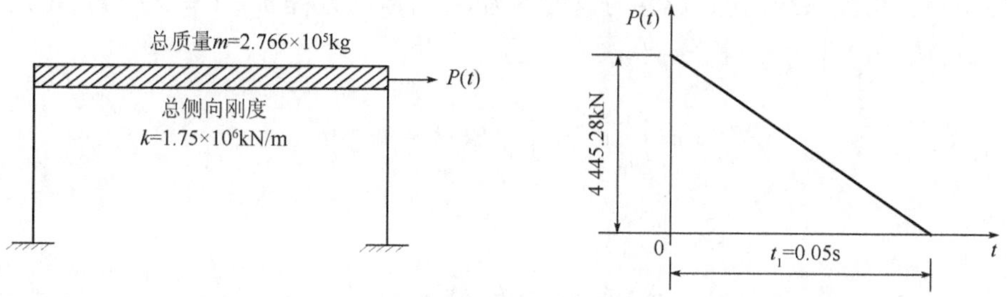

a)结构示意图　　b)冲击波荷载

图 3-5-7　承受冲击波荷载作用的单自由度系统

解：结构固有周期 $T=\dfrac{2\pi}{\omega}=2\pi\sqrt{\dfrac{m}{k}}=2\pi\sqrt{\dfrac{2.766\times10^5}{1.75\times10^9}}=0.079(\mathrm{s})$。

冲击荷载脉冲长度比$\frac{t_1}{T}=\frac{0.05}{0.079}=0.63$，查图 3-5-6，得动力放大系数 $D=1.33$。

因此最大位移为

$$v_{max}=\frac{P_0 D}{k}=\frac{4\,445.28\times 1.33}{1.75\times 10^6}=3.38\times 10^{-3}(\mathrm{m})$$

结构最大弹性抗力 $F_{s,max}=kv_{max}=1.75\times 10^6\times 3.38\times 10^{-3}=5.915\times 10^3(\mathrm{kN})$。

若冲击波压力脉冲持续时间 t_1 仅为上述持续时间的 1/10（即 $t_1=0.005\mathrm{s}$），则对此脉冲长度比 $t_1/T=0.005/0.079=0.063$，动力放大系数 D 仅为 0.2。此时的结构弹性恢复力仅为 889.47kN。由此可见，持续时间很短的冲击荷载的大部分被结构的惯性力所抵抗，因而它在结构中产生的应力将比长持续时间荷载所产生的应力小很多。

（5）冲击荷载反应的近似分析

观察图 3-5-5 及图 3-5-6，可得出下面两个结论。

①对于长持续时间荷载，例如 $t_1/T>1$，动力放大系数主要依赖于荷载达到它的最大值的增长速度。具有足够持续时间的矩形脉冲荷载加载瞬时即达到其最大值，所产生的动力放大系数为 2；而对于缓慢增长的荷载，动力放大系数为 1，如图 3-5-5d）所示。

②对于持续时间很短的荷载，例如 $t_1/T=0.2$，最大位移幅值 v_{max} 主要依赖于冲量 $I=\int_0^{t_1}P(t)\mathrm{d}t$ 的大小，而脉冲荷载的形式对它的影响不大，分析如下。

对矩形脉冲，$D_a=1.176$，$v_{a,max}=1.176P_0/k$，$I_a=P_0t_1$；对半正弦波脉冲 $D_b=0.763$，$v_{b,max}=0.763P_0/k$，$I_b=0.637P_0t_1$；对三角形脉冲 $D_c=0.60$，$v_{c,max}=0.60P_0/k$，$I_c=0.5P_0t_1$。则

$$v_{a,max}:v_{b,max}:v_{c,max}=1.176:0.763:0.6=1:0.649:0.510$$

$$I_a:I_b:I_c=1:0.637:0.5\approx v_{a,max}:v_{b,max}:v_{c,max}$$

这一概念与下述冲击荷载反应的近似分析概念一致。以下推导出计算短持续时间冲击荷载下最大反应的近似分析方法。此方法实际上是以上结论②的数学表达。由前述冲击荷载下单自由度系统（初始位移与速度均为 0）的运动方程 $m\ddot{v}+kv=P(t)$，得出 $m\ddot{v}=P(t)-kv$，从 $t=0$ 至 $t=t_1$ 积分，得

$$m\int_0^{t_1}\ddot{v}\mathrm{d}t=\int_0^{t_1}[P(t)-kv]\mathrm{d}t$$

即

$$m\Delta\dot{v}=\int_0^{t_1}[P(t)-kv]\mathrm{d}t \tag{3-5-19}$$

式中，$\Delta\dot{v}=\int_0^{t_1}\ddot{v}\mathrm{d}t$ 是由荷载引起的质量 m 速度增量。当时间 t_1 很小时，并设 0 到 t_1 时段平均加速度为 a，此时有

$$\Delta\dot{v}=\dot{v}(t_1)\approx at_1$$

$$\Delta v = v(t_1) \approx \frac{1}{2}at_1^2$$

可见，当 t_1 很小时，在荷载作用期间所引起的位移增量 Δv 为 t_1^2 量级，而速度增量 $\Delta\dot{v}$ 是 t_1 量级。式(3-5-19)中弹性力项 kv 也为 t_1^2 量级，弹性力相对 $P(t)$ 很小，可以忽略(例 3-5-1也说明了此特性)，于是式(3-5-19)可近似表示为

$$m\Delta\dot{v} \approx \int_0^{t_1} P(t)\,\mathrm{d}t \text{ 或 } \Delta\dot{v} = \frac{1}{m}\int_0^{t_1} P(t)\,\mathrm{d}t \tag{3-5-20}$$

加载结束之后，质量 m 因 $t = t_1$ 时的位移 $v(t_1)$ 及速度 $\dot{v}(t_1)$ 而做自由振动(这里考虑冲击荷载响应，不计阻尼)。

$$v(\bar{t}) = v(t_1)\cos\omega\bar{t} + \frac{\dot{v}(t_1)}{\omega}\sin\omega\bar{t}$$

式中，$\bar{t} = t - t_1$，由于 $v(t_1)$ 很小，第一项可以忽略，$\dot{v}(t_1) = \Delta\dot{v}$，因此

$$v(\bar{t}) \approx \frac{1}{m\omega}\left[\int_0^{t_1} P(t)\,\mathrm{d}t\right]\sin\omega\bar{t} \tag{3-5-21}$$

本节的论述为下一节讲述杜哈美积分方法奠定了数学基础。

[**例 3-5-2**] 讨论图 3-5-8 系统在所示冲击荷载下的反应。

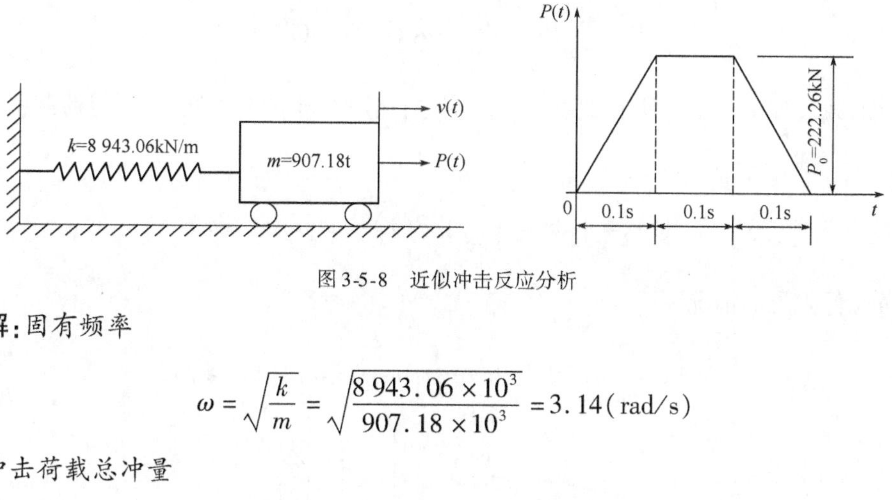

图 3-5-8 近似冲击反应分析

解：固有频率

$$\omega = \sqrt{\frac{k}{m}} = \sqrt{\frac{8\,943.06 \times 10^3}{907.18 \times 10^3}} = 3.14(\mathrm{rad/s})$$

冲击荷载总冲量

$$\int_0^{t_1} P(t)\,\mathrm{d}t = 2 \times \frac{1}{2} \times 0.1 \times 222.26 + 0.1 \times 222.26 = 44.45(\mathrm{kN \cdot s})$$

代入式(3-5-21)，得位移

$$v(\bar{t}) = \frac{44.45}{907.18 \times 3.14}\sin\omega\bar{t}$$

当 $\sin\omega\bar{t} = 1$ 时，最大位移 $v_{\max} = \dfrac{44.45}{907.18 \times 3.14} \approx 1.56 \times 10^{-2}(\mathrm{m})$。

弹簧中最大弹性力 $F_{\mathrm{s,max}} = kv_{\max} = 8\,943.06 \times 1.56 \times 10^{-2} = 139.55(\mathrm{kN})$，因为此系统固有周期 $T = 2\pi/\omega = 2\pi/3.14 = 2(\mathrm{s})$，$t_1/T = 0.3/2 = 0.15$，故对持续时间这样短的荷载，

近似分析可以认为是很可靠的。实际上,将该系统运动方程 $m\ddot{v}+kv=P(t)$ 直接积分,求得的最大位移为0.015 3m。因此,近似分析结果的误差小于2%。

3.6 单自由度系统对任意动力荷载的反应

在前述振动响应计算中,动力荷载都可用显式解析函数表示,而且可以直接求解系统运动方程得出响应的解析解。当动力荷载解析函数比较复杂时,无法求得响应的解析解。另外,工程中许多荷载,如风载、地震荷载、波浪力、地面或轨道对车辆的激扰力等只能通过试验测出,不能表现为显式解析函数。这些荷载作用下的响应分析常用方法有时域法(杜哈美积分)与频域法(傅立叶积分及离散傅立叶变换)。

3.6.1 时域分析方法

如图3-6-1所示,$P(t)$的作用过程也可视为由许多微量冲量 $P(\tau)\mathrm{d}\tau$ 组成。在极短时间内微量冲量 $P(\tau)\mathrm{d}\tau$ 引起系统速度增量为 $P(\tau)\mathrm{d}\tau/m$,而来不及引起显著的位移增量,故忽略不计(3.5节已作数学说明)。在不计阻尼的情况下,以该速度增量 $P(\tau)\mathrm{d}\tau/m$ 为初始条件形成的自由振动反应为微量冲量 $P(\tau)\mathrm{d}\tau$ 引起后续时刻 t 的动力反应,即

$$\mathrm{d}v=\frac{1}{m\omega}P(\tau)\mathrm{d}\tau\sin\omega(t-\tau)\quad(t\geqslant\tau)$$

然后对加载过程中产生的所有微量位移反应进行叠加,即对上式积分,可得荷载引起的反应为

$$v(t)=\int_0^t\mathrm{d}v=\frac{1}{m\omega}\int_0^t P(\tau)\sin\omega(t-\tau)\mathrm{d}\tau \tag{3-6-1}$$

考虑低阻尼的情况下

$$\mathrm{d}v=\frac{1}{m\omega_\mathrm{D}}\mathrm{e}^{-\xi\omega(t-\tau)}P(\tau)\mathrm{d}\tau\sin\omega_\mathrm{D}(t-\tau)\quad(t\geqslant\tau)$$

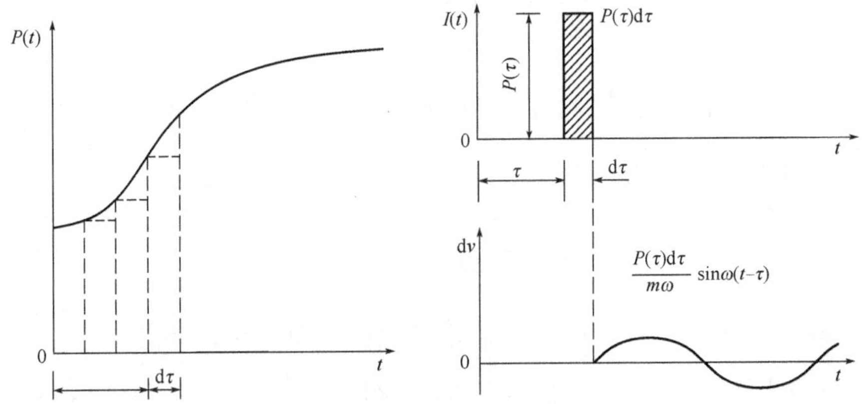

图3-6-1 任意函数荷载的冲量分解及其响应

对应的反应为

$$v(t) = \frac{1}{m\omega_D}\int_0^t e^{-\xi\omega(t-\tau)} P(\tau)\sin\omega_D(t-\tau)\,d\tau \tag{3-6-2}$$

杜哈美积分表示的位移纯粹由荷载引起的，不管系统受载前的状态如何。故若系统有初始位移 $v(0)$ 及初始速度 $\dot{v}(0)$，应将荷载引起的振动与初始条件引起的振动相加，得到系统的总振动响应。

不计阻尼的情况，总响应为

$$v(t) = v(0)\cos\omega t + \frac{\dot{v}(0)}{\omega}\sin\omega t + \frac{1}{m\omega}\int_0^t P(\tau)\sin\omega(t-\tau)\,d\tau \tag{3-6-3}$$

考虑阻尼的情况，总响应为

$$v(t) = e^{-\xi\omega t}\left[v(0)\cos\omega_D t + \frac{\dot{v}(0) + \xi\omega v(0)}{\omega_D}\sin\omega_D t\right] + \frac{1}{m\omega_D}\int_0^t e^{-\xi\omega(t-\tau)} P(\tau)\sin\omega_D(t-\tau)\,d\tau \tag{3-6-4}$$

当荷载函数不可积分时（例如许多实际问题中的荷载仅由试验数据给出），杜哈美积分需采用数值计算，详见文献[1]。另外，也可以采用第4章介绍的逐步积分法求解单自由度系统的响应时程。

杜哈美积分法应用了叠加原理，只能适用于线性系统，即振动过程中特性保持不变的系统。有些系统的特性随振动过程变化，例如强烈地震下弹塑性振动的建筑物、列车过桥梁时做自激振动的车-桥系统等都是系统特性随振动过程变化的典型例子，其振动反应的分析不能采用杜哈美积分法，需采用后面的逐步积分法。

[例3-6-1] 某单自由度系统受到如图3-5-4所示的矩形脉冲荷载，初始位移与速度均为零，系统的质量为 m，刚度系数为 k，不计阻尼影响，用杜哈美积分法列出该系统位移响应表达式。

解：荷载 $P(t)$ 可以表示为如下分段函数：

$$P(t) = \begin{cases} P_0 & (0 \leqslant t \leqslant t_1) \\ 0 & (t > t_1) \end{cases}$$

阶段Ⅰ（$0 \leqslant t \leqslant t_1$）：系统受突然外力 P_0 作用，在零初始条件下，由式(3-6-3)得：

$$v(t) = \frac{1}{m\omega}\int_0^t P_0\sin\omega(t-\tau)\,d\tau = \left[\frac{P_0}{m\omega^2}\cos\omega(t-\tau)\right]_0^t$$

$$= \frac{P_0}{k}(1-\cos\omega t) \quad (0 \leqslant t \leqslant t_1)$$

阶段Ⅱ（$t > t_1$）：在脉冲作用完成后，系统不受外力作用而作自由振动。振动位移既可用阶段Ⅰ结束时的位移 $v(t_1)$ 和速度 $\dot{v}(t_1)$ 为初始条件求出，也可以由杜哈美积分求得如下：

$$v(t) = \frac{1}{m\omega}\int_0^{t_1} P_0 \sin\omega(t-\tau)\mathrm{d}\tau = \left[\frac{P_0}{m\omega^2}\cos\omega(t-\tau)\right]_0^{t_1}$$

$$= \frac{2P_0}{k}\sin\frac{\omega t_1}{2}\sin\omega\left(t-\frac{t_1}{2}\right) \quad (t > t_1)$$

本例用杜哈美积分所得计算结果与3.5节的解析解是一致的。

3.6.2 频域分析方法

时域分析方法可以用于确定任意荷载作用下线性单自由度系统反应，即使是强烈振荡的荷载也是适用的，但有时用频域分析方法更加方便。同时，频域分析方法在试验模态分析与随机振动分析中均有重要作用。

在3.4节的周期性荷载分析中，把周期性荷载展开成许多简谐分量，计算每个简谐分量作用于结构的反应，最后叠加各简谐反应得到结构的总反应。当把任意荷载看作周期为无穷大(或是比荷载实际作用时间长很多的有限时间值，如图3-6-2所示)的“周期性荷载”，上述思想可以推广到任意荷载作用下结构反应的频域分析。为了推导方便，首先需要讲述用复数形式表述周期性荷载及系统响应，引入复数型傅立叶级数与复频响应函数概念。

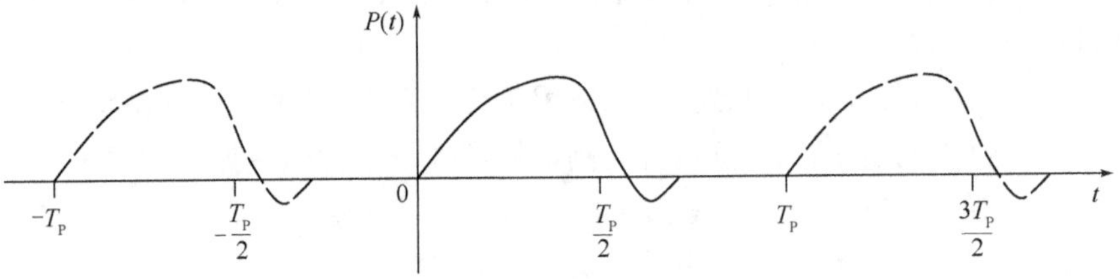

图3-6-2 任意荷载被表示成傅立叶级数

1)用复数形式表述周期性荷载作用的系统响应

欧拉方程为：

$$\cos\theta = \frac{1}{2}(\mathrm{e}^{\mathrm{i}\theta} + \mathrm{e}^{-\mathrm{i}\theta}), \sin\theta = -\frac{\mathrm{i}}{2}(\mathrm{e}^{\mathrm{i}\theta} - \mathrm{e}^{-\mathrm{i}\theta})$$

运用欧拉方程，式(3-4-1)可写成如下复数形式：

$$P(t) = \frac{A_0}{2} + \sum_{n=1}^{\infty}(A_n\cos n\,\overline{\omega}_1 t + B_n \sin n\,\overline{\omega}_1 t)$$

$$= \frac{A_0}{2} + \sum_{n=1}^{\infty}\left[\frac{A_n}{2}(\mathrm{e}^{\mathrm{i}n\overline{\omega}_1 t} + \mathrm{e}^{-\mathrm{i}n\overline{\omega}_1 t}) - \mathrm{i}\frac{B_n}{2}(\mathrm{e}^{\mathrm{i}n\overline{\omega}_1 t} - \mathrm{e}^{-\mathrm{i}n\overline{\omega}_1 t})\right]$$

$$= \frac{A_0}{2} + \sum_{n=1}^{\infty}\left[\left(\frac{A_n}{2} - \mathrm{i}\frac{B_n}{2}\right)\mathrm{e}^{\mathrm{i}n\overline{\omega}_1 t} + \left(\frac{A_n}{2} + \mathrm{i}\frac{B_n}{2}\right)\mathrm{e}^{-\mathrm{i}n\overline{\omega}_1 t}\right]$$

令 $a_0 = \frac{A_0}{2}, a_n = \frac{A_n}{2} - \mathrm{i}\frac{B_n}{2}, a_{-n} = \frac{A_n}{2} + \mathrm{i}\frac{B_n}{2} \quad (n=1,2,3,\cdots)$，得到

$$P(t)=a_0+\sum_{n=1}^{\infty}(a_n e^{in\bar{\omega}_1 t}+a_{-n}e^{-in\bar{\omega}_1 t})\equiv\sum_{n=-\infty}^{\infty}a_n e^{in\bar{\omega}_1 t} \tag{3-6-5}$$

在式(3-6-5)中,对于每一个 n 的正值,如 $n=+m$,对应一对互为共轭复数的系数 a_{+m} 与 a_{-m}。a_{+m} 与 a_{-m} 分别按逆时针和顺时针方向旋转角度 $m\bar{\omega}_1 t$,可得到另一对共轭复数 $a_{+m}e^{im\bar{\omega}_1 t}$ 与 $a_{-m}e^{-im\bar{\omega}_1 t}$,见图3-6-3。$a_{+m}e^{im\bar{\omega}_1 t}$ 与 $a_{-m}e^{im\bar{\omega}_1 t}$ 的虚部分量相互抵消,得到 $P(t)$ 为实函数。

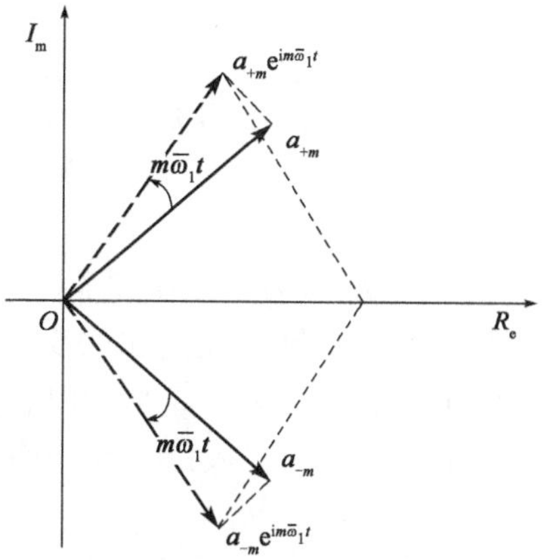

图3-6-3 指数荷载项的矢量表示法

式(3-6-5)中,$a_n(n=-\infty\rightarrow\infty)$ 为待定复系数,其计算式推导如下:

以 $e^{-in\bar{\omega}_1 t}dt$ 乘式(3-6-5)两边,并从0至 T_P 积分(这里 n 为不变量,故将求和式中 n 改写为 m),得

$$\begin{aligned}\int_0^{T_P}P(t)e^{-in\bar{\omega}_1 t}dt&=\int_0^{T_P}\left(\sum_{m=-\infty}^{\infty}a_m e^{im\bar{\omega}_1 t}\right)e^{-in\bar{\omega}_1 t}dt\\&=\int_0^{T_P}\sum_{m=-\infty}^{\infty}a_m e^{i(m-n)\bar{\omega}_1 t}dt\\&=\sum_{m=-\infty}^{\infty}\int_0^{T_P}a_m e^{i(m-n)\bar{\omega}_1 t}dt\end{aligned}$$

当 $m\neq n$ 时,

$$\begin{aligned}\int_0^{T_P}a_m e^{i(m-n)\bar{\omega}_1 t}dt&=\frac{a_m}{i(m-n)\bar{\omega}_1}\int_0^{T_P}e^{i(m-n)\bar{\omega}_1 t}d[i(m-n)\bar{\omega}_1 t]\\&=\frac{a_m}{i(m-n)\bar{\omega}_1}[e^{i(m-n)\bar{\omega}_1 t}]_0^{T_P}\\&=\frac{a_m}{i(m-n)\bar{\omega}_1}[e^{i(m-n)\bar{\omega}_1\frac{2\pi}{\bar{\omega}_1}}-1]\\&=\frac{a_m}{i(m-n)\bar{\omega}_1}[\cos2(m-n)\pi+i\sin2(m-n)\pi-1]=0\end{aligned}$$

故有 $\int_0^{T_P}P(t)e^{-in\bar{\omega}_1 t}dt=\sum_{m=-\infty}^{\infty}\int_0^{T_P}a_m e^{i(m-n)\bar{\omega}_1 t}dt=\int_0^{T_P}a_n dt=a_n T_P$

得出

$$a_n=\frac{1}{T_P}\int_0^{T_P}P(t)e^{-in\bar{\omega}_1 t}dt \tag{3-6-6}$$

以上将任意周期性荷载表示成傅立叶级数的复数形式,即很多项 $a_n e^{in\bar{\omega}_1 t}$ 之和,a_n 是与 $P(t)$ 有关的复系数,$e^{in\bar{\omega}_1 t}$ 为复指数形式的作用力。如果能够确定 $e^{in\bar{\omega}_1 t}$ 作用下系统的复反应,就能叠加得到线性系统总反应。

为此,需要引出复频响应函数 $H(\bar{\omega})$ 的概念。这里假定周期性荷载作用时间足够长,以至初始条件引起的瞬态反应已经消失,因而仅讨论稳态反应。设作用于系统的激扰力

为单位谐振力 $e^{i\overline{\omega}t}$(单位谐振力 $e^{i\overline{\omega}t}$ 的实部与虚部可以理解为分别作用于系统两个独立的谐振力 $\cos\overline{\omega}t$ 与 $\sin\overline{\omega}t$),对应单自由度系统的运动方程为

$$m\ddot{Z}+c\dot{Z}+kZ=e^{i\overline{\omega}t} \tag{3-6-7}$$

其稳态响应的形式如下

$$Z(t)=H(\overline{\omega})e^{i\overline{\omega}t} \tag{3-6-8}$$

其中,$H(\overline{\omega})$ 为复常数,后面可看出它是激扰频率 $\overline{\omega}$ 的函数,故称为复频响应函数。因为荷载 $e^{i\overline{\omega}t}$ 为复数,此时得出的反应 $Z(t)$ 也为复数,复反应 $Z(t)$ 的实部与虚部分别对应谐振力 $\cos\overline{\omega}t$ 与 $\sin\overline{\omega}t$ 单独作用下的稳态响应。

将式(3-6-8)代入式(3-6-7),得

$$H(\overline{\omega})=\frac{1}{k-\overline{\omega}^2m+i\overline{\omega}c}=\frac{1}{k(1-\beta^2+2\xi\beta i)} \tag{3-6-9}$$

当 $\overline{\omega}=n\overline{\omega}_1$ 时,则 $\beta=n\beta_1$,$\beta_1=\overline{\omega}_1/\omega$。

$$H(n\overline{\omega}_1)=\frac{1}{k(1-n^2\beta_1^2+2\xi n\beta_1 i)} \tag{3-6-10}$$

很显然,当 $\overline{\omega}=-n\overline{\omega}_1$ 时

$$H(-n\overline{\omega}_1)=\frac{1}{k(1-n^2\beta_1^2-2\xi n\beta_1 i)} \tag{3-6-11}$$

故 $H(n\overline{\omega}_1)$ 为 $H(-n\overline{\omega}_1)$ 的共轭复数。

当 $P(t)=\sum\limits_{n=-\infty}^{\infty}a_ne^{in\overline{\omega}_1t}$ 时,系统稳态反应为

$$v(t)=\sum_{n=-\infty}^{\infty}a_nH(n\overline{\omega}_1)e^{in\overline{\omega}_1t} \tag{3-6-12}$$

因为按式(3-6-5)确定的荷载 $P(t)$ 虽然为复数和的形式,实际仍为实数,此时得出的反应 $v(t)$ 也是实数。

2)傅立叶积分方法

频域分析法的物理概念与前述对周期荷载响应的分析相似,都是先将荷载展开成许多简谐分量项,计算系统对每个分量的反应,最后叠加各简谐反应而得到结构的总反应。为此,需要把傅立叶级数的概念推广用于非周期性荷载的展开。

周期性荷载 $P(t)$ 的傅立叶级数展开式(3-4-1)中有两个重要参数:基准周期 T_P 及频率 $\overline{\omega}_1$。$P(t)$ 展开之后就出现离散频谱 $n\overline{\omega}_1(n=1,2,\cdots)$。非周期性荷载的特点主要是其波形永远不重复,故可以认为其周期为无穷大,即 $T_P=\infty$,对应频率 $\overline{\omega}_1=2\pi/T_P$ 为无限小,即 $\overline{\omega}_1\to d\overline{\omega}$,$1/T_P\to d\overline{\omega}/(2\pi)$,离散的频率 $n\overline{\omega}_1(n=-\infty,\cdots,-1,0,1,\cdots,\infty)$ 就变成连续曲线。

先将式(3-6-6)改写为

$$a_n = \frac{1}{T_P}\int_{-\frac{T_P}{2}}^{\frac{T_P}{2}} P(t)e^{-in\bar{\omega}_1 t}dt \quad (n = -\infty, \cdots, -1, 0, 1, \cdots, \infty) \tag{3-6-13}$$

在 $T_P \to \infty$ 的条件下，再令 $\bar{\omega} = n\bar{\omega}_1$，$d\bar{\omega}/(2\pi) = 1/T_P$，这样式(3-6-6)可以进一步改写为

$$a_n = \frac{d\bar{\omega}}{2\pi}\int_{-\infty}^{\infty} P(t)e^{-i\bar{\omega}t}dt \tag{3-6-14}$$

将式(3-6-14)代入式(3-6-5)，并将式(3-6-5)的求和式改为积分式，可得傅立叶积分为

$$P(t) = \frac{1}{2\pi}\int_{-\infty}^{\infty}\left[\int_{-\infty}^{\infty} P(t)e^{-i\bar{\omega}t}dt\right]e^{i\bar{\omega}t}d\bar{\omega} = \frac{1}{2\pi}\int_{-\infty}^{\infty}\bar{P}(\bar{\omega})e^{i\bar{\omega}t}d\bar{\omega} \tag{3-6-15}$$

式中，

$$\bar{P}(\bar{\omega}) = \int_{-\infty}^{\infty} P(t)e^{-i\bar{\omega}t}dt \tag{3-6-16}$$

$\bar{P}(\bar{\omega})$为$\bar{\omega}$的函数，称式(3-6-16)为 $P(t)$ 的傅立叶变换，式(3-6-15)为其逆变换，两者称为傅立叶变换对。傅立叶变换的必要条件：积分 $\int_{-\infty}^{\infty} |P(t)| dt$ 为有限值。显然，只要荷载 $P(t)$ 实际作用时间是有限的，此必要条件即可满足。

式(3-6-15)中的 $\bar{P}(\bar{\omega})/(2\pi)$ 表示频率为$\bar{\omega}$处每单位$\bar{\omega}$的复幅值强度，$\bar{P}(\bar{\omega})/(2\pi)e^{i\bar{\omega}t}d\bar{\omega}$就是频率$\bar{\omega}$处的一个荷载，式(3-6-15)表示 $P(t)$ 为无穷个荷载 $\bar{P}(\bar{\omega})/(2\pi)e^{i\bar{\omega}t}d\bar{\omega}$的总和。单位荷载 $e^{i\bar{\omega}t}$激起的系统响应为 $H(\bar{\omega})e^{i\bar{\omega}t}$，若系统是线性的，则应用叠加原理，得出载荷 $P(t)$ 产生的系统稳态响应为

$$v(t) = \frac{1}{2\pi}\int_{-\infty}^{\infty} H(\bar{\omega})\bar{P}(\bar{\omega})e^{i\bar{\omega}t}d\bar{\omega} \tag{3-6-17}$$

式(3-6-17)为利用频域法进行响应分析的基本方程。

[例 3-6-2] 分析图 3-5-4 所示矩形脉冲荷载引起单自由度系统的稳态响应。系统质量为 m，刚度系数为 k，阻尼比为 c，无阻尼固有频率为 ω，有阻尼固有频率为 ω_D。当 $0 < t < t_1$ 时，$P(t) = P_0$，在其他时间荷载为零。

解：做荷载的傅立叶变换

$$\bar{P}(\bar{\omega}) = \int_0^{t_1} P_0 e^{-i\bar{\omega}t}dt = -\frac{P_0}{i\bar{\omega}}(e^{-i\bar{\omega}t_1} - 1)$$

将上式及式(3-6-9)表示的复频响应函数 $H(\bar{\omega})$ 代入式(3-6-17)，得到系统反应的积分式

$$v(t) = \frac{1}{2\pi}\int_{-\infty}^{\infty}\frac{1}{k[1 - \beta^2 + i(2\xi\beta)]}\left[-\frac{P_0}{i\bar{\omega}}(e^{-i\bar{\omega}t_1} - 1)\right]e^{i\bar{\omega}t}d\bar{\omega}$$

考虑$\bar{\omega} = \beta\omega$（$\omega$ 为系统固有频率）及 $1 - \beta^2 + i(2\xi\beta) = -(\beta + \sqrt{1-\xi^2} - i\xi)(\beta - \sqrt{1-\xi^2} - i\xi)$，并以 $i = \sqrt{-1}$ 乘上式右边的分子和分母，得

$$v(t)=\frac{\mathrm{i}P_0}{2\pi k}\left[\int_{-\infty}^{\infty}-\frac{\mathrm{e}^{-\mathrm{i}\omega\beta(t_1-t)}}{\beta(\beta-\gamma_1)(\beta-\gamma_2)}\mathrm{d}\beta+\int_{-\infty}^{\infty}\frac{\mathrm{e}^{\mathrm{i}\omega\beta t}}{\beta(\beta-\gamma_1)(\beta-\gamma_2)}\mathrm{d}\beta\right]$$

式中，$\gamma_1=\sqrt{1-\xi^2}+\mathrm{i}\xi$；$\gamma_2=-\sqrt{1-\xi^2}+\mathrm{i}\xi$。

上式中两个无穷积分可用复β平面内的围道积分确定。从而在$0<\xi<1$的情况下得

$$v(t)=0\quad(t\leqslant 0)$$

$$v(t)=\frac{P_0}{k}\left[1-\mathrm{e}^{-\xi\omega t}\left(\cos\omega_{\mathrm{D}}t+\frac{\xi}{\sqrt{1-\xi^2}}\sin\omega_{\mathrm{D}}t\right)\right]\quad(0<t\leqslant t_1)$$

$$v(t)=\frac{P_0}{k}\mathrm{e}^{-\xi\omega(t-t_1)}\left\{\left[\mathrm{e}^{-\xi\omega t_1}\left(\sin\omega_{\mathrm{D}}t_1-\frac{\xi}{\sqrt{1-\xi^2}}\cos\omega_{\mathrm{D}}t_1\right)+\frac{\xi}{\sqrt{1-\xi^2}}\right]\times\sin\omega_{\mathrm{D}}(t-t_1)+\right.$$

$$\left.\left[1-\mathrm{e}^{-\xi\omega t_1}\left(\cos\omega_{\mathrm{D}}t_1+\frac{\xi}{\sqrt{1-\xi^2}}\sin\omega_{\mathrm{D}}t_1\right)\right]\times\cos\omega_{\mathrm{D}}(t-t_1)\right\}\quad(t>t_1)$$

令上式中的$\xi=0$，即得到与前面时域分析一致的结果。

本例题中的荷载的傅立叶积分变换很简单，而计算最后响应的积分却很麻烦，需要做复平面内的围道积分；若荷载复杂，积分变换会很烦琐，甚至无法变换为解析式，最后响应积分计算更不可能得出解析式。因此，在工程实践中求解此类问题的解析解几乎是不可行的，通常要寻求数值计算方法，包括离散傅立叶变换(简称DFT)与快速傅立叶变换(简称FFT)等，详见相关专著。

3.7 阻尼力模型和阻尼系数测定

在第2章、第3章已涉及阻尼概念与黏滞阻尼力模型，同时考虑到阻尼系数的测定与单自由度系统简谐振动密切相关，故在本章末尾补充介绍常见的黏滞阻尼力模型及对应的阻尼系数的测定方法。关于滞变阻尼、库仑阻尼等理论及其模型可参考相关文献。

工程实践表明，系统自由振动逐渐衰减，最终停止。强迫振动必须不断地施加外力，才能维持系统的稳态振动。这些说明振动过程中系统的能量不断耗散。从微观上看，结构振动时材料分子间相对运动产生的热效应是不可逆的。同时，由于材料的不均匀性也将产生局部非弹性变形。这些都会导致结构在振动过程中材料消耗能量。结构联结处(例如钢结构螺栓连接处的摩擦)，混凝土裂缝的张开与闭合，往往由于相对运动产生摩擦而消耗能量。结构周围的介质阻止结构振动(例如飞机受到大气的阻力，潜艇受到海水的阻力等)，也将耗散振动能量。再者，结构振动能量传递到地基，地基土壤等介质的内摩擦也会耗散能量。引起系统能量耗散的作用通常称为阻尼，它将以阻尼力的形式作用在振动物体上。

实际问题中，往往多个影响因素同时存在，找出准确的阻尼力模型通常很难。如果只有一种形式的阻尼占优势，可以根据不同的耗散机理提出不同的阻尼理论及阻尼力模型，

如黏滞阻尼力模型、滞变阻尼力模型、摩擦阻尼力模型，从而找到一种较合理的模型。下面着重介绍常用的黏滞阻尼理论及阻尼系数的测定方法。

(1)黏滞阻尼力模型

黏滞阻尼也称为黏性阻尼，当系统在黏滞性液体中以不大的速度运动时，它所受的阻尼力大小与速度大小成正比，其方向与速度方向相反，即

$$F_{\mathrm{d}} = c\dot{v} \tag{3-7-1}$$

式中，F_{d} 为黏滞阻尼力；c 为黏滞阻尼系数；$\dot{v}$ 为速度。阻尼力 F_{d} 的方向恒与速度 $\dot{v}$ 的方向相反。黏滞阻尼假设使系统微分方程保持为线性，根据这一理论建立的运动方程易于求解，所以目前动力分析中广泛采用这样的阻尼假定。

(2)黏滞阻尼存在的问题

实验表明，黏滞阻尼假设并不完全符合实际结构的能量耗散规律。为分析黏滞阻尼存在的问题，首先考察黏滞阻尼的耗能机理。

在荷载 $P(t)=P_0\sin\overline{\omega}t$ 作用下，单自由度系统稳态位移响应为 $v(t)=\rho\sin(\overline{\omega}t-\theta)$，相应的速度为

$$\dot{v}(t)=\rho\,\overline{\omega}\cos(\overline{\omega}t-\theta)=\pm\rho\,\overline{\omega}\sqrt{1-\sin^2(\overline{\omega}t-\theta)}=\pm\rho\overline{\omega}\sqrt{1-\left(\frac{v}{\rho}\right)^2}$$

阻尼力为

$$F_{\mathrm{d}}=c\dot{v}=\pm c\rho\,\overline{\omega}\sqrt{1-\left(\frac{v}{\rho}\right)^2}$$

此式亦可写成

$$\left(\frac{F_{\mathrm{d}}}{c\,\overline{\omega}\rho}\right)^2+\left(\frac{v}{\rho}\right)^2=1 \tag{3-7-2}$$

这表示阻尼力 F_{d} 和位移 v 之间的关系是一个椭圆，如图 3-7-1a)所示。此曲线称为滞回曲线或滞变环，它表示黏滞阻尼系统在稳态谐振中的滞回特性。

考察一个振动周期内，阻尼力 F_{d} 在位移 v 上所做的功。阻尼力 F_{d} 和位移 v 都随时间而变化，F_{d} 在一个周期 T 内所做的功(实际上为负功，下式仅计算做功大小)为

$$W_{\mathrm{d}}=\int_0^T F_{\mathrm{d}}\frac{\mathrm{d}v}{\mathrm{d}t}\mathrm{d}t=\int_0^T c\dot{v}\dot{v}\mathrm{d}t=c\int_0^T \dot{v}^2\mathrm{d}t=c\rho^2\,\overline{\omega}^2\int_0^T\cos^2(\overline{\omega}t-\theta)\,\mathrm{d}t=\pi c\rho^2\,\overline{\omega}$$

容易证明，这个量值就等于图 3-7-1a)所示椭圆所包围的面积。通常用 U_{vd} 表示黏滞阻尼振动一个周期消耗的能量，称之为耗能

$$U_{\mathrm{vd}}=\pi c\rho^2\,\overline{\omega} \tag{3-7-3}$$

上式说明，由黏滞阻尼假设推导出的耗能和荷载频率成正比，即振动越快则每周消耗的能量越大。但是，实验证明，许多结构振动一个周期的耗能与振动频率无关，也就是说耗能和振动的快慢无关。因此，这就需要对黏滞阻尼假设给予符合实际情况的修正，或者另行考虑其他的阻尼假设。

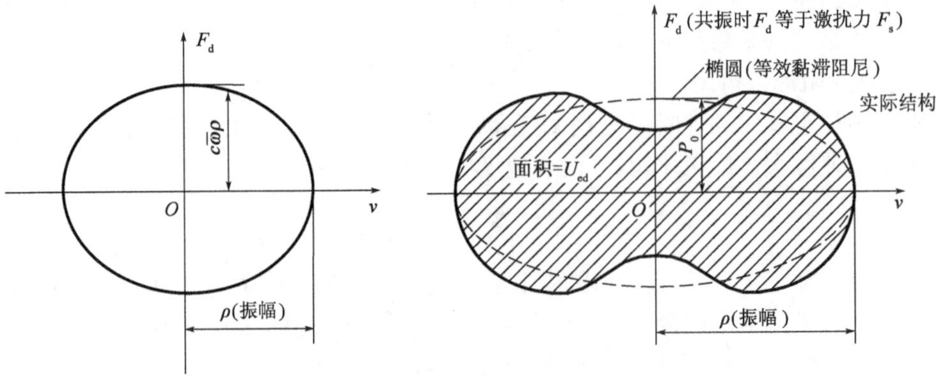

a)黏滞阻尼　　b)等效黏滞阻尼

图 3-7-1　黏滞阻尼与等效黏滞阻尼的滞回曲线

(3)等效黏滞阻尼

实验表明，阻尼对结构振动的影响程度主要取决于耗能的数值，而与耗能的具体过程关系不大。基于这一点，人们建立了等效黏滞阻尼的概念。尽管实际结构并非黏滞阻尼系统，但为了能利用黏滞阻尼简化计算的优点，可以假定系统为一等效黏滞阻尼系统。等效黏滞阻尼假设系统在一个周期内消耗的能量和实际结构在一个周期内所消耗的能量相等，并且二者具有相等的位移幅值。即设图 3-7-1b)中实线表示的实际结构滞回曲线包围的面积和虚线所表示的椭圆面积相等，即 U_{ed}，并具有相等的位移幅值 ρ。故有

$$U_{ed} = \pi c_{eq}\rho^2 \overline{\omega} \tag{3-7-4}$$

可以求出等效黏滞阻尼系数 c_{eq} 和等效黏滞阻尼比 ξ_{eq}

$$c_{eq} = \frac{U_{ed}}{\pi\rho^2 \overline{\omega}}, \xi_{eq} = \frac{c_{eq}}{2m\omega} \tag{3-7-5}$$

实际结构一个周期的耗能 U_{ed} 可由系统的共振试验测定。从 3.2 节分析知道，共振时($\overline{\omega} = \omega$)阻尼力 F_d 与激扰力 F_s 等值而反向，所以只要测出外荷载值也就得到了阻尼力的值，同时测量相应的位移值，这样便可做出实际结构的滞回曲线，此曲线包围的面积为 U_{ed}。考虑刚度系数 $k = m\omega^2$，共振时($\overline{\omega} = \omega, \rho = \rho_{\beta=1}$)的等效黏滞阻尼系数和等效黏滞阻尼比可以写成

$$c_{eq} = \frac{U_{ed}}{\pi\rho_{\beta=1}^2\omega}, \xi_{eq} = \frac{c_{eq}}{2m\omega} = \frac{U_{ed}}{2\pi m\rho_{\beta=1}^2\omega^2} = \frac{U_{ed}}{2\pi k\rho_{\beta=1}^2} \tag{3-7-6}$$

等效黏滞阻尼比一旦求得，便可把过去得到的黏滞阻尼系统的公式推广应用，只要将原来公式中的阻尼比 ξ 用等效黏滞阻尼比 ξ_{eq} 代替即可。

(4)用试验方法确定系统的黏滞阻尼比

分析单自由度结构的振动反应，需要确定系统的质量、刚度和阻尼等物理参数。大多数情况下，系统的质量与刚度参数比较容易用简单的物理方法得到。然而，目前还很难充分了解实际结构的阻尼机理，实际结构的阻尼能量损失机理要比单自由度运动方程列式时所假定的黏滞阻尼复杂得多。但是，通过试验确定一个适当的等效黏滞阻尼参数是可

行的，主要方法如下：

①自由振动衰减法。

按3.1节的式(3-1-16)，阻尼比

$$\xi=\frac{\delta_s}{2\pi s\frac{\omega}{\omega_D}}\approx\frac{\delta_s}{2\pi s} \tag{3-7-7}$$

式中，$\delta_s=\ln(v_m/v_{m+s})$为$s$周后的对数衰减率。因此，用任意手段使系统产生自由振动后，量取第m周及第$m+s$周的振幅，即可由式(3-7-7)算出阻尼比ξ。因为第一阶振型振动分量占系统振动的绝大部分，这样求出的阻尼比实际上是系统做第一阶主振动的阻尼比ξ_1。此方法所需仪器、设备最少，可用任何简便方法起振，因而是最简单和最常用的方法。

②共振放大法。

根据式(3-2-6)可知，整个频率反应曲线被系统的阻尼值所控制。因此，可从该曲线的许多不同特性来求得阻尼比，如共振放大法、半功率法。

由式(3-2-9)得

$$\xi=\frac{P_0}{2k\rho_{\beta=1}}=\frac{v_{st}}{2\rho_{\beta=1}} \tag{3-7-8}$$

式中，$v_{st}=P_0/k$是激扰力引起的静挠度；$\rho_{\beta=1}$是系统稳态反应的共振振幅。实践中，施加精确的共振频率很困难，而根据系统的频率反应曲线确定最大反应幅值ρ_{max}比较方便，它发生于激扰频率ϖ稍小于固有频率ω（即β稍小于1）时，此时ξ由式(3-2-12)计算，即

$$\xi=\frac{P_0}{2k\rho_{max}\sqrt{1-\xi^2}}\approx\frac{v_{st}}{2\rho_{max}} \tag{3-7-9}$$

因为要在β稍小于1时从图上确定ρ_{max}，故此方法要用仪器对结构施加各种频率的简谐激扰力并量测对应的振幅，做出结构的频率反应曲线，如图3-7-2所示。此方法问题在于激扰力产生的静挠度v_{st}很难确定，因为实现动力加载和测量动力信号的仪器设备不能在零频率工作。

③半功率法（亦称半带宽法）。

半功率法根据振幅等于$\rho_{max}/\sqrt{2}$时的激扰频率来确定阻尼比，在此频率下输入功率近似为共振功率的一半，半功率法因此而得名。

由式(3-2-6)，振幅$\rho=P_0D/k=v_{st}[(1-\beta^2)^2+(2\xi\beta)^2]^{-\frac{1}{2}}$，将式(3-2-10)代入得，$\rho_{max}=v_{st}/(2\xi\sqrt{1-\xi^2})$，则由振幅$\rho$等于$\rho_{max}/\sqrt{2}$的条件，得

$$\frac{1}{\sqrt{2}}\frac{v_{st}}{2\xi\sqrt{1-\xi^2}}=\frac{v_{st}}{\sqrt{(1-\beta^2)^2+(2\xi\beta)^2}}$$

解得频率比的平方为

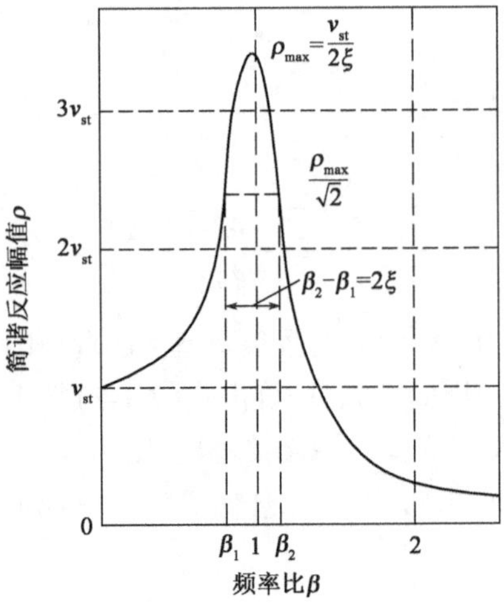

图 3-7-2　频率反应曲线

$$\beta_{1,2}^2 = 1 - 2\xi^2 \pm 2\xi\sqrt{1-\xi^2}$$

一般工程结构 ξ 很小,忽略上式中的 ξ^2 项,得

$$\beta_{1,2} = \sqrt{1 \pm 2\xi}$$

采用泰勒级数展开,并略去二阶及二阶以上的高阶小量,由此得到两个半功率频率比

$$\beta_1 = \sqrt{1-2\xi} \approx 1-\xi, \beta_2 = \sqrt{1+2\xi} \approx 1+\xi \tag{3-7-10}$$

由 β_2 减 β_1,得

$$\beta_2 - \beta_1 = 2\xi$$

可得

$$\xi = \frac{1}{2}(\beta_2-\beta_1) = \frac{1}{2}\left(\frac{\overline{\omega}_2}{\omega}-\frac{\overline{\omega}_1}{\omega}\right) = \frac{1}{2}\left(\frac{\overline{f}_2-\overline{f}_1}{f}\right) \tag{3-7-11}$$

由 β_2 加 β_1,得

$$\beta_2 + \beta_1 = 2$$

可得

$$f = \frac{1}{2}(\overline{f}_2+\overline{f}_1) \tag{3-7-12}$$

式(3-7-11)表示阻尼比等于两个半功率频率比差值的一半,式中频率比差值 $\beta_2-\beta_1$ 须在频率反应曲线上定出,即在 $\rho_{max}/\sqrt{2}$ 处做一条水平线(图 3-7-2),它与曲线相交的两频率比之间的差值,即为阻尼比的 2 倍。显然,此方法可避免求静挠度 v_{st}。然而,必须精确地做出半功率范围及共振时的反应曲线。

[**例 3-7-1**]　单自由度系统频率反应试验曲线及有关计算数据示于图 3-7-3,求系统

的阻尼比。

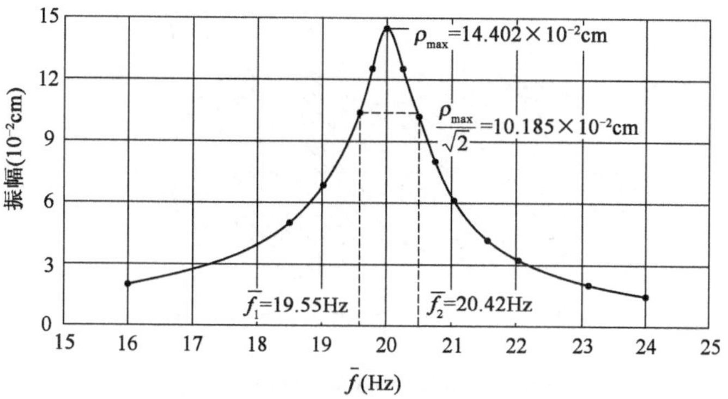

图 3-7-3　确定阻尼比的频率反应试验

解:(1)确定峰值反应 $\rho_{max}=14.402\times10^{-2}$cm。

(2)在 $\rho_{max}/\sqrt{2}$ 处做一条水平直线。

(3)确定上述水平直线与反应曲线相交处的两个频率:$\bar{f}_1=19.55$Hz,$\bar{f}_2=20.42$Hz。

(4)根据式(3-7-11)与式(3-7-12)计算阻尼比:

$$\xi=\frac{1}{2}\left[\frac{\bar{f}_2-\bar{f}_1}{(\bar{f}_1+\bar{f}_2)/2}\right]=\frac{\bar{f}_2-\bar{f}_1}{\bar{f}_2+\bar{f}_1}=\frac{20.42-19.55}{20.42+19.55}=\frac{0.87}{39.97}=2.18\%$$

④每周共振能量损失法。

根据前面的分析得到,共振时($\bar{\omega}=\omega,\rho=\rho_{\beta=1}$)的等效黏滞阻尼系数和等效黏滞阻尼比可用一个周期内的能量消耗 U_{ed} 表示为

$$c_{eq}=\frac{U_{ed}}{\pi\rho_{\beta=1}^2\omega},\xi_{eq}=\frac{c_{eq}}{2m\omega}=\frac{U_{ed}}{2\pi m\rho_{\beta=1}^2\omega^2}=\frac{U_{ed}}{2\pi k\rho_{\beta=1}^2}\tag{3-7-13}$$

若能够测到共振时一个周期内的能量消耗 U_{ed}、共振时的振幅值 $\rho_{\beta=1}$ 与结构刚度系数 k,则可由上式确定共振时的等效黏滞阻尼比。

由于共振时激扰力 F_s 与阻尼力 F_d 平衡(此概念在 3.2 节已阐述),此时一次加载循环中荷载-位移关系曲线可视为阻尼力-位移图。若结构具有线性黏滞阻尼,则根据式(3-7-2)上述曲线为一椭圆(其面积为 $\pi\rho_{\beta=1}P_0$,P_0 为共振激扰力的幅值),如图 3-7-4 中的虚线所示。如果不是线性黏滞阻尼,上述曲线不是椭圆,设为图 3-7-4 中的实线,其所包围的面积为 U_{ed},最大振幅 v_{max} 为共振时的 $\rho_{\beta=1}$。

此外,结构刚度系数 k 可用测量每周阻尼能量损失同样仪器装置来测定,只要使装置运转得很缓慢,使之基本达到静力条件即可。这样,测出静力条件下激扰力-位移曲线,得到结构最大弹性应变能 U_s。若结构是线性弹性的,则用这样的方法所获得的静力-位移图将可用图 3-7-5 表示,图中直线斜率即为刚度系数 k。共振时结构的最大弹性力为 $k\rho_{\beta=1}$,结构最大弹性应变能 $U_s=1/2k\rho_{\beta=1}^2$,故结构刚度系数也可表示为

$$k=\frac{2U_s}{\rho_{\beta=1}^2}\tag{3-7-14}$$

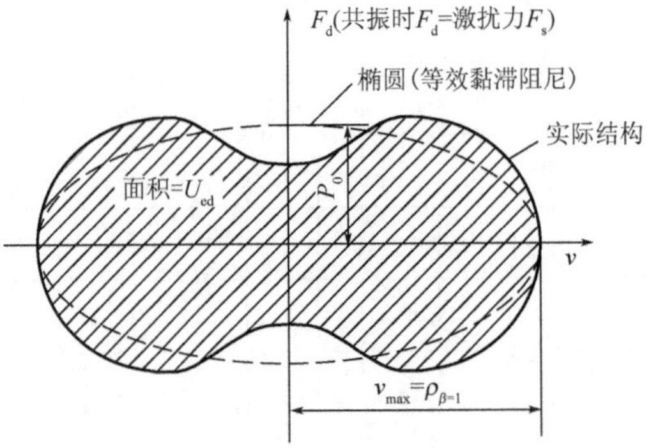

图 3-7-4 共振时每周实际和等效阻尼耗能

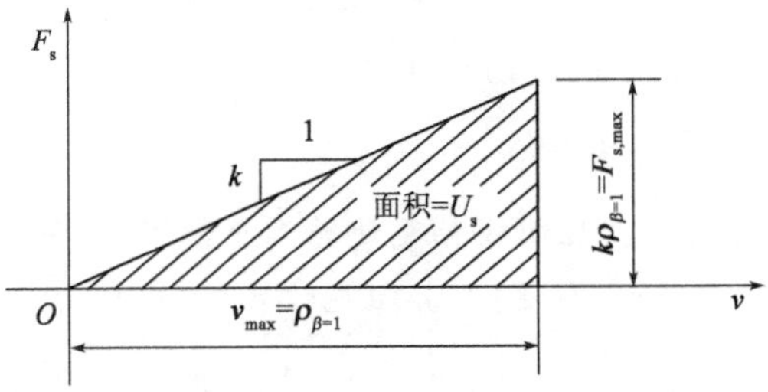

图 3-7-5 弹性刚度与结构弹性应变能

将式(3-7-14)代入式(3-7-13),可得

$$\xi_{eq}=\frac{U_{ed}}{4\pi U_s} \tag{3-7-15}$$

本节由每周共振能量损失法确定的等效阻尼比是在$\overline{\omega}=\omega$条件下得到的,对于其他频率可能不完全准确,但提供了一个满意的近似方法。工程中这种等效的方法广泛应用,对多自由度系统同样适用。

思考题与习题

3.1 为什么说固有周期是结构的固有性质?它与结构的哪些固有量有关?

3.2 何为临界阻尼与阻尼比?怎么测量系统振动过程中的阻尼比?

3.3 分析共振过程中外力做功、能量耗散与系统响应的关系。

3.4 结合本章反应谱概念,简述地震反应谱形成过程。如何运用反应谱进行工程设计?

3.5 简述杜哈美积分方法的主要思想与适用条件,弹塑性系统能用杜哈美积分计算其动位移吗?

3.6 题3.6图所示梁端重物的质量为M,梁和弹簧的质量不计,$l=150\text{cm}$,$M=897.96\text{kg}$,$EI=2.93\times10^9\text{N}\cdot\text{cm}^2$,$k=3\ 570\text{N/cm}$,初始位移$y_0=1.3\text{cm}$,初始速度$\dot{y}_0=25\text{cm/s}$。试求梁的固有频率以及$t=1\text{s}$时梁端重物的位移和速度。

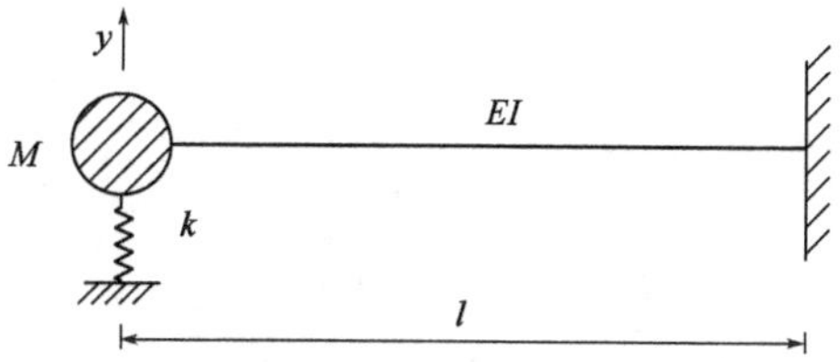

题3.6图

3.7 如题3.7图所示,一装有精密仪器的工作台,总质量为 $m = 300\text{kg}$,用弹簧与基础相连,基础以10Hz的频率做竖向简谐振动,振幅为1cm。试确定使工作台的竖向振动的振幅(相对于静平衡位置)控制在0.2cm以下所需要的弹簧刚度。

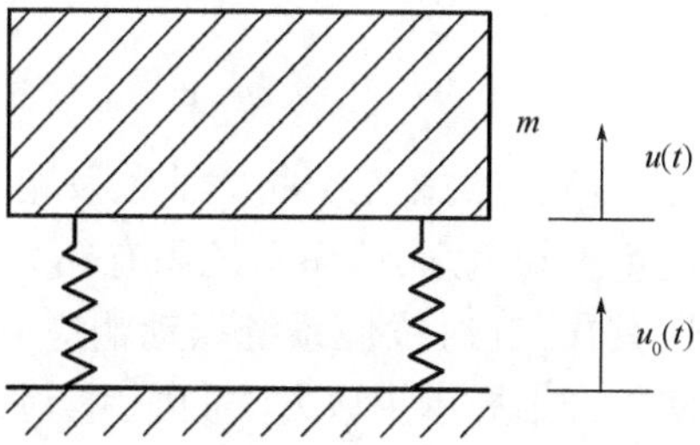

题3.7图

3.8 某单自由度系统受到如题3.8图所示的三角形脉冲荷载作用,初始位移与速度均为零,系统的质量为 m,刚度系数为 k,不计阻尼影响,分别用解析方法与杜哈美积分法列出该系统位移响应表达式,并确定其位移动力放大系数 D 表达式。

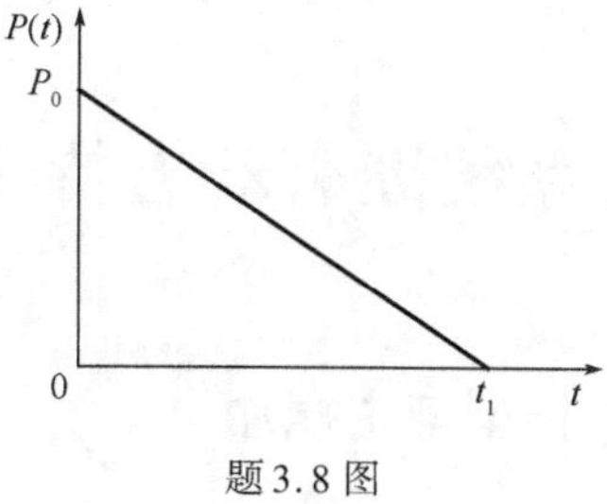

题3.8图

第4章

多自由度系统的振动分析

本章主要讲述离散多自由度系统的振动分析方法以及相关概念。首先介绍系统固有频率与振型的计算方法,引出主振动概念,认识系统固有动力特性以及振型正交性,为后续的动力响应分析奠定基础;其次,针对线性系统振动响应分析,讲述振型叠加法(该内容贯穿在4.2~4.5节),用实例详细展示了该方法的应用,讨论了多自由度系统振动响应规律;最后,介绍逐步积分法的基本思想与常用的积分方法(Wilson-θ 法与 Newmark 法),这些方法同时适用于线性与非线性系统的振动响应分析。以上振型叠加法与逐步积分法是结构动力响应分析的常用的方法。在第6章桥梁抗风分析中就用到了振型叠加法,而在第7、8章求解地震作用下桥梁动力响应以及列车-桥梁时变系统振动响应均用到了逐步积分法。

4.1 系统固有动力特性分析

4.1.1 系统固有频率、振型与主振动

结构强迫振动的动力反应与其动力特性有密切关系,为此首先通过自由振动分析找出系统的固有频率与振型。由于阻尼对自由振动频率影响很小,振型叠加法计算动力响应时也是用无阻尼时的频率与振型,故本节首先讨论无阻尼线性系统振动特性。

根据第2章已建立的系统运动方程,去掉阻尼项与外荷载项,即可得到无阻尼线性系统自由振动方程:

$$\boldsymbol{M}\ddot{\boldsymbol{q}}+\boldsymbol{K}\boldsymbol{q}=\boldsymbol{0} \tag{4-1-1}$$

式中,$\boldsymbol{M}$、$\boldsymbol{K}$ 分别为系统质量与刚度矩阵;$\boldsymbol{q}$、$\ddot{\boldsymbol{q}}$ 分别为系统位移与加速度向量。

自由振动方程(4-1-1)特解的形式如下(各位移坐标按同一频率作简谐振动):

$$\boldsymbol{q}=\boldsymbol{A}_i\sin(\omega_i t+\theta_i) \tag{4-1-2}$$

式中,$\boldsymbol{A}_i$ 为位移幅值向量;ω_i、θ_i 分别为频率与相位角。

将式(4-1-2)代入式(4-1-1),消去公因子 $\sin(\omega_i t+\theta_i)$,并令 $\lambda_i=\omega_i^2$,得到

$$(\boldsymbol{K}-\lambda_i\boldsymbol{M})\boldsymbol{A}_i=\boldsymbol{0} \tag{4-1-3}$$

式(4-1-3)是关于位移幅值 $\boldsymbol{A}_i$ 的齐次方程,为了得到 $\boldsymbol{A}_i$ 的非零解,应使其系数行列式为零,即

$$|\boldsymbol{K}-\lambda_i\boldsymbol{M}|=0 \tag{4-1-4}$$

式(4-1-4)称为系统的频率方程或特征方程。将行列式展开,可得到一个关于频率参数 λ_i 的 n 次代数方程(n 为系统自由度数)。可求出 n 个从小到大顺序排列的根 $\lambda_i(i=1,2,\cdots,n)$,即可得到系统的 n 个固有频率(也称为自振频率)$\omega_i(i=1,2,\cdots,n)$,其中最小的频率称为基本频率或第一频率。

依次将求出的 λ_i 代入式(4-1-3),可以求出与 λ_i 对应的向量 $\boldsymbol{A}_i$,$\boldsymbol{A}_i=\{A_{1i}\quad A_{2i}\quad\cdots\quad A_{ni}\}^{\mathrm{T}}$,称 $\boldsymbol{A}_i$ 为与 ω_i 对应的第 i 阶振型向量。求解方程(4-1-3)不能得到唯一确定的振型向量 $\boldsymbol{A}_i$,只能得到各位移参量振幅之间的比例关系,故 $C\boldsymbol{A}_i$(C 为任意非零常数)也是方程(4-1-3)的非零解,也是系统的第 i 阶振型向量。

基于已求出的系统频率与振型,根据线性微分方程理论可以写出无阻尼线性系统自由振动一般解形式

$$\boldsymbol{q}=\sum_{i=1}^{n}c_i\boldsymbol{A}_i\sin(\omega_i t+\theta_i) \tag{4-1-5}$$

式(4-1-5)中包含 $2n$ 个待定参数 c_i 与 $\theta_i(i=1,2,\cdots,n)$,这些参数由系统初始位移与初始速度可以确定,但计算过程比较复杂,按4.2节振型叠加方法计算自由振动响应要简便一些。

系统在特定的初始条件下,使得某一待定参数 c_i 不等于零,其余均为零,这样由式(4-1-5)表示的自由振动一般解仅保留一项,具有以下特殊形式

$$\begin{cases} q_1=c_iA_{1i}\sin(\omega_i t+\theta_i)\\ q_2=c_iA_{2i}\sin(\omega_i t+\theta_i)\\ \qquad\vdots\\ q_n=c_iA_{ni}\sin(\omega_i t+\theta_i)\end{cases} \tag{4-1-6}$$

此时每个位移参量均按第 i 阶固有频率 ω_i 及同一相位角 θ_i 作简谐振动。在振动过程中各位移参量同时经过静力平衡位置,也同时达到最大偏离值,在任一瞬间(除经过静平衡位置时刻)保持固定不变的比例关系,即恒有

$$q_1:q_2:\cdots:q_n=A_{1i}:A_{2i}:\cdots:A_{ni} \tag{4-1-7}$$

式(4-1-6)描述的系统自由振动称为系统第 i 阶主振动(也称为固有振动),主振动各位移参量的幅值与相位角由系统初始条件决定。系统主振动的形态由振型向量 $\boldsymbol{A}_i=\{A_{1i}\quad A_{2i}\quad\cdots\quad A_{ni}\}^{\mathrm{T}}$ 完全确定,故振型也称为主振型,主振动频率即为系统的固有频率,二者只取决于系统的弹性特性和质量分布,而与系统振动的初始条件全然无关。主振动的概念为在试验中激发某一阶主振动,提供理论基础,只要调整初始条件,就能产生某一阶主振动,例4-3-1直观反映了这种现象。

4.1.2 振型的正交性

采用振型叠加法实现多自由度系统方程解耦的前提条件是系统振型具有正交性，为此证明如下。

设系统第 i、j 阶振型向量分别为 $\boldsymbol{A}_i$、$\boldsymbol{A}_j$，对应的特征值为 λ_i、λ_j，将特征对（λ_i、$\boldsymbol{A}_i$），（λ_j、$\boldsymbol{A}_j$）分别代入式(4-1-3)，得

$$\boldsymbol{KA}_i = \lambda_i \boldsymbol{MA}_i \tag{4-1-8}$$

$$\boldsymbol{KA}_j = \lambda_j \boldsymbol{MA}_j \tag{4-1-9}$$

以 $\boldsymbol{A}_j^{\mathrm{T}}$ 左乘式(4-1-8)，得

$$\boldsymbol{A}_j^{\mathrm{T}}\boldsymbol{KA}_i = \lambda_i \boldsymbol{A}_j^{\mathrm{T}}\boldsymbol{MA}_i \tag{4-1-10}$$

以 $\boldsymbol{A}_i^{\mathrm{T}}$ 左乘式(4-1-9)，得

$$\boldsymbol{A}_i^{\mathrm{T}}\boldsymbol{KA}_j = \lambda_j \boldsymbol{A}_i^{\mathrm{T}}\boldsymbol{MA}_j \tag{4-1-11}$$

由于 $\boldsymbol{K}$ 与 $\boldsymbol{M}$ 都是对称矩阵，故 $\boldsymbol{A}_j^{\mathrm{T}}\boldsymbol{KA}_i = \boldsymbol{A}_i^{\mathrm{T}}\boldsymbol{KA}_j$，$\boldsymbol{A}_j^{\mathrm{T}}\boldsymbol{MA}_i = \boldsymbol{A}_i^{\mathrm{T}}\boldsymbol{MA}_j$，代入式(4-1-10)，得

$$\boldsymbol{A}_i^{\mathrm{T}}\boldsymbol{KA}_j = \lambda_i \boldsymbol{A}_i^{\mathrm{T}}\boldsymbol{MA}_j \tag{4-1-12}$$

式(4-1-12)与式(4-1-11)相减得

$$(\lambda_i - \lambda_j)\boldsymbol{A}_i^{\mathrm{T}}\boldsymbol{MA}_j = 0 \tag{4-1-13}$$

当 $\lambda_i \neq \lambda_j$ 时，必然有

$$\boldsymbol{A}_i^{\mathrm{T}}\boldsymbol{MA}_j = 0 \tag{4-1-14}$$

$$\boldsymbol{A}_i^{\mathrm{T}}\boldsymbol{KA}_j = 0 \tag{4-1-15}$$

式(4-1-14)与式(4-1-15)分别表示系统各阶振型关于 $\boldsymbol{M}$ 与 $\boldsymbol{K}$ 存在正交性。若 $\lambda_i = \lambda_j$，此时振型正交条件不一定满足。当 $i = j$ 时，由式(4-1-12)得

$$\lambda_i = \frac{\boldsymbol{A}_i^{\mathrm{T}}\boldsymbol{KA}_i}{\boldsymbol{A}_i^{\mathrm{T}}\boldsymbol{MA}_i} = \frac{K_i}{M_i} \tag{4-1-16}$$

式中，$M_i = \boldsymbol{A}_i^{\mathrm{T}}\boldsymbol{MA}_i$，$K_i = \boldsymbol{A}_i^{\mathrm{T}}\boldsymbol{KA}_i$ 分别称为与 $\boldsymbol{A}_i$ 对应的第 i 阶广义质量及广义刚度。

对于 n 个自由度系统，可以将其所有振型向量依次排成如下矩阵

$$\boldsymbol{A} = [\boldsymbol{A}_1 \quad \boldsymbol{A}_2 \quad \cdots \quad \boldsymbol{A}_n] = \begin{bmatrix} A_{11} & A_{12} & \cdots & A_{1n} \\ A_{21} & A_{22} & \cdots & A_{2n} \\ \vdots & \vdots & \ddots & \vdots \\ A_{n1} & A_{n2} & \cdots & A_{nn} \end{bmatrix}$$

称矩阵 $\boldsymbol{A}$ 为振型矩阵或主振型矩阵。将各振型向量 $\boldsymbol{A}_i$（$i = 1, 2, \cdots, n$）除以相应的广

义质量 M_i 的平方根 $\sqrt{M_i}$，得到新的振型向量 $\overline{A}_i = A_i/\sqrt{M_i}$，称为正则振型向量，对应的正则振型矩阵记为 $\overline{A}$。于是可得

$$\overline{A}_i^{\mathrm{T}} M \overline{A}_i = \overline{M}_i \tag{4-1-17}$$

$$\overline{A}_i^{\mathrm{T}} K \overline{A}_i = \overline{K}_i \tag{4-1-18}$$

以上两式中，$\overline{M}_i$ 与 $\overline{K}_i$ 分别为与 $\overline{A}_i$ 对应的第 i 阶广义质量与广义刚度，容易得到 $\overline{M}_i = 1$，$\overline{K}_i = \lambda_i$。

以上确定正则振型的过程是振型标准化的方法之一。振型标准化还包括特定坐标归一化方法（指定振型向量中的某一坐标值为1，其他元素值按比例确定），以及最大位移值归一化方法（将振型向量中绝对值最大的元素取为1）等。

[例 4-1-1] 图 4-1-1 所示系统沿水平面做自由振动，计算资料如图，$m_1 = m_2 = m_3 = m$，$k_1 = k_2 = k_3 = k$，求该系统的固有频率及相应的振型。

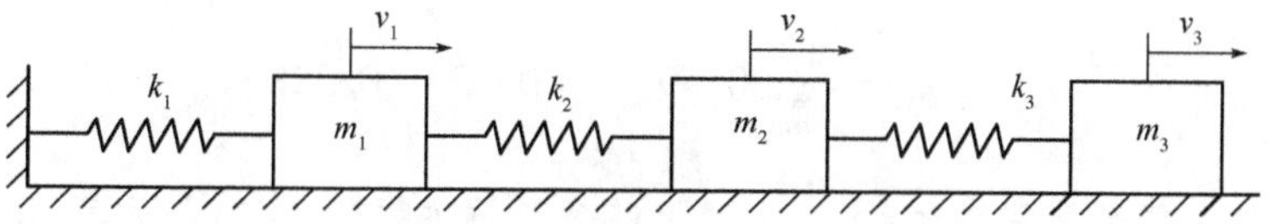

图 4-1-1 多质量-弹簧系统示意图

解：系统自由振动方程为

$$M\ddot{q} + Kq = 0$$

式中，

$$\ddot{q} = \{\ddot{v}_1 \quad \ddot{v}_2 \quad \ddot{v}_3\}^{\mathrm{T}}, q = \{v_1 \quad v_2 \quad v_3\}^{\mathrm{T}}$$

$$M = \begin{bmatrix} m & 0 & 0 \\ 0 & m & 0 \\ 0 & 0 & m \end{bmatrix}, K = \begin{bmatrix} 2k & -k & 0 \\ -k & 2k & -k \\ 0 & -k & k \end{bmatrix}$$

$$K - \lambda_i M = \begin{bmatrix} 2k - \lambda_i m & -k & 0 \\ -k & 2k - \lambda_i m & -k \\ 0 & -k & k - \lambda_i m \end{bmatrix}$$

由 $|K - \lambda_i M| = 0$ 解得

$$\lambda_1 = \frac{0.198k}{m}, \lambda_2 = \frac{1.555k}{m}, \lambda_3 = \frac{3.247k}{m}$$

对应的频率为

$$\omega_1 = 0.445\sqrt{\frac{k}{m}}, \omega_2 = 1.247\sqrt{\frac{k}{m}}, \omega_3 = 1.802\sqrt{\frac{k}{m}}$$

分别将不同的 λ_i 代入方程 $(K - \lambda_i M)A_i = 0$，解出 λ_i 对应的第 i 阶振型向量 A_i 为

$$\boldsymbol{A}_1 = \{1.000 \quad 1.802 \quad 2.247\}^{\mathrm{T}}$$

$$\boldsymbol{A}_2 = \{1.000 \quad 0.445 \quad -0.802\}^{\mathrm{T}}$$

$$\boldsymbol{A}_3 = \{1.000 \quad -1.247 \quad 0.555\}^{\mathrm{T}}$$

由 $M_i = \boldsymbol{A}_i^{\mathrm{T}}\boldsymbol{M}\boldsymbol{A}_i$ 求得各阶广义质量为

$$M_1 = 9.296m, M_2 = 1.841m, M_3 = 2.863m$$

正则振型向量 $\overline{\boldsymbol{A}}_i = \boldsymbol{A}_i / \sqrt{M_i}$，则对应的正则振型向量分别为

$$\overline{\boldsymbol{A}}_1 = \frac{1}{\sqrt{m}}\{0.328 \quad 0.591 \quad 0.737\}^{\mathrm{T}}$$

$$\overline{\boldsymbol{A}}_2 = \frac{1}{\sqrt{m}}\{0.737 \quad 0.328 \quad -0.591\}^{\mathrm{T}}$$

$$\overline{\boldsymbol{A}}_3 = \frac{1}{\sqrt{m}}\{0.591 \quad -0.737 \quad 0.328\}^{\mathrm{T}}$$

当系统自由度数非常庞大时，按上述思路直接解方程(4-1-4)与方程(4-1-3)，得到系统全部固有频率与振型比较费时，实际工程分析中往往只需要求出前面若干阶频率与振型，为此发展了很多种求解部分频率与振型的近似分析方法，具体见第 5 章。

4.1.3 特征方程出现重根的情况

4.1.2 中已说明，当固有频率不等时，系统各阶振型关于 $\boldsymbol{M}$ 与 $\boldsymbol{K}$ 存在正交性。计算结构固有频率与振型时，有时会出现固有频率重合的现象，对应振型向量之间不一定满足正交条件。如图 4-1-2 所示两自由度系统，质量 m 由水平与竖向两个弹簧支撑，弹簧刚度均为 k，在其平衡位置附近作自由微振动，不考虑重力的影响。

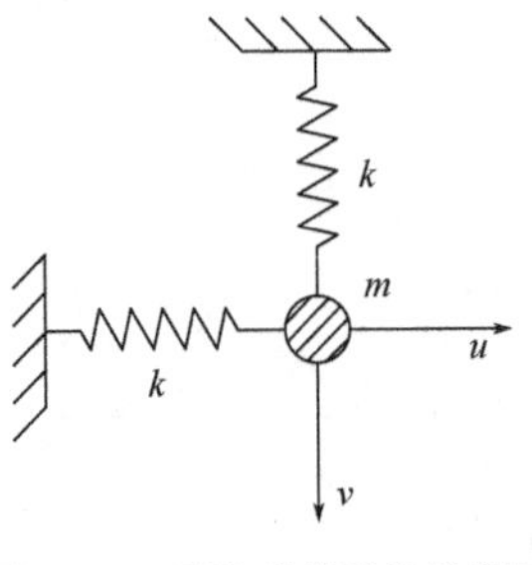

图 4-1-2 质量-弹簧系统示意图

取质点 m 水平与竖向位移 u 与 v 为广义坐标，其运动方程为：

$$\begin{bmatrix} m & 0 \\ 0 & m \end{bmatrix}\begin{Bmatrix} \ddot{u} \\ \ddot{v} \end{Bmatrix} + \begin{bmatrix} k & 0 \\ 0 & k \end{bmatrix}\begin{Bmatrix} u \\ v \end{Bmatrix} = \begin{Bmatrix} 0 \\ 0 \end{Bmatrix}$$

将其质量矩阵与刚度矩阵代入式(4-1-4)，有

$$\begin{vmatrix} k - \lambda_i m & 0 \\ 0 & k - \lambda_i m \end{vmatrix} = 0$$

计算可得 $\lambda_1 = \lambda_2 = k/m$，对应系统固有频率为 $\omega_1 = \omega_2 = \sqrt{k/m}$。

将 $\lambda_1 = \lambda_2 = k/m$ 代入到式(4-1-3)，有

$$\begin{bmatrix} 0 & 0 \\ 0 & 0 \end{bmatrix} \begin{Bmatrix} A_{1i} \\ A_{2i} \end{Bmatrix} = \begin{Bmatrix} 0 \\ 0 \end{Bmatrix}$$

可见,两阶振型向量可以任意选取,不失一般性可取为 $\boldsymbol{A}_1 = \{1 \quad 1\}^{\mathrm{T}}, \boldsymbol{A}_2 = \{2 \quad 1\}^{\mathrm{T}}$。此两阶振型向量的任意线性组合也可作为其振型向量。本例中出现固有频率重合现象,而且所取的两阶振型向量关于 $\boldsymbol{M}$、$\boldsymbol{K}$ 并不正交。

当系统振型不正交时,无法采用振型叠加法实现方程的解耦。为此,需要找出一组相互正交的振型,为振型叠加法做准备。这里需要指出,n 个自由度系统具有 n 阶固有频率,不管固有频率是否有重合现象,都存在 n 个正交化固有振型,它们之间关于 $\boldsymbol{M}$、$\boldsymbol{K}$ 正交。当出现相同固有频率时,构造一组相互正交的振型的方法如下:

(1)当 $\lambda_i = \lambda_j$,任意选取振型向量 $\boldsymbol{A}_i$、$\boldsymbol{A}_j$。

(2)设 $\boldsymbol{A}_j^* = \boldsymbol{A}_i + c\boldsymbol{A}_j$,求得适当的 c,使 $\boldsymbol{A}_i$ 与 $\boldsymbol{A}_j^*$ 满足正交条件。

(3)要使 $\boldsymbol{A}_i$ 与 $\boldsymbol{A}_j^*$ 满足正交条件,必须有

$$\boldsymbol{A}_i^{\mathrm{T}}\boldsymbol{M}\boldsymbol{A}_j^* = \boldsymbol{A}_i^{\mathrm{T}}\boldsymbol{M}(\boldsymbol{A}_i + c\boldsymbol{A}_j) = \boldsymbol{A}_i^{\mathrm{T}}\boldsymbol{M}\boldsymbol{A}_i + c\boldsymbol{A}_i^{\mathrm{T}}\boldsymbol{M}\boldsymbol{A}_j = 0$$

故有:$c = -\dfrac{\boldsymbol{A}_i^{\mathrm{T}}\boldsymbol{M}\boldsymbol{A}_i}{\boldsymbol{A}_i^{\mathrm{T}}\boldsymbol{M}\boldsymbol{A}_j}$。

(4)保持 $\boldsymbol{A}_i$ 不变,用 $\boldsymbol{A}_j^*$ 代替原来的振型向量 $\boldsymbol{A}_j$(为了表述方便仍记为 $\boldsymbol{A}_j$),此时得到的系统振型向量是相互正交的。

根据线性代数理论可证明:n 个相互正交的振型向量 $\boldsymbol{A}_1, \boldsymbol{A}_2, \cdots, \boldsymbol{A}_n$ 是线性无关的,该向量组构成 n 维空间的完备基。经上述处理的振型向量组满足了振型叠加法中线性组合所需要的线性无关条件。

4.2 多自由度系统运动方程的耦联特性与方程解耦

4.2.1 多自由度系统运动方程的耦联特性

一般情况下,两自由度或以上振动系统的运动方程都会出现耦合项。必须求解 n 个联立方程才能得到系统响应,耦联使方程组求解复杂化。如果以矩阵形式表示,那么耦合项体现在非对角元素上。若质量矩阵不是对角矩阵,则运动方程通过质量项耦合,称为惯性耦合或动力耦合;若刚度矩阵不是对角矩阵,则运动方程通过刚度项耦合,称为弹性耦合或静力耦合。系统运动方程是否耦合与广义坐标选取有关,比如选择物体质心的位移或转角作为广义坐标,可以得到对角的质量矩阵,如果所选择的广义坐标使系统不存在耦合,称这组坐标为主坐标(也称为振型坐标或模态坐标)。关于阻尼耦合特性及处理方法在4.5节讲述。

为了说明耦合的性质,以两自由度系统为例,选取3组不同的广义坐标进行讨论。如图4-2-1所示的系统,质量为 m 的刚性杆,由刚度为 k_1 和 k_2 的弹簧分别支于 A 点和 D 点。A 点支座的约束只允许刚性杆在 x-y 平面内运动,而限制沿 x 轴方向的平动。C 点为刚性

杆的质心，J_C 表示绕通过 C 点的 z 轴（垂直于纸面，未示出）的转动惯量。图 4-2-1 中 B 点是满足关系 $k_1l_4=k_2l_5$ 的特殊点，如果在 B 点作用有沿 y 轴方向的力，系统产生平动而无转动；如果在 B 点作用有力矩，系统只产生转动而无平动。因外荷载的作用位置与类型只影响荷载向量，而不影响系统的耦合特性，下面仅列出选取不同广义坐标下的系统自由振动方程。

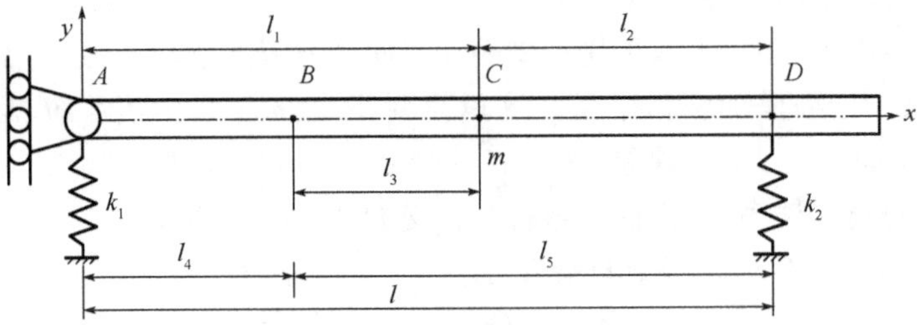

图 4-2-1 无阻尼两自由度系统

以 A 点平动 y_A（以向上为正，下同）与刚性杆绕 A 点的转动角 θ_A（以逆时针转动为正，下同）为系统广义坐标，可建立其运动方程如下：

$$\begin{bmatrix} m & ml_1 \\ ml_1 & ml_1^2+J_C \end{bmatrix}\begin{Bmatrix} \ddot{y}_A \\ \ddot{\theta}_A \end{Bmatrix}+\begin{bmatrix} k_1+k_2 & k_2l \\ k_2l & k_2l^2 \end{bmatrix}\begin{Bmatrix} y_A \\ \theta_A \end{Bmatrix}=\begin{Bmatrix} 0 \\ 0 \end{Bmatrix} \tag{4-2-1}$$

在方程（4-2-1）中，质量矩阵和刚度矩阵的非对角元素都不为零，同时出现惯性耦联与弹性耦联。

以 B 点平动 y_B 与刚性杆绕 B 点的转动角 θ_B 为系统广义坐标，其运动方程为：

$$\begin{bmatrix} m & ml_3 \\ ml_3 & ml_3^2+J_C \end{bmatrix}\begin{Bmatrix} \ddot{y}_B \\ \ddot{\theta}_B \end{Bmatrix}+\begin{bmatrix} k_1+k_2 & 0 \\ 0 & k_1l_4^2+k_2l_5^2 \end{bmatrix}\begin{Bmatrix} y_B \\ \theta_B \end{Bmatrix}=\begin{Bmatrix} 0 \\ 0 \end{Bmatrix} \tag{4-2-2}$$

方程（4-2-2）中，刚度矩阵为对角矩阵，只有惯性耦联而无弹性耦联。

以 C 点平动 y_C 与刚性杆绕 C 点的转动角 θ_C 为系统广义坐标，其运动方程为：

$$\begin{bmatrix} m & 0 \\ 0 & J_C \end{bmatrix}\begin{Bmatrix} \ddot{y}_C \\ \ddot{\theta}_C \end{Bmatrix}+\begin{bmatrix} k_1+k_2 & k_2l_2-k_1l_1 \\ k_2l_2-k_1l_1 & k_1l_1^2+k_2l_2^2 \end{bmatrix}\begin{Bmatrix} y_C \\ \theta_C \end{Bmatrix}=\begin{Bmatrix} 0 \\ 0 \end{Bmatrix} \tag{4-2-3}$$

方程（4-2-3）中，质量矩阵为对角阵，只有弹性耦联而无惯性耦联。

由上述 3 种情况可以清楚地看到，运动方程的耦联特性取决于所选用的广义坐标，而不是取决于系统本身的特性。理论上讲，只要广义坐标选取适当，总可以使系统既无惯性耦联又无弹性耦联，使振动方程彼此独立。但直接找出一组互不耦联的物理含义明确的广义坐标（称为物理坐标）非常困难，而借助于振型矩阵作物理坐标与振型坐标之间的线性变换，可以实现方程解耦的目标。

4.2.2 无阻尼多自由度系统运动方程的解耦

从上述实例分析可知,只要广义坐标选择合适,系统可以实现弹性解耦或惯性解耦(关于阻尼解耦见4.5节),能够实现系统运动方程既无弹性耦联又无惯性耦联的广义坐标称为主坐标,记为 $T_1,T_2,\cdots,T_n$。而利用正交化的振型矩阵 $\boldsymbol{A}$,可以实现原始物理坐标 $q_1,q_2,\cdots,q_n$ 与主坐标 $T_1,T_2,\cdots,T_n$ 之间的变换,称为主坐标变换,即

$$\boldsymbol{q}=\boldsymbol{AT} \tag{4-2-4}$$

式中,$\boldsymbol{q}=\{q_1\quad q_2\quad\cdots\quad q_n\}^{\mathrm{T}}$;$\boldsymbol{A}=[\boldsymbol{A}_1\quad \boldsymbol{A}_2\quad\cdots\quad \boldsymbol{A}_n]$;$\boldsymbol{A}_i=\{A_{1i}\quad A_{2i}\quad\cdots\quad A_{ni}\}^{\mathrm{T}}\quad(i=1,2,\cdots,n)$;$\boldsymbol{T}=\{T_1\quad T_2\quad\cdots\quad T_n\}^{\mathrm{T}}$。

式(4-2-4)为线性振动分析的振型叠加原理,即具有 n 个自由度系统的任意位移响应均可表示为 n 个正交化振型的线性组合。

由第2章可知,具有 n 个自由度无阻尼系统的线性振动方程为

$$\boldsymbol{M}\ddot{\boldsymbol{q}}+\boldsymbol{Kq}=\boldsymbol{Q} \tag{4-2-5}$$

式中,$\boldsymbol{Q}$ 为与广义坐标 $\boldsymbol{q}$ 对应的广义力向量。当 $\boldsymbol{Q}=\boldsymbol{0}$ 时,就回到自由振动的情形。

将式(4-2-4)代入式(4-2-5),则有

$$\boldsymbol{MA}\ddot{\boldsymbol{T}}+\boldsymbol{KAT}=\boldsymbol{Q} \tag{4-2-6}$$

用 $\boldsymbol{A}^{\mathrm{T}}$ 左乘式(4-2-6),有

$$\boldsymbol{A}^{\mathrm{T}}\boldsymbol{MA}\ddot{\boldsymbol{T}}+\boldsymbol{A}^{\mathrm{T}}\boldsymbol{KAT}=\boldsymbol{A}^{\mathrm{T}}\boldsymbol{Q} \tag{4-2-7}$$

由振型的正交性[式(4-1-14)与式(4-1-15)],式(4-2-7)可写成

$$M_i\ddot{T}_i+K_iT_i=P_i\quad(i=1,2,\cdots,n) \tag{4-2-8}$$

式中,$M_i=\boldsymbol{A}_i^{\mathrm{T}}\boldsymbol{MA}_i$;$K_i=\boldsymbol{A}_i^{\mathrm{T}}\boldsymbol{KA}_i$;$P_i=\boldsymbol{A}_i^{\mathrm{T}}\boldsymbol{Q}$;$i=1,2,\cdots,n$。

从以上过程可见,经过式(4-2-4)的坐标变换,系统运动方程(4-2-5)可以变换为 n 个相互独立的方程。

若式(4-2-4)的坐标变换采用正交化的正则振型矩阵 $\overline{\boldsymbol{A}}$,则有

$$\boldsymbol{q}=\overline{\boldsymbol{A}}\,\overline{\boldsymbol{T}} \tag{4-2-9}$$

式中,$\overline{\boldsymbol{A}}=[\overline{\boldsymbol{A}}_1\quad \overline{\boldsymbol{A}}_2\quad\cdots\quad \overline{\boldsymbol{A}}_n]$;$\overline{\boldsymbol{A}}_i=\{\overline{A}_{1i}\quad \overline{A}_{2i}\quad\cdots\quad \overline{A}_{ni}\}^{\mathrm{T}}(i=1,2,\cdots,n)$;$\overline{\boldsymbol{T}}=\{\overline{T}_1\quad \overline{T}_2\quad\cdots\quad \overline{T}_n\}^{\mathrm{T}}$。

将式(4-2-9)代入式(4-2-5),则有

$$\boldsymbol{M}\overline{\boldsymbol{A}}\ddot{\overline{\boldsymbol{T}}}+\boldsymbol{K}\overline{\boldsymbol{A}}\,\overline{\boldsymbol{T}}=\boldsymbol{Q} \tag{4-2-10}$$

用 $\overline{\boldsymbol{A}}^{\mathrm{T}}$ 左乘式(4-2-10),有:

$$\overline{\boldsymbol{A}}^{\mathrm{T}}\boldsymbol{M}\overline{\boldsymbol{A}}\ddot{\overline{\boldsymbol{T}}}+\overline{\boldsymbol{A}}^{\mathrm{T}}\boldsymbol{K}\overline{\boldsymbol{A}}\,\overline{\boldsymbol{T}}=\overline{\boldsymbol{A}}^{\mathrm{T}}\boldsymbol{Q} \tag{4-2-11}$$

根据振型正交性以及正则振型特点,式(4-2-11)可写成

$$\ddot{\overline{\boldsymbol{T}}}+\boldsymbol{\lambda}\,\overline{\boldsymbol{T}}=\overline{\boldsymbol{P}} \tag{4-2-12}$$

式中，$\overline{\boldsymbol{P}}=\overline{\boldsymbol{A}}^{\mathrm{T}}\boldsymbol{Q}=\{\overline{P}_1\quad\overline{P}_2\quad\cdots\quad\overline{P}_n\}^{\mathrm{T}}$，$\overline{P}_i=\overline{\boldsymbol{A}}_i^{\mathrm{T}}\boldsymbol{Q}(i=1,2,\cdots,n)$；$\boldsymbol{\lambda}=\mathrm{diag}(\lambda_1,\lambda_2,\cdots,\lambda_n)$，$\lambda_i$ 见式(4-1-4)。

将式(4-2-12)写成分量形式为

$$\ddot{\overline{T}}_i+\lambda_i\overline{T}_i=\overline{P}_i\quad(i=1,2,\cdots,n) \tag{4-2-13}$$

式(4-2-8)与式(4-2-13)本质上是一致的，只是坐标变换采用的矩阵形式不同。称式(4-2-9)为正则坐标变换，$\overline{T}_1,\overline{T}_2,\cdots,\overline{T}_n$ 为正则坐标。由以上分析可知，正则振型是主振型的一种特殊形式，相应的正则坐标也是主坐标的一种特殊形式。

以上是用全部 n 阶振型表示系统的振动位移。研究证明，对于大多数荷载类型，通常低阶振型的位移贡献最大，而高阶振型的贡献趋于减少(例 4-5-1 直观反映了此特性)。因此在振型叠加过程中将所有的高阶振型的振动都包含进来是不必要的。当已经得到所需要精度的反应时，就可以截断级数。此外，在预测结构的高阶振型时，任何复杂结构系统的数学抽象都是趋于不可靠的，基于此原因，在动力反应分析时也要限制振型参与的数目。因此，n 个自由度系统的振动反应可近似取前 $N(N<n)$ 阶振型来表示，故式(4-2-4)与式(4-2-9)可分别写为

$$\boldsymbol{q}\approx\boldsymbol{A}_{n\times N}\boldsymbol{T}_N \tag{4-2-14}$$

$$\boldsymbol{q}\approx\overline{\boldsymbol{A}}_{n\times N}\overline{\boldsymbol{T}}_N \tag{4-2-15}$$

式中，$\boldsymbol{A}_{n\times N}=[\boldsymbol{A}_1\quad\boldsymbol{A}_2\quad\cdots\quad\boldsymbol{A}_N]$；$\boldsymbol{T}_N=\{T_1\quad T_2\quad\cdots\quad T_N\}^{\mathrm{T}}$；$\overline{\boldsymbol{A}}_{n\times N}=[\overline{\boldsymbol{A}}_1\quad\overline{\boldsymbol{A}}_2\quad\cdots\quad\overline{\boldsymbol{A}}_N]$；$\overline{\boldsymbol{T}}_N=\{\overline{T}_1\quad\overline{T}_2\quad\cdots\quad\overline{T}_N\}^{\mathrm{T}}$。

将式(4-2-14)、式(4-2-15)分别代入式(4-2-5)中，可得到

$$M_i\ddot{T}_i+K_iT_i=P_i\quad(i=1,2,\cdots,N) \tag{4-2-16}$$

$$\ddot{\overline{T}}_i+\lambda_i\overline{T}_i=\overline{P}_i\quad(i=1,2,\cdots,N) \tag{4-2-17}$$

综上所述，由线性变换可将具有 n 个自由度相互耦联系统运动微分方程的求解问题，经过解耦转化为 n 个(或 N 个)独立的微分方程求解，从而将 n 个耦联的多自由度问题转化为 n 个(或 N 个)独立的单自由度问题进行分析。接下来的任务是运用求解单自由度运动方程的方法(在第 3 章已经介绍)求解 n 个(或 N 个)方程的解，再由这些解经过坐标变换得到原始物理坐标表述的系统反应，具体见后续三节。上述方法称为系统振动响应分析的振型叠加法或模态综合法。

4.3 不考虑阻尼时系统自由振动反应

根据上一节论述，可以通过正则坐标变换将具有 n 个自由度系统振动方程进行解耦，转化为 n 个独立方程。对应正则坐标自由振动方程为

$$\ddot{\overline{T}}_i(t)+\omega_i^2\overline{T}_i(t)=0\quad(i=1,2,\cdots,n)\tag{4-3-1}$$

若对第 i 个正则坐标施加初始条件 $\overline{T}_i(0)$、$\dot{\overline{T}}_i(0)$，则可算出第 i 个正则坐标的自由振动反应

$$\overline{T}_i(t)=\overline{T}_i(0)\cos\omega_i t+\frac{\dot{\overline{T}}_i(0)}{\omega_i}\sin\omega_i t\quad(i=1,2,\cdots,n)\tag{4-3-2}$$

将式(4-2-9)左乘$\overline{\boldsymbol{A}}^{\mathrm{T}}\boldsymbol{M}$且考虑振型正交性，令 $t=0$，可得

$$\overline{\boldsymbol{T}}(0)=\overline{\boldsymbol{A}}^{\mathrm{T}}\boldsymbol{M}\boldsymbol{q}_0\tag{4-3-3}$$

另外，由式(4-2-9)知$\dot{\boldsymbol{q}}=\overline{\boldsymbol{A}}\ \dot{\overline{\boldsymbol{T}}}$，类似可得

$$\dot{\overline{\boldsymbol{T}}}(0)=\overline{\boldsymbol{A}}^{\mathrm{T}}\boldsymbol{M}\,\dot{\boldsymbol{q}}_0\tag{4-3-4}$$

式中，$\boldsymbol{q}_0=\{q_{01}\quad q_{02}\quad\cdots\quad q_{0n}\}^{\mathrm{T}}$ 与$\dot{\boldsymbol{q}}_0=\{\dot{q}_{01}\quad\dot{q}_{02}\quad\cdots\quad\dot{q}_{0n}\}^{\mathrm{T}}$ 为系统按原始物理坐标表述的初始条件；$\overline{\boldsymbol{T}}(0)=\{\overline{T}_1(0)\quad\overline{T}_2(0)\quad\cdots\quad\overline{T}_n(0)\}^{\mathrm{T}}$ 与$\dot{\overline{\boldsymbol{T}}}(0)=\{\dot{\overline{T}}_1(0)\quad\dot{\overline{T}}_2(0)\quad\cdots\quad\dot{\overline{T}}_n(0)\}^{\mathrm{T}}$ 为系统按正则坐标表述的初始条件。

当系统有刚体振型时，对应的频率 $\omega_i=0$，式(4-3-1)变为

$$\ddot{\overline{T}}_i(t)=0\tag{4-3-5}$$

此式对时间 t 积分两次，得

$$\overline{T}_i(t)=\overline{T}_i(0)+\dot{\overline{T}}_i(0)t\tag{4-3-6}$$

系统按正则坐标表示的刚体振型反应即由式(4-3-6)算出。

根据已求出的正则坐标反应 $\overline{T}_i(t)\,(i=1,2,\cdots,n)$，可由式(4-2-9)算出系统按原始物理坐标表述的自由振动反应。

[例4-3-1] 重新考虑例4-1-1所给系统，但假定 $k_1=0$，分析其自由振动反应。

解：根据例4-1-1分析，考虑 $k_1=0$，得到系统自由振动方程为

$$\boldsymbol{M}\ddot{\boldsymbol{q}}+\boldsymbol{K}\boldsymbol{q}=\boldsymbol{0}$$

式中，$\ddot{\boldsymbol{q}}=\{\ddot{v}_1\quad\ddot{v}_2\quad\ddot{v}_3\}^{\mathrm{T}}$；$\boldsymbol{q}=\{v_1\quad v_2\quad v_3\}^{\mathrm{T}}$。

$$\boldsymbol{M}=\begin{bmatrix}m&0&0\\0&m&0\\0&0&m\end{bmatrix},\boldsymbol{K}=\begin{bmatrix}k&-k&0\\-k&2k&-k\\0&-k&k\end{bmatrix}$$

显然$|\boldsymbol{K}|=0$，即刚度矩阵为奇异的。

$$\boldsymbol{K}-\lambda_i\boldsymbol{M}=\begin{bmatrix}k-\lambda_i m&-k&0\\-k&2k-\lambda_i m&-k\\0&-k&k-\lambda_i m\end{bmatrix}$$

由$|\boldsymbol{K}-\lambda_i\boldsymbol{M}|=0$解得

$$\lambda_1=0,\lambda_2=\frac{k}{m},\lambda_3=\frac{3k}{m}$$

即对应的频率为$\omega_1=0,\omega_2=\sqrt{\frac{k}{m}},\omega_3=\sqrt{\frac{3k}{m}}$。

分别将解出的特征根λ_i代入方程$(\boldsymbol{K}-\lambda_i\boldsymbol{M})\boldsymbol{A}_i=\boldsymbol{0}$，解出系统三阶振型如下：

$$\boldsymbol{A}_1=\{1\quad 1\quad 1\}^{\mathrm{T}}\qquad (\text{对应刚体振型},\omega_1=0)$$

$$\boldsymbol{A}_2=\{1\quad 0\quad -1\}^{\mathrm{T}}$$

$$\boldsymbol{A}_3=\{1\quad -2\quad 1\}^{\mathrm{T}}$$

以上用求解特征值方程与特征向量的方法得到了无约束系统(如船舶与飞行器结构等)的固有频率及振型。对于无约束系统，其刚度矩阵奇异，逆矩阵不存在，其频率与振型无法由矩阵迭代法与子空间迭代法等方法(见第5章)直接求出，相关问题可参考文献[16]。

设该系统在静止状态下，质量m_1突然受到打击获得初始速度$\dot{v}_{01}$，试确定系统由此打击所引起的反应。

系统各广义质量为

$$M_1=\boldsymbol{A}_1^{\mathrm{T}}\boldsymbol{M}\boldsymbol{A}_1=m(1^2+1^2+1^2)=3m$$

$$M_2=\boldsymbol{A}_2^{\mathrm{T}}\boldsymbol{M}\boldsymbol{A}_2=m(1^2+1^2)=2m$$

$$M_3=\boldsymbol{A}_3^{\mathrm{T}}\boldsymbol{M}\boldsymbol{A}_3=m(1^2+2^2+1^2)=6m$$

于是，正则振型矩阵

$$\overline{\boldsymbol{A}}=\begin{bmatrix}\frac{\boldsymbol{A}_1}{\sqrt{M_1}} & \frac{\boldsymbol{A}_2}{\sqrt{M_2}} & \frac{\boldsymbol{A}_3}{\sqrt{M_3}}\end{bmatrix}=\frac{1}{\sqrt{6m}}\begin{bmatrix}\sqrt{2} & \sqrt{3} & 1\\ \sqrt{2} & 0 & -2\\ \sqrt{2} & -\sqrt{3} & 1\end{bmatrix}$$

可得

$$\overline{\boldsymbol{A}}^{\mathrm{T}}\boldsymbol{M}=\frac{1}{\sqrt{6m}}\begin{bmatrix}\sqrt{2} & \sqrt{2} & \sqrt{2}\\ \sqrt{3} & 0 & -\sqrt{3}\\ 1 & -2 & 1\end{bmatrix}\begin{bmatrix}m & 0 & 0\\ 0 & m & 0\\ 0 & 0 & m\end{bmatrix}=\sqrt{\frac{m}{6}}\begin{bmatrix}\sqrt{2} & \sqrt{2} & \sqrt{2}\\ \sqrt{3} & 0 & -\sqrt{3}\\ 1 & -2 & 1\end{bmatrix}$$

系统按原始物理坐标的初始条件向量为

$$\boldsymbol{q}_0=\begin{Bmatrix}0\\0\\0\end{Bmatrix},\dot{\boldsymbol{q}}_0=\begin{Bmatrix}\dot{v}_{01}\\0\\0\end{Bmatrix}\tag{4-3-7}$$

将式(4-3-7)转换到正则坐标

$$\overline{\boldsymbol{T}}(0)=\overline{\boldsymbol{A}}^{\mathrm{T}}\boldsymbol{M}\boldsymbol{q}_0=\begin{Bmatrix}0\\0\\0\end{Bmatrix}$$

$$\dot{\overline{\boldsymbol{T}}}(0)=\overline{\boldsymbol{A}}^{\mathrm{T}}\boldsymbol{M}\,\dot{\boldsymbol{q}}_0=\sqrt{\frac{m}{6}}\begin{bmatrix}\sqrt{2} & \sqrt{2} & \sqrt{2}\\ \sqrt{3} & 0 & -\sqrt{3}\\ 1 & -2 & 1\end{bmatrix}\begin{Bmatrix}\dot{v}_{01}\\0\\0\end{Bmatrix}=\dot{v}_{01}\sqrt{\frac{m}{6}}\begin{Bmatrix}\sqrt{2}\\\sqrt{3}\\1\end{Bmatrix}\tag{4-3-8}$$

将式(4-3-8)中的第一行代入式(4-3-6),第二、三行依次代入式(4-3-2),得

$$\overline{\boldsymbol{T}}(t)=\dot{v}_{01}\sqrt{\frac{m}{6}}\begin{Bmatrix}\sqrt{2}t\\(\sqrt{3}\sin\omega_2 t)/\omega_2\\(\sin\omega_3 t)/\omega_3\end{Bmatrix} \tag{4-3-9}$$

将 $\overline{\boldsymbol{T}}(t)$ 变换到原始物理坐标,得出

$$\boldsymbol{q}=\overline{\boldsymbol{A}}\,\overline{\boldsymbol{T}}(t)=\frac{1}{\sqrt{6m}}\begin{bmatrix}\sqrt{2}&\sqrt{3}&1\\\sqrt{2}&0&-2\\\sqrt{2}&-\sqrt{3}&1\end{bmatrix}\dot{v}_{01}\sqrt{\frac{m}{6}}\begin{Bmatrix}\sqrt{2}t\\(\sqrt{3}\sin\omega_2 t)/\omega_2\\(\sin\omega_3 t)/\omega_3\end{Bmatrix}$$

$$=\frac{\dot{v}_{01}}{6}\begin{Bmatrix}2t+(3\sin\omega_2 t)/\omega_2+(\sin\omega_3 t)/\omega_3\\2t-(2\sin\omega_3 t)/\omega_3\\2t-(3\sin\omega_2 t)/\omega_2+(\sin\omega_3 t)/\omega_3\end{Bmatrix} \tag{4-3-10}$$

式(4-3-10)中每一反应的刚体位移分量都等于 $\dot{v}_{01}t/3$。

若系统所有质量具有相同的初始速度 $\dot{v}_0$,初始位移全为零,则初始速度向量为 $\dot{\boldsymbol{q}}_0=\{\dot{v}_0\quad\dot{v}_0\quad\dot{v}_0\}^{\mathrm{T}}$;式(4-3-8)、式(4-3-9)、式(4-3-10)分别变为

$$\overline{\boldsymbol{T}}(0)=\begin{Bmatrix}0\\0\\0\end{Bmatrix},\dot{\overline{\boldsymbol{T}}}(0)=\dot{v}_0\sqrt{3m}\begin{Bmatrix}1\\0\\0\end{Bmatrix},\overline{\boldsymbol{T}}(t)=\dot{v}_0 t\sqrt{3m}\begin{Bmatrix}1\\0\\0\end{Bmatrix},\boldsymbol{q}=\dot{v}_0 t\begin{Bmatrix}1\\1\\1\end{Bmatrix} \tag{4-3-11}$$

此时,系统仅发生刚体平动,没有振动。

若系统质量 m_1、m_2 与 m_3 的初始速度分别为 $\dot{v}_0$、0 与 $-\dot{v}_0$,初始位移全为零,则初始速度向量为 $\dot{\boldsymbol{q}}_0=\{\dot{v}_0\quad 0\quad -\dot{v}_0\}^{\mathrm{T}}$;式(4-3-8)、式(4-3-9)、式(4-3-10)分别变为

$$\overline{\boldsymbol{T}}(0)=\begin{Bmatrix}0\\0\\0\end{Bmatrix},\dot{\overline{\boldsymbol{T}}}(0)=\dot{v}_0\sqrt{2m}\begin{Bmatrix}0\\1\\0\end{Bmatrix},\overline{\boldsymbol{T}}(t)=\frac{\sqrt{2m}\,\dot{v}_0\sin\omega_2 t}{\omega_2}\begin{Bmatrix}0\\1\\0\end{Bmatrix},\boldsymbol{q}=\frac{\dot{v}_0\sin\omega_2 t}{\omega_2}\begin{Bmatrix}1\\0\\-1\end{Bmatrix} \tag{4-3-12}$$

此时,初始条件仅激发系统第二阶主振动,可见只要具备合适的初始条件,系统能独立地发生某一阶主振动,而且是按简谐规律振动。该特性与4.1节理论分析结论一致。

4.4 不计阻尼时系统对任意动力荷载的反应

无阻尼系统经由正则坐标解耦的独立方程由式(4-2-13)给出,现直接引用如下

$$\ddot{\overline{T}}_i(t)+\lambda_i\overline{T}_i(t)=\overline{P}_i \quad (i=1,2,\cdots,n;\lambda_i=\omega_i^2) \tag{4-4-1}$$

考虑初始条件，由杜哈美积分得式(4-4-1)的一般解

$$\overline{T}_i(t)=\overline{T}_i(0)\cos\omega_i t+\frac{\dot{\overline{T}}_i(0)}{\omega_i}\sin\omega_i t+\frac{1}{\omega_i}\int_0^t\overline{P}_i(\tau)\sin\omega_i(t-\tau)\mathrm{d}\tau \tag{4-4-2}$$

上式中初始条件 $\overline{T}_i(0)$、$\dot{\overline{T}}_i(0)$ 由式(4-3-3)与式(4-3-4)确定。

当系统第 i 阶振型为刚体振型时，$\lambda_i=0$，相应的运动方程为

$$\ddot{\overline{T}}_i(t)=\overline{P}_i \tag{4-4-3}$$

对 t 积分两次，得

$$\overline{T}_i(t)=\int_0^t\left[\int_0^t\overline{P}_i\mathrm{d}t\right]\mathrm{d}t+C_1t+C_2 \tag{4-4-4}$$

式中，积分常数 C_1、C_2 由刚体运动的初始条件决定。因此，当存在刚体振型时，用式(4-4-4)代替式(4-4-2)计算正则坐标响应。

当外荷载为简谐振荷载时，例如 $\overline{P}_i=P_{i0}\sin\overline{\omega}t$，则由式(4-4-2)得

$$\overline{T}_i(t)=\overline{T}_i(0)\cos\omega_i t+\frac{\dot{\overline{T}}_i(0)}{\omega_i}\sin\omega_i t-\frac{P_{i0}\overline{\omega}}{\omega_i(\omega_i^2-\overline{\omega}^2)}\sin\omega_i t+\frac{P_{i0}}{\omega_i^2-\overline{\omega}^2}\sin\overline{\omega}t \tag{4-4-5}$$

式(4-4-5)中前三项都按固有频率 ω_i 振动，其中第一项与第二项称为自由振动，由初始条件决定，第三项称为伴生自由振动，其振幅与激扰力有关。实际工程中，阻尼将使前三项逐渐消失，从下一节式(4-5-8)容易看出此特性。最后一项按简谐荷载频率$\overline{\omega}$振动，随荷载作用而继续下去，称为稳态反应。

[例 4-4-1] 如图 4-4-1 所示的三自由度系统，已知，$m_1=2m$，$m_2=1.5m$，$m_3=m$，$k_1=3k$，$k_2=2k$，$k_3=k$，假定质量 m_2 上作用有简谐激振力 $P_2(t)=P\sin\overline{\omega}t$，试计算系统的稳态反应。

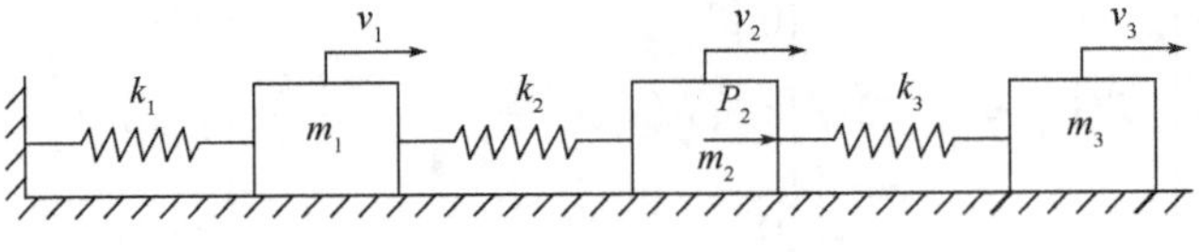

图 4-4-1 三自由度质量-弹簧系统

解：根据已知条件可建立系统运动方程

$$\boldsymbol{M}\ddot{\boldsymbol{q}}+\boldsymbol{K}\boldsymbol{q}=\boldsymbol{Q}$$

式中，$\ddot{\boldsymbol{q}}=\{\ddot{v}_1\quad\ddot{v}_2\quad\ddot{v}_3\}^{\mathrm{T}}$；$\boldsymbol{q}=\{v_1\quad v_2\quad v_3\}^{\mathrm{T}}$；$\boldsymbol{Q}=\{0\quad P_2\quad 0\}^{\mathrm{T}}$；

$$\boldsymbol{M}=m\begin{bmatrix}2&0&0\\0&1.5&0\\0&0&1\end{bmatrix};\boldsymbol{K}=k\begin{bmatrix}5&-2&0\\-2&3&-1\\0&-1&1\end{bmatrix}。$$

求出固有频率和振型矩阵分别为

$$\omega_1^2 = 0.351\,5\,\frac{k}{m}, \omega_2^2 = 1.606\,6\,\frac{k}{m}, \omega_3^2 = 3.541\,9\,\frac{k}{m}$$

$$\boldsymbol{A} = \begin{bmatrix} 0.301\,8 & -0.679\,0 & -0.959\,8 \\ 0.648\,5 & -0.606\,6 & 1.000\,0 \\ 1.000\,0 & 1.000\,0 & -0.393\,4 \end{bmatrix}$$

则，正则振型矩阵

$$\overline{\boldsymbol{A}} = \frac{1}{\sqrt{m}} \begin{bmatrix} 0.224\,2 & -0.431\,7 & -0.513\,2 \\ 0.481\,6 & -0.385\,7 & 0.534\,8 \\ 0.742\,7 & 0.635\,8 & -0.210\,4 \end{bmatrix}$$

则

$$\overline{\boldsymbol{P}} = \overline{\boldsymbol{A}}^{\mathrm{T}}\boldsymbol{Q} = \frac{1}{\sqrt{m}} \begin{bmatrix} 0.224\,2 & 0.481\,6 & 0.742\,7 \\ -0.431\,7 & -0.385\,7 & 0.635\,8 \\ -0.513\,2 & 0.534\,8 & -0.210\,4 \end{bmatrix} \begin{Bmatrix} 0 \\ P_2 \\ 0 \end{Bmatrix} = \frac{P\sin\overline{\omega}t}{\sqrt{m}} \begin{Bmatrix} 0.481\,6 \\ -0.385\,7 \\ 0.534\,8 \end{Bmatrix}$$

由杜哈美积分算出正则坐标稳态反应

$$\overline{\boldsymbol{T}}(t) = \begin{Bmatrix} \overline{T_1}(t) \\ \overline{T_2}(t) \\ \overline{T_3}(t) \end{Bmatrix} = \frac{P\sin\overline{\omega}t}{\sqrt{m}} \begin{Bmatrix} \dfrac{0.481\,6D_1}{\omega_1^2} \\ \dfrac{-0.385\,7D_2}{\omega_2^2} \\ \dfrac{0.534\,8D_3}{\omega_3^2} \end{Bmatrix}$$

其中，$D_i = \dfrac{1}{1 - \overline{\omega}^2/\omega_i^2} \quad (i=1,2,3)$。

将 $\omega_1^2 = 0.351\,5\,\dfrac{k}{m}, \omega_2^2 = 1.606\,6\,\dfrac{k}{m}, \omega_3^2 = 3.541\,9\,\dfrac{k}{m}$ 代入，得

$$\overline{\boldsymbol{T}}(t) = \frac{P\sin\overline{\omega}t\,\sqrt{m}}{k} \begin{Bmatrix} 1.370\,1D_1 \\ -0.240\,1D_2 \\ 0.151\,0D_3 \end{Bmatrix}$$

由正则坐标变换，得

$$\boldsymbol{q} = \begin{Bmatrix} v_1 \\ v_2 \\ v_3 \end{Bmatrix} = \overline{\boldsymbol{A}}\,\overline{\boldsymbol{T}}(t) = \frac{P\sin\overline{\omega}t}{k} \begin{Bmatrix} 0.307\,2D_1 + 0.103\,7D_2 - 0.077\,5D_3 \\ 0.659\,8D_1 + 0.092\,6D_2 + 0.080\,8D_3 \\ 1.017\,6D_1 + 0.152\,7D_2 - 0.031\,8D_3 \end{Bmatrix}$$

由上式可知，当简谐荷载频率$\overline{\omega}$接近或等于系统任意固有频率 ω_i 时，对应的 D_i 很大，系统均发生共振。

4.5 考虑阻尼时系统对任意动力荷载的反应

实际结构都有阻尼,但不是所有情况都要考虑它。单自由度系统振动分析表明,当激扰力为冲击荷载时,由于作用时间很短,可略去阻尼作用。对作用于线弹性系统的周期荷载,一般常用傅立叶级数展开,再按每个简谐分量分别计算。此时对于激扰力频率与固有频率(特别是低阶频率)接近的情形,必须考虑阻尼的作用,本节例 4-5-1 说明了这种情况。对持续时间较长的一般动荷载,无论是用分析解法还是数值解法,都应计入阻尼作用。

前面已得出 n 个自由度系统考虑阻尼的强迫振动方程的形式为

$$\boldsymbol{M}\ddot{\boldsymbol{q}} + \boldsymbol{C}\dot{\boldsymbol{q}} + \boldsymbol{K}\boldsymbol{q} = \boldsymbol{Q} \tag{4-5-1}$$

由 4.1 论述可知,系统各振型关于质量矩阵 $\boldsymbol{M}$ 和刚度矩阵 $\boldsymbol{K}$ 存在正交性,而关于阻尼矩阵 $\boldsymbol{C}$ 不存在正交性。若不采用适当假定,则得不出考虑阻尼的非耦合运动方程。因此,瑞利(Rayleigh)假定

$$\boldsymbol{C} = a_0\boldsymbol{M} + a_1\boldsymbol{K} \tag{4-5-2}$$

式中,a_0、a_1 为待定常数。

式(4-5-2)将 $\boldsymbol{C}$ 表示为 $\boldsymbol{M}$ 与 $\boldsymbol{K}$ 的线性组合,故称为比例阻尼。

将式(4-5-2)、式(4-2-9)代入式(4-5-1)后,再左乘 $\overline{\boldsymbol{A}}^{\mathrm{T}}$,并考虑振型的正交性,得

$$\ddot{\overline{\boldsymbol{T}}}(t) + (a_0\boldsymbol{I} + a_1\boldsymbol{\lambda})\dot{\overline{\boldsymbol{T}}}(t) + \boldsymbol{\lambda}\overline{\boldsymbol{T}}(t) = \overline{\boldsymbol{P}} \tag{4-5-3}$$

式中,$\overline{\boldsymbol{T}} = \{\overline{T}_1 \quad \overline{T}_2 \quad \cdots \quad \overline{T}_n\}^{\mathrm{T}}$;$\overline{\boldsymbol{P}} = \overline{\boldsymbol{A}}^{\mathrm{T}}\boldsymbol{Q} = \{\overline{P}_1 \quad \overline{P}_2 \quad \cdots \quad \overline{P}_n\}^{\mathrm{T}}$,$\overline{P}_i = \overline{\boldsymbol{A}}_i^{\mathrm{T}}\boldsymbol{Q}$,其中 $i = 1, 2, \cdots, n$;$\boldsymbol{\lambda} = \mathrm{diag}(\lambda_1, \lambda_2, \cdots, \lambda_n)$,$\lambda_i = \omega_i^2$,其中 $i = 1, 2, \cdots, n$;$\boldsymbol{I}$ 为 n 阶单位矩阵。

将式(4-5-3)写成分量形式为

$$\ddot{\overline{T}}_i(t) + (a_0 + a_1\omega_i^2)\dot{\overline{T}}_i(t) + \omega_i^2\overline{T}_i(t) = \overline{P}_i \quad (i = 1, 2, \cdots, n) \tag{4-5-4}$$

令

$$a_0 + a_1\omega_i^2 = 2\xi_i\omega_i \tag{4-5-5}$$

ξ_i 为系统相应于第 i 阶主振动的阻尼比。这样式(4-5-4)变为单自由度考虑黏滞阻尼的独立运动方程

$$\ddot{\overline{T}}_i(t) + 2\xi_i\omega_i\dot{\overline{T}}_i(t) + \omega_i^2\overline{T}_i(t) = \overline{P}_i \quad (i = 1, 2, \cdots, n) \tag{4-5-6}$$

其一般解为

$$\overline{T}_i(t) = \mathrm{e}^{-\xi_i\omega_i t}\left[\frac{\dot{\overline{T}}_i(0) + \overline{T}_i(0)\xi_i\omega_i}{\omega_{\mathrm{D}i}}\sin\omega_{\mathrm{D}i}t + \overline{T}_i(0)\cos\omega_{\mathrm{D}i}t\right] + \frac{1}{\omega_{\mathrm{D}i}}\int_0^t \overline{P}_i(\tau)\mathrm{e}^{-\xi_i\omega_i(t-\tau)}\sin\omega_{\mathrm{D}i}(t-\tau)\mathrm{d}\tau \tag{4-5-7}$$

上式中初始条件 $\overline{T}_i(0)$、$\dot{\overline{T}}_i(0)$ 由式(4-3-3)与式(4-3-4)确定。

当 $\overline{P}_i(t)=P_{i0}\sin\overline{\omega}t$ 时,不必用杜哈美积分方法,由单自由度系统的解(3-2-8)直接得出式(4-5-6)的一般解

$$\overline{T}_i(t)=\mathrm{e}^{-\xi_i\omega_i t}\left[\frac{\dot{\overline{T}}_i(0)+\overline{T}_i(0)\xi_i\omega_i}{\omega_{\mathrm{D}i}}\sin\omega_{\mathrm{D}i}t+\overline{T}_i(0)\cos\omega_{\mathrm{D}i}t\right]+$$

$$\rho_i\mathrm{e}^{-\xi_i\omega_i t}\left[\sin\theta_i\cos\omega_{\mathrm{D}i}t+\frac{\xi_i\omega_i\sin\theta_i-\overline{\omega}\cos\theta_i}{\omega_{\mathrm{D}i}}\sin\omega_{\mathrm{D}i}t\right]+$$

$$\rho_i\sin(\overline{\omega}t-\theta_i)\tag{4-5-8}$$

式中,

$$\theta_i=\tan^{-1}\left(\frac{2\xi_i\,\overline{\omega}/\omega_i}{1-\overline{\omega}^2/\omega_i^2}\right)\tag{4-5-9}$$

$$\rho_i=\frac{P_{i0}}{\overline{K}_i}D_i\tag{4-5-10}$$

$$D_i=\frac{1}{\sqrt{\left(1-\dfrac{\overline{\omega}^2}{\omega_i^2}\right)^2+\left(\dfrac{2\xi_i\,\overline{\omega}}{\omega_i}\right)^2}}\tag{4-5-11}$$

$\overline{K}_i=\omega_i^2$(与正则坐标 $\overline{T}_i$ 对应的广义质量 $\overline{M}_i=1$,故广义刚度 $\overline{K}_i=\omega_i^2\overline{M}_i=\omega_i^2$)

$$\omega_{\mathrm{D}i}=\omega_i\sqrt{1-\xi_i^2}$$

正则坐标反应 $\boldsymbol{\overline{T}}(t)$ 求出后,就可由式(4-2-9)求出系统按原始物理坐标表述的反应 $\boldsymbol{q}(t)$,这就是前述的振型叠加法,亦称模态分析法。计算证明,对于线性微振动,第一阶振型贡献最大,有的算例证明,它占总反应的90%以上,其次是第2,3,…阶振型的贡献,更高阶振型几乎无影响。因此,实际应用振型叠加法时,通常只考虑前 N 阶低阶振型的贡献[式(4-2-14)与式(4-2-15)]。究竟取多少阶振型计算比较合适,要做比较计算,先计算前 N 阶振型的贡献,再计算前 $N+1$ 阶振型的贡献,若它与前 N 阶振型的贡献相差很小,则可认为前 N 阶振型已近似满足要求。

上面根据瑞利假定,得出有阻尼系统的非耦合运动方程(4-5-4),还有比例常数 a_0、a_1 有待确定。如果已知系统的任意两阶自振频率 ω_1 和 $\omega_2(\omega_1<\omega_2)$,并给定了各自对应的阻尼比 ξ_1 和 ξ_2,由 $a_0+a_1\omega_i^2=2\xi_i\omega_i$ 得到:

$$a_0=\frac{2\xi_1\omega_1\omega_2^2-2\xi_2\omega_1^2\omega_2}{\omega_2^2-\omega_1^2}$$

$$a_1=\frac{2\xi_2\omega_2-2\xi_1\omega_1}{\omega_2^2-\omega_1^2}$$

工程上,阻尼比 ξ_1 和 ξ_2 通常根据经验或实测值确定,并常取 $\xi_1=\xi_2$。例如,欧洲规范 Eurocode 1(EN1991-2)建议桥梁动力分析时阻尼比 ξ 按表4-5-1取值。

阻尼比 ξ 的建议值(%)　　表 4-5-1

桥梁类型	桥梁跨度(m)	
	$L<20$	$L\geqslant 20$
钢梁或结合梁	$0.5+0.125(20-L)$	0.5
预应力混凝土梁	$1.0+0.07(20-L)$	1.0
钢筋混凝土梁	$1.5+0.07(20-L)$	1.5

[**例 4-5-1**]　图 4-5-1 各质量承受简谐荷载 $P_1(t)=P_2(t)=P_3(t)=P\sin\overline{\omega}t$ 作用，$\overline{\omega}=1.25\sqrt{k/m}$，阻尼满足瑞利阻尼假定，$m_1=m_2=m_3=m$，$k_1=k_2=k_3=k$。设各阶主振动的阻尼比 $\xi_i=0.01(i=1,2,3)$。求此系统的稳态反应。

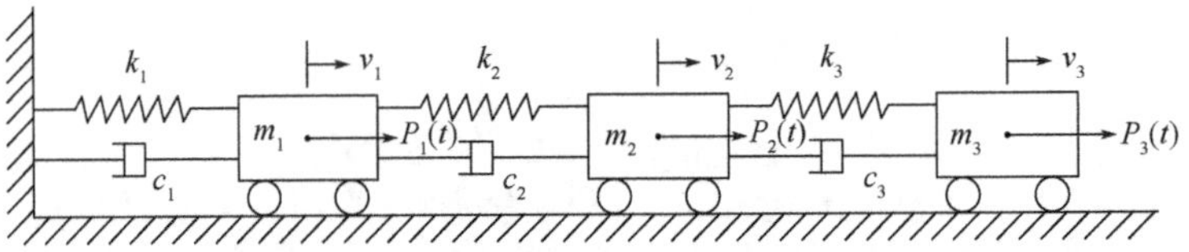

图 4-5-1　多质量-弹簧-阻尼系统示意图

解：在例 4-1-1 基础上，本例动力系统增加了阻尼与外荷载，外荷载向量为

$$\boldsymbol{Q}=P\sin\overline{\omega}t\begin{Bmatrix}1\\1\\1\end{Bmatrix}$$

例 4-1-1 已得正则振型矩阵

$$\overline{\boldsymbol{A}}=\frac{1}{\sqrt{m}}\begin{bmatrix}0.328 & 0.737 & 0.591\\0.591 & 0.328 & -0.737\\0.737 & -0.591 & 0.328\end{bmatrix}$$

则

$$\overline{\boldsymbol{P}}=\overline{\boldsymbol{A}}^{\mathrm{T}}\boldsymbol{Q}=\frac{1}{\sqrt{m}}\begin{bmatrix}0.328 & 0.591 & 0.737\\0.737 & 0.328 & -0.591\\0.591 & -0.737 & 0.328\end{bmatrix}P\sin\overline{\omega}t\begin{Bmatrix}1\\1\\1\end{Bmatrix}=\frac{P\sin\overline{\omega}t}{\sqrt{m}}\begin{Bmatrix}1.656\\0.474\\0.182\end{Bmatrix}$$

例 4-1-1 中已求出系统固有圆频率

$$\omega_1=0.445\sqrt{\frac{k}{m}},\omega_2=1.247\sqrt{\frac{k}{m}},\omega_3=1.802\sqrt{\frac{k}{m}}$$

故有

$$\overline{K}_1=\omega_1^2=0.198\frac{k}{m},\overline{K}_2=\omega_2^2=1.555\frac{k}{m},\overline{K}_3=\omega_3^2=3.247\frac{k}{m}$$

$$D_1=\frac{1}{\sqrt{\left(1-\frac{\overline{\omega}^2}{\omega_1^2}\right)^2+\left(\frac{2\xi_1\overline{\omega}}{\omega_1}\right)^2}}=\frac{1}{\sqrt{\left(1-\frac{1.5625}{0.198}\right)^2+\left(2\times 0.01\times\frac{1.25}{0.445}\right)^2}}=0.1451$$

$$D_2=\frac{1}{\sqrt{\left(1-\frac{\overline{\omega}^2}{\omega_2^2}\right)^2+\left(\frac{2\xi_2\overline{\omega}}{\omega_2}\right)^2}}=\frac{1}{\sqrt{\left(1-\frac{1.5625}{1.555}\right)^2+\left(2\times 0.01\times\frac{1.25}{1.247}\right)^2}}=48.496$$

$$D_3=\frac{1}{\sqrt{\left(1-\frac{\overline{\omega}^2}{\omega_3^2}\right)^2+\left(\frac{2\xi_3\overline{\omega}}{\omega_3}\right)^2}}=\frac{1}{\sqrt{\left(1-\frac{1.5625}{3.247}\right)^2+\left(2\times 0.01\times\frac{1.25}{1.802}\right)^2}}=1.9269$$

$$\theta_1=\tan^{-1}\left(\frac{2\xi_1\overline{\omega}/\omega_1}{1-\overline{\omega}^2/\omega_1^2}\right)=\tan^{-1}\left(\frac{2\times 0.01\times\frac{1.25}{0.445}}{1-\frac{1.5625}{0.198}}\right)=\tan^{-1}(-0.008152)=-0.00814(\text{rad})$$

$$\theta_2=\tan^{-1}\left(\frac{2\xi_2\overline{\omega}/\omega_2}{1-\overline{\omega}^2/\omega_2^2}\right)=\tan^{-1}\left(\frac{2\times 0.01\times\frac{1.25}{1.247}}{1-\frac{1.5625}{1.555}}\right)=\tan^{-1}(-4.15677)=-1.3336(\text{rad})$$

$$\theta_3=\tan^{-1}\left(\frac{2\xi_3\overline{\omega}/\omega_3}{1-\overline{\omega}^2/\omega_3^2}\right)=\tan^{-1}\left(\frac{2\times 0.01\times\frac{1.25}{1.802}}{1-\frac{1.5625}{3.247}}\right)=\tan^{-1}(0.02674)=0.0267(\text{rad})$$

由式(4-5-8)的第三项计算用正则坐标表示的稳态响应如下：

$$\overline{T}_1(t)=\frac{P_{10}D_1}{\overline{K}_1}\sin(\overline{\omega}t-\theta_1)=\frac{1.656\times 0.1451}{0.198\frac{k}{m}}\frac{P}{\sqrt{m}}\sin(\overline{\omega}t-\theta_1)=1.214\frac{P\sqrt{m}}{k}\sin(\overline{\omega}t-\theta_1)$$

$$\overline{T}_2(t)=\frac{P_{20}D_2}{\overline{K}_2}\sin(\overline{\omega}t-\theta_2)=\frac{0.474\times 48.496}{1.555\frac{k}{m}}\frac{P}{\sqrt{m}}\sin(\overline{\omega}t-\theta_2)=14.783\frac{P\sqrt{m}}{k}\sin(\overline{\omega}t-\theta_2)$$

$$\overline{T}_3(t)=\frac{P_{30}D_3}{\overline{K}_3}\sin(\overline{\omega}t-\theta_3)=\frac{0.182\times 1.9269}{3.247\frac{k}{m}}\frac{P}{\sqrt{m}}\sin(\overline{\omega}t-\theta_3)=0.108\frac{P\sqrt{m}}{k}\sin(\overline{\omega}t-\theta_3)$$

则用原始物理坐标表示的系统稳态反应为

$$\boldsymbol{q}=\begin{Bmatrix}v_1\\v_2\\v_3\end{Bmatrix}=\overline{\boldsymbol{A}}\,\overline{\boldsymbol{T}}=\frac{1}{\sqrt{m}}\begin{bmatrix}0.328 & 0.737 & 0.591\\0.591 & 0.328 & -0.737\\0.737 & -0.591 & 0.328\end{bmatrix}\begin{Bmatrix}1.214\frac{P\sqrt{m}}{k}\sin(\overline{\omega}t-\theta_1)\\14.783\frac{P\sqrt{m}}{k}\sin(\overline{\omega}t-\theta_2)\\0.108\frac{P\sqrt{m}}{k}\sin(\overline{\omega}t-\theta_3)\end{Bmatrix}$$

$$=\frac{P}{k}\begin{Bmatrix}0.398\sin(\overline{\omega}t-\theta_1)+10.895\sin(\overline{\omega}t-\theta_2)+0.064\sin(\overline{\omega}t-\theta_3)\\0.717\sin(\overline{\omega}t-\theta_1)+4.849\sin(\overline{\omega}t-\theta_2)-0.080\sin(\overline{\omega}t-\theta_3)\\0.895\sin(\overline{\omega}t-\theta_1)-8.737\sin(\overline{\omega}t-\theta_2)+0.035\sin(\overline{\omega}t-\theta_3)\end{Bmatrix}$$

本例中系统受简谐外荷载作用，$\overline{T}_i(t)$为简谐量，其频率为外荷载频率，幅值为 $P_{i0}D_i/\overline{K}_i$，幅值大小影响该振型对总响应的贡献程度。D_i 为动力放大系数，当结构某阶固有频率 ω_i 接近外荷载频率时，对应 D_i 非常大，发生共振现象；当结构某阶固有频率 ω_i 超过并远大于外荷载频率，对应 D_i 趋近于1。P_{i0}为广义外荷载幅值，是由原始外荷载幅值及其空间分布确定(由原始外荷载向量与振型矩阵共同决定)，该值不会随着振型阶次增大而持续增长，而广义刚度 $\overline{K}_i$ 随着振型阶次增大而不断变大，故广义静位移项 $P_{i0}/\overline{K}_i$ 总体来说随着振型阶次增大而减小。因此，结构某阶固有频率 ω_i 超过并远大于外荷载频率时，$\overline{T}_i(t)$的幅值 $P_{i0}D_i/\overline{K}_i$ 总体来说越来越小，该阶振型对总响应的贡献也在降低。本例中第二阶振型对反应的贡献最大，第三阶振型贡献最小，这是因为激扰力作用频率 $\overline{\omega}=1.25\sqrt{k/m}$与 $\omega_2=1.247\sqrt{k/m}$接近。

此外，若不计阻尼，则

$$D_1=\frac{1}{\sqrt{\left(1-\frac{\overline{\omega}^2}{\omega_1^2}\right)^2}}=\frac{1}{\sqrt{\left(1-\frac{1.5625}{0.198}\right)^2}}=0.145$$

$$D_2=\frac{1}{\sqrt{\left(1-\frac{\overline{\omega}^2}{\omega_2^2}\right)^2}}=\frac{1}{\sqrt{\left(1-\frac{1.5625}{1.555}\right)^2}}=207.33$$

$$D_3=\frac{1}{\sqrt{\left(1-\frac{\overline{\omega}^2}{\omega_3^2}\right)^2}}=\frac{1}{\sqrt{\left(1-\frac{1.5625}{3.247}\right)^2}}=1.928$$

考虑阻尼后，D_1 与 D_3 变化不大，而 D_2 明显增大。可见，阻尼对共振区反应的影响很大，对远离共振区的反应影响很小。

本例仅讨论单一频率简谐荷载作用于多自由度结构的振动规律。对于任意动荷载，根据3.6节频域分析思想，可以将任意动荷载近似看作周期很大的周期性荷载，从而可将其展开为许多简谐荷载分量项。每个简谐荷载分量的作用效果与本例的讨论特性一致。本书从实例分析出发，说明对于大多数荷载类型，通常低阶振型的位移贡献最大，而高阶振型的贡献趋于减少，实际分析时可根据计算精度需求试算出所需振型阶数。

4.6 多自由度系统振动分析的逐步积分法

4.6.1 逐步积分法的基本思想

关于系统动力响应分析，前面主要阐述了振型叠加法的原理和应用。这个方法计算简便,可看到系统各振型对响应的贡献,可按精度要求,增加计算所需的振型,物理概念清楚。但它建立在叠加原理的基础上,只适用于线性系统的振动分析。由于物理非线性、几何非线性及阻尼非线性,有许多系统的振动为非线性振动。例如,地震引起严重破坏的建筑物,在地震历程中的工作是弹塑性的,其由地震激起的振动为非线性振动,由非线性振动微分方程描述。非线性微分方程的精确解无法得到,只能求其近似解,一般采用逐次逼近法与里兹平均法。用逐次逼近法求近似解,往往限于小的时间间隔内对精确解才有好的近似,而在长时间后,所得解常是发散的。里兹平均法比逐次逼近法可得到较好的解,但需假设近似级数,对于复杂非线性系统,此近似级数往往难以假定。因此,需要发展适用于非线性系统的其他分析方法。

对于非线性分析,最有效的方法是逐步积分法,其基本思想是将系统振动历程分为许多很小的时段 Δt,如图4-6-1所示。习惯称 Δt 为步长,通常为了计算方便,取 Δt 为等步长。只对于系统特性发生急剧变化的时段,例如刚架截面形成塑性铰时,可将相应时段再细分为几个子时段进行计算。在每个时段内,系统的特性(质量、刚度、阻尼)假定不变。各时段的系统特性则不相同。理应取时段中点时的系统特性作为系统在此时段内的特性。要做到这一点,须在该时段内作迭代计算。为简化计算,一般取时段起点 t_i(图4-6-1)时的系统特性作为系统在该时段的特性。这样,系统在每个时段内的振动微分方程为常系数线性微分方程。时段起点 t_i 的系统响应为系统在该时段内的振动初始条件,由此解出系统在该时段终点 t_{i+1} 时的响应。至此在 t_i 至 t_{i+1} 时段内的系统振动计算完成。从加荷开始,依次进行系统在各时段内的振动计算,就得出非线性系统的振动响应历程,系统非线性振动的全过程就用一系列的线性振动来逼近。很显然,上述逐步积分法同样适用于线性系统的振动计算,此时不需作系统在每个时段的特性计算,计算过程大为简化。

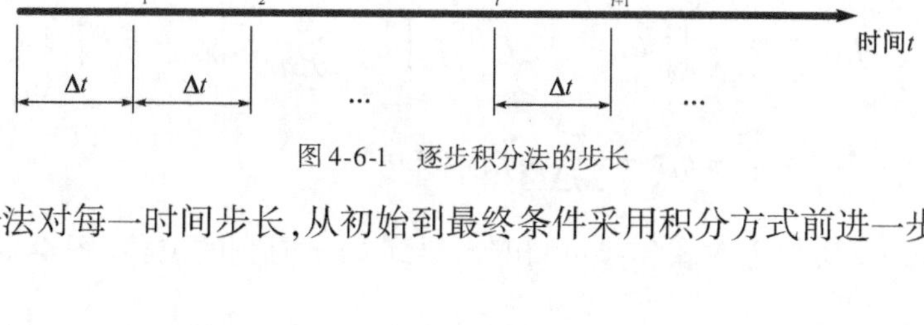

图4-6-1 逐步积分法的步长

逐步积分法对每一时间步长,从初始到最终条件采用积分方式前进一步,这个概念可用下式表达:

$$\dot{q}_{t+\Delta t} = \dot{q}_t + \int_t^{t+\Delta t} \ddot{q}(\tau)\mathrm{d}\tau \tag{4-6-1}$$

$$q_{t+\Delta t} = q_t + \int_t^{t+\Delta t} \dot{q}(\tau)\mathrm{d}\tau \tag{4-6-2}$$

它表示最终速度与位移依据各自的初始值加一个积分表达式,速度的变化依赖于加速度历程的积分,而位移的变化依赖于速度历程的积分。为了进行这类分析,首先需要假设在一个时间步长内加速度的变化形式,假设加速度控制了速度与位移的变化。因而,基于时段起点条件,由加速度假定与平衡条件可以向前获得该时段终点的响应。

逐步积分法有多种,如平均加速度法、线性加速度法、威尔逊(Wilson)-θ 法、纽马克(Newmark)法、郝柏特(Houbolt)法、龙格-库塔(Runge-Kutta)法。下面介绍威尔逊(Wilson)-θ 法和纽马克(Newmark)法。

4.6.2 威尔逊(Wilson)-θ 法

威尔逊-θ 法是线性加速度法的推广和改进，是最简单和最好的方法之一。其基本假定是：①在扩大了的时间步长 $\theta\Delta t$(当 $\theta \geqslant 1.37$ 时，威尔逊-θ 法无条件稳定；当 $\theta = 1$ 时，威尔逊-θ 法退化为线性加速度法)范围内，系统广义加速度按线性规律变化[图 4-6-2a)]。②在扩大的时间步长 $\theta\Delta t$ 内，系统特性不变化。

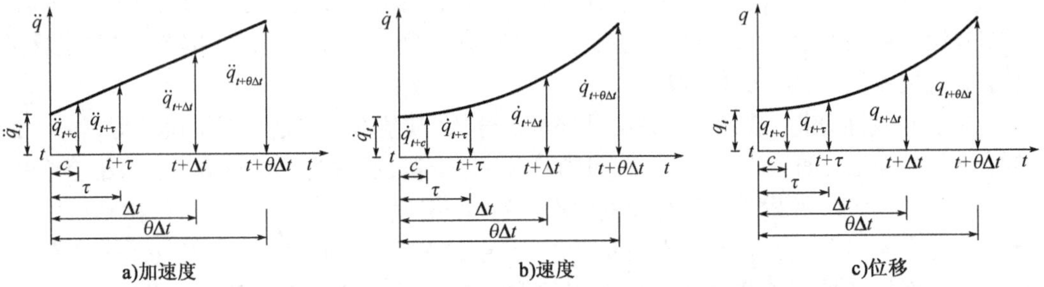

图 4-6-2　系统某广义坐标(位移)、速度、加速度在时段 $\theta\Delta t$ 内的变化曲线(威尔逊-θ 法)

系统广义坐标(位移)、速度及加速度分别以向量形式表示为 $\boldsymbol{q}, \dot{\boldsymbol{q}}, \ddot{\boldsymbol{q}}$。为了表述方便，以任意选取的某广义坐标为例进行说明。

根据基本假定得到 $t+\tau(0 \leqslant \tau \leqslant \theta\Delta t)$ 时刻的加速度

$$\ddot{q}_{t+\tau} = \ddot{q}_t + \frac{\tau}{\theta\Delta t}(\ddot{q}_{t+\theta\Delta t} - \ddot{q}_t) \tag{4-6-3}$$

通过 t 到 $t+\tau$ 时段上对式(4-6-3)积分，得到 $t+\tau$ 时刻的速度[图 4-6-2b)]

$$\begin{aligned}\dot{q}_{t+\tau} &= \dot{q}_t + \int_0^\tau \ddot{q}_{t+c}\mathrm{d}c = \dot{q}_t + \int_0^\tau \left[\ddot{q}_t + \frac{c}{\theta\Delta t}(\ddot{q}_{t+\theta\Delta t} - \ddot{q}_t)\right]\mathrm{d}c \\ &= \dot{q}_t + \ddot{q}_t\tau + \frac{\tau^2}{2\theta\Delta t}(\ddot{q}_{t+\theta\Delta t} - \ddot{q}_t)\end{aligned} \tag{4-6-4}$$

通过 t 到 $t+\tau$ 时段上对式(4-6-4)积分，得到 $t+\tau$ 时刻的位移[图 4-6-2c)]

$$\begin{aligned}q_{t+\tau} &= q_t + \int_0^\tau \dot{q}_{t+c}\mathrm{d}c = q_t + \int_0^\tau \left[\dot{q}_t + \ddot{q}_t c + \frac{c^2}{2\theta\Delta t}(\ddot{q}_{t+\theta\Delta t} - \ddot{q}_t)\right]\mathrm{d}c \\ &= q_t + \dot{q}_t\tau + \frac{\tau^2}{2}\ddot{q}_t + \frac{\tau^3}{6\theta\Delta t}(\ddot{q}_{t+\theta\Delta t} - \ddot{q}_t)\end{aligned} \tag{4-6-5}$$

令 $\tau = \theta\Delta t$，由式(4-6-4)与式(4-6-5)，得到 $t+\theta\Delta t$ 时刻的速度与位移计算式

$$\dot{q}_{t+\theta\Delta t} = \dot{q}_t + \ddot{q}_t\theta\Delta t + \frac{(\ddot{q}_{t+\theta\Delta t} - \ddot{q}_t)\theta\Delta t}{2} = \dot{q}_t + \frac{\theta\Delta t}{2}(\ddot{q}_{t+\theta\Delta t} + \ddot{q}_t) \tag{4-6-6}$$

$$\begin{aligned}q_{t+\theta\Delta t} &= q_t + \dot{q}_t\theta\Delta t + \ddot{q}_t\frac{(\theta\Delta t)^2}{2} + \frac{(\ddot{q}_{t+\theta\Delta t} - \ddot{q}_t)(\theta\Delta t)^2}{6} \\ &= q_t + \theta\Delta t\,\dot{q}_t + \frac{(\theta\Delta t)^2}{6}(\ddot{q}_{t+\theta\Delta t} + 2\ddot{q}_t)\end{aligned} \tag{4-6-7}$$

由式(4-6-7),得

$$\ddot{q}_{t+\theta\Delta t}=b_0 q_{t+\theta\Delta t}-b_0 q_t-b_1\dot{q}_t-2\ddot{q}_t \tag{4-6-8}$$

式中,$b_0=\dfrac{6}{(\theta\Delta t)^2}$;$b_1=\dfrac{6}{\theta\Delta t}$。

将式(4-6-8)代入式(4-6-6),得

$$\dot{q}_{t+\theta\Delta t}=b_2 q_{t+\theta\Delta t}-b_2 q_t-2\dot{q}_t-b_3\ddot{q}_t \tag{4-6-9}$$

式中,$b_2=\dfrac{3}{\theta\Delta t}$;$b_3=\dfrac{\theta\Delta t}{2}$。

在 $t+\theta\Delta t$ 时刻,多自由度系统的运动方程为

$$\boldsymbol{M}\ddot{\boldsymbol{q}}_{t+\theta\Delta t}+\boldsymbol{C}\dot{\boldsymbol{q}}_{t+\theta\Delta t}+\boldsymbol{K}\boldsymbol{q}_{t+\theta\Delta t}=\boldsymbol{Q}_{t+\theta\Delta t} \tag{4-6-10}$$

将式(4-6-8)、式(4-6-9)以多自由度参量的向量形式代入式(4-6-10),整理后写成简化形式,得到求解 $\boldsymbol{q}_{t+\theta\Delta t}$ 的矩阵方程

$$\overline{\boldsymbol{K}}\boldsymbol{q}_{t+\theta\Delta t}=\overline{\boldsymbol{Q}}_{t+\theta\Delta t} \tag{4-6-11}$$

式中,

$$\overline{\boldsymbol{K}}=\boldsymbol{K}+b_0\boldsymbol{M}+b_2\boldsymbol{C} \tag{4-6-12}$$

$$\overline{\boldsymbol{Q}}_{t+\theta\Delta t}=\boldsymbol{Q}_{t+\theta\Delta t}+\boldsymbol{M}(b_0\boldsymbol{q}_t+b_1\dot{\boldsymbol{q}}_t+2\ddot{\boldsymbol{q}}_t)+\boldsymbol{C}(b_2\boldsymbol{q}_1+2\dot{\boldsymbol{q}}_t+b_3\ddot{\boldsymbol{q}}_t) \tag{4-6-13}$$

$\overline{\boldsymbol{K}}$ 与 $\overline{\boldsymbol{Q}}_{t+\theta\Delta t}$ 分别称为系统在 $t+\theta\Delta t$ 时刻的等效刚度矩阵与等效荷载向量。由式(4-6-11)可求出 $\boldsymbol{q}_{t+\theta\Delta t}$。在式(4-6-3)中取 $\tau=\Delta t$,可以得到

$$\ddot{q}_{t+\theta\Delta t}=\theta\ddot{q}_{t+\Delta t}+(1-\theta)\ddot{q}_t \tag{4-6-14}$$

将式(4-6-14)代入式(4-6-8)可得到 $t+\Delta t$ 时刻的加速度[式 4-6-15)],再将式(4-6-14)分别代入式(4-6-4)、式(4-6-5)并令 $\tau=\Delta t$,可得到 $t+\Delta t$ 时刻的速度与位移,见式(4-6-16)与式(4-6-17)。考虑多自由度系统,以下三式中位移、速度与加速度已表述为向量形式。

$$\ddot{\boldsymbol{q}}_{t+\Delta t}=b_4(\boldsymbol{q}_{t+\theta\Delta t}-\boldsymbol{q}_t)+b_5\dot{\boldsymbol{q}}_t+b_6\ddot{\boldsymbol{q}}_t \tag{4-6-15}$$

$$\dot{\boldsymbol{q}}_{t+\Delta t}=\dot{\boldsymbol{q}}_t+b_7(\ddot{\boldsymbol{q}}_{t+\Delta t}+\ddot{\boldsymbol{q}}_t) \tag{4-6-16}$$

$$\boldsymbol{q}_{t+\Delta t}=\boldsymbol{q}_t+2b_7\dot{\boldsymbol{q}}_t+b_8(\ddot{\boldsymbol{q}}_{t+\Delta t}+2\ddot{\boldsymbol{q}}_t) \tag{4-6-17}$$

式中,$b_4=\dfrac{6}{\theta(\theta\Delta t)^2}$;$b_5=-\dfrac{6}{\theta^2\Delta t}$;$b_6=1-\dfrac{3}{\theta}$;$b_7=\dfrac{\Delta t}{2}$;$b_8=\dfrac{\Delta t^2}{6}$。

将求出的 $\boldsymbol{q}_{t+\theta\Delta t}$ 代入式(4-6-15)、式(4-6-16)与式(4-6-17),可以求出 $t+\Delta t$ 时刻的 $\ddot{\boldsymbol{q}}_{t+\Delta t}$、$\dot{\boldsymbol{q}}_{t+\Delta t}$ 与 $\boldsymbol{q}_{t+\Delta t}$,三者也是计算下一时刻响应的初始条件。如此继续下去,就可算出系统响应历程。

为清楚起见,归纳威尔逊-θ 法的全部计算过程如下:

(1)计算初始条件(对每一步而言)

①当系统特性不随时间 t 变化时,建立系统的 $\boldsymbol{K}$、$\boldsymbol{C}$、$\boldsymbol{M}$。若 $\boldsymbol{K}$、$\boldsymbol{C}$、$\boldsymbol{M}$ 随 t 变化,则建立系统在每一时段起点的 $\boldsymbol{K}$、$\boldsymbol{C}$、$\boldsymbol{M}$。

②根据系统给定的初始条件 $\boldsymbol{q}_0,\dot{\boldsymbol{q}}_0$,由 $\boldsymbol{M}\ddot{\boldsymbol{q}}_0+\boldsymbol{C}\dot{\boldsymbol{q}}_0+\boldsymbol{K}\boldsymbol{q}_0=\boldsymbol{Q}_0$ 算出 $\ddot{\boldsymbol{q}}_0$。

③选定时间步长 Δt,并取定 θ 值(通常取 $\theta=1.4$)。

④计算下列常数:

$$b_0=\frac{6}{(\theta\Delta t)^2},b_1=\frac{6}{\theta\Delta t},b_2=\frac{3}{\theta\Delta t},b_3=\frac{\theta\Delta t}{2},b_4=\frac{6}{\theta(\theta\Delta t)^2},b_5=-\frac{6}{\theta^2\Delta t},b_6=1-\frac{3}{\theta},b_7=\frac{\Delta t}{2},$$

$b_8=\dfrac{\Delta t^2}{6}$。

⑤形成等效刚度矩阵 $\overline{\boldsymbol{K}}=\boldsymbol{K}+b_0\boldsymbol{M}+b_2\boldsymbol{C}$。

(2)计算每一步长的末尾响应

①计算 $t+\theta\Delta t$ 时刻的等效荷载向量:

$$\overline{\boldsymbol{Q}}_{t+\theta\Delta t}=\boldsymbol{Q}_{t+\theta\Delta t}+\boldsymbol{M}(b_0\boldsymbol{q}_t+b_1\dot{\boldsymbol{q}}_t+2\ddot{\boldsymbol{q}}_t)+\boldsymbol{C}(b_2\boldsymbol{q}_t+2\dot{\boldsymbol{q}}_t+b_3\ddot{\boldsymbol{q}}_t)$$

②解矩阵方程(4-6-11),求解 $t+\theta\Delta t$ 时刻的位移 $\boldsymbol{q}_{t+\theta\Delta t}$。

③计算 $t+\Delta t$ 时刻的位移、速度和加速度:

$$\ddot{\boldsymbol{q}}_{t+\Delta t}=b_4(\boldsymbol{q}_{t+\theta\Delta t}-\boldsymbol{q}_t)+b_5\dot{\boldsymbol{q}}_t+b_6\ddot{\boldsymbol{q}}_t$$

$$\dot{\boldsymbol{q}}_{t+\Delta t}=\dot{\boldsymbol{q}}_t+b_7(\ddot{\boldsymbol{q}}_{t+\Delta t}+\ddot{\boldsymbol{q}}_t)$$

$$\boldsymbol{q}_{t+\Delta t}=\boldsymbol{q}_t+2b_7\dot{\boldsymbol{q}}_t+b_8(\ddot{\boldsymbol{q}}_{t+\Delta t}+2\ddot{\boldsymbol{q}}_t)$$

以上即每一步长的全部计算过程。许多情形的荷载 $\boldsymbol{Q}(t)$ 只在 $t=0,\Delta t,2\Delta t,\cdots$ 时的值已知,这时可按线性变化的规律计算 $\boldsymbol{Q}_{t+\theta\Delta t}$,即

$$\boldsymbol{Q}_{t+\theta\Delta t}=\boldsymbol{Q}_t+\theta(\boldsymbol{Q}_{t+\Delta t}-\boldsymbol{Q}_t)\tag{4-6-18}$$

逐步积分法的时间步长的选择关系到计算效率、解的精度与稳定性等问题。Δt 取得过大,计算效率提高了,但解的精度与稳定性可能无法满足要求。逐步积分解的稳定性分为有条件稳定和无条件稳定。如果任意给定初始条件,对于任意选取的步长周期比 $\Delta t/T$(T 为系统任一振型对应的固有周期),当时间步长的个数趋于无穷大时,若逐步积分法给出的解是有界的,则称这种算法的解是无条件稳定的;若只是在 $\Delta t/T$ 小于某定值时,算法给出的解才有界,则称这种算法的解为有条件稳定,如图 4-6-3 所示。对于威尔逊-θ 法而言,只要 $\theta>1.37$,一般 θ 取 1.4,其解是无条件稳定的。当 θ 取 1.0,威尔逊-θ 法退化为线性加速度法,此时解是有条件稳定的,条件为 $\Delta t\leqslant T_{\min}/1.8$($T_{\min}$ 为离散后的系统最小固有周期,对应系统最高阶振型)。

逐步积分法的精度同样依赖于时间步长的大小,选取 Δt 时通常考虑三个要素:①动力荷载的变化速率;②非线性阻尼和刚度特性的复杂性;③系统的固有周期 $T_i(i=1,2,\cdots,n)$,此因素联系系统的固有特征。为了可靠反映这些因素,时间步长 Δt 必须足够短。一般来说,系统阻尼和刚度特性的变化不是关键性因素,如果发生一个重大的突然变

化，例如刚架结构形成了塑性铰，这时可引入一个特殊再细分的时间步长 $\Delta t'$ 来较精确考虑塑性铰的影响。另外，估算能恰当描述动力荷载波形的时间步长也不困难。因此，系统固有周期 $T_i(i=1,2,\cdots,n)$ 是选择 Δt 时要考虑的主要因素。

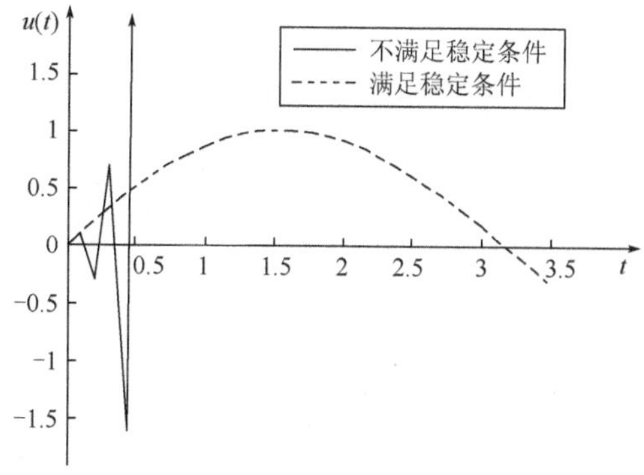

图 4-6-3　解的稳定性示意图

威尔逊-θ 法计算精度与 Δt 和 θ 值大小有关，Δt 和 θ 越大，计算误差（表现为周期延长和振幅衰减，如图 4-6-4 所示）也就越大。这种误差效应是由于算法本身误差累积所致。这种效应可以看作一种强加到实际结构阻尼中的“人工阻尼”或“算法阻尼”所致。计算结果表明，当 $\theta=1.4$，步长与固有周期比值 $\Delta t/T=0.1$ 时，这种附加“人工阻尼”产生的振幅衰减相当于实际阻尼比 $\xi=0.01$ 时产生的振幅衰减，一般不超过实际阻尼的误差范围。但当 $\Delta t/T>0.25$ 时，这种“人工阻尼”将使振动迅速衰减。因此，在多自由度算法分析中，时间步长 Δt 可以取为需要包括的该系统高阶振型（对响应有重要影响的振型，通常不是系统最高阶振型）对应的固有周期的 1/10。若对所得出的解有任何怀疑，则第二次分析时，取上一次时间步长的一半进行计算，如果第二次分析中反应没有明显变化，则可认为分析中的误差是可以忽略的。关于解的稳定性与精度的详细论述可参考文献[29]。

4.6.3　纽马克（Newmark）法

纽马克法采用如下基本假定：在每个时段 Δt 内，系统广义加速度是介于 $\ddot{q}_t$ 和 $\ddot{q}_{t+\Delta t}$ 之间的某一常量，记为 a，如图 4-6-5 所示。根据基本假定有：

$$\ddot{q}_{t+\tau}=\ddot{q}_t+\delta(\ddot{q}_{t+\Delta t}-\ddot{q}_t)=(1-\delta)\ddot{q}_t+\delta\ddot{q}_{t+\Delta t}\quad(0\leqslant\delta\leqslant1)\tag{4-6-19}$$

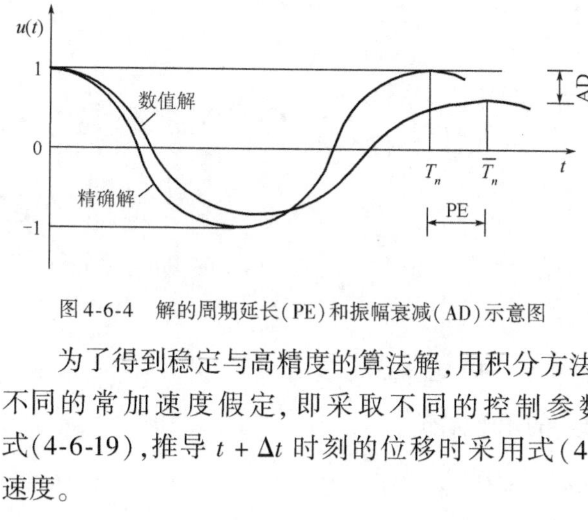

图 4-6-4　解的周期延长（PE）和振幅衰减（AD）示意图

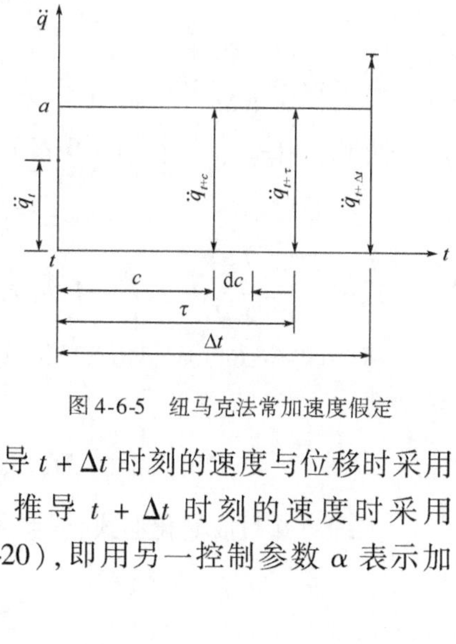

图 4-6-5　纽马克法常加速度假定

为了得到稳定与高精度的算法解，用积分方法推导 $t+\Delta t$ 时刻的速度与位移时采用不同的常加速度假定，即采取不同的控制参数。推导 $t+\Delta t$ 时刻的速度时采用式(4-6-19)，推导 $t+\Delta t$ 时刻的位移时采用式(4-6-20)，即用另一控制参数 α 表示加速度。

$$\ddot{q}_{t+\tau}=(1-2\alpha)\ddot{q}_t+2\alpha\ddot{q}_{t+\Delta t}\quad(0\leqslant\alpha\leqslant 1/2) \tag{4-6-20}$$

通过 t 到 $t+\tau$ 时段上对式(4-6-19)积分，得到 $t+\tau$ 时刻的速度

$$\dot{q}_{t+\tau}=\dot{q}_t+\int_0^\tau \ddot{q}_{t+c}\mathrm{d}c=\dot{q}_t+\int_0^\tau(1-\delta)\ddot{q}_t+\delta\ddot{q}_{t+\Delta t}\mathrm{d}c=\dot{q}_t+(1-\delta)\ddot{q}_t\tau+\delta\ddot{q}_{t+\Delta t}\tau \tag{4-6-21}$$

当 $\tau=\Delta t$ 时，有

$$\dot{q}_{t+\Delta t}=\dot{q}_t+(1-\delta)\Delta t\,\ddot{q}_t+\delta\Delta t\,\ddot{q}_{t+\Delta t} \tag{4-6-22}$$

通过 t 到 $t+\tau$ 时段上对式(4-6-20)积分，得到 $t+\tau$ 时刻的速度

$$\dot{q}_{t+\tau}=\dot{q}_t+\int_0^\tau \ddot{q}_{t+c}\mathrm{d}c=\dot{q}_t+\int_0^\tau(1-2\alpha)\ddot{q}_t+2\alpha\ddot{q}_{t+\Delta t}\mathrm{d}c=\dot{q}_t+(1-2\alpha)\ddot{q}_t\tau+2\alpha\ddot{q}_{t+\Delta t}\tau \tag{4-6-23}$$

通过 t 到 $t+\tau$ 时段上对式(4-6-23)积分，得到 $t+\tau$ 时刻的位移

$$\begin{aligned}q_{t+\tau}&=q_t+\int_0^\tau \dot{q}_{t+c}\mathrm{d}c=q_t+\int_0^\tau \dot{q}_t+(1-2\alpha)\ddot{q}_t c+2\alpha\ddot{q}_{t+\Delta t}c\mathrm{d}c\\&=q_t+\dot{q}_t\tau+\left(\frac{1}{2}-\alpha\right)\tau^2\ddot{q}_t+\alpha\tau^2\ddot{q}_{t+\Delta t}\end{aligned} \tag{4-6-24}$$

当 $\tau=\Delta t$ 时，有

$$q_{t+\Delta t}=q_t+\dot{q}_t\Delta t+\left(\frac{1}{2}-\alpha\right)\Delta t^2\ddot{q}_t+\alpha\Delta t^2\ddot{q}_{t+\Delta t} \tag{4-6-25}$$

由式(4-6-25)解出

$$\ddot{q}_{t+\Delta t}=b_0(q_{t+\Delta t}-q_t)-b_1\dot{q}_t-b_2\ddot{q}_t \tag{4-6-26}$$

式中，$b_0=\dfrac{1}{\alpha\Delta t^2}$；$b_1=\dfrac{1}{\alpha\Delta t}$；$b_2=\dfrac{1}{2\alpha}-1$。

将式(4-6-26)代入式(4-6-22)，得

$$\dot{q}_{t+\Delta t}=b_3(q_{t+\Delta t}-q_t)-b_4\dot{q}_t-b_5\ddot{q}_t \tag{4-6-27}$$

式中，$b_3=\dfrac{\delta}{\alpha\Delta t}$；$b_4=\dfrac{\delta}{\alpha}-1$；$b_5=\dfrac{\Delta t}{2}\left(\dfrac{\delta}{\alpha}-2\right)$。

将式(4-6-26)、式(4-6-27)以多自由度参量的向量形式代入 $t+\Delta t$ 时刻的系统振动矩阵方程

$$\boldsymbol{M}\ddot{\boldsymbol{q}}_{t+\Delta t}+\boldsymbol{C}\dot{\boldsymbol{q}}_{t+\Delta t}+\boldsymbol{K}\boldsymbol{q}_{t+\Delta t}=\boldsymbol{Q}_{t+\Delta t}$$

整理后并写成简化形式，得计算 $\boldsymbol{q}_{t+\Delta t}$ 的矩阵方程

$$\overline{\boldsymbol{K}}\boldsymbol{q}_{t+\Delta t}=\overline{\boldsymbol{Q}}_{t+\Delta t} \tag{4-6-28}$$

式中，

$$\overline{\boldsymbol{K}} = \boldsymbol{K} + b_0\boldsymbol{M} + b_3\boldsymbol{C} \tag{4-6-29}$$

$$\overline{\boldsymbol{Q}}_{t+\Delta t} = \boldsymbol{Q}_{t+\Delta t} + \boldsymbol{M}(b_0\boldsymbol{q}_t + b_1\dot{\boldsymbol{q}}_t + b_2\ddot{\boldsymbol{q}}_t) + \boldsymbol{C}(b_3\boldsymbol{q}_t + b_4\dot{\boldsymbol{q}}_t + b_5\ddot{\boldsymbol{q}}_t) \tag{4-6-30}$$

由式(4-6-28)解出 $\boldsymbol{q}_{t+\Delta t}$，代入式(4-6-26)、式(4-6-27)，求出$\ddot{\boldsymbol{q}}_{t+\Delta t}$及$\dot{\boldsymbol{q}}_{t+\Delta t}$，则系统在 $t+\Delta t$时刻的响应全部求出。

纽马克法计算步骤如下：

(1)计算初始条件(对每一步而言)

①当系统特性不随时间 t 变化时，建立系统的 $\boldsymbol{K}$、$\boldsymbol{C}$、$\boldsymbol{M}$。若 $\boldsymbol{K}$、$\boldsymbol{C}$、$\boldsymbol{M}$ 随 t 变化，则建立系统在每一时段起点的 $\boldsymbol{K}$、$\boldsymbol{C}$、$\boldsymbol{M}$。

②根据系统给定的初始条件 $\boldsymbol{q}_0$，$\dot{\boldsymbol{q}}_0$，由 $\boldsymbol{M}\ddot{\boldsymbol{q}}_0 + \boldsymbol{C}\dot{\boldsymbol{q}}_0 + \boldsymbol{K}\boldsymbol{q}_0 = \boldsymbol{Q}_0$ 算出$\ddot{\boldsymbol{q}}_0$。

③选定时间步长 Δt 和积分控制参数 δ、α(通常取 $\delta = 1/2$，$\alpha = 1/4$)。

④计算下列常数：

$$b_0 = \frac{1}{\alpha\Delta t^2}, b_1 = \frac{1}{\alpha\Delta t}, b_2 = \frac{1}{2\alpha} - 1, b_3 = \frac{\delta}{\alpha\Delta t}, b_4 = \frac{\delta}{\alpha} - 1, b_5 = \frac{\Delta t}{2}\left(\frac{\delta}{\alpha} - 2\right)。$$

⑤形成等效刚度矩阵 $\overline{\boldsymbol{K}} = \boldsymbol{K} + b_0\boldsymbol{M} + b_3\boldsymbol{C}$。

(2)计算每一步长的末尾响应

①计算 $t+\Delta t$ 时刻的等效荷载向量：

$$\overline{\boldsymbol{Q}}_{t+\Delta t} = \boldsymbol{Q}_{t+\Delta t} + \boldsymbol{M}(b_0\boldsymbol{q}_t + b_1\dot{\boldsymbol{q}}_t + b_2\ddot{\boldsymbol{q}}_t) + \boldsymbol{C}(b_3\boldsymbol{q}_t + b_4\dot{\boldsymbol{q}}_t + b_5\ddot{\boldsymbol{q}}_t)$$

②解矩阵方程(4-6-28)，求解 $t+\Delta t$ 时刻的位移 $\boldsymbol{q}_{t+\Delta t}$。

③计算 $t+\Delta t$ 时刻的加速度和速度：

$$\ddot{\boldsymbol{q}}_{t+\Delta t} = b_0(\boldsymbol{q}_{t+\Delta t} - \boldsymbol{q}_t) - b_1\dot{\boldsymbol{q}}_t - b_2\ddot{\boldsymbol{q}}_t$$

$$\dot{\boldsymbol{q}}_{t+\Delta t} = b_3(\boldsymbol{q}_{t+\Delta t} - \boldsymbol{q}_t) - b_4\dot{\boldsymbol{q}}_t - b_5\ddot{\boldsymbol{q}}_t$$

以上即每一步长的全部计算过程。

纽马克法解的稳定性条件为[27]

$$(2\alpha - \delta)\left(\frac{2\pi}{T_{\min}}\right)^2\Delta t^2 + 2 \geqslant 0 \tag{4-6-31}$$

若满足 $2\alpha - \delta \geqslant 0$，则上式必然成立，此时纽马克法算法解无条件稳定。实际应用中取 $2\alpha - \delta = 0$ 的参数组合以形成无条件稳定算法解，如 $\delta = 1/2$，$\alpha = 1/4$。当不满足 $2\alpha - \delta \geqslant 0$ 时，可利用式(4-6-31)算出算法解有条件稳定的步长要求。当 $\delta = 1/2$，$\alpha = 1/6$ 时，纽马克法即变为线性加速度法，此时算法解有条件稳定的步长应满足 $\Delta t \leqslant \sqrt{3}/\pi T_{\min} \approx T_{\min}/1.8$。另外，为了保证感兴趣的高频分量的贡献，纽马克法时间步长 Δt 取为需要包括的该系统高阶振型(对响应有重要影响的振型，通常不是系统最高阶振型)对应的固有周期的1/7，一般可满足精度要求。

思考题与习题

4.1 主振动与振型的概念有何区别？在什么情况下多自由度系统发生某一阶主振动？

4.2 运用振型叠加法作多自由度系统振动响应分析时，通常可取系统前面若干阶振型表示系统的振动位移，试解释其理由。

4.3 振型叠加法用到了叠加原理，在结构动力计算中，什么情况下能用此方法？

4.4 振型叠加法能否用于静力计算？若能，简述计算思路。

4.5 n 个自由度系统有多少个发生共振的可能性？为什么？

4.6 逐步积分法的基本思路和计算步骤是什么？线性系统与非线性系统是否均可用逐步积分法求解动力响应？

4.7 何为逐步积分法解的稳定性，解的稳定性与哪些因素有关？

4.8 试求题4.8图所示两层刚架的固有频率和振型，并验证振型的正交性。设楼面质量分别为 $m_1 = 120\text{t}$ 和 $m_2 = 100\text{t}$，柱的质量已集中于楼面，柱的抗弯刚度均为 $EI = 80\text{MN}\cdot\text{m}^2$，柱的高度均为 $h = 4\text{m}$，横梁刚度为无限大。

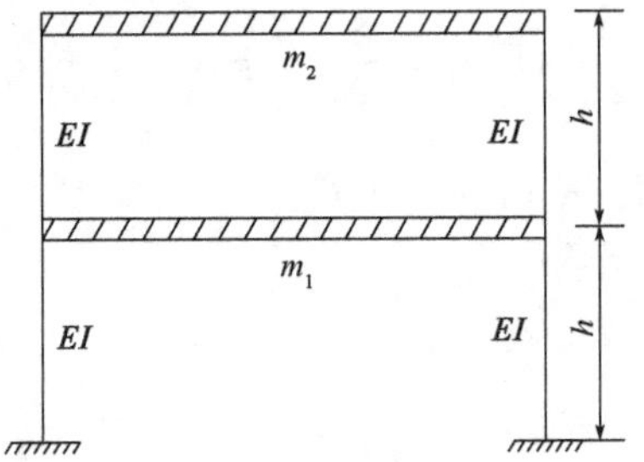

题4.8图

4.9 习题4.8所给系统分别受到两种类型冲击荷载作用：工况1，三角形脉冲荷载 P_0，作用时间为 $2t_1$；工况2，矩形脉冲荷载 P_0，作用时间为 t_1。两类荷载作用的总冲量相等，均水平作用于楼面 m_2 上。用振型叠加法求解其动力响应，并比较两者的最大位移响应。

4.10 在习题2.6的结构参数基础上，采用瑞利阻尼考虑结构的耗能因素，阻尼比 $\xi = 0.01$。基于习题2.6推导的系统运动方程，分别采用振型叠加法与逐步积分法计算以下两种荷载工况下的系统动力响应。工况1，简谐荷载 $P_0\sin\omega t$ 作用于跨中；工况2，集中力 P_0 从梁的左端以速度 v 匀速移动到梁的右端。针对工况1讨论荷载作用频率 ω 对响应的影响，针对工况2分析不同荷载移动速度对响应的影响。

第5章

频率和振型的近似计算

利用振型叠加法求线性系统振动响应的前提是求出系统的固有频率和振型。当系统自由度 $n>3$ 时,手算全部固有频率和振型很困难,必须运用数值方法,编制计算机程序求解。前已指出,一般结构反应主要由前若干阶振型提供,高阶振型贡献不大,可以不予考虑。于是,实践中发展了一些近似计算前若干阶固有频率和振型的实用方法,如瑞利能量法、瑞利-里兹法、矩阵迭代法、子空间迭代法等。运用这些方法,一般需要编制相应的计算机程序,才能计算出结构的固有频率和振型。

5.1 瑞利能量法

瑞利能量法是计算振动系统基频最有效、最简便的方法之一。频率计算式可以根据能量守恒定律或动力平衡方程建立起来。

由第4章论述可知,若选择合适的初始条件,系统只产生某阶主振动,即按某阶固有频率做自由振动。根据能量守恒定律,当保守系统按某阶固有频率做自由振动时,没有能量的输入和损耗,则机械能 E 保持为一恒量,即

$$E=T+V=E_0 \tag{5-1-1}$$

式中,T 为系统按某阶固有频率作自由振动在某一时刻的动能;V 为对应时刻的势能;E_0 为常数。

当振动系统位移幅值达到最大值时,动能为零,而势能达到最大值 V_{max};当系统经过静力平衡位置的瞬时,动能达到最大值 T_{max},而势能为零。根据能量守恒定律,这两个特定时刻的能量存在如下关系:

$$T_{max}=V_{max} \tag{5-1-2}$$

利用这一等式可得到确定频率的方程,具体的过程如下。

不计阻尼的 n 个自由度系统(即系统没有能量耗散,能量保持为常量)自由振动方程为

$$M\ddot{q}+Kq=0 \tag{5-1-3}$$

设系统第 i 阶主振动响应为

$$q_i=c_iA_i\sin(\omega_it+\theta_i) \tag{5-1-4}$$

系统自由微振动的动能为 $T=\frac{1}{2}\dot{q}_i^{\mathrm{T}}M\dot{q}_i=\frac{1}{2}c_i^2A_i^{\mathrm{T}}MA_i\omega_i^2\cos^2(\omega_it+\theta_i)$。当 $\cos^2(\omega_it+\theta_i)=1$ 时，$T_{\max}=\frac{1}{2}c_i^2A_i^{\mathrm{T}}MA_i\omega_i^2$，系统自由微振动势能为 $V=\frac{1}{2}q_i^{\mathrm{T}}Kq_i=\frac{1}{2}c_i^2A_i^{\mathrm{T}}KA_i\sin^2(\omega_it+\theta_i)$，故最大势能为 $V_{\max}=\frac{1}{2}c_i^2A_i^{\mathrm{T}}KA_i$。

将 $T_{\max}$ 与 $V_{\max}$ 代入式(5-1-2)，可得

$$\omega_i^2=\frac{A_i^{\mathrm{T}}KA_i}{A_i^{\mathrm{T}}MA_i}\equiv R(A_i) \tag{5-1-5}$$

式(5-1-5)即为瑞利能量法的频率计算式，其中 $R(A_i)$ 称为瑞利商。此外，也可以直接从动力平衡方程推导出式(5-1-5)，具体如下：

将系统第 i 阶主振动响应 $q_i=c_iA_i\sin(\omega_it+\theta_i)$ 代入式(5-1-3)，得

$$KA_i=\omega_i^2MA_i$$

以 A_i^{T} 左乘上式，得

$$A_i^{\mathrm{T}}KA_i=\omega_i^2A_i^{\mathrm{T}}MA_i \tag{5-1-6}$$

整理同样可得到式(5-1-5)。

瑞利商具有以下特性[3]：①当 A_i 是某阶准确振型时，瑞利商等于 ω_i^2 的精确值；②当 A_i 是某阶近似振型时，瑞利商是对应 ω_i^2 精确值的近似，瑞利商在精确值的邻域内取驻值；③瑞利商在最小值 ω_1^2 和最大值 ω_n^2 之间是有界的（ω_1^2 与 ω_n^2 分别对应系统最低阶与最高阶频率）。

由式(5-1-5)求 ω_i^2 必须先假设近似振型 A_i。基本振型 A_1 可较方便地假设出来，高阶振型很难假设。因此，按瑞利能量法一般只能估算基频 ω_1，计算精度完全依赖于所假设的近似振型 A_1。假设近似振型 A_1 时，若几何边界条件和力边界条件都满足，便可得到比较好的频率近似值，但至少要满足几何边界条件，否则会使计算结果误差较大。根据上述特性③，用真实基本振型所得的基频是用瑞利能量法所求频率下限。因此，对用这个方法所求得的近似结果加以选择时，频率最低的一个总是最好的近似值。

系统自由振动位移是由惯性力引起的，而惯性力与系统质量成正比，故由此推知，系统基本振型与其在自重作用下的变形曲线相近（若考虑水平振动，则重力沿水平方向作用）。因此，一般采用系统自重挠曲线为假设的基本振型，可得到较准确的 ω_1 估值。

[例 5-1-1] 图 5-1-1 表示三个圆盘连于一根转动轴上，各圆盘的转动惯量均为 J，各轴段的扭转刚度均为 k，轴本身的质量略去不计。估算此系统基频。

解：根据第 2 章的原理与方法可推得，系统的质量矩阵 $M=J\begin{bmatrix}1&0&0\\0&1&0\\0&0&1\end{bmatrix}$，刚度矩阵

$\boldsymbol{K}=k\begin{bmatrix}2 & -1 & 0\\ -1 & 2 & -1\\ 0 & -1 & 1\end{bmatrix}$,假设基本振型为 $\boldsymbol{A}_1=\{1 \quad 1 \quad 1\}^{\mathrm{T}}$。

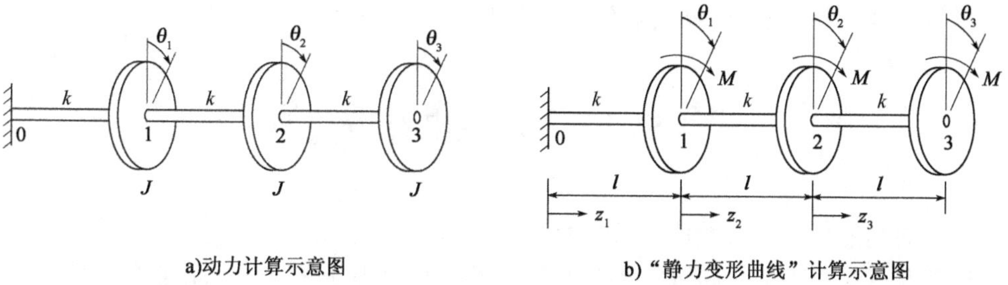

图 5-1-1 转轴振动系统示意图

得到 $\boldsymbol{A}_1^{\mathrm{T}}\boldsymbol{M}\boldsymbol{A}_1=3J$,$\boldsymbol{A}_1^{\mathrm{T}}\boldsymbol{K}\boldsymbol{A}_1=k$,由式(5-1-5),得 $\omega_1^2=0.333k/J$。

若取“静力变形曲线”(计算附后)为假设振型,即取 $\boldsymbol{A}_1=\{3 \quad 5 \quad 6\}^{\mathrm{T}}$。于是,$\boldsymbol{A}_1^{\mathrm{T}}\boldsymbol{M}\boldsymbol{A}_1=70J$,$\boldsymbol{A}_1^{\mathrm{T}}\boldsymbol{K}\boldsymbol{A}_1=14k$,则由式(5-1-5),得 $\omega_1^2=0.200k/J$。

该系统的基频准确值为 $\omega_1=\sqrt{0.1981k/J}$,可见计算结果与本节分析结论一致。

附:“静力变形曲线”计算

设每个圆盘作用一个轴向的扭矩 M,转动轴的转角为 θ,系统的扭转微分方程为:

$$\frac{\mathrm{d}\theta}{\mathrm{d}z}=\frac{M_{\mathrm{T}}}{k}$$

0-1 段:

$\theta'=\dfrac{3M}{k}$,得 $\theta=\dfrac{3Mz_1}{k}+C_1$。

由边界条件:$z_1=0$,$\theta_0=0$,得 $C_1=0$,$\theta=\dfrac{3Mz_1}{k}$。

故当 $z_1=l$ 时,$\theta=\theta_1=\dfrac{3Ml}{k}$。

1-2 段:

$\theta'=\dfrac{2M}{k}$,得 $\theta=\dfrac{2Mz_2}{k}+C_2$。

由边界条件:$z_2=0$,$\theta=\theta_1=\dfrac{3Ml}{k}$,得 $C_2=\dfrac{3Ml}{k}$,$\theta=\dfrac{2Mz_2}{k}+\dfrac{3Ml}{k}$。

故当 $z_2=l$ 时,$\theta=\theta_2=\dfrac{5Ml}{k}$。

2-3 段:

$\theta'=\dfrac{M}{k}$,得 $\theta=\dfrac{Mz_3}{k}+C_3$。

由边界条件：$z_3=0,\theta=\theta_2=\frac{5Ml}{k}$，得 $C_3=\frac{5Ml}{k},\theta=\frac{Mz_3}{k}+\frac{5Ml}{k}$。

故当 $z_3=l$ 时，$\theta=\theta_3=\frac{6Ml}{k}$。

根据全轴“静力变形曲线”，取假设基本振型为：$\boldsymbol{A}_1=\{3\quad 5\quad 6\}^{\mathrm{T}}$。

5.2 瑞利-里兹法

尽管瑞利能量法能有效估算系统的基本频率，但不能估算较高阶频率。实际分析中，往往还需要基频以外的较高阶频率与振型。里兹利用变分原理解决此问题如下：

基于瑞利商，即式(5-1-5)，若能选取系统前 s 阶精确振型 $\boldsymbol{A}_i(i=1,2,\cdots,s)$，则由式(5-1-5)可得出系统前 s 阶精确频率 $\omega_i(i=1,2,\cdots,s)$。由于 $\boldsymbol{A}_i$ 为未知，不能直接按式(5-1-5)求解较高阶频率，必须设法找出振型 $\boldsymbol{A}_i(i=1,2,\cdots,s)$ 的近似式。

设 $\boldsymbol{\psi}_j(j=1,2,\cdots,s)$ 为满足系统几何边界条件并且相互独立的假设振型(亦称假设模态)，系统第 i 阶振型 $\boldsymbol{A}_i$ 可近似表示为

$$\boldsymbol{A}_i=\sum_{j=1}^{s}a_{ji}\boldsymbol{\psi}_j=\boldsymbol{\psi}\boldsymbol{a}_i\quad(i=1,2,\cdots,s)\tag{5-2-1}$$

式中，a_{ji} 为待定系数。

$$\boldsymbol{\psi}=[\boldsymbol{\psi}_1\quad\boldsymbol{\psi}_2\quad\cdots\quad\boldsymbol{\psi}_s]\tag{5-2-2}$$

$$\boldsymbol{a}_i=\{a_{1i}\quad a_{2i}\quad\cdots\quad a_{si}\}^{\mathrm{T}}\tag{5-2-3}$$

将式(5-2-1)代入式(5-1-5)，得

$$R(\boldsymbol{A}_i)=\frac{\boldsymbol{A}_i^{\mathrm{T}}\boldsymbol{K}\boldsymbol{A}_i}{\boldsymbol{A}_i^{\mathrm{T}}\boldsymbol{M}\boldsymbol{A}_i}=\frac{\boldsymbol{a}_i^{\mathrm{T}}\boldsymbol{\psi}^{\mathrm{T}}\boldsymbol{K}\boldsymbol{\psi}\boldsymbol{a}_i}{\boldsymbol{a}_i^{\mathrm{T}}\boldsymbol{\psi}^{\mathrm{T}}\boldsymbol{M}\boldsymbol{\psi}\boldsymbol{a}_i}\equiv\frac{V(\boldsymbol{a}_i)}{T(\boldsymbol{a}_i)}\tag{5-2-4}$$

式中，$V(\boldsymbol{a}_i)=\boldsymbol{a}_i^{\mathrm{T}}\boldsymbol{\psi}^{\mathrm{T}}\boldsymbol{K}\boldsymbol{\psi}\boldsymbol{a}_i$；$T(\boldsymbol{a}_i)=\boldsymbol{a}_i^{\mathrm{T}}\boldsymbol{\psi}^{\mathrm{T}}\boldsymbol{M}\boldsymbol{\psi}\boldsymbol{a}_i$。

这样 $R(\boldsymbol{A}_i)$ 可视为 $a_{ji}(j=1,2,\cdots,s)$ 的函数，记为 $R(\boldsymbol{a}_i)$。式(5-2-1)表示的振型只是真实振型的近似逼近，要使求得的 ω_i 接近于精确值，只有变动 $a_{ji}(j=1,2,\cdots,s)$，使得 $R(\boldsymbol{a}_i)$ 达到驻值。$R(\boldsymbol{a}_i)$ 取驻值的条件为

$$\frac{\partial R(\boldsymbol{a}_i)}{\partial a_{ji}}=0\quad(j=1,2,\cdots,s)$$

即

$$\frac{\partial R(\boldsymbol{a}_i)}{\partial a_{ji}}=\frac{\partial}{\partial a_{ji}}\left[\frac{V(\boldsymbol{a}_i)}{T(\boldsymbol{a}_i)}\right]=\frac{1}{T^2(\boldsymbol{a}_i)}\left[T(\boldsymbol{a}_i)\frac{\partial V(\boldsymbol{a}_i)}{\partial a_{ji}}-V(\boldsymbol{a}_i)\frac{\partial T(\boldsymbol{a}_i)}{\partial a_{ji}}\right]=0$$

得

$$\frac{\partial V(\boldsymbol{a}_i)}{\partial a_{ji}}-\omega_i^2\frac{\partial T(\boldsymbol{a}_i)}{\partial a_{ji}}=0\quad(j=1,2,\cdots,s)\tag{5-2-5}$$

而

$$\frac{\partial V(\boldsymbol{a}_i)}{\partial a_{ji}}=\frac{\partial}{\partial a_{ji}}(\boldsymbol{a}_i^{\mathrm{T}}\boldsymbol{\psi}^{\mathrm{T}}\boldsymbol{K}\boldsymbol{\psi}\boldsymbol{a}_i)=\left[\frac{\partial \boldsymbol{a}_i^{\mathrm{T}}}{\partial a_{ji}}\right]\boldsymbol{\psi}^{\mathrm{T}}\boldsymbol{K}\boldsymbol{\psi}\boldsymbol{a}_i+\boldsymbol{a}_i^{\mathrm{T}}\boldsymbol{\psi}^{\mathrm{T}}\boldsymbol{K}\boldsymbol{\psi}\left[\frac{\partial \boldsymbol{a}_i}{\partial a_{ji}}\right]$$

$$=2\left[\frac{\partial \boldsymbol{a}_i^{\mathrm{T}}}{\partial a_{ji}}\right]\boldsymbol{\psi}^{\mathrm{T}}\boldsymbol{K}\boldsymbol{\psi}\boldsymbol{a}_i=2\boldsymbol{\psi}_j^{\mathrm{T}}\boldsymbol{K}\boldsymbol{\psi}\boldsymbol{a}_i \tag{5-2-6}$$

式中，$\boldsymbol{\psi}_j^{\mathrm{T}}=\left[\frac{\partial \boldsymbol{a}_i^{\mathrm{T}}}{\partial a_{ji}}\right]\boldsymbol{\psi}^{\mathrm{T}}$。

类似地有

$$\frac{\partial T(\boldsymbol{a}_i)}{\partial a_{ji}}=2\boldsymbol{\psi}_j^{\mathrm{T}}\boldsymbol{M}\boldsymbol{\psi}\boldsymbol{a}_i \tag{5-2-7}$$

于是，式(5-2-5)为

$$\boldsymbol{\psi}_j^{\mathrm{T}}\boldsymbol{K}\boldsymbol{\psi}\boldsymbol{a}_i-\omega_i^2\boldsymbol{\psi}_j^{\mathrm{T}}\boldsymbol{M}\boldsymbol{\psi}\boldsymbol{a}_i=0\quad(j=1,2,\cdots,s)$$

将上式的 s 个方程合并成矩阵式

$$\boldsymbol{\psi}^{\mathrm{T}}\boldsymbol{K}\boldsymbol{\psi}\boldsymbol{a}_i-\omega_i^2\boldsymbol{\psi}^{\mathrm{T}}\boldsymbol{M}\boldsymbol{\psi}\boldsymbol{a}_i=\boldsymbol{0} \tag{5-2-8}$$

简写为

$$(\boldsymbol{K}^*-\omega_i^2\boldsymbol{M}^*)\boldsymbol{a}_i=\boldsymbol{0} \tag{5-2-9}$$

式中，$\boldsymbol{K}^*=\boldsymbol{\psi}^{\mathrm{T}}\boldsymbol{K}\boldsymbol{\psi}$，$\boldsymbol{M}^*=\boldsymbol{\psi}^{\mathrm{T}}\boldsymbol{M}\boldsymbol{\psi}$ 分别称为广义刚度矩阵与广义质量矩阵，它们都是 $s\times s$ 阶的对称矩阵。

至此，问题归结为求式(5-2-9)表征的特征值问题。由 $|\boldsymbol{K}^*-\omega_i^2\boldsymbol{M}^*|=0$，求出系统前 s 阶频率平方的近似值 $\omega_1^2,\omega_2^2,\cdots,\omega_s^2$。将其分别代入式(5-2-9)，可求出 s 个特征向量 $\boldsymbol{a}_1,\boldsymbol{a}_2,\cdots,\boldsymbol{a}_s$。再将 $\boldsymbol{a}_1,\boldsymbol{a}_2,\cdots,\boldsymbol{a}_s$ 分别代入式(5-2-1)，得到系统前 s 阶近似振型。

采用瑞利-里兹法所确定的近似振型 $\boldsymbol{A}_i$ 关于 $\boldsymbol{K}$ 与 $\boldsymbol{M}$ 满足正交条件。因为子空间法要用到此结论，故作如下证明。

由式(5-2-9)所确定的 $\boldsymbol{a}_i$ 必须满足下列正交性条件：

$$\boldsymbol{a}_i^{\mathrm{T}}\boldsymbol{K}^*\boldsymbol{a}_j=0,\boldsymbol{a}_i^{\mathrm{T}}\boldsymbol{M}^*\boldsymbol{a}_j=0\quad(i\neq j)$$

将式 $\boldsymbol{K}^*=\boldsymbol{\psi}^{\mathrm{T}}\boldsymbol{K}\boldsymbol{\psi}$，$\boldsymbol{M}^*=\boldsymbol{\psi}^{\mathrm{T}}\boldsymbol{M}\boldsymbol{\psi}$ 代入以上二式得：

$$\boldsymbol{a}_i^{\mathrm{T}}\boldsymbol{\psi}^{\mathrm{T}}\boldsymbol{K}\boldsymbol{\psi}\boldsymbol{a}_j=0,\boldsymbol{a}_i^{\mathrm{T}}\boldsymbol{\psi}^{\mathrm{T}}\boldsymbol{M}\boldsymbol{\psi}\boldsymbol{a}_j=0\quad(i\neq j)$$

将式(5-2-1)及其转置代入上面两式得：

$$\boldsymbol{A}_i^{\mathrm{T}}\boldsymbol{K}\boldsymbol{A}_j=0,\boldsymbol{A}_i^{\mathrm{T}}\boldsymbol{M}\boldsymbol{A}_j=0\quad(i\neq j)$$

这就是 $\boldsymbol{A}_i(i=1,2,\cdots,s)$ 所满足的正交关系式。

瑞利-里兹法虽然仍归结为求解特征值问题，但其阶数比 4.1 节求解的特征值问题的阶数(n 阶)低得多，该方法实质上起到了自由度缩减的作用，因而较易于求解前几阶固有频率和振型，这是其主要优点。但其计算准确度仍依赖于假设振型的近似程度(不过，其对振型近似性的要求比瑞利能量法的要求低)。通常,该方法计算出的高阶特征值的精度低于低阶特征值。因此,为了得到 k 阶高精度的振型与频率,一般应取 $2k$ 阶假设振型向量。

[**例 5-2-1**] 求图 5-1-1 所示系统的前二阶固有频率和振型。

解:由例 5-1-1 可知,此系统质量矩阵、刚度矩阵如下:

$$\boldsymbol{M}=J\begin{bmatrix}1&0&0\\0&1&0\\0&0&1\end{bmatrix},\boldsymbol{K}=k\begin{bmatrix}2&-1&0\\-1&2&-1\\0&-1&1\end{bmatrix}$$

取 $\boldsymbol{\psi}_1=\{1\quad 2\quad 3\}^{\mathrm{T}},\boldsymbol{\psi}_2=\{1\quad 0\quad -1\}^{\mathrm{T}}$,则

$\boldsymbol{A}_i=\sum\limits_{j=1}^{2}a_{ji}\boldsymbol{\psi}_j=[\boldsymbol{\psi}_1\quad \boldsymbol{\psi}_2]\begin{Bmatrix}a_{1i}\\a_{2i}\end{Bmatrix}=\boldsymbol{\psi}\boldsymbol{a}_i$,由此求得

$$\boldsymbol{M}^*=\boldsymbol{\psi}^{\mathrm{T}}\boldsymbol{M}\boldsymbol{\psi}=J\begin{bmatrix}14&-2\\-2&2\end{bmatrix}$$

$$\boldsymbol{K}^*=\boldsymbol{\psi}^{\mathrm{T}}\boldsymbol{K}\boldsymbol{\psi}=k\begin{bmatrix}3&-1\\-1&3\end{bmatrix}$$

由 $(\boldsymbol{K}^*-\omega_i^2\boldsymbol{M}^*)\boldsymbol{a}_i=\boldsymbol{0}$,得

$$\begin{bmatrix}3k-14\omega_i^2J&-k+2\omega_i^2J\\-k+2\omega_i^2J&3k-2\omega_i^2J\end{bmatrix}\begin{Bmatrix}a_{1i}\\a_{2i}\end{Bmatrix}=\begin{Bmatrix}0\\0\end{Bmatrix}\tag{5-2-10}$$

由 $\begin{vmatrix}3k-14\omega_i^2J&-k+2\omega_i^2J\\-k+2\omega_i^2J&3k-2\omega_i^2J\end{vmatrix}=0$,解得 $\omega_1=\sqrt{0.2047\dfrac{k}{J}},\omega_2=\sqrt{1.6287\dfrac{k}{J}}$。

代回式(5-2-10),得 $\boldsymbol{a}_1=\begin{Bmatrix}4.386\\1\end{Bmatrix},\boldsymbol{a}_2=\begin{Bmatrix}0.114\\1\end{Bmatrix}$。

代入式(5-2-1),得 $\boldsymbol{A}_1=\{1.000\quad 1.629\quad 2.257\}^{\mathrm{T}},\boldsymbol{A}_2=\{1.000\quad 0.205\quad -0.591\}^{\mathrm{T}}$。

该系统前两阶固有频率准确解为 $\omega_1=\sqrt{0.1981k/J},\omega_2=\sqrt{1.555k/J}$,对应的准确振型分别为 $\boldsymbol{A}_1=\{1.000\quad 1.802\quad 2.247\}^{\mathrm{T}}$ 与 $\boldsymbol{A}_2=\{1.000\quad 0.445\quad -0.802\}^{\mathrm{T}}$,两阶频率近似解相对误差分别为 1.65% 与 2.34%。一般来说,后面阶次的频率与振型计算精度比前面阶次要低一些。

5.3 矩阵迭代法

瑞利-里兹法的计算准确度与假设振型的近似程度有关,对假设振型的要求较高,困

难在于选择合适的假设振型。矩阵迭代法可克服此困难,可粗略假设振型,而且便于编成程序进行电算。

5.3.1 迭代法求系统最低频率与振型

根据4.1.1节分析可知,求解系统第 i 阶固有频率与振型的特征方程可写为:

$$(\boldsymbol{K}-\lambda_i\boldsymbol{M})\boldsymbol{A}_i=0$$

上式可变换为:

$$\boldsymbol{K}^{-1}\boldsymbol{M}\boldsymbol{A}_i=\frac{1}{\lambda_i}\boldsymbol{A}_i$$

令 $\boldsymbol{D}=\boldsymbol{K}^{-1}\boldsymbol{M}=\boldsymbol{R}\boldsymbol{M}$,称为动力矩阵,$\overline{\lambda}_i=1/\lambda_i=1/\omega_i^2$,$\boldsymbol{R}$ 为柔度矩阵。用动力矩阵表示的特征方程为:

$$\boldsymbol{D}\boldsymbol{A}_i=\overline{\lambda}_i\boldsymbol{A}_i \tag{5-3-1}$$

为掌握此方法,首先了解迭代步骤,再阐述其原理,并举例说明。迭代步骤如下。

(1)选取一个基准化(即某个分量取为基准值1)的假设第一阶振型 $\boldsymbol{u}_0$,一般可粗略取为$\{1\quad 1\quad 1\quad \cdots\quad 1\}^{\mathrm{T}}$。

(2)用系统动力矩阵 $\boldsymbol{D}$ 前乘 $\boldsymbol{u}_0$,再对所得到的振型向量 $\boldsymbol{D}\boldsymbol{u}_0$ 基准化,得:

$$\boldsymbol{D}\boldsymbol{u}_0=a_1\boldsymbol{u}_1$$

式中,$\boldsymbol{u}_1$ 为经过基准化的振型第一次近似;a_1 为振型第一次基准化因子。

(3)又以矩阵 $\boldsymbol{D}$ 前乘 $\boldsymbol{u}_1$,再对 $\boldsymbol{D}\boldsymbol{u}_1$ 基准化,得到:

$$\boldsymbol{D}\boldsymbol{u}_1=a_2\boldsymbol{u}_2$$

式中,$\boldsymbol{u}_2$ 为经过基准化的振型第二次近似;a_2 为振型第二次基准化因子。

(4)若$|\boldsymbol{u}_2-\boldsymbol{u}_1|\geqslant\varepsilon|\boldsymbol{u}_1|$($\varepsilon$ 表示振型相对误差容许限值,可近似选取,$|\cdot|$表示向量的欧几里得范数),则重复上述步骤。直到 $\boldsymbol{D}\boldsymbol{u}_{k-1}=a_k\boldsymbol{u}_k$ 中的$|\boldsymbol{u}_k-\boldsymbol{u}_{k-1}|<\varepsilon|\boldsymbol{u}_{k-1}|$时,停止迭代。此时 a_k 收敛于系统的第一个特征值 $\overline{\lambda}_1=1/\omega_1^2$,与之相应的特征向量 $\boldsymbol{u}_k$ 收敛于系统的基本振型 $\boldsymbol{A}_1$,证明如下。

n 个自由度系统任意的假设振型 $\boldsymbol{u}_0$ 可表述为系统各振型的线性组合,即

$$\boldsymbol{u}_0=\sum_{i=1}^{n}C_i\boldsymbol{A}_i \tag{5-3-2}$$

式中,$\boldsymbol{A}_i$ 为系统第 i 阶振型;C_i 为振型参与系数。

设系统所有特征值 $\overline{\lambda}_i(i=1,2,\cdots,n)$各不相等,并按大小排列为 $\overline{\lambda}_1>\overline{\lambda}_2>\cdots>\overline{\lambda}_n$。

第1次迭代后,有 $\boldsymbol{D}\boldsymbol{u}_0=\sum\limits_{i=1}^{n}C_i\overline{\lambda}_i\boldsymbol{A}_i=a_1\boldsymbol{u}_1$,故 $\boldsymbol{u}_1=\dfrac{1}{a_1}\sum\limits_{i=1}^{n}C_i\overline{\lambda}_i\boldsymbol{A}_i$。

第2次迭代后,有 $\boldsymbol{D}\boldsymbol{u}_1=\dfrac{1}{a_1}\sum\limits_{i=1}^{n}C_i\overline{\lambda}_i^2\boldsymbol{A}_i=a_2\boldsymbol{u}_2$,故 $\boldsymbol{u}_2=\dfrac{1}{a_1a_2}\sum\limits_{i=1}^{n}C_i\overline{\lambda}_i^2\boldsymbol{A}_i$。

继续往下迭代,第 k 次迭代的结果为

$$\boldsymbol{u}_k = \frac{1}{a_1 a_2 \cdots a_k} \sum_{i=1}^{n} C_i \overline{\lambda}_i^k \boldsymbol{A}_i \tag{5-3-3}$$

式(5-3-3)表明：随着迭代次数的增加，对应于 $\overline{\lambda}_1^k$ 的项越来越成为主要项(因 $\overline{\lambda}_1$ 最大)，因此 $\boldsymbol{u}_k$ 将越来越接近最大特征值 $\overline{\lambda}_1$ 所对应的第一阶振型，即

$$\boldsymbol{u}_k \approx \frac{1}{a_1 a_2 \cdots a_k} C_1 \overline{\lambda}_1^k \boldsymbol{A}_1$$

当 k 足够大时，在计算所确定的精度内可近似认为 $\boldsymbol{u}_{k-1} = \boldsymbol{u}_k$，即

$$\frac{1}{a_1 a_2 \cdots a_{k-1}} C_1 \overline{\lambda}_1^{k-1} \boldsymbol{A}_1 = \frac{1}{a_1 a_2 \cdots a_k} C_1 \overline{\lambda}_1^k \boldsymbol{A}_1 \tag{5-3-4}$$

由式(5-3-4)得 $\overline{\lambda}_1 = a_k$。迭代通式(5-3-3)也可写成

$$\boldsymbol{u}_k = \frac{1}{a_1 a_2 \cdots a_k} C_1 \overline{\lambda}_1^k \left(\boldsymbol{A}_1 + \sum_{i=2}^{n} \frac{C_i \overline{\lambda}_i^k}{C_1 \overline{\lambda}_1^k} \boldsymbol{A}_i \right) \tag{5-3-5}$$

显然，$\boldsymbol{u}_k$ 收敛于第一阶振型，收敛速度取决于$(\overline{\lambda}_i/\overline{\lambda}_1)^k \to 0$ 的速度，关于加速迭代收敛的方法可参考文献[30]。

[例 5-3-1] 用矩阵迭代法求例 5-1-1 系统的基本频率及基本振型。

解：系统柔度矩阵 $\boldsymbol{R} = \boldsymbol{K}^{-1} = \frac{1}{k}\begin{bmatrix} 1 & 1 & 1 \\ 1 & 2 & 2 \\ 1 & 2 & 3 \end{bmatrix}$，质量矩阵 $\boldsymbol{M} = J\begin{bmatrix} 1 & 0 & 0 \\ 0 & 1 & 0 \\ 0 & 0 & 1 \end{bmatrix}$，故

$$\boldsymbol{D} = \boldsymbol{RM} = \frac{J}{k}\begin{bmatrix} 1 & 1 & 1 \\ 1 & 2 & 2 \\ 1 & 2 & 3 \end{bmatrix}$$

假设基本振型 $\boldsymbol{u}_0 = \{1 \quad 1 \quad 1\}^{\mathrm{T}}$，进行迭代如下：

(1) $\boldsymbol{Du}_0 = \frac{J}{k}\begin{bmatrix} 1 & 1 & 1 \\ 1 & 2 & 2 \\ 1 & 2 & 3 \end{bmatrix}\begin{Bmatrix} 1 \\ 1 \\ 1 \end{Bmatrix} = \frac{J}{k}\begin{Bmatrix} 3 \\ 5 \\ 6 \end{Bmatrix} = \frac{3J}{k}\begin{Bmatrix} 1.0000 \\ 1.6667 \\ 2.0000 \end{Bmatrix}$，得 $a_1 = \frac{3J}{k}$，$\boldsymbol{u}_1 = \begin{Bmatrix} 1.0000 \\ 1.6667 \\ 2.0000 \end{Bmatrix}$。

(2) $\boldsymbol{Du}_1 = \frac{4.6667J}{k}\begin{Bmatrix} 1.0000 \\ 1.7857 \\ 2.2143 \end{Bmatrix}$，得 $a_2 = \frac{4.6667J}{k}$，$\boldsymbol{u}_2 = \begin{Bmatrix} 1.0000 \\ 1.7857 \\ 2.2143 \end{Bmatrix}$。

$$(3)\boldsymbol{Du}_2=\frac{5.0000J}{k}\begin{Bmatrix}1.0000\\1.8000\\2.2429\end{Bmatrix},得\ a_3=5.0000\ \frac{J}{k},\boldsymbol{u}_3=\begin{Bmatrix}1.0000\\1.8000\\2.2429\end{Bmatrix}。$$

$$(4)\boldsymbol{Du}_3=5.0429\ \frac{J}{k}\begin{Bmatrix}1.0000\\1.8017\\2.2465\end{Bmatrix},得\ a_4=5.0429\ \frac{J}{k},\boldsymbol{u}_4=\begin{Bmatrix}1.0000\\1.8017\\2.2465\end{Bmatrix}。$$

$$(5)\boldsymbol{Du}_4=5.0667\ \frac{J}{k}\begin{Bmatrix}1.0000\\1.8026\\2.2387\end{Bmatrix},得\ a_5=5.0667\ \frac{J}{k},\boldsymbol{u}_5=\begin{Bmatrix}1.0000\\1.8026\\2.2387\end{Bmatrix}。$$

$$(6)\boldsymbol{Du}_5=5.0413\ \frac{J}{k}\begin{Bmatrix}1.0000\\1.8010\\2.2457\end{Bmatrix},得\ a_6=5.0413\ \frac{J}{k},\boldsymbol{u}_6=\begin{Bmatrix}1.0000\\1.8010\\2.2457\end{Bmatrix}。$$

$$(7)\boldsymbol{Du}_6=5.0467\ \frac{J}{k}\begin{Bmatrix}1.0000\\1.8019\\2.2468\end{Bmatrix},得\ a_7=5.0467\ \frac{J}{k},\boldsymbol{u}_7=\begin{Bmatrix}1.0000\\1.8019\\2.2468\end{Bmatrix}。$$

此时 $\boldsymbol{u}_6\approx\boldsymbol{u}_7$，故 $\overline{\lambda}_1=5.0467J/k$，得 $\omega_1^2=0.1981k/J$，对应的基本振型

$$\boldsymbol{A}_1=\{1.0000\quad 1.8019\quad 2.2468\}^{\mathrm{T}}$$

本系统的基频准确值为 $\omega_1=\sqrt{0.198k/J}$，可见计算结果与本节分析结论一致。本例并未用到容许限值 ε，而是根据经验判断迭代的收敛性。如果用计算机程序进行迭代计算，必须引入合适的容许限值 ε。

5.3.2 高阶频率与振型的迭代计算

由式(5-3-3)可知，当假设振型 $\boldsymbol{u}_0$ 的线性组合式(5-3-2)中包含第1，2，…，n 各阶振型成分时，$\boldsymbol{u}_k$ 将收敛到第一阶振型。若 $\boldsymbol{u}_0$ 中不包含第一阶振型 $\boldsymbol{A}_1$ 的分量，即若 $C_1=0$ 时，则 $\boldsymbol{u}_k$ 收敛于第二阶振型。依此类推，若 $\boldsymbol{u}_0$ 中不包含前 r 阶振型分量，则 $\boldsymbol{u}_k$ 收敛于第 $r+1$ 阶振型。故用迭代法求系统第 $r+1$ 阶振型和频率时，要设法从 $\boldsymbol{u}_0$ 中清除前 r 阶振型分量，具体方法如下：

按照式(5-3-2)，系统任一假设振型 $\boldsymbol{u}_0$ 可表示为

$$\boldsymbol{u}_0=\sum_{i=1}^{n}C_i\boldsymbol{A}_i \tag{5-3-6}$$

以 $\boldsymbol{A}_i^{\mathrm{T}}\boldsymbol{M}$ 前乘式(5-3-6),考虑 $\boldsymbol{A}_i$ 关于 $\boldsymbol{M}$ 矩阵的正交性,得

$$\boldsymbol{A}_i^{\mathrm{T}}\boldsymbol{M}\boldsymbol{u}_0 = C_i\boldsymbol{A}_i^{\mathrm{T}}\boldsymbol{M}\boldsymbol{A}_i = C_iM_i \quad (i=1,2,\cdots,n)$$

式中,$M_i = \boldsymbol{A}_i^{\mathrm{T}}\boldsymbol{M}\boldsymbol{A}_i$ 为系统的第 i 阶广义质量。故有

$$C_i = \frac{\boldsymbol{A}_i^{\mathrm{T}}\boldsymbol{M}\boldsymbol{u}_0}{M_i} \tag{5-3-7}$$

于是从式(5-3-6)中清除前 r 阶振型分量,即自式(5-3-6)减去 $\sum_{i=1}^{r}\boldsymbol{A}_iC_i = \sum_{i=1}^{r}\frac{\boldsymbol{A}_i\boldsymbol{A}_i^{\mathrm{T}}\boldsymbol{M}\boldsymbol{u}_0}{M_i}$,就可按矩阵迭代法求系统第 $r+1$ 阶振型与频率。此时所采取的假设振型应为

$$\boldsymbol{u}_0 - \sum_{i=1}^{r}\boldsymbol{A}_iC_i = \boldsymbol{u}_0 - \sum_{i=1}^{r}\boldsymbol{A}_i\frac{\boldsymbol{A}_i^{\mathrm{T}}\boldsymbol{M}\boldsymbol{u}_0}{M_i} = \left(\boldsymbol{I} - \sum_{i=1}^{r}\frac{\boldsymbol{A}_i\boldsymbol{A}_i^{\mathrm{T}}\boldsymbol{M}}{M_i}\right)\boldsymbol{u}_0 = \boldsymbol{Q}_r\boldsymbol{u}_0 \tag{5-3-8}$$

式中,

$$\boldsymbol{Q}_r = \boldsymbol{I} - \sum_{i=1}^{r}\frac{\boldsymbol{A}_i\boldsymbol{A}_i^{\mathrm{T}}\boldsymbol{M}}{M_i} \tag{5-3-9}$$

称 $\boldsymbol{Q}_r$ 为 r 阶清型矩阵。式(5-3-9)表明:系统任意一个假设振型 $\boldsymbol{u}_0$ 前乘 r 阶清型矩阵 $\boldsymbol{Q}_r$ 后,就清掉了所有包含在 $\boldsymbol{u}_0$ 中的前 r 阶振型分量。故用 $\boldsymbol{Q}_r\boldsymbol{u}_0$ 作为假设振型进行迭代,结果将收敛于第 $r+1$ 阶振型 $\boldsymbol{A}_{r+1}$。

另外,迭代计算中不可避免地存在舍入误差,从 $\boldsymbol{Q}_r\boldsymbol{u}_0$ 出发迭代,得到的 $\boldsymbol{u}_1$ 中仍可能含有前 r 阶振型分量。因此,每次迭代后都必须重新清型,即在求系统的 $r+1$ 阶频率与振型时,每次迭代都前乘以经过清型变换后的矩阵 $\boldsymbol{D}_r = \boldsymbol{D}\boldsymbol{Q}_r$。求第一阶频率与振型时 $\boldsymbol{Q}_0 = \boldsymbol{I}, \boldsymbol{D}_0 = \boldsymbol{D}$。由式(5-3-9)知:

$$\boldsymbol{D}_r = \boldsymbol{D}\boldsymbol{Q}_r = \boldsymbol{D} - \boldsymbol{D}\sum_{i=1}^{r}\frac{\boldsymbol{A}_i\boldsymbol{A}_i^{\mathrm{T}}\boldsymbol{M}}{M_i} = \boldsymbol{D} - \sum_{i=1}^{r}\frac{\overline{\lambda}_i\boldsymbol{A}_i\boldsymbol{A}_i^{\mathrm{T}}\boldsymbol{M}}{M_i} \tag{5-3-10}$$

从式(5-3-10)可知,各个 $\boldsymbol{D}_r$ 能按递推公式求得,即

$$\boldsymbol{D}_r = \boldsymbol{D}_{r-1} - \frac{\overline{\lambda}_r\boldsymbol{A}_r\boldsymbol{A}_r^{\mathrm{T}}\boldsymbol{M}}{M_r} \tag{5-3-11}$$

式(5-3-11)给程序编制带来很大方便。为了方便编程,总结采用矩阵迭代法计算第 $r+1(r=0,1,2,\cdots,n-1)$ 阶频率与振型的过程,具体如下。

(1)选取假设初始振型 $\boldsymbol{u}_0$。

(2)根据式(5-3-11)确定 $\boldsymbol{D}_r$(说明:当 $r=0$ 时,取 $\boldsymbol{D}_0 = \boldsymbol{D}$)。

(3)用矩阵 $\boldsymbol{D}_r$ 前乘 $\boldsymbol{u}_0$,再对所得到的振型向量 $\boldsymbol{D}_r\boldsymbol{u}_0$ 基准化,得:

$$\boldsymbol{D}_r\boldsymbol{u}_0 = a_1\boldsymbol{u}_1$$

(4)继续以矩阵 $\boldsymbol{D}_r$ 前乘 $\boldsymbol{u}_1$,再对 $\boldsymbol{D}_r\boldsymbol{u}_1$ 基准化,而得到:

$$\boldsymbol{D}_r\boldsymbol{u}_1 = a_2\boldsymbol{u}_2$$

(5)若 $|\boldsymbol{u}_2 - \boldsymbol{u}_1| \geqslant \varepsilon|\boldsymbol{u}_1|$,则重复上述步骤,直到 $\boldsymbol{D}_r\boldsymbol{u}_{k-1} = a_k\boldsymbol{u}_k$ 中的 $|\boldsymbol{u}_k - \boldsymbol{u}_{k-1}| < \varepsilon$

$|\boldsymbol{u}_{k-1}|$时，停止迭代。此时 a_k 收敛于系统的第 $r+1$ 个特征值 $\overline{\lambda}_{r+1}=1/\omega_{r+1}^2$，与之相应的特征向量 $\boldsymbol{u}_k$ 收敛于系统的振型 $\boldsymbol{A}_{r+1}$，相关符号含义见 5.3.1 节。

［**例 5-3-2**］ 求例 5-1-1 系统的第 2 阶频率与振型。

解：例 5-3-1 已求得第 1 阶振型 $\boldsymbol{A}_1=\{1.0000 \quad 1.8019 \quad 2.2468\}^{\mathrm{T}}$，对应的特征值 $\overline{\lambda}_1=1/\omega_1^2=5.0467J/k$，第 1 阶广义质量 $M_1=\boldsymbol{A}_1^{\mathrm{T}}\boldsymbol{M}\boldsymbol{A}_1=9.2949J$。由式(5-3-9)和式(5-3-11)求得

$$\boldsymbol{Q}_1=\begin{bmatrix}0.892 & -0.194 & -0.242\\ -0.194 & 0.651 & -0.436\\ -0.242 & -0.436 & 0.457\end{bmatrix},\boldsymbol{D}_1=\frac{J}{k}\begin{bmatrix}0.456 & 0.021 & 0.221\\ 0.021 & 0.236 & -0.200\\ 0.221 & -0.200 & 0.257\end{bmatrix}$$

假设系统的第 2 阶初始振型 $\boldsymbol{u}_0=\{1 \quad 1 \quad -1\}^{\mathrm{T}}$。经 12 次迭代后，得 $\overline{\lambda}_2=0.6430J/k$，$\omega_2=\sqrt{1.5552k/J}$，$\boldsymbol{A}_2=\{1.000 \quad 0.4452 \quad -0.8020\}^{\mathrm{T}}$。

从本节的两个实例可知，对高阶频率的迭代与基频情形相比，收敛速度要慢得多。因为在求指定的高阶振型与频率以前，必须先计算出较低阶振型与频率。前几阶振型与频率本身就是近似的，多次迭代后可能会引起较大的计算积累误差，使得高阶振型与频率的误差不断增大。一般采用这种方法计算系统前 5～8 阶振型比较有效，而求更高阶振型时收敛很慢，效果不太好。为了更有效求解高阶振型与频率，可采用下一节介绍的子空间迭代法等方法。

矩阵迭代法的突出优点是假设振型向量只影响收敛的速度而不影响最终收敛的精度。因此，在计算过程中即使出现错误也不影响最终结果，只是相当于从新的假设振型开始迭代而已。

5.4 子空间迭代法

用矩阵迭代法计算多自由度系统的固有频率和振型，要从系统最低阶频率和振型开始逐阶进行计算。用瑞利-里兹法求解多自由度系统的部分特征值问题时，把原来一个高阶(n 阶)特征值问题转化为一个低阶(s 阶，$s\ll n$)的特征值问题。由于此方法对假定振型要求较高，故其计算结果的精确程度主要取决于所假定振型的准确程度。子空间迭代法是在瑞利-里兹法和矩阵迭代法基础上发展起来的，集中了这两种方法的优点，是用于求解大型结构系统的前若干个低阶固有频率和振型的有效方法。

设系统有 n 个自由度，其刚度矩阵与质量矩阵分别为 $\boldsymbol{K}$ 与 $\boldsymbol{M}$，系统的各阶特征向量为 $\boldsymbol{A}_i(i=1,2,\cdots,n)$，相应的特征值为 $\overline{\lambda}_i=1/\omega_i^2$，特征方程为 $\boldsymbol{D}\boldsymbol{A}_i=\overline{\lambda}_i\boldsymbol{A}_i$。假设 $s(s<n)$ 个 n 维振型向量 $\boldsymbol{\psi}_{j0}(j=1,2,\cdots,s)$，$s$ 个向量只需满足线性无关即可，构成一个 $n\times s$ 阶矩阵 $\boldsymbol{\psi}_0=[\boldsymbol{\psi}_{10} \quad \boldsymbol{\psi}_{20} \quad \cdots \quad \boldsymbol{\psi}_{s0}]$，把它作为系统前 s 阶振型矩阵 $\boldsymbol{A}_{n\times s}$ 的第零次近似(约定下标 0，Ⅰ，Ⅱ，…，表示得到振型矩阵的迭代次数)，即设

$$\boldsymbol{A}_0=\boldsymbol{\psi}_0 \tag{5-4-1}$$

与矩阵迭代法一样,以 $\boldsymbol{D}$ 前乘 $\boldsymbol{\psi}_0$,这相当于对 $\boldsymbol{\psi}_0$ 的每一列前乘 $\boldsymbol{D}$,由此得

$$\boldsymbol{\psi}_{\mathrm{I}}=\boldsymbol{D}\boldsymbol{\psi}_0 \tag{5-4-2}$$

继续以 $\boldsymbol{D}$ 前乘 $\boldsymbol{\psi}_{\mathrm{I}}$ 可得到 $\boldsymbol{\psi}_{\mathrm{II}}$,可如此继续迭代。按矩阵迭代法原理,对于 $\boldsymbol{\psi}_{10}$(只要包含第一阶振型),经过反复迭代,它一定收敛于第一阶振型。如选取 $\boldsymbol{\psi}_{20}$时,使它不包含第一阶振型,则经过反复迭代,它一定收敛于第二阶振型。同理,如选取 $\boldsymbol{\psi}_{j0}$时,使它不包含前面 $j-1$ 阶振型,则经过反复迭代,它一定收敛于第 j 阶振型。然而,选取 $\boldsymbol{\psi}_0$ 不可能一开始就做到这一点,但是可以在迭代过程中逐步实现这个目标。为此,迭代求得 $\boldsymbol{\psi}_{\mathrm{I}}$,并不直接用它继续迭代,而是在迭代之前先运用瑞利-里兹法对它进行正交化处理,寻找 $\boldsymbol{\psi}_{\mathrm{I}}$ 的替代矩阵 $\boldsymbol{A}_{\mathrm{I}}$,这样可使其各列经迭代后分别趋于各个不同阶振型。根据 5.2 节证明可知,替代矩阵 $\boldsymbol{A}_{\mathrm{I}}$ 关于 $\boldsymbol{K}$ 和 $\boldsymbol{M}$ 正交,故称为正交化处理,具体如下。

按式(5-2-1),将系统前 s 阶的各阶振型的第 I 次近似 $\boldsymbol{A}_{i\mathrm{I}}$ 表示为

$$\boldsymbol{A}_{i\mathrm{I}}=\sum_{j=1}^{s}a_{ji\mathrm{I}}\boldsymbol{\psi}_{j\mathrm{I}}=\boldsymbol{\psi}_{\mathrm{I}}\boldsymbol{a}_{i\mathrm{I}}\quad(i=1,2,\cdots,s) \tag{5-4-3}$$

式中,$\boldsymbol{\psi}_{\mathrm{I}}$ 由式(5-4-2)求得;$\boldsymbol{a}_{i\mathrm{I}}=\{a_{1i\mathrm{I}}\quad a_{2i\mathrm{I}}\quad\cdots\quad a_{si\mathrm{I}}\}^{\mathrm{T}}$,$\boldsymbol{a}_{i\mathrm{I}}$ 为待定系数向量,此向量中各元素的数字下标与 $\boldsymbol{\psi}_{\mathrm{I}}$ 中的 $1,2,\cdots,s$ 列号对应,下标 i 表示系统的振型序号。将式(5-4-3)代入瑞利商的计算式(5-1-5)得

$$R(\boldsymbol{A}_{i\mathrm{I}})=\lambda_{i\mathrm{I}}=\frac{\boldsymbol{a}_{i\mathrm{I}}^{\mathrm{T}}\boldsymbol{\psi}_{\mathrm{I}}^{\mathrm{T}}\boldsymbol{K}\boldsymbol{\psi}_{\mathrm{I}}\boldsymbol{a}_{i\mathrm{I}}}{\boldsymbol{a}_{i\mathrm{I}}^{\mathrm{T}}\boldsymbol{\psi}_{\mathrm{I}}^{\mathrm{T}}\boldsymbol{M}\boldsymbol{\psi}_{\mathrm{I}}\boldsymbol{a}_{i\mathrm{I}}}\quad(i=1,2,\cdots,s) \tag{5-4-4}$$

$R(\boldsymbol{A}_{i\mathrm{I}})$ 为 $\boldsymbol{a}_{i\mathrm{I}}$ 的函数,记为 $R(\boldsymbol{a}_{i\mathrm{I}})$。要使式(5-4-3)表示的振型逼近真实振型,只有取合适的 $\boldsymbol{a}_{i\mathrm{I}}$,使得 $R(\boldsymbol{a}_{i\mathrm{I}})$ 达到驻值。经过瑞利-里兹法中的相同运算,得

$$\boldsymbol{\psi}_{\mathrm{I}}^{\mathrm{T}}\boldsymbol{K}\boldsymbol{\psi}_{\mathrm{I}}\boldsymbol{a}_{i\mathrm{I}}-\lambda_{i\mathrm{I}}\boldsymbol{\psi}_{\mathrm{I}}^{\mathrm{T}}\boldsymbol{M}\boldsymbol{\psi}_{\mathrm{I}}\boldsymbol{a}_{i\mathrm{I}}=\boldsymbol{0}\quad(i=1,2,\cdots,s) \tag{5-4-5}$$

构造相应的近似广义刚度矩阵与近似广义质量矩阵:

$$\begin{cases}\boldsymbol{K}_{\mathrm{I}}^{*}=\boldsymbol{\psi}_{\mathrm{I}}^{\mathrm{T}}\boldsymbol{K}\boldsymbol{\psi}_{\mathrm{I}}\\ \boldsymbol{M}_{\mathrm{I}}^{*}=\boldsymbol{\psi}_{\mathrm{I}}^{\mathrm{T}}\boldsymbol{M}\boldsymbol{\psi}_{\mathrm{I}}\end{cases} \tag{5-4-6}$$

则式(5-4-5)变为

$$(\boldsymbol{K}_{\mathrm{I}}^{*}-\lambda_{i\mathrm{I}}\boldsymbol{M}_{\mathrm{I}}^{*})\boldsymbol{a}_{i\mathrm{I}}=\boldsymbol{0}\quad(i=1,2,\cdots,s) \tag{5-4-7}$$

解频率方程 $|\boldsymbol{K}_{\mathrm{I}}^{*}-\lambda_{i\mathrm{I}}\boldsymbol{M}_{\mathrm{I}}^{*}|=0$,得到系统前 s 个特征值的第 I 次近似值 $\lambda_{i\mathrm{I}}(i=1,2,\cdots,s)$。依次代入式(5-4-7),解出相应的 s 个特征向量 $\boldsymbol{a}_{i\mathrm{I}}(i=1,2,\cdots,s)$。为简便计算,一般将 $\boldsymbol{a}_{i\mathrm{I}}$ 基准化。

将解出的 $\boldsymbol{a}_{i\mathrm{I}}(i=1,2,\cdots,s)$ 代入式(5-4-3),得到系统前 s 阶振型的第 I 次近似结果 $\boldsymbol{A}_{i\mathrm{I}}(i=1,2,\cdots,s)$,得到系统前 s 阶振型矩阵的第 I 次近似

$$\boldsymbol{A}_{\mathrm{I}}=[\boldsymbol{\psi}_{\mathrm{I}}\boldsymbol{a}_{1\mathrm{I}}\quad\boldsymbol{\psi}_{\mathrm{I}}\boldsymbol{a}_{2\mathrm{I}}\quad\cdots\quad\boldsymbol{\psi}_{\mathrm{I}}\boldsymbol{a}_{s\mathrm{I}}]_{n\times s} \tag{5-4-8}$$

至此,第 I 次迭代计算过程完成。经过上述瑞利-里兹法处理过程,$\boldsymbol{A}_{\mathrm{I}}$ 满足正交化条

件,$\boldsymbol{A}_{\mathrm{I}}$ 比 $\boldsymbol{\psi}_{\mathrm{I}}$ 更接近实际振型矩阵。故用 $\boldsymbol{A}_{\mathrm{I}}$ 代替 $\boldsymbol{\psi}_{\mathrm{I}}$ 继续迭代。另外,为了避免计算中数值庞大,用 $\boldsymbol{A}_{\mathrm{I}}$ 代替 $\boldsymbol{\psi}_{\mathrm{I}}$ 之前往往要对 $\boldsymbol{A}_{\mathrm{I}}$ 各列基准化。

第Ⅱ次计算可照样进行,即以 $\boldsymbol{D}$ 前乘 $\boldsymbol{A}_{\mathrm{I}}$,得出 $\boldsymbol{\psi}_{\mathrm{II}}$,构造第Ⅱ次近似广义质量矩阵与近似广义刚度矩阵 $\boldsymbol{M}_{\mathrm{II}}^* = \boldsymbol{\psi}_{\mathrm{II}}^{\mathrm{T}} \boldsymbol{M} \boldsymbol{\psi}_{\mathrm{II}}$,$\boldsymbol{K}_{\mathrm{II}}^* = \boldsymbol{\psi}_{\mathrm{II}}^{\mathrm{T}} \boldsymbol{K} \boldsymbol{\psi}_{\mathrm{II}}$,得出第Ⅱ次特征方程$(\boldsymbol{K}_{\mathrm{II}}^* - \lambda_{i\mathrm{II}} \boldsymbol{M}_{\mathrm{II}}^*)\boldsymbol{a}_{i\mathrm{II}} = \boldsymbol{0}(i=1,2,\cdots,s)$,由$|\boldsymbol{K}_{\mathrm{II}}^* - \lambda_{i\mathrm{II}} \boldsymbol{M}_{\mathrm{II}}^*| = 0$ 解得特征值的第Ⅱ次近似值 $\lambda_{i\mathrm{II}}(i=1,2,\cdots,s)$,代入$(\boldsymbol{K}_{\mathrm{II}}^* - \lambda_{i\mathrm{II}} \boldsymbol{M}_{\mathrm{II}}^*)\boldsymbol{a}_{i\mathrm{II}} = \boldsymbol{0}$,计算出 $\boldsymbol{a}_{i\mathrm{II}}(i=1,2,\cdots,s)$,得出 $\boldsymbol{A}_{i\mathrm{II}} = \boldsymbol{\psi}_{\mathrm{II}} \boldsymbol{a}_{i\mathrm{II}}(i=1,2,\cdots,s)$ 及 $\boldsymbol{A}_{\mathrm{II}}$。第Ⅱ次计算过程至此结束。

不断重复上述迭代过程,每次迭代过程中都用瑞利-里兹法对近似振型矩阵 $\boldsymbol{\psi}_{\mathrm{I}}$、$\boldsymbol{\psi}_{\mathrm{II}}$ 等进行正交化处理,得到对应的替代矩阵 $\boldsymbol{A}_{\mathrm{I}}$、$\boldsymbol{A}_{\mathrm{II}}$ 等,后者各向量更接近实际各阶振型向量。当进行至无穷次迭代($N \to \infty$ 时),$\boldsymbol{A}_N$ 收敛于系统前 s 阶振型矩阵 $\boldsymbol{A}_{n \times s}$,特征值 $\lambda_{iN}(i=1,2,\cdots,s)$ 收敛于系统前 s 阶固有特征值(对应于固有频率)。

实践中发现,系统前几阶振型一般收敛得比较快。因此,常多取几阶假设振型进行迭代,例如取 $r(r>s)$ 阶假设振型,然后将迭代过程进行到前 s 阶频率和振型均已达到所需精度为止。多取$(r-s)$阶假设振型的目的是加快前 s 阶振型的收敛速度,但在每次迭代计算中增加了计算工作量。因此,要权衡得失,选取合理的假设振型个数。经验表明,可在 $r=2s$ 及 $r=s+8$ 二者中取较小者。

需要指出的是,初始振型向量的选取将直接影响迭代的收敛速度。选择初始向量时,并无特别要求,只需保证所选的 s 个向量线性无关即可。一般可用下面例子中所用方法给出初始振型向量。假设

$$\boldsymbol{K} = \begin{bmatrix} 2 & \times & \times & \times & \times \\ \times & 3 & \times & \times & \times \\ \times & \times & 2 & \times & \times \\ \times & \times & \times & 1 & \times \\ \times & \times & \times & \times & 1 \end{bmatrix}, \boldsymbol{M} = \begin{bmatrix} 8 & \times & \times & \times & \times \\ \times & 9 & \times & \times & \times \\ \times & \times & 10 & \times & \times \\ \times & \times & \times & 6 & \times \\ \times & \times & \times & \times & 4 \end{bmatrix}$$,其中×代表任意数值。

将矩阵 $\boldsymbol{M}$ 与 $\boldsymbol{K}$ 的对角元素依次相除得到如下对角矩阵

$$\boldsymbol{B} = \mathrm{diag}(4,3,5,6,4)$$

所选初始振型矩阵为(具体说明如下)

$$\boldsymbol{\psi}_0 = \begin{bmatrix} 1 & 0 & 0 & 1 & 0 \\ 1 & 0 & 0 & 0 & 0 \\ 1 & 0 & 1 & 0 & 0 \\ 1 & 1 & 0 & 0 & 0 \\ 1 & 0 & 0 & 0 & 1 \end{bmatrix}$$

$\boldsymbol{\psi}_0$ 矩阵的第一列元素全部取为 1;第二列仅有一个非零元素 1,其位置对应于 $\boldsymbol{B}$ 矩阵对角元中最大元素(6)所在行的位置(第 4 行);第三列仅有一个非零元素 1,其位置对应

于 $\boldsymbol{B}$ 矩阵对角元中第二大元素(5)所在行的位置(第 3 行);第四列仅有一个非零元素 1,其位置对应于 $\boldsymbol{B}$ 矩阵对角元中第三大元素(4)所在行的位置(第 1 行);第五列仅有一个非零元素 1,其位置对应于 $\boldsymbol{B}$ 矩阵对角元中第四大元素(4)所在行的位置相对应(第 5 行),其中第四列和第五列可以互换。计算表明,上述方法形成的初始迭代矩阵可以提高收敛速度,如果 $\boldsymbol{K}$ 和 $\boldsymbol{M}$ 都是强主对角占优矩阵时,则上述方法效果更佳。

综上所述,子空间迭代法利用瑞利-里兹法既降低了特征值问题的阶数,又解决了后者计算精度受初始假设振型向量影响较大的问题。子空间迭代法采用迭代方法,使振型与频率逐步趋近其精确值;与矩阵迭代法的逐阶求解相比,子空间迭代法对一组振型向量同时进行迭代,同时迭代出所需要的若干阶振型与频率。用矩阵迭代法求解较高阶频率和振型时,计算结果受到已求得的前面低阶频率和振型累积误差的影响,而子空间迭代法是瑞利-里兹法和矩阵迭代法的结合,经过反复运算,同时获得满足精度要求的前若干阶固有频率和振型。当系统存在等固有频率或有几个固有频率非常接近时,采用矩阵迭代法求解,会出现收敛速度太慢的情形,子空间迭代法可以有效克服这一困难。

在大型复杂结构的振动分析中,系统的自由度可能多至上万个,而实际需要用到的固有频率与振型常只是其前面几十阶。因此,子空间迭代法已成为大型结构振动分析最有效的方法之一。

[例 5-4-1] 用子空间迭代法求图 5-4-1 所示系统前 2 阶固有频率和振型。已知:$m_1 = m_2 = m_3 = m_4 = m$,$k_1 = k_2 = k_3 = k_4 = k$,系统仅能在水平方向运动。

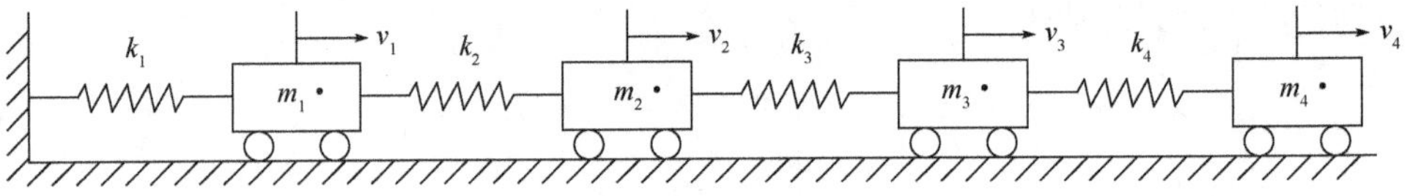

图 5-4-1 多质量-弹簧系统

解:系统质量矩阵 $\boldsymbol{M} = m\boldsymbol{I}$,刚度矩阵 $\boldsymbol{K} = k\begin{bmatrix} 2 & -1 & 0 & 0 \\ -1 & 2 & -1 & 0 \\ 0 & -1 & 2 & -1 \\ 0 & 0 & -1 & 1 \end{bmatrix}$,

$$\boldsymbol{K}^{-1} = \frac{1}{k}\begin{bmatrix} 1 & 1 & 1 & 1 \\ 1 & 2 & 2 & 2 \\ 1 & 2 & 3 & 3 \\ 1 & 2 & 3 & 4 \end{bmatrix},\boldsymbol{D} = \boldsymbol{K}^{-1}\boldsymbol{M} = \frac{m}{k}\begin{bmatrix} 1 & 1 & 1 & 1 \\ 1 & 2 & 2 & 2 \\ 1 & 2 & 3 & 3 \\ 1 & 2 & 3 & 4 \end{bmatrix}。$$

根据前面的说明,假设系统前 2 阶振型矩阵为

$$\boldsymbol{A}_0 = \boldsymbol{\psi}_0 = \begin{bmatrix} 1 & 0 \\ 1 & 0 \\ 1 & 0 \\ 1 & 1 \end{bmatrix}$$

前乘 $\boldsymbol{D}$ 得

$$D\boldsymbol{\psi}_0 = \frac{m}{k}\begin{bmatrix} 4 & 1 \\ 7 & 2 \\ 9 & 3 \\ 10 & 4 \end{bmatrix}$$

对它基准化后(为了反映迭代效果,在计算结果中尽量保留较多有效数字),得

$$\boldsymbol{\psi}_{\mathrm{I}} = \begin{bmatrix} 0.4 & 0.25 \\ 0.7 & 0.5 \\ 0.9 & 0.75 \\ 1.0 & 1.0 \end{bmatrix}$$

按式(5-4-6)计算第Ⅰ次近似广义质量矩阵 $\boldsymbol{M}_{\mathrm{I}}^*$ 与近似广义刚度矩阵 $\boldsymbol{K}_{\mathrm{I}}^*$:

$$\boldsymbol{M}_{\mathrm{I}}^* = \boldsymbol{\psi}_{\mathrm{I}}^{\mathrm{T}}\boldsymbol{M}\boldsymbol{\psi}_{\mathrm{I}} = m\begin{bmatrix} 2.460 & 2.125 \\ 2.125 & 1.875 \end{bmatrix}$$

$$\boldsymbol{K}_{\mathrm{I}}^* = \boldsymbol{\psi}_{\mathrm{I}}^{\mathrm{T}}\boldsymbol{K}\boldsymbol{\psi}_{\mathrm{I}} = k\begin{bmatrix} 0.30 & 0.25 \\ 0.25 & 0.25 \end{bmatrix}$$

代入特征方程$(\boldsymbol{K}_{\mathrm{I}}^* - \lambda_{i\mathrm{I}}\boldsymbol{M}_{\mathrm{I}}^*)\boldsymbol{a}_{i\mathrm{I}} = \boldsymbol{0}$,得

$$\begin{bmatrix} 0.30 - 2.460\alpha_{i\mathrm{I}} & 0.25 - 2.125\alpha_{i\mathrm{I}} \\ 0.25 - 2.125\alpha_{i\mathrm{I}} & 0.25 - 1.875\alpha_{i\mathrm{I}} \end{bmatrix}\begin{Bmatrix} a_{1i\mathrm{I}} \\ a_{2i\mathrm{I}} \end{Bmatrix} = \begin{Bmatrix} 0 \\ 0 \end{Bmatrix}$$

式中,$\alpha_{i\mathrm{I}} = \lambda_{i\mathrm{I}} m/k$。

由上式有非零解的条件,得第Ⅰ次迭代计算的频率方程

$$0.096\,875\alpha_{i\mathrm{I}}^2 - 0.115\alpha_{i\mathrm{I}} + 0.012\,5 = 0$$

解得 $\alpha_{1\mathrm{I}} = 0.121\,037$,$\alpha_{2\mathrm{I}} = 1.066\,060$。

将 $\alpha_{1\mathrm{I}}$、$\alpha_{2\mathrm{I}}$ 分别代入上述特征方程,分别得出

$$\boldsymbol{a}_{1\mathrm{I}} = \begin{Bmatrix} 1.000\,000 \\ 0.312\,393 \end{Bmatrix},\boldsymbol{a}_{2\mathrm{I}} = \begin{Bmatrix} -0.867\,759 \\ 1.000\,000 \end{Bmatrix}$$

依次代入式(5-4-3)并基准化,得出

$$\boldsymbol{A}_{1\mathrm{I}} = \begin{Bmatrix} 0.364\,295 \\ 0.652\,393 \\ 0.864\,295 \\ 1.000\,000 \end{Bmatrix},\boldsymbol{A}_{2\mathrm{I}} = \begin{Bmatrix} -0.734\,295 \\ -0.812\,393 \\ -0.234\,295 \\ 1.000\,000 \end{Bmatrix}$$

所以,系统前2阶振型矩阵的第Ⅰ次近似为

$$A_{\mathrm{I}}=\begin{bmatrix}0.364\,295 & -0.734\,295\\0.652\,393 & -0.812\,393\\0.864\,295 & -0.234\,295\\1.000\,000 & 1.000\,000\end{bmatrix}$$

继续迭代,同样可得到第Ⅳ次迭代计算的频率方程的解及对应近似振型向量分别为

$$\alpha_{1\mathrm{IV}}=0.120\,615,\alpha_{2\mathrm{IV}}=1.000\,278$$

$$\boldsymbol{A}_{1\mathrm{IV}}=\begin{Bmatrix}0.347\,298\\0.652\,702\\0.879\,382\\1.000\,000\end{Bmatrix},\boldsymbol{A}_{2\mathrm{IV}}=\begin{Bmatrix}-0.974\,687\\-0.991\,800\\-0.016\,083\\1.000\,000\end{Bmatrix}$$

第Ⅴ次迭代计算的频率方程的解及对应近似振型向量分别为

$$\alpha_{1\mathrm{V}}=0.120\,615,\alpha_{2\mathrm{V}}=1.000\,049$$

$$\boldsymbol{A}_{1\mathrm{V}}=\begin{Bmatrix}0.347\,296\\0.652\,704\\0.879\,385\\1.000\,000\end{Bmatrix},\boldsymbol{A}_{2\mathrm{V}}=\begin{Bmatrix}-0.989\,035\\-0.996\,970\\-0.006\,579\\1.000\,000\end{Bmatrix}$$

由此可见,第Ⅳ、Ⅴ次迭代计算的频率与振型的差别已经不大,迭代过程可到此结束。注意:本例是根据经验判断迭代的收敛性,当采用计算机程序进行迭代计算时,需要引入与上一节类似的容许限值 ε。最后得到此系统的前二阶固有频率近似值分别为 $\omega_1=\sqrt{0.120\,615k/m}$,$\omega_2=\sqrt{1.000\,049k/m}$,前二阶振型分别为 $\boldsymbol{A}_1=\boldsymbol{A}_{1\mathrm{V}}$,$\boldsymbol{A}_2=\boldsymbol{A}_{2\mathrm{V}}$。该系统前两阶固有频率准确解为 $\omega_1=\sqrt{0.120\,615k/m}$,$\omega_2=\sqrt{k/m}$,对应的准确振型分别为 $\boldsymbol{A}_1=\{0.347\,296\quad 0.652\,704\quad 0.879\,385\quad 1\}^{\mathrm{T}}$ 与 $\boldsymbol{A}_2=\{-1\quad -1\quad 0\quad 1\}^{\mathrm{T}}$。对比可知,经过5次迭代计算,计算频率与振型均收敛于准确值。

思考题与习题

5.1 简述瑞利能量法求解系统频率的原理。

5.2 在瑞利法与瑞利-里兹法中,所假设的近似振型应满足什么条件?

5.3 采用瑞利法与瑞利-里兹法求得的频率值是否总是真实频率的一个上限?

5.4 为什么用矩阵迭代法求固有频率和振型时,一般得到的是第一阶频率及其振型?要求高阶频率与振型时需要采取什么措施?

5.5 简述本章求解系统固有特性4种方法之间的联系？

5.6 针对题4.8所示的结构系统，先计算“自重”作用下的变形曲线，再以该变形曲线作为假定振型计算系统的基频近似值，并与上一章习题计算结果进行对比分析。

5.7 对于题5.7图所示7自由度的弹簧-质量系统，取二阶假设振型 $\boldsymbol{\psi}_1 = \{1\quad 2\quad 3\quad 4\quad 5\quad 6\quad 7\}^{\mathrm{T}}$，$\boldsymbol{\psi}_2 = \{1\quad 4\quad 9\quad 16\quad 25\quad 36\quad 49\}^{\mathrm{T}}$，分别用瑞利-里兹法与矩阵迭代法，求系统前2阶固有频率和振型。

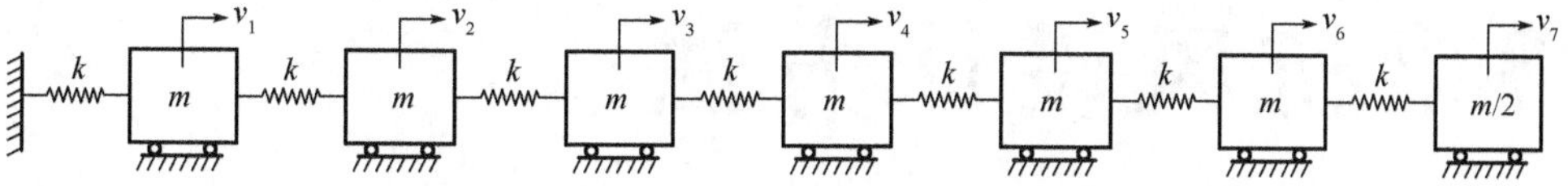

题5.7图

5.8 基于习题2.6建立的简支梁运动方程，试采用子空间迭代法计算其前面若干阶频率与振型，并与相应的解析解进行对比，比较选取不同数目单元数对计算频率的影响。

第6章

桥梁抗风设计方法

风灾是一种发生频繁的自然灾害,所造成的损失也为各种灾害之首。我国地处太平洋西北岸,全世界最严重的热带气旋(台风)大多数在太平洋上生成并沿着西北或偏西路径移动,频繁地在我国漫长海岸线上登陆并袭击沿海地区。对于内陆山区而言,风场特性既受大尺度气象条件的影响,又受到局部地形地貌控制,即使在良态气候下,复杂地形地貌的随机多变及相互气动干扰,使空气流动具有阵风强烈、风切变频繁、湍流强度大等特点。随着我国经济的飞速发展,交通网络向东南沿海和内陆山区不断延伸,桥梁数量越来越多、跨度越来越大,大跨桥梁抗风设计的安全性和经济性成为桥梁工程师的重点关注对象,为此桥梁工程师需要了解必备的桥梁抗风设计知识。

本章首先介绍了典型的桥梁风致病害,让读者深刻认识到桥梁抗风设计的重要性;然后分别从平均风和脉动风两个方面阐述了近地风特性,并介绍了《公路桥梁抗风设计规范》(JTG/T 3360-01—2018)中桥梁抗风设计风参数取值方法;随后介绍了桥梁静力风荷载与三分力系数,以及桥梁在静风荷载作用下的稳定性;接下来,从振动形态、动力响应分析方法等方面,重点介绍了颤振、涡振、抖振等几种典型桥梁风致振动,以及拉索、吊杆(索)等柔性构件的风致振动,并阐述了桥梁风致振动的典型控制措施;最后,简要介绍了边界层风洞,并从风洞试验的模型设计、试验内容和试验目的等方面介绍了桥梁抗风风洞试验方法。

本章旨在用较小篇幅概括性地介绍桥梁抗风设计及风洞试验的基本知识,便于读者对桥梁抗风设计有全貌性了解。

6.1 桥梁风致病害

1940 年秋,美国华盛顿州建成才 4 个月的塔科马悬索桥在 8 级大风(17 ~ 20m/s)作用下发生强烈的风致振动而破坏(图 6-1-1)。旧塔科马大桥位于美国西海岸华盛顿州的西雅图南 50 余公里,横跨塔科马海湾(Tacoma Narrows),是一座三跨(336 + 853 + 336)m 连续加劲梁悬索桥,桥宽 11.9m,加劲梁为 2.45m 高的 H 形板梁(图 6-1-2),塔高 130m,由金门大桥(Golden Gate Bridge)设计者之一的莫伊瑟夫(Leon · Moisseiff)承担大桥上部结构设计。旧塔科马大桥于1938年11月23日开始下部结构施工,1940年7月1日建成通车。但仅仅过了4个月,于1940年11月7日上午就发生了风毁事故,如图6-1-1所示,当时记录风速约为19m/s。

图6-1-1 旧塔科马大桥风毁事故

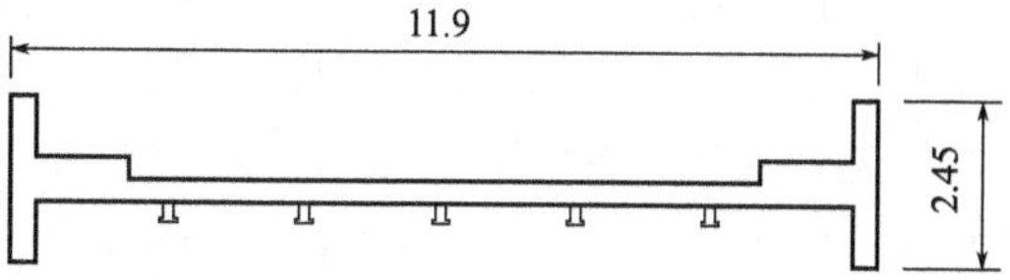

图6-1-2 旧塔科马大桥主梁断面(尺寸单位:m)

值得庆幸的是,由于大桥建成后就不停地振动(当地人称"跳跃的格蒂"),华盛顿大学的法库哈森(Farquharson)教授一直在关注该桥,并成立了观测小组。长达4个月的时间里,通过目测、经纬仪测量、16mm胶片的拍摄,法库哈森教授记录了大桥的振动形态及风毁全过程,为后续的分析研究积累了极为宝贵的资料。大桥风毁后,美国政府正式委托冯·卡门(Von Karman,流体力学大家)、安曼(Ammann,华盛顿大桥建设者)和伍德拉夫(Woodruff,旧金山奥克兰海湾大桥上部结构设计者)三位权威专家组成调查委员会进行调查。调查报告认为,事故的原因是没有考虑风产生的动力荷载,由此产生的过度振动引起该桥风毁。自此,桥梁风致振动问题引起了人们高度重视,经过桥梁工程师和流体力学专家的紧密合作,逐渐诞生了一门新兴学科——桥梁风工程。后来的研究逐步证明了大跨度柔性桥梁与飞机机翼一样,存在颤振、抖振、涡振、驰振等多种振动形式,统称为风致振动。实际上,在旧塔科马大桥风毁之前,已有10余座悬索桥(吊桥)遭受风灾垮塌,具体见表6-1-1。

历史上主要风毁吊桥一览

表6-1-1

序号	桥名/跨度(m)	所在国	设 计 者	垮塌年份(年)
1	德赖堡修道院(Dryburgh Abbey)桥/74	英国	威廉·史密斯	1818
2	联邦(Union)桥/137	英国	塞缪尔·布朗	1821
3	拿骚(Nassau)桥/75	德国	罗森和沃尔夫	1834
4	布莱顿(Brighton)桥/78	英国	塞缪尔·布朗	1836
5	蒙特罗斯(Montrose)桥/132	英国	塞缪尔·布朗	1838
6	梅奈海峡(Menai Straits)桥/177	英国	托马斯·特尔福德	1839
7	拉罗斯伯纳德(Roche Bernard)桥/195	法国	勒布朗	1852
8	威灵(Wheeling)桥/308	美国	查尔斯·埃莱特	1854
9	尼亚加拉·刘易斯(Niagara Lewiston)桥/318	美国	爱德华·塞雷尔	1864
10	尼亚加拉·克利夫顿(Niagara Clifton)桥/384	美国	塞缪尔·基夫	1889

自旧塔科马大桥风毁事故以来,在桥梁工程师和空气动力学家等的共同努力下,在技术上基本可以避免强风导致桥梁破坏事故的发生,但因强风引起的桥梁结构整体或柔性构件振动的事故仍时有发生。其中,涡激振动由于发生的风速低,在许多公路桥梁仍时有

出现,例如,已建成日本东京湾大桥(Trans-Tokyo Bay Crossing Bridge)(图6-1-3)、巴西尼特罗伊跨海大桥(Rio-Niterói Bridge)、丹麦大贝尔特桥(Great Belt East Bridge)等均出现了明显的主梁涡激共振,特别是巴西尼特罗伊跨海大桥因为发生的主梁一阶模态竖向涡振问题影响结构正常使用,不得不经常关闭。我国2009年建成通车的舟山西堠门悬索桥(主跨1650m)也观测到了不同来流风速条件下发生的主梁多阶模态涡振现象,鹦鹉洲大桥和虎门大桥在2020年也相继发生了大幅涡振,引发了人们对桥梁风致振动的极大关注。斜拉桥的拉索及悬索桥的吊索由于质量轻、柔性大和阻尼小的特点极易发生大幅的风振、风雨振和参数振动。多座里程碑式的特大跨度斜拉桥拉索及悬索桥吊索均出现了大幅风致振动:1999年,主跨490m的丹麦厄勒海峡大桥(Oresund Bridge)铁路斜拉桥的并列拉索发生振幅接近2m的大幅振动,连接并列拉索的减振架(Cross tie)以及拉索锚固端的内置阻尼器发生破坏;日本的明石海峡大桥在建成后不久,发生严重的吊索风致振动,破坏了原先安装在两股吊索之间的阻尼器;丹麦大贝尔特桥(Great Belt East Bridge)发生了大幅的吊索风致振动;我国西堠门大桥的并列长吊索发生了严重的风致振动病害,过大的振幅破坏了原先安装的部分减振器,已有的实测表明,发生振动时等效负阻尼达到3%;我国佛山东平大桥发生吊杆大幅风致振动(图6-1-4)。

a)日本东京湾大桥　　b)竖向涡激振动

图6-1-3　日本东京湾大桥涡激振动

a)佛山东平大桥　　b)风振后吊杆翼板开裂

图6-1-4　佛山东平大桥吊杆风振事故

6.2 近地风特性及桥梁抗风设计风参数取值

桥梁主要受所在地近地风的影响,即大气边界层内空气流动特性的影响。因此,了解近地风特性是开展桥梁抗风设计的基本前提。只有准确掌握桥址区风场特性,明确桥梁设计风速标准,才能为成桥及施工阶段风致响应的计算分析提供风参数,为风洞模型试验中大气边界层风场的模拟提供目标值,进而为桥梁结构抗风性能评价提供可靠的依据。

6.2.1 近地面平均风特性

地球表面的摩擦会使近地面气流速度减慢,该阻力对气流的影响随高度的增加而减弱,故平均风速随着高度的增加而增大,平均风速在竖平面沿高度变化的曲线称为风速廓线(风速剖面)。当离地高度达到某一值时,地球表面的摩擦对气流流动的影响可以忽略不计,这一高度定义为梯度风高度,该高度的风速称为梯度风风速。即当高度超过梯度风高度时,风速不再随高度的增加而增加(图 6-2-1)。

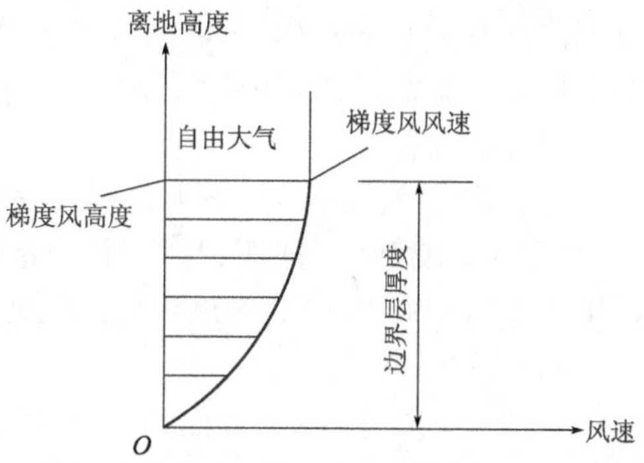

图 6-2-1 近地面的平均风速廓线

目前,主要有对数率和指数率两种方法描述近地面平均风速剖面。加拿大 A. G. Davenport 根据多次实测资料整理出不同粗糙度场地下的风剖面,并提出平均风速廓线可用指数函数描述。由于指数率计算简单方便,与对数率差别不大,在工程实际中应用广泛(也被规范所采用)。离地高度 z 处的平均风速 $U(z)$ 可表述为

$$U(z) = U_{10}\left(\frac{z}{10}\right)^{\alpha_0} \tag{6-2-1}$$

式中,U_{10}为离地 10m 高度处的平均风速;z 为离地高度;α_0为地面粗糙度指数。

我国《公路桥梁抗风设计规范》(JTG/T 3360-01—2018)将所有地貌划分为 A、B、C、D 四种类型(表 6-2-1),其中,A 类指近海海面、海岸、湖岸及沙漠地区,$\alpha_0 = 0.12$;B 类指田野、乡村、丛林、丘陵以及房屋比较稀疏的乡镇,$\alpha_0 = 0.16$;C 类指有密集建筑群的城市市区,$\alpha_0 = 0.22$;D 类指有密集建筑群且房屋较高的城市市区,$\alpha_0 = 0.30$。需要指出的是,我国《建筑结构荷载规范》(GB 50009—2012)B 类地貌剖面指数取 $\alpha_0 = 0.15$,其他类型地貌剖面取值与《公路桥梁抗风设计规范》(JTG/T 3360-01—2018)一致。

地表粗糙度分类[《公路桥梁抗风设计规范》(JTG/T 3360-01—2018)] 表 6-2-1

地表类别	地 表 状 况	α_0	梯度风高度(m)
A	海上、海岸	0.12	300
B	农村、田园、平坦开阔地、树木及低层建筑物稀少地区	0.16	350

续上表

地表类别	地 表 状 况	α_0	梯度风高度(m)
C	树木及低层建筑物密集地区、中高层建筑物稀少地区、平缓丘陵地区	0.22	400
D	中高层建筑物密集地区、起伏较大的丘陵	0.30	450

在《公路桥梁抗风设计规范》(JTG/T 3360-01—2018)中,一般采用"基本风速"来定义各地区的风速大小,与基本风速(单位:m/s)对应的是基本风压(单位:kPa),基本风速压近似为"基本风速平方的一千六百分之一"。基本风速是指在标准条件下通过统计分析得到的最大平均风速,标准条件包括标准高度、地貌类型、平均风速时距、最大风速样本、最大风速重现期、最大风速概率分布函数等。不同国家规范规定的标准条件不同,下面以我国《公路桥梁抗风设计规范》(JTG/T 3360-01—2018)为例进行介绍。

1)标准高度

由于平均风速剖面的介绍可知,风速随高度而变化,离地面越近,平均风速越小,反之则越大。我国气象站风速仪安装高度一般为8~12m,为便于计算,我国《公路桥梁抗风设计规范》(JTG/T 3360-01—2018)以10m高度为标准高度。若不满足标准高度要求,则应将非标准记录数据予以换算。

2)标准地貌

地表越粗糙,风能消耗越大,平均风速越小。目前,气象站风速仪一般安装在城市郊区,周围地形较为空旷平坦,与我国《公路桥梁抗风设计规范》(JTG/T 3360-01—2018)中的B类地貌相近,故以B类地貌为标准地貌(风剖面指数 $\alpha_0=0.16$)。

3)平均风速时距

对同一条风速记录时程曲线,平均风速与所取时距大小(时间长短)有很大的关系。一般来说,时距越短,平均风速越大;时距越长,平均风速越小。我国《公路桥梁抗风设计规范》(JTG/T 3360-01—2018)的平均风速时距为10min,但也有些国家取1h为平均时距,或取3~5s时距的阵风风速。

4)最大风速样本

最大风速样本可以采用日、月或年最大风速样本。如果以日或月最大风速样本,则每年分别有365个样本或12个样本,平时小风速值也占有很大的权值,年最大风速所占的权值仅有1/365或1/12,这样统计出的平均风速必将大大偏低。而最大风速有其自然周期,每年季节性地重复一次,因而采用年最大风速为样本更为合适。与各国规范一致,我国《公路桥梁抗风设计规范》(JTG/T 3360-01—2018)也采用年最大平均风速为统计样本。

5)最大风速重现期

由于以年最大风速为样本,因而重现期通常以年为单位。若重现期为 T_0 年,则每年超过设计最大风速的概率为 $1/T_0$,而不超过该设计最大风速的概率(保证率) P_0 为

$$P_0=1-\frac{1}{T_0} \tag{6-2-2}$$

各国家根据自身的经济发展水平,选取的重现期也不同。同时,一个国家随着经济的不断发展,也会适时调整重现期水平,以期达到经济性与安全性的平衡。例如,我国《建筑结构荷载规范》(GBJ 9—87)在2001年以前的重现期标准为30年,2001年修订将重现

期提高为50年。

6)最大风速概率分布函数

在具有足够的年最大风速样本的基础上,确定一定重现期下的设计最大风速时,还需确定年最大风速样本的概率分布函数。与世界大多数国家一样,我国《公路桥梁抗风设计规范》(JTG/T 3360-01—2018)采用极值Ⅰ型分布来描述。极值Ⅰ型分布函数 $F(x)$ 为

$$F(x)=\exp\{-\exp[-\alpha(x-\mu)]\} \tag{6-2-3}$$

式中,参数 α 和 μ 通过参数估计方法得到。

6.2.2 近地面脉动风特性

风速大小和方向具有随时间和空间随机变化的特征(图6-2-2)。实际上,这种脉动效应使结构承受随时间变化的荷载,影响疲劳寿命和使用舒适度;在某些情况下会引起共振,导致灾难性后果;它还会改变结构在平稳气流中表现的气动力特性。因此,风速的脉动效应不容忽略。描述脉动风特性的参数有湍流强度、湍流积分尺度、脉动风速功率谱等,一般随地貌、地理位置等的不同有所变化。这些参数对风洞试验的风场模拟和风致振动,尤其是抖振响应分析有着重要影响。

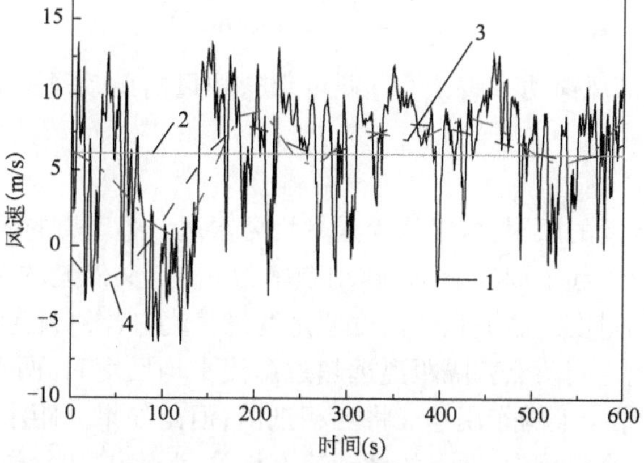

图6-2-2 实测风速曲线与各种平均风速比较

1-实测风速数据;2-常数平均风速;3-基于小波分析的时变平均风速;4-基于EMD的时变平均风速

1)湍流强度

湍流强度(也称为紊流强度),是描述脉动风特性最简单的参数,它的定义为脉动风速均方差与平均风速的比值。考虑到风速是一个空间矢量,记为 $\boldsymbol{V}$,可将它分解为三个正交方向的分量(图6-2-3),其中 x 轴为平均风速 U 的方向(即顺风向),各分量可表示为

$$V_x=U+u(t),V_y=v(t),V_z=w(t) \tag{6-2-4}$$

设脉动风速 $u(t)$,$v(t)$,$w(t)$ 的均方差分别为 σ_u,σ_v,σ_w,则三个方向的湍流强度分别为

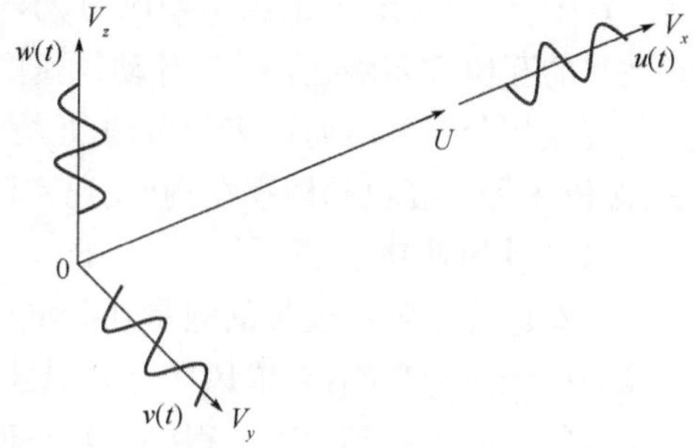

图6-2-3 风速矢量示意图

$$I_u = \frac{\sigma_u}{U}, I_v = \frac{\sigma_v}{U}, I_w = \frac{\sigma_w}{U} \tag{6-2-5}$$

湍流强度大小与地面粗糙度和测点高度密切相关，地面越粗糙，气流紊乱程度越强，但随着高度的增加，这种紊乱程度将减弱，而平均风速则随着高度的增加而增加，故湍流强度随高度的增加而减小。一般而言，顺风向的湍流强度 I_u 大于水平横风向的湍流强度 I_v 和竖平面方向的湍流强度 I_w，《公路桥梁抗风设计规范》(JTG/T 3360-01—2018)认为 $I_v = 0.88I_u$，$I_w = 0.50I_u$，并给出了各类地貌不同高度处的顺风向湍流强度取值表。

此外，也可采用负指数率形式来表达顺风向湍流强度剖面，即

$$I_u(z) = I_{10}\left(\frac{z}{10}\right)^{-\alpha_0} \tag{6-2-6}$$

式中，z 为离地高度；I_{10} 为 10m 高处的名义湍流度，我国《建筑结构荷载规范》(GB 50009—2012)规定 A、B、C、D 四类地貌的 I_{10} 分别为 0.12、0.14、0.23、0.39；α_0 为地面粗糙度指数。

实际上，顺风向湍流度还可以依据顺风向脉动风速谱(见本节脉动风速功率谱的介绍)得到。根据平稳随机过程理论，脉动风速的方差为风速功率谱在整个频谱上的积分，即

$$\sigma_u^2 = \int_0^{+\infty} S_u(n)\,dn \tag{6-2-7}$$

因此，只要知道顺风向功率谱 $S_u(n)$ 便可求得顺风向脉动风速方差 σ_u^2，进而可求得湍流度。

2)湍流积分尺度

空间某点速度脉动的原因，可以认为是平均风输送一些理想的涡旋叠加而引起的，每一个涡旋都在那一点引起了周期脉动，脉动频率为 n。定义涡旋的波长为 $\lambda = U/n$，这个波长就是涡旋大小的量度。湍流积分尺度便是度量气流中各种涡旋沿某一指定方向平均尺寸的一个指标。当空间两点相隔距离远超过湍流平均尺度时，两点间的脉动速度是不相关的，因此它们在结构上的作用一般将互相抵消；但是如果间距小于湍流平均尺度，意味着这两点处于同一个涡旋内，两点的脉动速度相关，涡旋作用将增强。由于涡旋的三维特性，对应 3 个脉动风速和空间的 3 个方向，所以共有 9 个湍流积分尺度，即 L_u^x、L_v^x、L_w^x、L_u^y、L_v^y、L_w^y、L_u^z、L_v^z、和 L_w^z，其数学定义式为

$$L_a^r = \int_0^{+\infty} C_{a_1a_2}(r)\,dr/\sigma_u^2 \tag{6-2-8}$$

式中，$r = x, y, z$，分别表示顺风向、水平横风向和竖向；$C_{a_1a_2}(r)$ 为相距 r 的两点脉动风速之间的互协方差函数；σ_u^2 为脉动风速的方差。

湍流积分尺度可通过实测得到，但是不同研究者实测的结果差异较大。需要指出的是，湍流积分尺度也同样存在剖面，通常随着高度的增加而增大。

3)脉动风速功率谱

功率谱描述随机变量的能量在频域内的分布特征。脉动风速功率谱按照方向可分为顺风向脉动风速功率谱、横风向脉动风速功率谱和竖向脉动风速功率谱。功率谱可在一定假设的基础上由理论推导得到，也可通过大量的实测风速记录经统计分析得到，在此基础上再拟合出适宜于结构动力计算的近似功率谱。在此仅介绍顺风向脉动风速功率谱，

很多学者提出了不同的脉动风速功率谱，常用主要 Davenport 谱、Kaimal 谱和修正 Karman 谱等。

Davenport 谱是加拿大 A. G. Davenport 由气象资料拟合得到的脉动风速功率谱，并经人多次改进，应用较为广泛，其表达式如下

$$\frac{nS_u(n)}{\sigma_u^2}=\frac{4x^2}{6(1+x^2)^{4/3}} \tag{6-2-9}$$

$$x=\frac{nl}{U_{10}} \tag{6-2-10}$$

式中，n 为风的脉动频率(Hz)；$S_u(n)$ 为风谱；l 为湍流的特征长度，Davenport 假定湍流特征长度 l 沿高度不变，并近似取为 1200m，因此 Davenport 谱不随高度变化。

Kaimal 谱表达式如下

$$\frac{nS_u(n)}{\sigma_u^2}=\frac{200x}{6(1+50x)^{5/3}} \tag{6-2-11}$$

$$x=\frac{nz}{U(z)} \tag{6-2-12}$$

式中，z 为离地高度；$U(z)$ 为离地高度的平均风速。

修正 Karman 谱表达式如下

$$\frac{nS_u(n)}{\sigma_u^2}=\frac{4x^2}{(1+70.8x^2)^{5/6}} \tag{6-2-13}$$

$$x=\frac{nL_u(z)}{U(z)} \tag{6-2-14}$$

$$L_u(z)=100\left(\frac{z}{30}\right)^{0.5} \tag{6-2-15}$$

6.2.3 桥梁抗风设计风参数取值

桥梁抗风设计风参数取值，包括设计基本风速、设计基准风速、颤振临界风速、驰振临界风速、静风失稳临界风速等的取值，最重要的是确定桥梁的设计基准风速，其他风参数大多可基于该参数依据规范公式推算得到。因此这里仅重点介绍桥梁的设计基准风速取值方法。

首先对《公路桥梁抗风设计规范》(JTG/T 3360-01—2018)中基本风速、桥梁设计基本风速、设计基准风速和桥梁设计基准风速几个术语作一个简要说明。基本风速 U_{10} 是 B 类地貌、10m 高度处、100 年重现期的 10min 平均年最大风速，在 6.2.1 节有详细介绍，通常可从规范或历史气象数据查得。桥梁设计基本风速 V_{10} 是桥位 10m 高度处、100 年重现期的 10min 平均年最大风速。设计基准风速是桥梁或构件基准高度 z 处 100 年重现期的 10min 平均年最大风速，若不同构件基准高度 z 不同，则相应的设计基准风速也不同。桥梁设计基准风速是特指主梁基准高度 z 对应的设计基准风速。确定设计基准风速的具体方法如下：

由我国规范基本风速的定义可知，该规范里面给定的基本风速 U_{10} 为 B 类地貌、10m 高度处的风速，当桥址地貌也为 B 类时，U_{10} 与 V_{10} 一致。而桥址所在地貌可能为该规范规定的其他类型，此时依据梯度风风速相等原则进行换算，可求得桥梁设计基本风速 V_{10}。

以 D 类桥址地貌为例,根据梯度风风速相等,推导桥梁设计基本风速 V_{10} 如下

$$U_H = U_{10} \times \left(\frac{350}{10}\right)^{0.16} = V_{10} \times \left(\frac{450}{10}\right)^{0.30} \tag{6-2-16}$$

式中,U_H为梯度风风速;U_{10}为由规范查得的基本风速,即 10m 高度处、B 类地貌下的风速大小;V_{10}为桥梁设计基本风速(考虑局部地表粗糙度影响,离地 10m 高度处、10min 时距的年平均最大风速),由于这里假定桥址地貌为 D 类,即 V_{10}为 10m 高度处、D 类地貌下的风速大小。

由式(6-2-16)可得桥梁设计基本风速 V_{10}为

$$V_{10} = 0.57U_{10} \tag{6-2-17}$$

依据平均风速剖面的对数率,结合桥梁设计基本风速 V_{10},可简单地根据桥梁或构件的基准高度 z,推算得到对应高度处的设计基准风速 V_z

$$V_z = V_{10}\left(\frac{z}{10}\right)^{0.30} \tag{6-2-18}$$

当桥址地形地貌可依据规范明确确定所述类别时,z 为构件至地表的高度。然而,对于跨越山谷或河谷的桥梁,主梁的基准高度 z 取为主梁至山谷谷底或河谷水面高度 z_h 的 2/3,其他构件的基准高度 z 取为构件距离地面或水面的垂直距离,如图 6-2-4 所示。

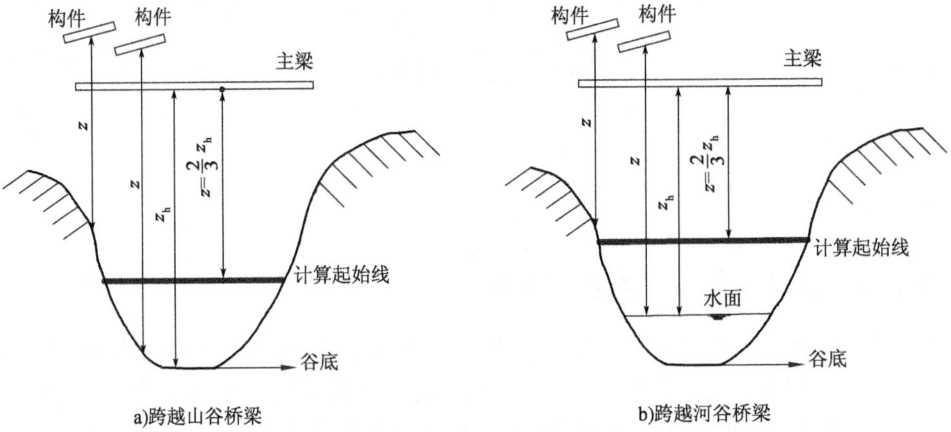

图 6-2-4　桥梁结构及构件基准高度

不难看出,上述风速取值仅适用于《公路桥梁抗风设计规范》(JTG/T 3360-01—2018)规定的地表类别明确的地形,对于一些规范涵盖不了的地形,如川藏铁路峡谷高差一般为 1000~3000m,最高甚至达到 5000m 以上,可想而知,此类峡谷的梯度风高度肯定远高于现有梯度风高度最大值 450m。为此,《公路桥梁抗风设计规范》(JTG/T 3360-01—2018)指出"当桥梁跨越较窄的海峡或峡谷等不容易确定地表类别的特殊地形时,可通过模拟地形的风洞试验、实地风速观测、数值风洞方法或其他可靠方法确定桥梁设计基准风速"。针对桥址区的现场实测资料可信度较高,相对真实地反映了观测站位置的局部空气流动特性,但基于现场实测资料来推算桥址区风场特性的分析方法需要建立足够数量的观测站(图 6-2-5),且需要持续相当长的观测周期,投资较大,且对于复杂地形桥址区,在主梁和桥塔位置处建立观测站的难度较大。北盘江大桥、矮寨大桥、昂船洲大桥、四渡河大桥、坝陵河大桥等都对桥址区风场特性进行了实测研究。数值模拟方法(图 6-2-6)

能减少人力和资源的投入,通过定量的确定流场结构,有助于对空气流动机理的认识,但由于目前数值模拟技术在湍流与分离流中的局限性,数值模拟计算结果的精度有限,实际复杂地形的数值模拟结果与现场实测或风洞试验结果偏差较大,因而在现阶段,数值模拟方法通常作为现场实测和风洞试验的补充研究手段。地形模型风洞试验(图6-2-7)通常以实际地形为参照,按照一定缩尺比制作出反映实际地形特征的地形模型,以获取特定位置的风特性以及整个复杂地形区域内的风场分布。由于风洞试验方法,既相对较节省人力、物力和时间,又可在试验过程中人为的控制、改变和重复试验条件,因而在变参数影响的机理研究、解决一些比较复杂的工程问题中具有较大的优越性,是开展此类研究的有效方法。如龙江大桥、矮寨大桥、四渡河大桥、坝陵河大桥等都通过地形模型风洞试验对桥址风场特性进行研究。

图6-2-5 现场实测

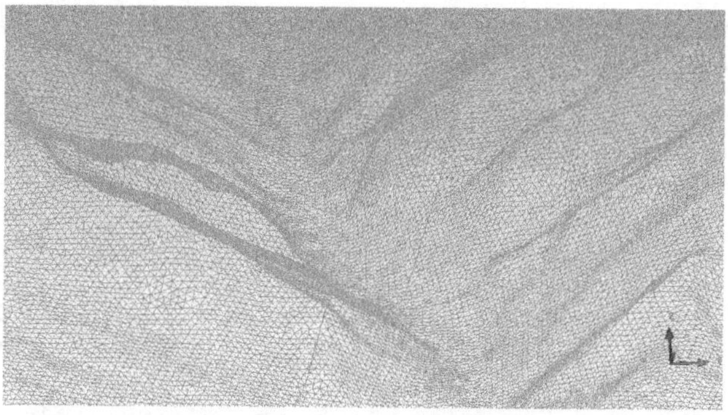

图6-2-6 地形模型数值模拟网格划分

图6-2-7 地形模型风洞试验(川藏铁路藏木桥桥址)

6.3 桥梁静力风荷载

桥梁结构的风作用一般分为平均风作用、脉动风作用两个部分。平均风产生的静荷载简称静力风荷载。这是因为风是流动的,平均风的作用会使处于风场中的结构产生一定的静力变形,气流作用等同于一个静荷载。三分力系数则是描述静风荷载的一组无量纲参数。

6.3.1 桥梁静力风荷载与三分力系数

处于风场中的桥梁断面,在忽略其自身振动的条件下,可以视为风场中固定不动的一个刚体。来流经过这一刚体时,必然会发生绕流现象,使得流线分布发生改变。在任意一根流线上,依据伯努利方程

$$\frac{1}{2}\rho U^2+P=常数 \tag{6-3-1}$$

式中,U 为来流速度;P 为压强。

于是,在桥梁断面表面那些流动较快的点上,压强 P 将小于流动较慢点上的对应值,对桥梁断面上下表面压强差进行面积分,可得到桥梁所受的升力荷载。同理,桥梁断面前后表面的压强差的面积分,则是桥梁所受的风阻力荷载,就是指风的阻力荷载。此外,由于升力与阻力的合力作用点往往与桥梁断面的形心不一致,于是还会产生对形心的扭矩。因此整个断面的风荷载包含升力 F_V、阻力 F_H 与扭矩 M_T 三个分量,如图 6-3-1 所示(图中 α 为风攻角,通常以使结构发生顺时针旋转的方向为正)。

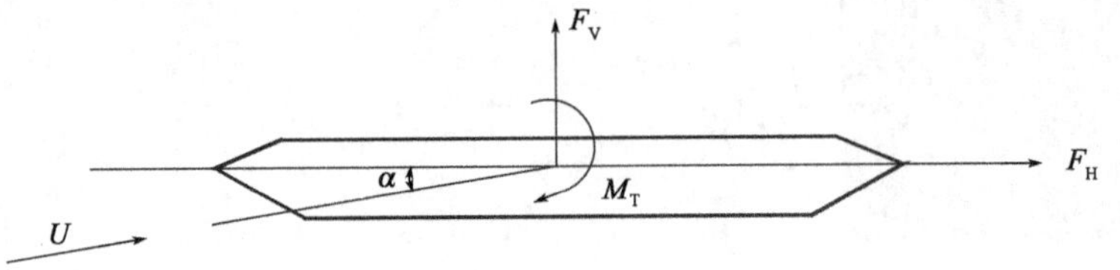

图 6-3-1 风荷载在体轴坐标系下的三分力

图 6-3-1 的三分力是按桥梁断面本身的体轴坐标系来分解定义的,因此称为体轴坐标系下的三分力。有时(例如风洞试验中)需要按风轴坐标系来测定三分力,如图 6-3-2 所示,相应的三分力依次记为升力 F_L、阻力 F_D 和扭矩 M_T。显然扭矩 M_T 在两种坐标系下都相同,(F_L,F_D) 与 (F_V,F_H) 的转换关系则由式(6-3-2)计算。

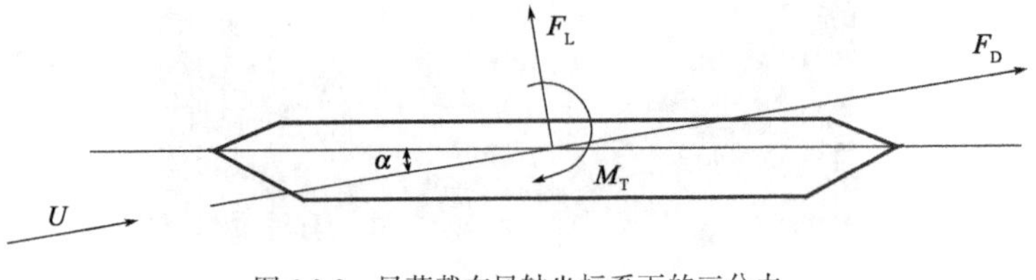

图 6-3-2 风荷载在风轴坐标系下的三分力

$$\begin{Bmatrix}F_V\\F_H\end{Bmatrix}=\begin{bmatrix}\cos\alpha & \sin\alpha\\-\sin\alpha & \cos\alpha\end{bmatrix}\begin{Bmatrix}F_L\\F_D\end{Bmatrix} \tag{6-3-2}$$

需要指出的是,即使是动力风荷载,上述坐标分解方式对每一个瞬时也是适用的。

前已述及,风荷载产生的根本原因是桥梁断面的存在改变了流场的分布与特性。在其他条件相同的情况下,形状相似的两个截面的静力风荷载应当与它们的特征尺寸成比例,这样可以引入无量纲的静力三分力系数,用来描述具有同样形状截面的静力风荷载的共同特征(即三分力系数只与外形有关)。利用三分力系数,体轴坐标系下,某一风攻角下的静力风荷载可以表示为

$$\text{阻力}\quad F_{\mathrm{H}}=\frac{1}{2}\rho U^2 C_{\mathrm{H}} D \tag{6-3-3}$$

$$\text{升力}\quad F_{\mathrm{V}}=\frac{1}{2}\rho U^2 C_{\mathrm{V}} B \tag{6-3-4}$$

$$\text{扭矩}\quad M_{\mathrm{T}}=\frac{1}{2}\rho U^2 C_{\mathrm{M}} B^2 \tag{6-3-5}$$

式中,U 为离断面足够远的上游来流平均风速;C_{H}、C_{V}、C_{M}分别为某一风攻角下的体轴坐标系阻力系数、升力系数与扭矩系数;D、B 分别为桥梁断面高度与宽度。

相应的,某一风攻角下的静力风荷载在风轴坐标系下可以表示为

$$\text{阻力}\quad F_{\mathrm{D}}=\frac{1}{2}\rho U^2 C_{\mathrm{D}} D \tag{6-3-6}$$

$$\text{升力}\quad F_{\mathrm{L}}=\frac{1}{2}\rho U^2 C_{\mathrm{L}} B \tag{6-3-7}$$

$$\text{扭矩}\quad M_{\mathrm{T}}=\frac{1}{2}\rho U^2 C_{\mathrm{M}} B^2 \tag{6-3-8}$$

式中,C_{D}、C_{L}、C_{M}分别为某一风攻角下的风轴坐标系阻力系数、升力系数与扭矩系数。风轴坐标系下的扭矩与体轴坐标系下扭矩计算式相同。

式(6-3-3)~式(6-3-8)表示的是单位长度的风荷载。式(6-3-3)用主梁投影高度 D 计算阻力 F_{H}是我国《公路桥梁抗风设计规范》(JTG/T 3360-01—2018)规定的方法,有些文献统一用一个特征尺寸即桥宽 B 来定义三分力系数,这时

$$F_{\mathrm{H}}=\frac{1}{2}\rho U^2 C'_{\mathrm{H}} B \tag{6-3-9}$$

显然,对于同一种截面,由式(6-3-3)和式(6-3-9)分别定义的阻力系数存在转换关系

$$C'_{\mathrm{H}}=C_{\mathrm{H}}\frac{D}{B} \tag{6-3-10}$$

风轴坐标系下可以相仿地定义阻力系数 C_{D}、升力系数 C_{L}和扭矩系数 C_{M},一般均用桥宽 B 作为特征长度。可以这样来理解三分力系数的意义:$1/2\rho U^2$是远方来流的动压,而 $1/2\rho U^2$与无量纲的 C_{H}(以阻力为例)的乘积是因断面阻碍而造成的动压损失,它转化成了断面的静压变化,这个静压与断面高度的乘积就是单位长度的阻力。从三分力在风轴坐标系和体轴坐标系之间的转换公式可知,静力风荷载与风攻角 α 有关,故三分力系数是风攻角 α 的函数。自然风的攻角大都小于 ±5°,然而近年来的一些桥址处风场实测结果表明,桥梁风攻角最大可达 10°左右,有些国家的桥梁抗风研究已要求测定 ±10°范围内的三分力系数曲线。图 6-3-3 所示为某大跨桥梁的主梁在体轴系下三分力系数随风攻角变化的风洞试验测试结果。

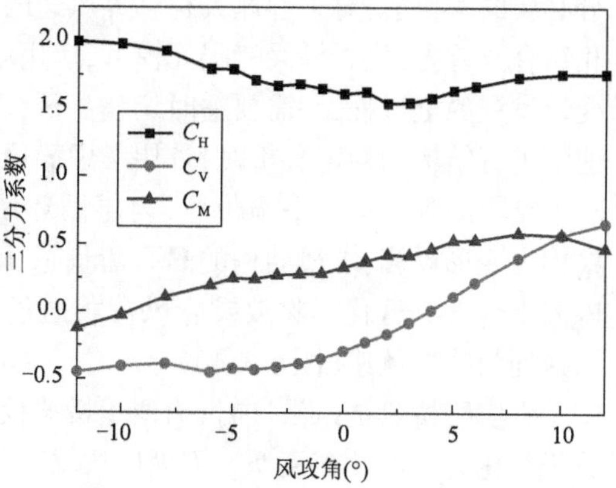

图 6-3-3 主梁在体轴系下的三分力系数随风攻角变化

由于静力风荷载往往是大跨度桥梁的控制设计荷载,因此在设计阶段,要求精细

预测桥梁各组成部分所受到的风荷载。目前常采用的方法就是制作一定缩尺比的节段模型,通过风洞试验测定静三分力系数,然后按式(6-3-3)~式(6-3-8)计算实桥的静力风荷载。由三分力计算公式[式(6-3-3)~式(6-3-8)]可以看出,在风速一定的情况下,结构静风荷载取决于截面形式和结构尺寸。总体上来说,截面形式越接近于流线型,静风荷载越小。对于矩形截面的钝体结构来说,它们的阻力系数是其尾流宽度的函数,不过其尾流宽度的下限大约为物体的整个高度。流动较慢时,尾流宽度比物体高度大得多,于是阻力系数 C_H 也比较大。加大扁状矩形体在来流方向的宽度 B 后流动有可能再次附着在矩形表面上,于是尾流宽度变窄,阻力系数 C_H 变小,因此 C_H 基本上是宽高比 B/D 的函数。

6.3.2 桥梁在静风荷载作用下的稳定性

结构在静风荷载作用下产生的变形会增大有效攻角,使得结构静风荷载会增大,当静风荷载的增量超过了结构抗力矩的增量时,会发生静力失稳现象。一般以扭转发散为主,也有可能出现侧向弯曲失稳。当飞机达到某一临界速度时,流线型的机翼曾经出现过扭毁的事故。对于桥梁而言,当跨度较大时(一般来说主跨大于400m的斜拉桥、主跨大于600m的悬索桥),静风失稳模式主要表现为扭转发散与侧向弯扭屈曲两种模式,对于缆索承重结构如大跨度悬索桥或单索面斜拉桥,可能的失稳模式为扭转发散。已有研究在全桥气弹模型风洞试验中观察到了静风失稳的现象,并发现主梁的静风失稳临界风速可能会小于颤振临界风速。例如,1997年,同济大学对汕头海湾二桥进行气弹模型风洞试验,发现当实际风速达到130m/s时,模型意外地出现了空间弯扭耦合失稳;2006年,同济大学葛耀君教授在舟山西堠门大桥全桥气弹模型风洞试验中观测到了静风弯扭失稳现象,且在-3°、0°和+3°风攻角下的静风失稳临界风速分别为115m/s、105m/s和95m/s,均小于相应风攻角下的颤振临界风速。因此大跨度桥梁的抗风设计需对其静风稳定性进行检验。

大跨度缆索承重桥梁扭转发散的力学计算特点是要充分考虑结构的几何非线性与外荷载非线性,材料非线性通常可忽略。大跨度拱桥侧向屈曲失稳的力学计算特点是要充分考虑结构的几何与材料非线性,而外荷载非线性表现不强,即静风荷载的变形依赖性不强。一般来说,为全面考虑结构与气动力非线性的影响,需要建立全桥三维有限元模型,全面考虑结构的几何与材料非线性和气动力非线性的影响,进行静风稳定精细化分析十分必要的。目前,对于静风失稳临界风速的计算,主要采取增量搜索法与内外双重迭代法相结合。首先,建立桥梁有限元模型,运用增量法将风速按一定步长分级,以便跟踪结构变形发展的全过程,并需要适时调整步长,以便搜索结构的临界失稳风速;其次,在各级风速下进行结构的稳定分析时,外层考虑静风荷载的非线性影响,通过对静风荷载的迭代来求解结构的各个动态平衡位置,内层循环使用N-P修正迭代法,进行固定荷载作用下的结构大变形计算,求得结构的静平衡状态,即所谓的内外双重迭代法。当在设定的步长范围内出现N-P迭代不收敛或静风荷载迭代不收敛时,则认为结构开始发生失稳,此时的风速即为临界风速(图6-3-4)。

在实际桥梁抗风设计时,为便于桥梁设计人员理解,对复杂的三维空间非线性有限元分析简化为二维计算模型。下面以桥梁静风扭转发散为例,对其二维计算模型进行简要介绍。

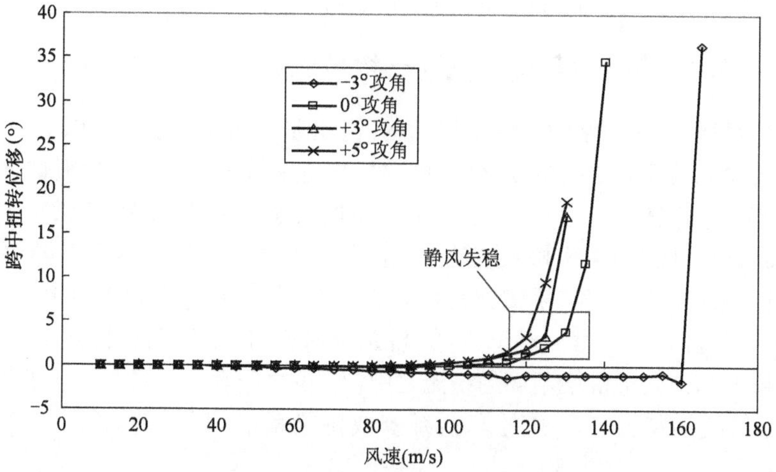

图 6-3-4　某大桥主梁跨中扭转位移-风速曲线

如图 6-3-5 所示,二维模型的扭转振动方程如下

$$M_{\alpha}\ddot{\alpha}+C\dot{\alpha}+K_{\alpha}\alpha=\frac{1}{2}\rho U^{2}B^{2}C_{M}(\alpha) \tag{6-3-11}$$

式中,M_{α}为扭转广义质量;C 为扭转阻尼;K_{α}为扭转广义刚度;ρ 为空气密度;U 为风速;B 为参考宽度;C_{M}为扭矩系数。

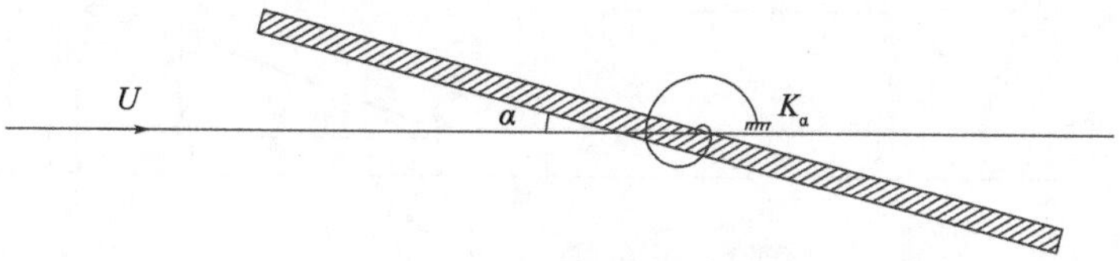

图 6-3-5　扭转发散二维计算模型

扭矩系数 C_{M}可线性展开

$$C_{M}=C_{M0}+C_{M}'\alpha \tag{6-3-12}$$

代入式(6-3-11)得到

$$M_{\alpha}\ddot{\alpha}+C\dot{\alpha}+K_{\alpha}\alpha=\frac{1}{2}\rho U^{2}B^{2}[C_{M0}+C_{M}'\alpha] \tag{6-3-13}$$

将式(6-3-13)右边的线性项移至方程左边,得到

$$M_{\alpha}\ddot{\alpha}+C\dot{\alpha}+(K_{\alpha}-\frac{1}{2}\rho U^{2}B^{2}C_{M}')\alpha=\frac{1}{2}\rho U^{2}B^{2}C_{M0} \tag{6-3-14}$$

扭转发散的条件是有效刚度等于零,于是有

$$K_{\alpha}-\frac{1}{2}\rho U^{2}B^{2}C_{M}'=0 \tag{6-3-15}$$

解得扭转发散临界风速为

$$U_{cr}=\sqrt{\frac{2K_{\alpha}}{\rho B^{2}C_{M}'}} \tag{6-3-16}$$

式(6-3-16)就是我国《公路桥梁抗风设计规范》(JTG/T 3360-01—2018)给出的悬索桥和斜拉桥扭转发散临界风速计算式。从上式可以看出,结构的扭转刚度 K_{α}越小,断面

的扭矩系数斜率 C_M' 越大，则扭转发散的临界风速越低。

6.3.3 车-桥静风荷载相互气动干扰效应

桥梁作为我国高速铁路的重要工程结构，占比非常高（平均 50% 以上），且大跨度桥梁越来越多，加上风环境复杂多变，公交化运行的高速列车在时空上均很难避免强风环境下的桥上行车。为确保桥上列车在强风下运行的安全性和舒适性，通常需要进行风-车-桥耦合振动研究。现有风-车-桥系统动力响应分析方法通常将车辆和桥梁作为两个动力子系统进行求解（车辆方程与桥梁方程由轮轨关系耦联，具体参见第 8 章），为此需要输入车辆和桥梁各自的气动力。对于风-车-桥系统而言，桥梁气动特性随列车的到达和离去而改变，桥上车辆处于桥梁断面的绕流之中，车-桥之间存在非常复杂的相互气动干扰，使得车-桥系统气动特性较单独的车辆系统或桥梁系统（后面简称单车、单桥）有明显不同。

以某流线箱形桥和列车为背景（图 6-3-6），通过刚性节段模型测力试验，利用自主开发的车-桥系统气动力同步分离装置对不同风攻角、车-桥组合方式下车辆和桥梁各自的气动力进行测试，分析横风下车-桥间气动干扰对车辆和主梁气动力的影响规律。

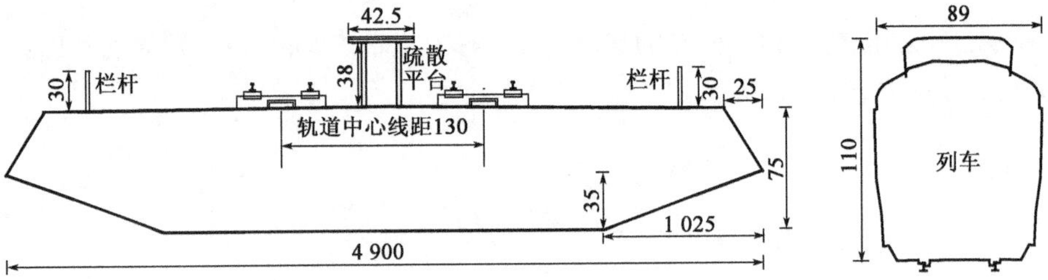

a)主梁　　b)列车

图 6-3-6　模型横断面（尺寸单位：mm）

试验在中南大学高速铁路风洞试验系统的高速试验段进行。由于通常认为横风（即来流方向与车辆、顺桥向垂直）对车、桥最为不利，为此试验仅考虑横风这一情况，且来流为均匀流。表 6-3-1 所列为进行试验工况安排，共进行约 130 个吹风工况。

测 试 工 况　　表 6-3-1

工况编号	车-桥相对位置示意	车-桥状态描述	风 攻 角 α	试 验 风 速
1	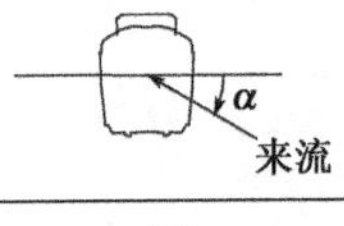	单车	−6° ~ +6° 范围内以 1° 为步长逐一变化	均匀流场 U = 10m/s、20m/s
2	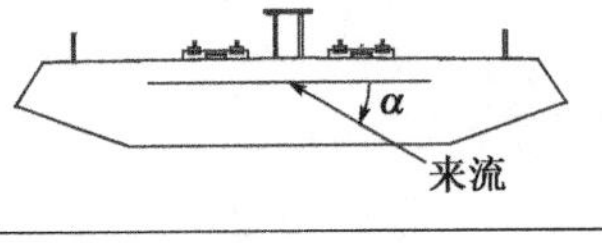	单桥（成桥状态）		
3	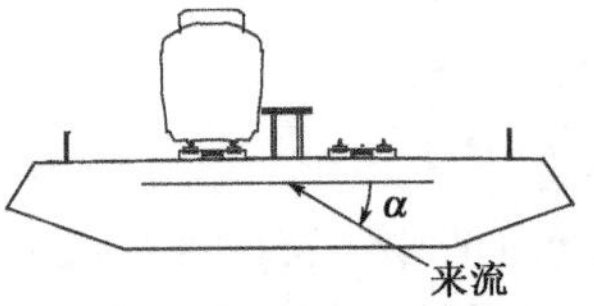	单列车（上游）+ 成桥		

续上表

工况编号	车-桥相对位置示意	车-桥状态描述	风攻角 α	试验风速
4	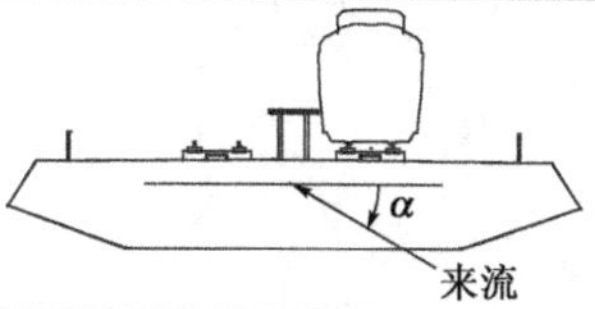	单列车(下游) + 成桥	-6° ~ +6°范围内以 1°为步长逐一变化	均匀流场 $U = 10\text{m/s}$、20m/s
5	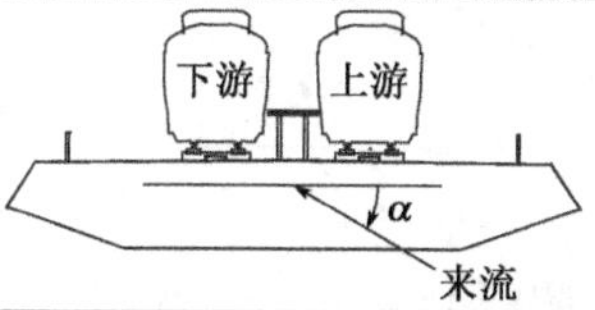	双列车 + 成桥		

为直观比较车-桥组合工况下列车、桥梁气动力与车、桥独自存在时的差异,测试结果直接给出车-桥组合工况列车、桥梁气动力均值与单车、单桥时的比值。

图 6-3-7 所示为车-桥组合状态下列车气动力与单车时的比值。从图 6-3-7a)可看出,工况 5 的下游车辆阻力系数最小,为接近 0 的负值,这是因为测试列车几乎完全处于上游车辆的“遮挡效应”中。尽管工况 5 上游车辆的尾流脱落受下游车辆干扰,但其阻力系数仅略小于工况 3,表明工况 5 下游车辆对上游车辆的气动干扰影响较小。工况 3 和工况 5 上游车辆 0°攻角附近的阻力略大于单车,这可能是因为主梁的存在加大列车尾流宽度,增强车辆背风面负压进而增大列车空气阻力。工况 4 的测试列车位于下游轨道,由于轨道距桥梁前缘较远,车辆处于桥梁前缘分离产生的低速区,故其阻力系数较单车小,约为单车的 70%,且由于它始终处在桥梁分离的尾流中,其阻力受风攻角变化影响较小。

由图 6-3-7b)可知,各工况下车辆升力随攻角变化的趋势基本一致,尽管大多风攻角下车辆升力大小小于单车(比值小于 1),但车-桥组合时,车辆的升力方向发生变化(比值为负值),由于单车状态的升力为负,即意味着车-桥组合下列车受到向上的浮力,可能增大轮重减载率,不利于行车安全。

从图 6-3-7c)可看出,车-桥组合时,列车受到的扭矩小于单车,工况 3、工况 4 和工况 5 上游车辆扭矩大小相当,而工况 5 下游车辆最小,表明列车所在轨道位置对其扭矩影响较小,受列车的遮挡效应影响较大。由于扭矩是阻力和升力大小及其作用位置共同影响的结果,其随攻角变化并无明显规律。

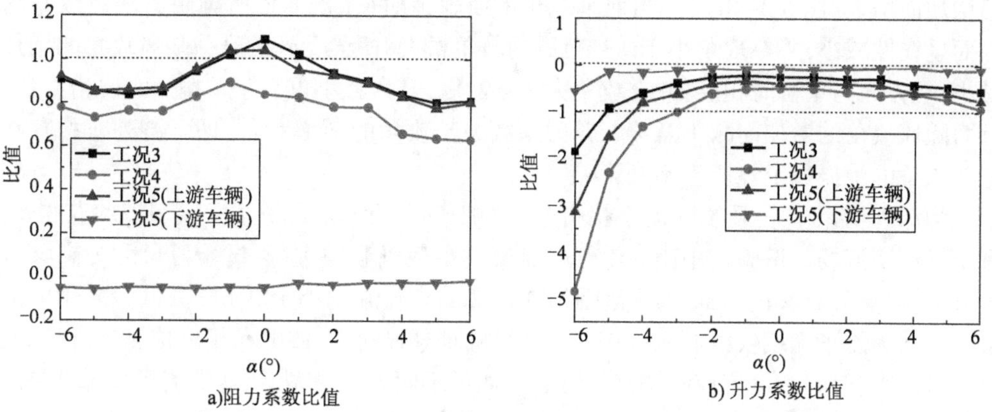

图 6-3-7

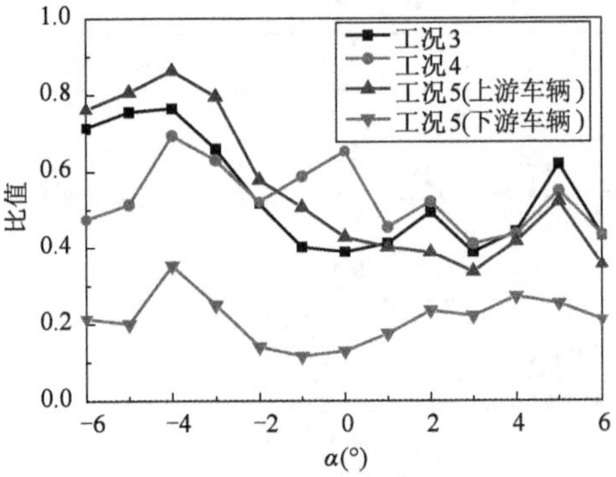

c)扭矩系数比值

图 6-3-7　列车气动力系数比值

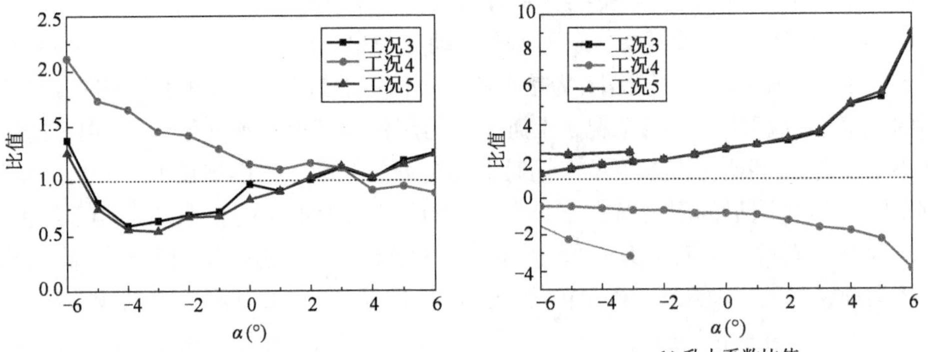

a)阻力系数比值

b) 升力系数比值

图 6-3-8　主梁气动力系数比值

从图 6-3-8 可看出，工况 3 和工况 4 桥梁的气动力结果差异很大，表明车-桥组合状态下列车对桥梁绕流场的影响与其所处的轨道位置密切相关；工况 3 和工况 5 桥梁的气动力结果基本一致，意味着当上游轨道有列车时，下游轨道上列车对桥梁绕流场的影响几乎可以忽略。当列车位于上游轨道时（工况 3 和工况 5），风攻角大于 −4°以后，主梁阻力随攻角增加而大致呈线性增大，并在 3°攻角以后大于桥梁独自存在时的阻力[图 6-3-8a)]；在 ±6°攻角范围内，车-桥组合状态下桥梁受到的升力均较桥梁独自存在时的大，并随攻角增加而增大[图 6-3-8b)]。当列车位于下游轨道时（工况 4），桥梁阻力随风攻角的增加而呈线性减小，并在攻角小于 +3°范围内较单桥大；桥梁受到的升力随风攻角的增加而减小，且方向与单桥时相反，并在攻角大于 +2°后，升力大小也大于单桥。需要指出的是，升力随风攻角的增加而减小意味着升力系数关于攻角的斜率为负，即下游列车的存在可能对该桥的驰振稳定性产生不利影响。

为深入认识车-桥系统气动干扰机理，尝试通过烟线法流场显示风洞试验获得车-桥系统气流绕流场。试验在中南大学开口直流式小型风洞中进行，试验段尺寸为高 × 宽 × 长 = (0.45 × 0.45 × 1.0) m，风速范围为 0 ~ 42m/s，湍流度小于 0.6%。试验采用的流场显示仪器为航华烟线仪，利用 ATMEGA 单片机对电容的充、放电和相机拍照进行控制，其具有电流大，时间和电流控制精确等特点。通过不同大小模型、风速下流场显示结果对比（模型长度与风洞宽度保持一致，为 0.45m），发现几何缩尺比为 1:150、试验风速为 4m/s

时效果最佳。为简化流场以更为显著的对比车-桥间绕流场的气动干扰,试验中未考虑栏杆等主梁附属物对流场的影响,并只考虑0°风攻角。

由图6-3-9a)和图6-3-9b)可看出,车辆外形较钝化,其分离点固定;反之,主梁绕流呈明显流线型特征;车-桥组合后,车-桥系统绕流场的分离点固定,呈明显的钝体特征。将图6-3-9c)和图6-3-9d)与图6-3-9a)和图6-3-9b)对比,可发现上游车辆处于桥梁前缘分离产生的尾流区,迎风面气流速度降低,但由于车-桥系统绕流场的尾流宽度增加,使车辆背风面的负压增强,可能由于背面风负压增强幅度大于迎风面气流速度降低幅度,进而导致该攻角下上游车辆的阻力略大于单车;列车底部绕流由于车辆处于主梁尾流中而减弱,进而导致车底负压减弱,而车顶负压受主梁前缘分流的影响而增强,导致车-桥组合下车辆受到向上的升力。对于主梁而言,车辆的存在主要影响主梁上部绕流场及尾流涡旋脱落,尽管车-桥系统尾流涡脱宽度较单桥大大增加,但上游车辆的存在使来流受阻并使其流速降低,故主梁阻力较单桥略有减小;尽管主梁底部绕流场受车辆影响较小,但由于桥上车辆固定的气流分离点使得主梁上表面负压大大增强,因此主梁升力较单桥时大。

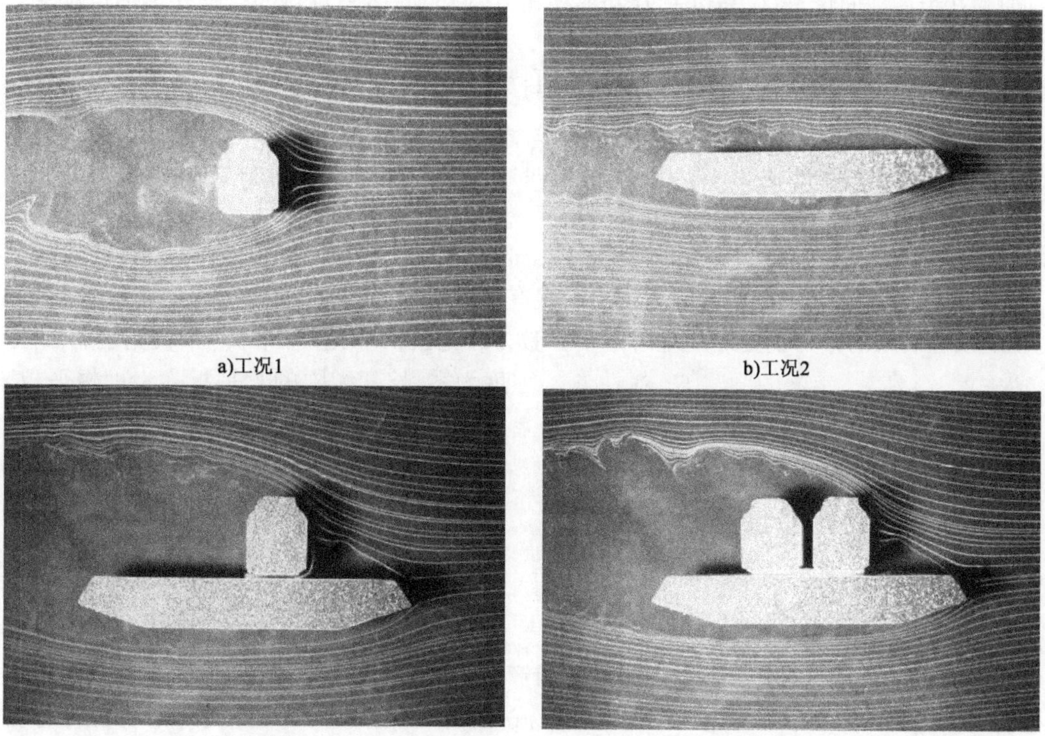

a)工况1　b)工况2

c)工况3　d)工况5

图6-3-9　车-桥系统流场显示结果

6.4　桥梁典型风振分析与控制

桥梁风致振动包括颤振、驰振、抖振与涡激振动四种主要形态。其中,颤振、驰振是一种可能发散的自激振动,可能造成如旧塔科马桥那样的灾难性后果。抖振是一种强迫振动,幅度通常是有限的,不至于造成桥毁事故,但可能威胁行车或施工安全,影响疲劳寿命。气流经过桥梁后产生涡旋,当涡旋脱落频率正好接近桥梁频率时便引起涡激振动,是一种兼具强迫振动与自激振动特性的限幅振动。此外,拉索或吊杆(索)等桥梁柔性构件,由于结构更柔、质量小和阻尼低,也极易发生大幅风致振动。本节简要介绍上述风致振动的分析方法与控制措施。

6.4.1 桥梁颤振分析

颤振是长的条带状结构在横向气流作用下发生的大幅振动,并且具有以扭转振动为主的特征。颤振是一种典型的气流与结构振动强烈耦合的效应,即气流导致结构振动,结构振动反过来又导致气动力增强,于是振动更加剧烈,最终导致振动发散结构毁坏。颤振的一般方程为

$$\boldsymbol{M}\ddot{\boldsymbol{x}} + \boldsymbol{C}\dot{\boldsymbol{x}} + \boldsymbol{K}\boldsymbol{x} = \boldsymbol{P}(\boldsymbol{x},\dot{\boldsymbol{x}},U,\omega) \tag{6-4-1}$$

式中,$\boldsymbol{M}$、$\boldsymbol{C}$、$\boldsymbol{K}$ 分别为质量、阻尼和刚度矩阵;$\boldsymbol{x}$、$\dot{\boldsymbol{x}}$、$\ddot{\boldsymbol{x}}$ 分别为振动位移、速度和加速度向量;$\boldsymbol{P}$ 为荷载向量,不仅与风速 U 和振动频率 ω 相关,还与自身的运动状态即位移 $\boldsymbol{x}$ 和速度 $\dot{\boldsymbol{x}}$ 有关。

可看出,式(6-4-1)右端的荷载项不仅与风速有关,而且与自身的运动状态即位移和速度有关,所以称为气动自激力。颤振就是一种由气动自激力引起的自激振动。结构的运动状态是待求解的未知函数,式(6-4-1)是一种两边都含有未知函数的微分方程,它是很难精确求解的。

事实上,早在1940年美国旧塔科马(Tacoma)桥风毁事故之前,航空界就发现了机翼颤振现象,并且建立了颤振自激力理论。现有的桥梁颤振理论,是在飞行器颤振理论的基础上改造而成的。为了更好地理解气动自激力理论,首先对理想平板(一块宽度为 B,厚度为零,长度无限的直平板称为理想平板)气动自激力理论作简要介绍。假定风速为 U 的均匀流场流过理想平板,攻角为零,如图6-4-1所示。由于平板没有厚度,且攻角为零,如果平板绝对静止的话,它对流场没有任何干扰作用,静力风荷载为零,相应的三分力系数也为零。

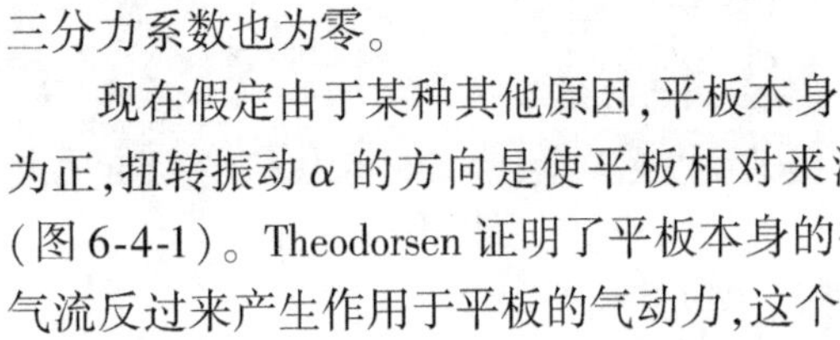

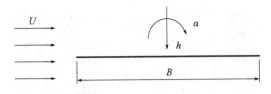

图6-4-1 处于均匀场来流中的理想平板

现在假定由于某种其他原因,平板本身产生了竖向与扭转微振动,竖向振动 h 以向下为正,扭转振动 α 的方向是使平板相对来流方向产生正攻角为正,横向振动暂时忽略(图6-4-1)。Theodorsen 证明了平板本身的微振动扰动了平板上、下表面的气流,扰动的气流反过来产生作用于平板的气动力,这个随时间变化的气动力与平板振动的速度、位移有关。如果平板作频率为 ω 的简谐运动,用复指数形式表达为

$$\begin{cases} h = h_0 e^{i\omega t} \quad (\text{竖向}) \\ \alpha = \alpha_0 e^{i\omega t} \quad (\text{扭转}) \end{cases} \tag{6-4-2}$$

对应于上述简谐反应,Theodorsen 导出的平板气动自激力的理论解为

$$
\begin{cases}
L = \pi\rho b\{-b\ddot{h} - 2UC(k)\dot{h} - [1 + C(k)]Ub\dot{\alpha} - 2U^2C(k)\alpha\} \\
M = \pi\rho b^2\left\{UC(k)\dot{h} - \dfrac{b^2\ddot{\alpha}}{8} + \left[-\dfrac{1}{2} + \dfrac{1}{2}C(k)\right]Ub\dot{\alpha} + U^2C(k)\alpha\right\}
\end{cases}
\tag{6-4-3}
$$

式中，L、M 分别为单位长度的升力与扭矩；ρ 为空气密度；b 为薄平板半宽，板宽 $B = 2b$；U 为空气来流速度；h、α 分别为截面竖向位移与扭转角；k 为无量纲折算频率，$k = b\omega/U$，ω 为振动圆频率(rad/s)；$C(k)$ 为 Theodorsen 循环函数，当用 Bessel 函数表示时可以写成

$$
C(k) = F(k) + \mathrm{i}G(k) \tag{6-4-4}
$$

由式(6-4-3)可以看出，气动自激力是竖向速度 $\dot{h}$ 和竖向加速度 $\ddot{h}$ 的线性函数，也是扭转角 α、速度 $\dot{\alpha}$ 及其加速度 $\ddot{\alpha}$ 的线性函数，也就是说气动力的大小随平板本身运动的大小而变化，因此称为自激力。其次，气动力也与来流速度 U 有关。复函数 $C(k)$ 是无量纲频率 k 的函数，当平板振动频率一定时，k 与风速 U 成反比。需要说明的是，式(6-4-2)用复数形式表述平板运动，实际平板简谐运动是复数表达式的实部或虚部，对应的自激力表达式(6-4-3)也是复数形式，其实部与虚部分别为式(6-4-2)的实部与虚部反应对应的自激力。

大量飞行器风洞试验表明，Theodorsen 的理想平板气动自激力表达式，能较好地近似表述完全流线型的薄机翼截面的气动自激力。早期的飞机机翼，也基本是截面形状不变的等宽直机翼，符合二维流动的条带假定。现代的机翼沿弦长方向宽度是变化的，角度是后掠的，甚至有三角形机翼，这样，二维流动理论不再适用，它们的气动自激力也必须通过风洞试验来测定。为了能从风洞模型试验结果推算真实机翼的气动自激力，必须找出一批仅与机翼形状有关的无量纲参数，通过它们来实现模型力与原型力之间的互换，这就是颤振导数的来由。

1971 年，Scanlan 将飞行器的颤振导数理论加以推广，建立了适用于桥梁主梁断面的颤振导数理论。图 6-4-2 表示一个处于二维均匀流中的常见桥梁主梁断面，显然，如同理想平板一样，该断面的微振动也会扰动周围的气流，从而产生自激力。与理想平板相同，这里仍只考虑该断面的竖向振动 h 与扭转振动 α，这样它的运动状态由其状态向量 $\{\dot{h}\ \dot{\alpha}\ \alpha\ h\}^{\mathrm{T}}$ 唯一确定，这里依照 Scanlan 颤振理论的习惯排列状态向量的顺序。气动自激力是来流速度 U、振动频率 ω 与状态向量的函数，可以表示为

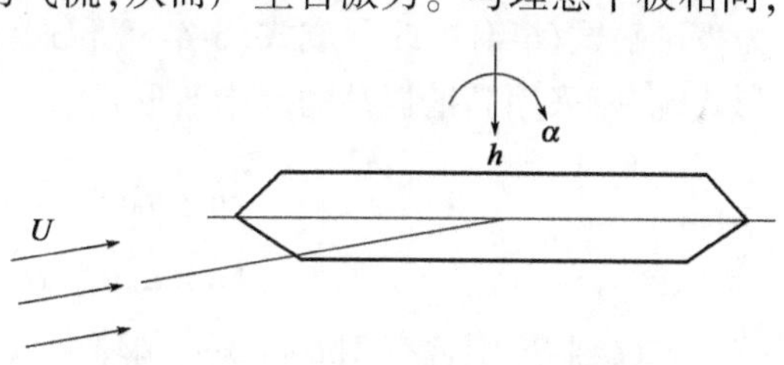

图 6-4-2 处于二维均匀流的桥梁主梁断面

$$
\begin{cases}
L = L(U, \omega, \dot{h}, \dot{\alpha}, \alpha, h) \\
M = M(U, \omega, \dot{h}, \dot{\alpha}, \alpha, h)
\end{cases}
\tag{6-4-5}
$$

假定振动是微幅振动，可将式(6-4-5)展成相对于静平衡状态$\{0\ 0\ 0\ 0\}^{\mathrm{T}}$的泰勒级数。以升力 L 为例，则

$$
L = L(U, \omega, \dot{h}, \dot{\alpha}, \alpha, h) = L(U, \omega, 0, 0, 0, 0) + \left(\frac{\partial L}{\partial \dot{h}}\dot{h} + \frac{\partial L}{\partial \dot{\alpha}}\dot{\alpha} + \frac{\partial L}{\partial \alpha}\alpha + \frac{\partial L}{\partial h}h\right) + \Delta(L)
$$

由于自激力的定义本身不包含物体静平衡状态时所受的气动作用力(即静力风荷载)，因此 $L(U, \omega, 0, 0, 0, 0) = 0$，从而有

$$L=\left(\frac{\partial L}{\partial \dot{h}}\dot{h}+\frac{\partial L}{\partial \dot{\alpha}}\dot{\alpha}+\frac{\partial L}{\partial \alpha}\alpha+\frac{\partial L}{\partial h}h\right)+\Delta(L) \tag{6-4-6}$$

同理有

$$M=\left(\frac{\partial M}{\partial \dot{h}}\dot{h}+\frac{\partial M}{\partial \dot{\alpha}}\dot{\alpha}+\frac{\partial M}{\partial \alpha}\alpha+\frac{\partial M}{\partial h}h\right)+\Delta(M) \tag{6-4-7}$$

式(6-4-6)和式(6-4-7)中,前四项之和为气动自激力的线性主部,Δ 项表示余项。

Scanlan 认为实际的桥梁断面,不管是近似流线体还是钝体,余项 Δ 都小到可以略去。他引入 8 个无量纲的颤振导数 H_i^*,A_i^*,$i=1,2,3,4$,近似将自激力表达为状态参量的线性函数,即

$$L=\frac{1}{2}\rho U^2(2B)\left\{KH_1^*\ \frac{\dot{h}}{U}+KH_2^*\ \frac{\dot{\alpha}B}{U}+K^2H_3^*\alpha+K^2H_4^*\ \frac{h}{B}\right\} \tag{6-4-8}$$

$$M=\frac{1}{2}\rho U^2(2B^2)\left\{KA_1^*\ \frac{\dot{h}}{U}+KA_2^*\ \frac{\dot{\alpha}B}{U}+K^2A_3^*\alpha+K^2A_4^*\ \frac{h}{B}\right\} \tag{6-4-9}$$

对比式(6-4-6)与式(6-4-8)、式(6-4-7)与式(6-4-9),可见颤振导数其实就是气动自激力对状态参量的一阶偏导数,颤振导数与状态参量的线性组合表示了气动自激力的线性主部,余项 Δ 式是其理论误差。式(6-4-8)、式(6-4-9)是取全桥宽 B 为特征长度,这时 $K=\omega B/U=2k$。在式(6-4-8)、式(6-4-9)中,大括号之内的各项都是无量纲量,其中 U、B、ω、K、$\dot{h}$、$\dot{\alpha}$、α、h 表征风场与断面运动状态,而颤振导数则是表征断面气动自激力特征的一组参数。只要测定了颤振导数,就可依据它计算同一形状断面在任意运动状态(微振动)中的气动自激力。由图 6-4-2 可见,h、α 是以桥梁断面的体轴定义的,U 为来流风速,风攻角的影响由颤振导数体现,即同一断面不同攻角的颤振导数是不同的。

为了便于将理想平板颤振导数与桥梁常用颤振导数进行比较,将理想平板气动自激力理论解式(6-4-3)改写成式(6-4-8)和式(6-4-9)的形式,将理想平板和桥梁的颤振导数形式统一,采用简谐振动的复指数形式

$$\begin{cases}h=h_0\mathrm{e}^{\mathrm{i}\omega t},\dot{h}=\mathrm{i}\omega h,\ddot{h}=-\omega^2h\\ \alpha=\alpha_0\mathrm{e}^{\mathrm{i}\omega t},\dot{\alpha}=\mathrm{i}\omega\alpha,\ddot{\alpha}=-\omega^2\alpha\end{cases} \tag{6-4-10}$$

式(6-4-3)中含有 Theodorsen 循环函数 $C(k)=F(k)+\mathrm{i}G(k)$,因而是一个复数形式的表达式,利用式(6-4-10)可以转化为实数形式,以式(6-4-3)中的升力为例,则

$$\begin{aligned}L&=\pi\rho b\{\omega^2bh-2U(F+\mathrm{i}G)\dot{h}-(1+F+\mathrm{i}G)Ub\dot{\alpha}-2U^2(F+\mathrm{i}G)\alpha\}\\&=\pi\rho b\{\omega^2bh-2UF\dot{h}+2UG\omega h-(1+F)Ub\dot{\alpha}+UG\omega b\alpha-2U^2F\alpha-2UG\dot{\alpha}/\omega\}\\&=\pi\rho b\{-2UF\dot{h}-[(1+F)Ub+2U^2G/\omega]\dot{\alpha}-(2U^2F-UG\omega b)\alpha+(\omega^2b+2UG\omega)h\}\\&=\frac{1}{2}\rho U^2(2B)\left\{-\pi F\frac{\dot{h}}{U}-\frac{\pi}{4}\left(1+F+\frac{4G}{K}\right)\frac{B\dot{\alpha}}{U}-\pi\left(F-K\frac{G}{4}\right)\alpha+\pi\left(\frac{K^2}{4}+KG\right)\frac{h}{B}\right\}\end{aligned}$$

将上式与颤振导数定义式(6-4-8)对比,就得到理想平板的颤振导数 H_i^*($i=1,2,3,4$)的表达式如下

$$
\begin{cases}
H_1^* = -\pi \dfrac{F}{K} \\
H_2^* = -\dfrac{\pi(1+F)}{4K} - \dfrac{\pi G}{K^2} \\
H_3^* = \dfrac{\pi G}{4K} - \dfrac{\pi F}{K^2} \\
H_4^* = \dfrac{\pi}{4} + \dfrac{\pi G}{K}
\end{cases}
\tag{6-4-11}
$$

同理,由气动自激扭矩 M 可得另外 4 个颤振导数 A_i^* ($i=1,2,3,4$)如下

$$
\begin{cases}
A_1^* = \dfrac{\pi F}{4K} \\
A_2^* = \dfrac{\pi(F-1)}{16K} + \dfrac{\pi G}{4K^2} \\
A_3^* = \dfrac{\pi}{128} + \dfrac{\pi F}{4K^2} - \dfrac{\pi G}{16K} \\
A_4^* = -\dfrac{\pi G}{4K}
\end{cases}
\tag{6-4-12}
$$

由前面介绍的内容可看出,颤振自激力与结构位移 h、α 与速度 $\dot{h}$、$\dot{\alpha}$ 成正比(线性理论),而颤振导数则是状态($\dot{h},\dot{\alpha},\alpha,h$)与气动力之间的传递函数。由此可以推知,当结构发生振动时,颤振自激力也以同样的频率发生变化,但是自激力与结构振动位移之间存在着相位差,这种相位差使得结构振动处于两种可能的状态。第一种可能是结构每振动一周,自激力对结构做的功为负值(例如自激力与振动位移的相位正好相反),这表明气流耗散了振动的能量,结构振动会逐渐衰减乃至停止,这是一种气动力稳定状态;另一种情况则相反,结构每振动一周,自激力对结构做正功(好比荡秋千),表明气流对结构输送能量,结构振动会越来越大,成为发散振动,直至结构损坏。后一种情况就是颤振现象,是结构空气动力失稳的表现。通常情况下,在低风速时,结构处于空气稳定状态,随着风速的增大,颤振导数的变化会逐渐改变气动自激力与振动位移之间的相位差,气流也就从耗散结构能量转变为向结构输送能量,至一定风速后结构状态就转变为动力不稳定状态,颤振也就发生了。从旧塔科马桥风毁事故视频及风洞试验再现颤振现象可以看出,桥梁在低风速下,振动幅度很小,高于某一特定风速后,振幅突然增大,风速再增加,振幅就会增加得更大,形成振动发散状态。现有颤振研究将发散状态分两种:①"硬"颤振,有明显的突发颤振临界点[图 6-4-3a)];②"软"颤振,没有明显的突发性颤振临界点[图 6-4-3b)],但风速较高时,出现明显的近似等幅扭转振动,振幅随风速的增大而增大,但当风速恒定时却不发散,《公路桥梁抗风设计规范》(JTG/T 3360-01—2018)规定取扭转位移均方差值为 0.5°作为颤振临界点的判据。由稳定状态转变为不稳定状态的对应风速就称为颤振临界风速。一般而言,气动自激力是非线性的,式(6-4-8)、式(6-4-9)定义的自激力是一种线性近似。同时,结构的发散振动是一种大变形运动,属于非线性振动的范畴。因此,要精确的描述结构颤振后的行为,必须先建立非线性的气动弹性理论,这是很难做到的。从抗风设计的角度来看,桥梁工程师不一定需要分析颤振全过程,只要能确定颤振临界风速,并确保临界风速高于桥址处的设计检验风速就可以了。与静力稳定荷载相比,颤振临

界风速是一个动力稳定荷载。到目前为止，抗风设计一直是基于临界风速理论，现有的各种颤振分析理论，实质上都是确定颤振临界状态及其对应的颤振临界风速。

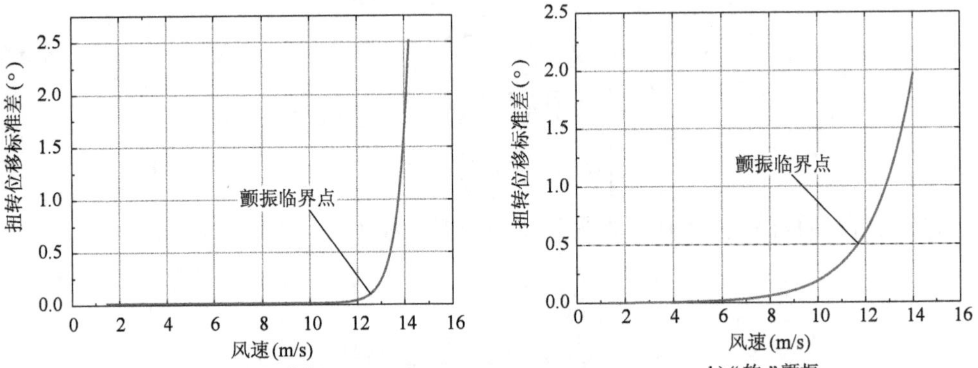

a)“硬”颤振　b)“软”颤振

图 6-4-3　颤振的振幅-风速曲线

旧塔科马桥风毁摄影记录清楚表明，该桥的颤振型态是一阶反对称扭转振型。为此，以扭转单自由度为例，说明由自激力推导颤振临界风速的过程。这里所说的单自由度，是指桥梁的单个扭转振型，它是一个广义自由度。对只考虑一阶扭转振型的扭转颤振，其方程式为

$$\bar{I}(\ddot{\alpha}+2\xi_{\alpha}\omega_{\alpha}\dot{\alpha}+\omega_{\alpha}^{2}\alpha)=\frac{1}{2}\rho U^{2}B^{2}\left(A_{2}^{\#}\frac{B\dot{\alpha}}{U}+A_{3}^{\#}\alpha\right) \tag{6-4-13}$$

式中，$\bar{I}$ 为单位长度的等效质量矩；ω_{α} 为扭转自振频率；ξ_{α} 为扭转阻尼比；α 为扭转振型坐标；$A_{2}^{\#}$、$A_{3}^{\#}$ 表示以无量纲风速 $V^{*}=U/(fB)$ 为自变量计算的颤振导数。

将式(6-4-13)的右端项移到方程左端，可得到

$$\bar{I}\ddot{\alpha}+\left(c-\frac{1}{2}\rho UB^{3}A_{2}^{\#}\right)\dot{\alpha}+\left(k-\frac{1}{2}\rho U^{2}B^{2}A_{3}^{\#}\right)\alpha=0 \tag{6-4-14}$$

式中，$c=2\bar{I}\xi_{\alpha}\omega_{\alpha}$；$k=\bar{I}\omega_{\alpha}^{2}$。

由式(6-4-14)可以看出，在气动自激力作用下结构的总的阻尼为

$$C_{\mathrm{f}}=c-\frac{1}{2}\rho UB^{3}A_{2}^{\#} \tag{6-4-15}$$

当 $A_{2}^{\#}$ 小于零时，C_{f} 大于零，振动是稳定衰减的；当 $A_{2}^{\#}$ 大于零时，C_{f} 可能小于零，结构进入动力不稳定的颤振状态。

颤振临界风速 U_{f} 由 $C_{\mathrm{f}}=0$ 确定，则有

$$U_{\mathrm{f}}=\frac{2c}{\rho B^{3}A_{2}^{\#}} \tag{6-4-16}$$

风洞试验实测结果证明，像旧塔科马桥那样的 H 形断面，其颤振导数 $A_{2}^{\#}$ 确实大于零，因此这类断面的桥梁当 $U>U_{\mathrm{f}}$ 后，可能出现单自由度颤振现象。从式(6-4-16)可以看出，颤振临界风速与颤振导数密切相关。然而，迄今为止，只有零攻角下的理想平板得到了颤振导数的理论解。对于一般的断面，目前只有通过风洞试验或计算流体力学模拟来得到。

事实上，Scanlan 将颤振导数概念推广到一般桥梁断面，其目的就是为实验方法识别桥梁气动参数提供理论依据。目前，颤振导数的识别大多通过节段模型风洞试验，该方法包括两个阶段：①获取信号阶段，通过风洞试验获取包含有气动自激力信息的振动时程信号，获取方法可分为自由振动法与强迫振动法；②数据处理阶段，从振动信号中提取气动

自激力信息，将它们与按式(6-4-8)定义的气动自激力对比，从而识别出颤振导数。

需要指出的是，实际的桥梁结构是具有无穷多个自由度的连续体，其振动形态具有三维空间的分布特征，其颤振临界风速也远比式(6-4-16)复杂，也有更多项的颤振导数有关。然而，由结构动力学理论知道，线弹性体系的小幅振动，总可以分解为一系列基本振型的组合，而且对结构力学性能有影响的振动主要是前几阶低阶振型。旧塔克马桥的颤振实况记录，清楚显示桥面振动是一阶反对称扭转振型为主的振动，大量全桥模型风洞试验观察到的颤振现象是一个或数个振型为主的振动。因此，可以以结构振型为广义坐标，来研究颤振问题。在二维空间假定下，可以研究单自由度扭转颤振以及竖向与扭转耦合的双自由度经典颤振。在三维空间中，可以研究多振型耦合颤振，它自然也包括了单自由度与双自由度颤振。有关二维和三维的颤振理论详细介绍，感兴趣的读者可参阅文献[37]。

6.4.2 桥梁涡振分析

涡激振动是大跨度桥梁最为常见的一种风致振动现象，当涡旋脱落频率与结构自振频率接近时会发生，且通常在风速较低时发生。例如，日本东京湾大桥发生明显竖向涡振时的风速仅为16～17m/s，巴西尼特罗伊跨海大桥在16.7m/s风速作用下发生了一阶竖弯模态涡激振动。涡激振动由于振动的结构反过来会对涡脱形成某种反馈作用，使得涡振振幅受到限制，是一种带有自激性质的风致限幅振动。现有研究表明，涡激振动是由于气流流经结构断面时产生规则的涡旋脱落(图6-4-4)，进而对结构物产生一个周期性变化的作用力，即涡激力，其频率f_u为

$$f_u = S_t \frac{U}{d} \tag{6-4-17}$$

式中，d为截面投影到与气流垂直的平面上的特性尺度，对于一般钝体截面，可取迎风面的高度；U为风速；S_t为Strouhal数。

当被绕流的物体是一个振动体系时，周期性的涡激力将引起结构的涡激振动，并且在涡旋脱落频率与结构的自振频率一致时将发生涡激共振。从式(6-4-17)来看，涡频f_u与风速U呈线性关系，f_u等于结构某一自振频率f_s的条件只在某一风速下才能被满足，但是频率为f_s的振动体系将对涡旋脱落产生反馈的作用，使得涡旋脱落频率f_u在相当长的风速范围内被结构振动频率f_s所“俘获”，产生一种锁定现象，如图6-4-5所示，这种现象使得涡激共振的风速范围扩大。

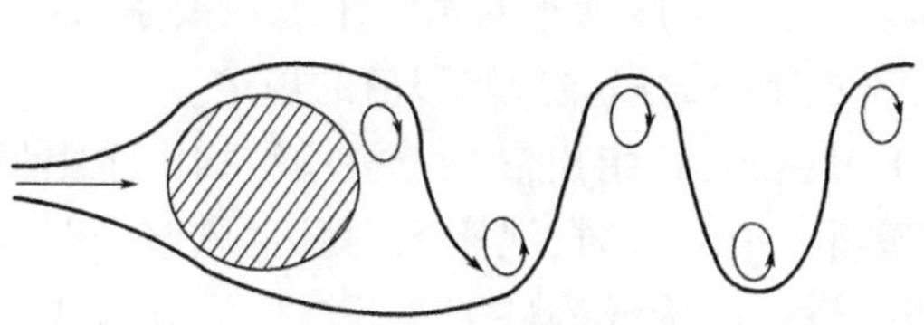

图6-4-4 涡旋脱落

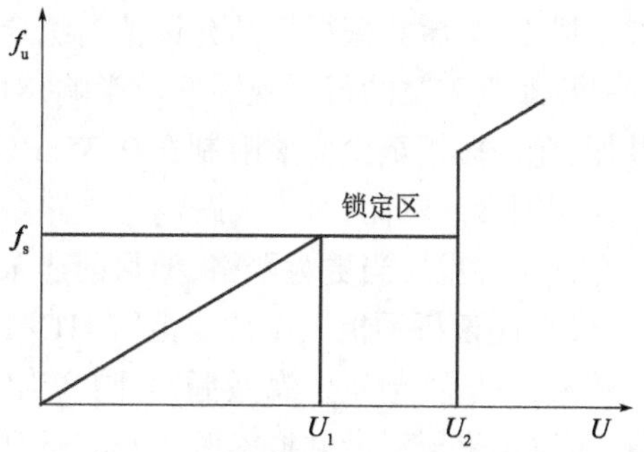

图6-4-5 涡激振动锁定现象(U_1为涡振起始风速，U_2为涡振终止风速)

从涡激共振的表现形式来看,它是一种带有自激性质的强迫振动。涡激共振主要有五个方面的特征:

(1)是一种较低风速下发生的有限振幅振动;

(2)只在某一风速区间内发生;

(3)最大振幅对阻尼有很大的依赖性;

(4)涡激响应对断面形状的微小变化很敏感;

(5)涡激振动可以激起弯曲振动,也可以激起扭转振动。

虽然涡振不像颤振、驰振是毁灭性的发散振动,但由于它在低风速下常容易发生,且振幅之大足以影响行车安全,或会引起构件的疲劳断裂,因此避免涡振或限制其振幅在可接受的范围内具有十分重要的意义。在工程应用中,除了以上有关涡激共振的性质外,人们更关心的是涡振振幅的计算问题。

假设结构发生涡激共振时振动位移随时间按正弦变化,则振动加速度 $a=4\pi^2f^2A$(a 为振动加速度,f 为频率,单位为 Hz;A 为振幅,单位为 m),并取加速度允许值为 1m/s^2,近似 $4\pi^2\approx40$,则可以得到振幅允许幅值为 $A=1/(40f^2)$。考虑到 200m 以下的桥梁竖向基频近似公式为 $f=100/L$(L 为跨径),保留一个 f,并取 $L=160\text{m}$,则可得《公路桥桥梁抗风设计规范》(2018)给出的竖向弯曲涡激共振振幅允许值计算公式,即

$$h_{\rm v}<\gamma_{\rm t}\frac{0.04}{f_{\rm v}} \tag{6-4-18}$$

式中,$h_{\rm v}$ 为竖向涡振振幅(m);$f_{\rm v}$ 为竖向振动频率(Hz);$\gamma_{\rm t}$ 为涡激共振分项系数,采用风洞试验时取 1.0。

类似的,可得《公路桥梁抗风设计规范》(JTG/T 3360-01—2018)给出的扭转涡激共振振幅允许值计算公式

$$\theta_{\rm v}<\gamma_{\rm t}\frac{4.56}{Bf_{\rm t}} \tag{6-4-19}$$

式中,$\theta_{\rm v}$ 为扭转涡振振幅(°);$f_{\rm t}$ 为扭转振动频率(Hz);B 为主梁特征宽度(m)。

由式(6-4-18)和式(6-4-19)可看出,《公路桥梁抗风设计规范》(JTG/T 3360-01—2018)给出的涡振振幅限值仅适用于跨径小于 200m 的桥梁,且给出的位移允许幅值是按照加速度允许值 1m/s^2确定的。然而,考虑到一些大跨径桥梁的竖弯频率偏低,假设竖弯频率为 0.1Hz,则其允许振幅可达 $A=2.5\text{m}$,其允许值相对偏大。为此,湖南大学陈政清院士提出,涡激共振振幅的允许值需综合考虑桥上行车视距等因素的影响,为避免桥梁竖向涡振对驾驶员的行车视线造成影响,对于具有 3 个或者 3 个以上半波的高阶模态涡激共振,允许振幅至少应该限制在 0.35m 以下,此时行车视距可能成为确定涡振振幅限值的控制因素。然而,对于大跨高速铁路桥梁而言,由于高速列车对轨道平顺性要求极高,其允许振幅也应当更为严格,但目前还未有关于铁路桥梁涡振振幅限值的规定。

《公路桥桥梁抗风设计规范》(JTG/T 3360-01—2018)指出混凝土桥梁结构由于阻尼比较大,一般不会发生涡激振动;同样当结构基频大于 5Hz 时,涡激振动发生风速一般较高,可以不进行涡激共振检验。具有下列特征的桥梁结构或构件需要开展风洞试验或理论分析估算涡振振幅:

①频率小于 5Hz 的钢构件;②主跨跨径大于 100m 的钢桥;③主跨跨径大于 100m 的

钢与混凝土组合桥梁;④钢桥塔或钢与混凝土混合桥塔。估算涡振振幅的关键问题是确定涡激力的解析表达式,由于涡振同时具有自激、限幅的特点,目前尚未建立相应的数学模型来准确分析结构涡振响应,已有涡激力模型都是一种半经验数学模型,一些气动参数需要通过风洞试验等方法来获得。本书仅对一些常见的模型进行简单介绍。

1)简谐力模型

人们最初研究涡激振动的时候,观察到的振动现象和简谐振动非常相似,认为作用在结构上的涡激力具有简谐力的形式,于是提出了最初的简谐涡激力模型,这一模型假定涡激力是和升力系数成正比的简谐力,相应的涡激振动方程为

$$m(\ddot{y}+2\xi\omega_{\mathrm{n}}\dot{y}+\omega_{\mathrm{n}}^{2}y)=\frac{1}{2}\rho U^{2}BC_{\mathrm{L}}\sin(\omega_{\mathrm{s}}t+\varphi) \tag{6-4-20}$$

式中,m 为质量;y 为竖向振动位移,若采用某阶振型近似表述结构位移,则 y 为模态坐标(本节后续的位移参量含义同此);ρ 为空气密度;U 为平均风速;B 为结构参考宽度;ξ 为阻尼比;ω_{n} 为结构振动频率;C_{L} 为升力系数;ω_{s} 为涡旋脱落频率;φ 为初相位角。

简谐力模型假定涡激力是和升力系数成正比的简谐力,考虑结构位移响应与涡激力荷载之间相位完全相同,振动频率则与结构固有频率一致。对于多自由度系统,需要考虑多阶模态时,可按照线性体系的振型叠加法进行数学推导,得出涡振振幅幅值估算值。需要指出的是,该气动力模型中的横风向升力系数 C_{L} 是随着截面形式和雷诺数的变化而变化的,结构在静止状态下和振动状态下的 C_{L} 也不尽相同。由于该方法可以很方便地估算该类结构在风荷载作用下的各阶涡振振幅幅值,是欧洲规范推荐的涡振振幅幅值估算公式之一,但这一模型的主要缺点是不能正确反映涡振振幅随风速的变化关系。

2)尾流振子模型

Hartlen 和 Currie 采用范·德波尔(Van der Pol)振子方程来描述作用于弹性支承刚性柱体上的升力,该模型具有线性阻尼,其表达式如下

$$x_{\mathrm{r}}''+2\xi x_{\mathrm{r}}'+x_{\mathrm{r}}=a\omega_{0}^{2}C_{\mathrm{L}} \tag{6-4-21}$$

$$C_{\mathrm{L}}''-a\omega_{0}^{2}C_{\mathrm{L}}'+\frac{\gamma}{\omega_{0}}(C_{\mathrm{L}}')^{3}+\omega_{0}^{2}C_{\mathrm{L}}=bC_{\mathrm{L}}' \tag{6-4-22}$$

式中,$'$为对无量纲时间 $\tau=\omega_{\mathrm{n}}t$ 的导数;x_{r} 为柱体的无量纲振动位移;C_{L} 为柱体的升力系数;ω_0 为结构涡旋脱落频率与结构自振频率比;ξ 为材料阻尼系数;a 为已知的无量纲常数,未知参数 α、γ、b 可以通过试验数据拟合得到,且满足 $C_{\mathrm{L0}}=(4\alpha/3\gamma)^{1/2}$,其中 C_{L0} 为柱体固定时升力系数 C_{L}'的脉动幅值。

该模型真正反映涡激共振自激特性的部分是关于升力系数的振动方程,这对描述涡激共振时特别是振幅较大的涡激共振十分重要,因为大幅涡激共振时,其显著的变化就是升力系数的变化。但该模型所采用的参数缺乏具体的物理意义。由于该模型假定不同位置处的涡激力完全相关,因此该模型适用于大振幅涡激共振的情况。

3)Scanlan 经验线性涡激力模型

Simiu 和 Scanlan 于 1986 年提出了一种经验线性模型,该模型假定一个线性机械振子来描述气动激励力、气动阻尼及气动刚度,则有

$$m(\ddot{y}+2\xi\omega_{\mathrm{n}}\dot{y}+\omega_{\mathrm{n}}^{2}y)=\frac{1}{2}\rho U^{2}D\left[Y_{1}(K)\frac{\dot{y}}{U}+Y_{2}(K)\frac{y}{D}+C_{\mathrm{L}}(K)\sin(\omega_{\mathrm{s}}t+\varphi)\right] \tag{6-4-23}$$

式中，m 为结构单位长度质量；y 为竖向振动位移；ω_n 为结构固有圆频率；ρ 为空气密度；U 为来流风速；D 为结构迎风特征尺寸；K 为涡旋脱落折算频率（$K=\omega_s D/U$）；ω_s 为结构涡旋脱落圆频率；$Y_1(K)$、$Y_2(K)$ 及 $C_L(K)$ 为待拟合的气动参数；φ 为相位角。

4）Scanlan 经验非线性涡激力模型

Scanlan 经验非线性模型是在经验线性模型的基础上增加了一个非线性的气动力，表达式如下

$$m(\ddot{y}+2\xi\omega_n\dot{y}+\omega_n^2 y)=\frac{1}{2}\rho U^2 D\left[Y_1(K)\left(1-\varepsilon\frac{y^2}{D^2}\right)\frac{\dot{y}}{U}+Y_2(K)\frac{y}{D}+C_L(K)\sin(\omega_s t+\varphi)\right] \tag{6-4-24}$$

式中，m 为结构单位长度质量；y 为竖向振动位移；ρ 为空气密度；U 为来流风速；D 为结构迎风特征尺寸；K 为涡旋脱落折算频率（$K=\omega_s D/U$）；ω_s 为结构涡旋脱落圆频率；$Y_1(K)$、$Y_2(K)$、$C_L(K)$、ε 为待拟合的气动参数；φ 为相位角。

需要指出的是，Scanlan 经验气动力模型中最为关键的气动参数 $Y_1(K)$、$Y_2(K)$、$C_L(K)$ 和 ε 均需要通过实测的涡振响应进行识别，且这些参数对截面形式、结构的质量、阻尼以及来流风速的变化均十分敏感。

根据气动力模型，结构的涡振振幅幅值可由 Runge-Kutta 数值分析方法求解涡激振动方程得到，进而和规范限值进行比较，《公路桥梁抗风设计规范》（JTG/T 3360-01—2018）给出了跨径小于 200m 桥梁的竖向涡振振幅和扭转涡振振幅限值。若涡激共振不满足检验要求，可通过气动措施或阻尼措施等予以改善。

为对上述几种模型进行简单比较，以匀质圆形截面构件为例，对估算得到的涡振振幅与风洞试验值进行对比。考虑的三组匀质圆形截面构件的结构参数以及涡振振幅幅值风洞试验数据（表 6-4-1）。工况 1 对应某直立烟囱，其基本结构参数以及长期现场观测获得的涡振振幅幅值结果如表 6-4-2 所示。工况 2 和工况 3 是以某高压输电塔大长细比杆件的工程背景开展的风洞试验，如图 6-4-6 所示。试验杆件的边界条件近似为两端简支，工况 2 和工况 3 分别对应同一根试验杆件一阶和二阶弯曲振型涡激共振。图 6-4-7 所示为涡振典型试验结果，通过试验发现，试验杆件一阶二阶弯曲振型涡激共振锁定区间的无量纲起振风速点在 5 左右，对应 Strouhal 数为 0.2，相应的振动卓越频率与固有频率接近。

结构相关参数　　表 6-4-1

工况编号	等效质量（kg/m）	阻尼比	固有频率（Hz）	横截面直径（m）	Strouhal 数	Reynolds 数	长度（m）
1	87.0	0.002	1.72	0.91	0.2	4.71×10^5	28.0
2	6.1	0.00145	15.87	0.06	0.2	1.89×10^4	3.1
3	6.1	0.00158	53.34	0.06	0.2	6.35×10^4	3.1

涡振无量纲幅值试验值与估算值比较　　表 6-4-2

工况编号	试验值	估算值	
		简谐力模型	尾流振子模型
1	0.154	0.163	0.684
2	0.027	0.021	0.060
3	0.026	0.034	0.083

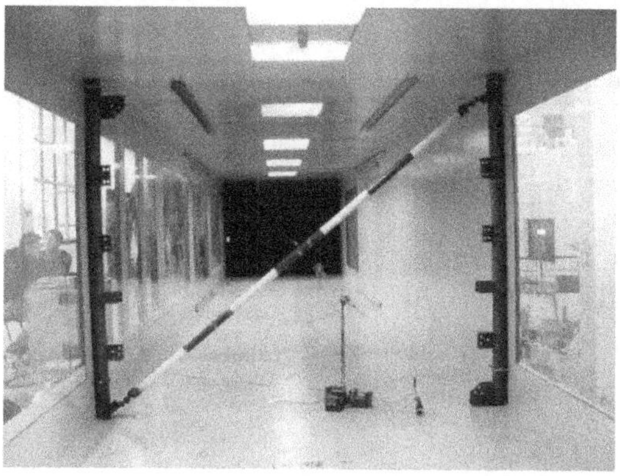

图 6-4-6　试验照片

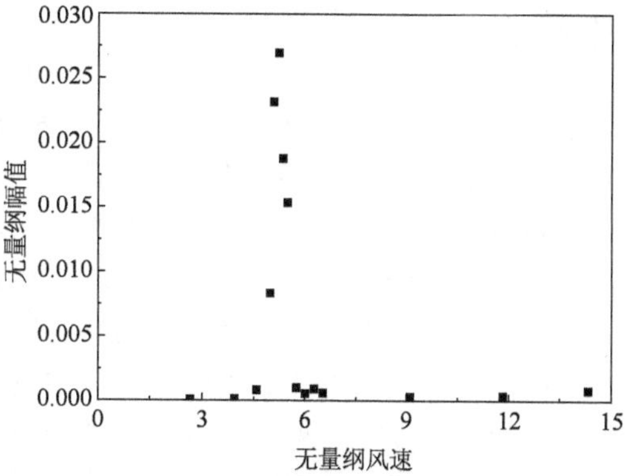

图 6-4-7　涡振典型测试结果

由于 Scanlan 模型的估算实际上是基于实测涡振幅值基础上的参数识别，所以不再进行比较。采用前述的简谐力模型和尾流振子模型对工况 1 ~ 工况 3 的涡振幅值进行估算，其中，气动力模型中相关的经验参数根据 Eurocode 取值，升力幅值 C_L 和阻力系数 C_D 根据已有研究提供的经验公式按照相应的 Reynolds 数计算得到，而幅值估算由 Runge-Kutta 数值分析方法求解涡激共振方程得到。工况 1 ~ 工况 3 实测的涡振幅值与气动力模型估算得到的估算值对比列于表 6-4-2。从表 6-4-2 中可以看出，简谐力模型的估算结果与实测值较为接近。尾流振子模型由于假定构件各处所受涡激力完全相关，因此得到的涡振振幅相对偏大。

由于涡激振动的复杂性，尾流的涡旋脱落在涡振锁定区间的上升段、下降段等不同的振动阶段以及结构的不同边界条件下会呈现出多种不同的模态，随着尾流涡模态的转变，流体作用力的大小以及流体作用力与结构响应之间的相位差等都会相应变化，且涡激振动的基本特征，例如锁定区间的分支，区间内振动频率与固有频率的比值等，在水和空气等不同流体中也会呈现出不同的特性，用一个统一的数学模型来描述涡激力十分困难。因此，表 6-4-2 中的比较结果并不能说明哪种气动力模型的优越性，每种气动力模型都有相应的适用范围，实际工程应用更多参考的是风洞试验结果。

6.4.3　桥梁抖振分析

抖振是一种由紊流引起的强迫振动。尽管抖振是一种限幅振动，但由于其发生概率高，可能会引起结构的疲劳，过大的振幅会引起人感觉不舒适，甚至会危及桥上的行车安全。引起结构抖振的紊流风来源主要有三种，即结构物自身尾流、其他结构物特征紊流和自然风中的脉动成分。在这三者之中，大气中脉动风引起的紊流占主要地位，因此通常所说的桥梁抖振分析理论主要是针对大气紊流引起的抖振。

桥梁结构在随机风荷载作用下的抖振响应计算可分为频域方法和时域方法两大类。频域方法假定结构是线性的、激励为平稳随机过程，采用傅立叶变换技术，建立结构输入与输出的响应关系，可由激励的统计特性来获得结构响应的统计特性，如均值与方差等；时域方法是通过模拟随机荷载的统计特性，将激励转化为时间系列，通过动力有限元的方法确定结构的响应，可以考虑气动力、几何等非线性因素的影响。近年来在风工程领域中,考虑到气动力的非线性以及大跨度柔性结构的几何非线性等影响因素,越来越多的学者采用时域的方法进行桥梁的抖振研究,因此这里仅对时域方法进行简要介绍。

建立桥梁结构有限元模型是开展抖振分析的基本前提。在大跨度桥梁全桥的结构分析中,一般都采用平面或空间杆系结构进行描述。其中,墩、塔部分简化为若干通过其中心线的二节点梁单元,而主缆、吊杆、斜拉索简化为二节点杆单元。在平面分析中,一般都直接将主梁处理为二维梁单元。但在空间分析时,对主梁的处理却有多种不同方式。由于主梁作为一个实体,其横向尺寸较大,在其纵向的不同位置还有纵梁、拉索等构件连接,它的侧向及扭转方向的刚度以及构件的连接特性,都使得仅用一个空间梁单元不能达到正确的描述。因而必须对主梁在纵向和横向进行分解。目前应用较多的大跨度桥梁主梁的计算模型主要有三种:鱼骨梁式、双梁式和三梁式,如图 6-4-8 所示,并且它们各具特色。其中鱼骨梁式模型适用于扭转刚度较大的闭口箱形截面主梁。它把桥面系的刚度(竖向挠曲刚度、横向挠曲刚度、扭转刚度)和质量(平动质量和转动质量)都集中在中间节点上,节点和拉索之间采用刚臂连接或处理为主从关系。该模型的优点是主梁的刚度和质量模拟较准确,但横梁的刚度和主梁的翘曲刚度反映不足。双梁式模型将主梁的竖向刚度平均分配给两个边主梁以保持竖向刚度的等效,这样可以近似地考虑主梁约束扭转的贡献,适合于开口或半闭口截面的主梁。该模型的缺点是对侧向刚度和约束扭转刚度的模拟不准确。三梁式模型由桥轴线上的中梁和位于索面处的两个边梁以及横梁共同组成,通过适当的刚度和质量分配来满足等效条件,该模型力学性能较好,但其单元较多,计算量大,主要用于具有开口断面的主梁。

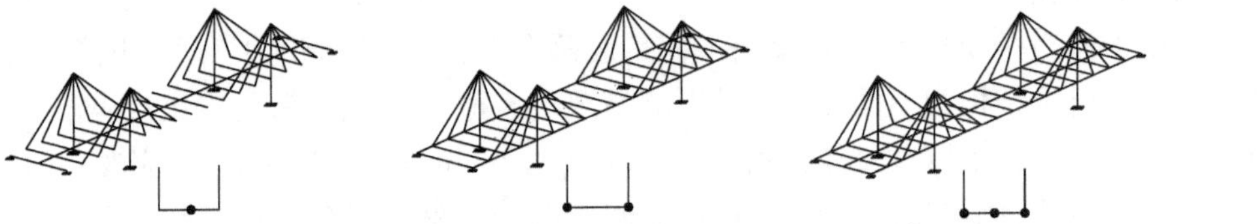

a)鱼骨梁式　　b)双梁式　　c)三梁式

图 6-4-8　大跨度桥梁结构计算模型

进行抖振分析的另一基本前提是确定风对桥梁产生的作用力,一般来说,包括由紊流产生的抖振力和由结构振动引起的自激力两部分。其中,抖振力常用的模型是 Davenport 准定常抖振力模型。

桥梁断面在平均风荷载作用下,单位长度上所受的阻力、升力及扭矩可采用风洞试验测得三分力系数表示如下

$$\begin{cases} D_0 = \dfrac{1}{2}\rho U^2 C_{\mathrm{D}}(\alpha) \cdot B \\ L_0 = \dfrac{1}{2}\rho U^2 C_{\mathrm{L}}(\alpha) \cdot B \\ M_0 = \dfrac{1}{2}\rho U^2 C_{\mathrm{M}}(\alpha) \cdot B^2 \end{cases} \tag{6-4-25}$$

式中,α 为平均风攻角。

在准定常的假设下,脉动风不影响桥梁断面的静力三分力系数,因此参照图 6-4-9[图中,U 为平均风速,$u(t)$ 为顺风向脉动风速,$w(t)$ 为横风向脉动风速,α 为平均风攻角,$\Delta\alpha$

为脉动风引起结构振动的附加攻角],桥梁断面在脉动风$[U+u(t)]$作用下所受三分力按瞬时风轴坐标可以表示为:

$$\begin{cases} D'(t)=\dfrac{1}{2}\rho[U+u(t)]^2C_D(\alpha+\Delta\alpha)\cdot B \\ L'(t)=\dfrac{1}{2}\rho[U+u(t)]^2C_L(\alpha+\Delta\alpha)\cdot B \\ M'(t)=\dfrac{1}{2}\rho[U+u(t)]^2C_M(\alpha+\Delta\alpha)\cdot B^2 \end{cases} \tag{6-4-26}$$

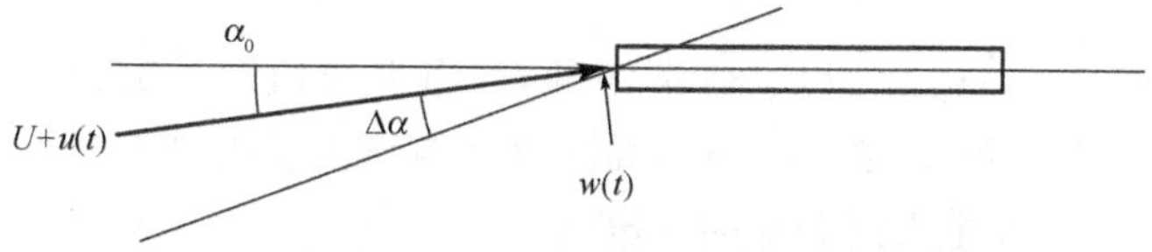

图 6-4-9 桥梁在脉动风作用示意

桥梁断面在平衡位置做小幅振动时,升力系数、阻力系数及扭矩系数可以按泰勒公式展开并取线性项,得

$$\begin{cases} C_L(\alpha+\Delta\alpha)=C'_L(\alpha)\cdot\Delta\alpha+C_L(\alpha) \\ C_D(\alpha+\Delta\alpha)=C'_D(\alpha)\cdot\Delta\alpha+C_D(\alpha) \\ C_M(\alpha+\Delta\alpha)=C'_M(\alpha)\cdot\Delta\alpha+C_M(\alpha) \end{cases} \tag{6-4-27}$$

对于某一断面形式已知的桥梁,式(6-4-27)中的$C'_L(\alpha)$、$C'_D(\alpha)$、$C'_M(\alpha)$为确定的函数,可由三分力系数风洞试验结果拟合得到。$C_L(\alpha)$、$C_D(\alpha)$、$C_M(\alpha)$分别为攻角为α时的升力系数、阻力系数与扭矩系数。

如图 6-4-9 所示,假设某一时刻结构平衡状态下的平均风攻角为α,脉动风引起的附加攻角为$\Delta\alpha$。由于瞬时风轴坐标表示的力不便于结构有限元分析,因而可将其转化到平均风风轴坐标可得

$$\begin{cases} D(t)=D'(t)\cdot\cos(\Delta\alpha)-L'(t)\cdot\sin(\Delta\alpha) \\ L(t)=L'(t)\cdot\cos(\Delta\alpha)+D'(t)\cdot\sin(\Delta\alpha) \\ M(t)=M'(t) \end{cases} \tag{6-4-28}$$

若脉动风相对平均风速很小,$\Delta\alpha$很小,故有

$$\begin{cases} \sin(\Delta\alpha)\approx\tan(\Delta\alpha)=\dfrac{w(t)}{U+u(t)}\approx\dfrac{w(t)}{U}\approx\Delta\alpha \\ \cos(\Delta\alpha)\approx 1-\dfrac{\Delta\alpha^2}{2} \end{cases} \tag{6-4-29}$$

将式(6-4-26)、式(6-4-27)、式(6-4-29)代入式(6-4-28)并忽略高阶项则可得到

$$\begin{cases} D(t)=\dfrac{1}{2}\rho U^2B\left\{C_D(\alpha)\cdot\left[2\dfrac{u(t)}{U}\right]+[C'_D(\alpha)-C_L(\alpha)]\cdot\dfrac{w(t)}{U}\right\}+\dfrac{1}{2}\rho U^2B\cdot C_D(\alpha) \\ L(t)=\dfrac{1}{2}\rho U^2B\left\{C_L(\alpha)\cdot\left[2\dfrac{u(t)}{U}\right]+[C'_L(\alpha)+C_D(\alpha)]\cdot\dfrac{w(t)}{U}\right\}+\dfrac{1}{2}\rho U^2B\cdot C_L(\alpha) \\ M(t)=\dfrac{1}{2}\rho U^2B^2\left\{C_M(\alpha)\cdot\left[2\dfrac{u(t)}{U}\right]+C'_M(\alpha)\cdot\dfrac{w(t)}{U}\right\}+\dfrac{1}{2}\rho U^2B^2\cdot C_M(\alpha) \end{cases} \tag{6-4-30}$$

式(6-4-30)三式中,每式的第一项为抖振力,第二项是为平均风引起的静力三分力,可得 Davenport 抖振力模型如下

$$\begin{cases} D_{\mathrm{b}}(t)=\dfrac{1}{2}\rho U^2 B\left\{C_{\mathrm{D}}(\alpha)\cdot\left[2\dfrac{u(t)}{U}\right]+\left[C'_{\mathrm{D}}(\alpha)-C_{\mathrm{L}}(\alpha)\right]\cdot\dfrac{w(t)}{U}\right\} \\ L_{\mathrm{b}}(t)=\dfrac{1}{2}\rho U^2 B\left\{C_{\mathrm{L}}(\alpha)\cdot\left[2\dfrac{u(t)}{U}\right]+\left[C'_{\mathrm{L}}(\alpha)+C_{\mathrm{D}}(\alpha)\right]\cdot\dfrac{w(t)}{U}\right\} \\ M_{\mathrm{b}}(t)=\dfrac{1}{2}\rho U^2 B^2\left\{C_{\mathrm{M}}(\alpha)\cdot\left[2\dfrac{u(t)}{U}\right]+C'_{\mathrm{M}}(\alpha)\cdot\dfrac{w(t)}{U}\right\} \end{cases} \tag{6-4-31}$$

式中,ρ 为空气密度;C_{L}、C_{D}、C_{M} 分别为升力、阻力与扭矩系数;C'_{L}、C'_{D}、C'_{M}分别为升力、阻力、扭矩系数对攻角 α 的导数,这些都可在风洞试验室由测力试验测得;U 为平均风速;u、w 分别为水平向及垂直向的脉动风速。

Davenport 抖振力模型的特点是将结构刚性化,忽略结构与气流之间的相互影响及特征紊流对结构抖振的影响,脉动风本身的高阶项部分也被忽略掉。然而,由前面的颤振分析可知,实际上结构的振动与风场会形成一种耦合关系,即振动的结构会改变风场,风场的改变又反馈影响到结构本身所受的风荷载,典型的耦合振动有时会导致结构的动力失稳,如驰振与颤振现象。结构与风场的耦合从形式上表现为结构的阻尼特性与刚度特性的改变,称为气动阻尼与气动刚度。在桥梁结构的抖振响应分析中,通常采用 Scanlan 自激力表达式引入气动刚度与气动阻尼。在较低风速下,气动阻尼常常起到抑制结构振动的作用,即表现为气动正阻尼。此时如果忽略自激力的作用,往往会得到过于偏大的抖振响应计算结果。因此在大跨度桥梁的抖振响应分析中,引入 Scanlan 自激力模型对 Davenport 抖振力表达式进行修正十分必要。由 6.4.1 节的颤振分析可知,对于纯粹的简谐运动,单位长度结构所受的气动自激阻力、升力与扭矩可按 Scanlan 提议的三自由度颤振理论(18 个颤振导数),用气动导数表示为

$$\begin{cases} D_{\mathrm{ae}}=\dfrac{1}{2}\rho U^2(2b)\left[kP_1^*\dfrac{\dot{p}}{U}+kP_2^*\dfrac{b\dot{\alpha}}{U}+k^2P_3^*\alpha+k^2P_4^*\dfrac{p}{b}+kP_5^*\dfrac{\dot{h}}{U}+k^2P_6^*\dfrac{h}{b}\right] \\ L_{\mathrm{ae}}=\dfrac{1}{2}\rho U^2(2b)\left[kH_1^*\dfrac{\dot{h}}{U}+kH_2^*\dfrac{b\dot{\alpha}}{U}+k^2H_3^*\alpha+k^2H_4^*\dfrac{h}{b}+kH_5^*\dfrac{\dot{p}}{U}+k^2H_6^*\dfrac{p}{b}\right] \\ M_{\mathrm{ae}}=\dfrac{1}{2}\rho U^2(2b^2)\left[kA_1^*\dfrac{\dot{h}}{U}+kA_2^*\dfrac{b\dot{\alpha}}{U}+k^2A_3^*\alpha+k^2A_4^*\dfrac{h}{b}+kA_5^*\dfrac{\dot{p}}{U}+k^2A_6^*\dfrac{p}{b}\right] \end{cases} \tag{6-4-32}$$

式中,ρ 为空气密度;U 为平均风速;$k(k=\omega b/U)$为折算频率;b 为结构特征尺寸的一半;h、p、α 分别为竖向、侧向和扭转位移;H_i^*、P_i^*、A_i^* $(i=1\sim6)$为加劲梁断面颤振气动导数。

因此,桥梁在紊流风作用下受到的荷载为式(6-4-31)中抖振力和式(6-4-32)自激力之和。即 $D=D_{\mathrm{b}}+D_{\mathrm{ae}}$,$L=L_{\mathrm{b}}+L_{\mathrm{ae}}$,$M=M_{\mathrm{b}}+M_{\mathrm{ae}}$。

通过建立的有限元模型和获得的气动力,便可进行动力响应求解。需要指出的是,在求解结构动力响应时,对需要考虑几何非线性的结构(例如大跨度桥梁),由于几何非线性的影响,其整体刚度在动力有限元求解过程中矩阵具有时变的特性,可结合纽马克

(Newmark)法与牛顿-拉夫逊(Newton-Raphson)迭代方法进行求解。

6.4.4 桥梁驰振分析

驰振是细长物体因气流自激作用产生的一种纯弯曲大幅振动,理论上是发散的,即不稳定的。驰振现象在桥梁工程中很少有报道,但在输电线路中却是很容易出现的一种现象,尤其是裹冰输电线路,振动激发的波在两根电杆之间快速传递,犹如快马奔腾,振幅可达电线直径的10倍,因此称为驰振。我国《公路桥梁抗风设计规范》(JTG/T 3360-01—2018)指出,对于宽高比小于4的钢主梁、钢桥塔或受积冰、积雪影响的斜拉索、吊杆(索)等,应对其进行驰振稳定性检验。本节主要介绍Den Hartog的单自由度驰振理论,他的研究表明,这一类振动的机理与涡脱无关,完全受断面准定常气动力特性控制。

根据准定常定理,均匀流作用下的结构竖向振动方程可以写为

$$m(\ddot{y}+2\xi\omega\dot{y}+\omega^2y)=-\frac{1}{2}\rho U^2B\left(\frac{\mathrm{d}C_{\mathrm{L}}}{\mathrm{d}\alpha}+C_{\mathrm{D}}\right)\frac{\dot{y}}{U} \tag{6-4-33}$$

上式右端即为准定常气动自激力,将右端项移至左边,速度 $\dot{y}$ 前的系数表示系统的净阻尼,用 d 表示有

$$d=2m\xi\omega+\frac{1}{2}\rho UB\left(\frac{\mathrm{d}C_{\mathrm{L}}}{\mathrm{d}\alpha}+C_{\mathrm{D}}\right) \tag{6-4-34}$$

当上述运动方程呈负阻尼状态($d<0$)时,任何微小的扰动都将导致运动发散。令式(6-4-34)等于零,可得到驰振临界风速 U_{g},即

$$U_{\mathrm{g}}=\frac{-4m\xi\omega}{\rho B(C_{\mathrm{L}}'+C_{\mathrm{D}})} \tag{6-4-35}$$

上式适用于水平放置的等截面细长杆件(如桥梁主梁),并且注意系数 C_{L}'、C_{D} 都是以梁宽 B 为特征长度测量的。

由于结构阻尼总是大于零,因而 $d<0$ 的必要条件为

$$\frac{\mathrm{d}C_{\mathrm{L}}}{\mathrm{d}\alpha}+C_{\mathrm{D}}<0 \tag{6-4-36}$$

上式左端又称为驰振力系数,因为一般情况下阻力系数 C_{D} 总是正的,因此只有当下式满足才可能出现不稳定的驰振现象

$$C_{\mathrm{L}}'=\frac{\mathrm{d}C_{\mathrm{L}}}{\mathrm{d}\alpha}<0 \tag{6-4-37}$$

式(6-4-37)的物理意义是升力系数关于攻角 α 的斜率 C_{L}'为负。当 $C_{\mathrm{L}}'>0$ 时,通常 $d>0$,不会出现振动发散现象,据此可对结构的驰振性能进行初步判断。例如,圆形截面和八角形截面的升力系数的斜率是正的,但六角形或矩形截面的斜率为负值,因此它们是不稳定的截面。缆索支承桥的桥塔的塔柱如果高而细长,应作倒角处理,以提高驰振稳定性。

6.4.5 桥梁柔性构件风致振动

拉索、吊杆(索)等桥梁关键构件,由于质量小、阻尼低、结构柔,在风荷载、风雨共同作用及车辆荷载等活载作用下极易发生振动,风致振动包括涡激共振、尾流驰振、驰振、风

雨激振等。这些柔性构件的大幅振动容易引起锚固端的疲劳，或者损坏构件端部的腐蚀保护系统，缩短构件的使用寿命，严重时甚至要紧急封闭交通。桥梁柔性构件振动已成为大跨径桥梁亟待解决的关键问题之一，也引起了国内外学者越来越多的关注。

事实上，早在20世纪80年代前，国外发生过多次拱桥吊杆（或立柱）和桁架竖杆的风振事件（表6-4-3），杆件因大幅振动而破坏，并做过一些风洞试验研究，但因历史原因，这些信息当时未能在国内有效传播。我国20世纪90年代建成的九江长江大桥，钢拱结构中采用H形吊杆，合龙后就出现了涡激振动，由于处置及时，加上九江地区最大风速不高，吊杆风振没有造成明显的损坏。九江长江大桥吊杆风振事件似乎没有在国内桥梁设计师中引起足够的重视。近些年，我国设计和建造的大型钢拱桥中，至少有两座发生了严重的吊杆风致振动。例如，受2006年8月6日台风派比安影响，接近竣工的佛山东平大桥上的20根H形吊杆在约为25m/s的风速下发生了强烈的扭转振动，扭转振幅高达35°以上，并且在大风中持续振动20h不止，最后导致13根长吊杆上下端翼板普遍破坏，最严重的几乎断裂。

20世纪80年代前国外细长杆件风振事件　　表6-4-3

编号	国家	桥　名	年代	结构形式	杆件截面	修复措施
1	瑞典	Asherödfjord	1960	拱桥	圆形	杆中填沙
2	捷克	Orlik	1960s	拱桥	圆形	杆中填沙
3	加拿大	Peace River	1967	拱桥	圆形	纵向抗风索
4	美国	Tacony Palmyra	1929	拱桥	H-形	纵向抗风索
5	美国	Fire Island	1964	拱桥	H-形	波形板
6	日本	—	1967	拱桥	圆形	缠绕螺旋线
7	美国	Commodore Barry	1973	桁架桥	H-形	调谐质量阻尼器（TMD）[1]
8	加拿大	Bras d'Or	1974	拱桥	I-形	调谐质量阻尼器（TMD）

现有研究表明，单个拉索、吊杆（索）等桥梁柔性构件在风荷载作用下发生的大幅振动，通常可以用前述的颤振、涡振或驰振理论来解释。例如，当两排拉索在来流方向前后排列时，前排拉索的尾流区形成一个不稳定驰振区，这种由于前排拉索尾流激发引起的后排拉索的风致振动称为尾流驰振，也可以用驰振理论来解释，且当两拉索距离较远，超出尾流驰振不稳定区时，不会发生尾流驰振。但斜拉桥拉索的风雨激振是一种在风和雨共同作用下发生的大幅低频振动，是目前已知拉索的振动中振幅最大、危害最严重的一种，且风振机理与前述的风致振动不同，为此对拉索风雨激振加以特别介绍。

20世纪80年代，在日本建造名港西大桥的过程中，发现了比较严重的风雨激振现象。名港西大桥主跨402m，斜拉索为并行钢丝索，外包聚乙烯（PE）套管，套管内灌注水泥砂浆起防腐作用（图6-4-10）。拉索的长度从65m至200m不等，典型的拉索外径为140mm，拉索质量在灌浆前为37kg/m，灌浆后为51kg/m。Hikami等选取了其中24根索，进行了为期5个月的现场实测，实测内容包括索面内的拉索振幅、来流风速大小和方向、拉索阻尼等。测量拉索振幅时，传感器安装在桥面板以上2m的位置，假设拉索的模态为

[1] TMD英文全称Tuned Mass Damper。

正弦形式,从而换算出拉索的振幅。拉索的阻尼通过自由振动衰减的方式来获得,根据拉索的振型、长度、位置的不同,拉索的对数衰减阻尼为0.007~0.028不等(相当于ξ=0.001~0.004)。通过长达5个月的观测,总结出了拉索风雨激振的如下特征:①拉索仅在下雨情况下才出现大的振幅。②只有倾斜方向与风向同向的拉索才会发生风雨振动,即来流方向与拉索倾斜方向一致时。③拉索风雨激振发生在一定风速范围内。④拉索风雨激振的振动频率远小于涡激振动频率,而振幅则远大于拉索涡振的振幅。⑤随着拉索长度的增加,发生风雨激振的拉索振型从低阶向高阶变化。风雨激振发生时拉索振型一般为1~4阶,频率集中在1~3Hz。⑥拉索表面会形成水线,水线会随着拉索的振动而振荡。

图6-4-10　日本的名港西大桥

事实上,我国的洞庭湖大桥也发生了严重的斜拉索风雨振。岳阳洞庭湖大桥(图6-4-11)全长5747.82m,桥宽20m,主桥为我国首座三塔双索面预应力混凝土斜拉桥,桥跨布置为130m+310m+310m+130m。拉索体系采用外裹PE护套的平行钢丝成品索,拉索长度范围为27.5~201m,拉索外直径范围为99~155mm。拉索布置为双索面空间扇形体系,中塔布置23对索,边塔布置17对索。

图6-4-11　岳阳洞庭湖大桥

该桥位于洞庭湖的长江入口处,桥轴线为北偏西20°。东南端连接岳阳市区,西北端接岳阳君山区。桥址处地势平坦开阔,气候潮湿多雨多风,每年4月均有多次大雨大风发生,主导风向为北偏东风,持续时间可长达36h以上。湖南大学陈政清院士使用三向超声风速仪、雨量计、各类传感器和数据采集系统以及现场录像等手段,同时获取环境与拉索、塔梁振动信息,每年都能获得 3 ~ 4 次拉索风雨振的现场实测资料。实地观测与录像显示,拉索进入稳定的大幅振动后,其波形犹如甩鞭状,相邻截面到达波峰、波谷的时间有一相位差,看起来就是波峰、波谷依次沿索传递,因此可以认为至少在拉索中部一个相当大的范围内每个拉索截面都有几乎相等的振幅,拉索的这种振动形态很接近驰振的特征。

拉索风雨激振现象机理非常复杂,易受各种因素影响,例如拉索倾角、来流风速、来流方向、来流紊流度、拉索的振动频率、拉索阻尼、降雨量、拉索线质量和拉索表面材料等。现场实测虽然能获得拉索风雨激振最真实的特征,但在实测中很难对各种参数进行人为的改变,因而无法对各种影响因素进行详细的参数分析。为系统研究风雨激振的机理,仍需要进行风洞试验。风洞试验可以重现风雨激振的一些基本特征,还可研究振动控制措施的有效性。其中,人工降雨试验是在风洞内通过人工方式模拟降雨,提供与实际拉索发生风雨激振相类似的风雨条件,对通过弹簧悬挂在固定支架上的拉索节段模型进行的一种试验形式。Hikami 和 Shiraishi 在日本名港西大桥上发现风雨激振现象后,随即在风洞试验中重现了该现象。同济大学顾明、杜晓庆在国内首次通过风洞实验成功地重现了拉索的风雨激振现象,试验装置的照片见图 6-4-12。通过一系列试验研究,发现拉索发生风雨激振的振幅远大于无降雨时的振幅,且风雨激振是一种“风速限制”“限幅”振动;当拉索倾角为 30°、来流方向在水平面与拉索的夹角为 30° ~ 35°时,拉索最易发生风雨激振,风向角对拉索风雨激振的影响大于倾角的影响;上水线的平衡位置随着风速的增加,位置有上移的趋势;随着拉索模型固有频率的增大,拉索振幅显著降低;在一定的风速下,拉索在“有风有雨”时出现较大的气动负阻尼,导致拉索振动大幅增大;结构阻尼提高到一定程度时,可有效抑制拉索模型风雨激振的发生;采用缠绕螺旋线的气动措施能有效抑制拉索的风雨激振,但必须谨慎选择螺旋线的直径、缠绕方向和间距。

图 6-4-12 顾明和杜晓庆的拉索风雨激振人工降雨试验装置

至今为止,拉索风雨激振的机理虽然尚未完全被揭示,但研究者对斜拉索风雨激振现象的条件和振动特征有以下共识:

(1)风雨激振发生时的风速一般为 6 ~ 18m/s,更大或更小的风速都不易引起激振,且多发生在紊流度小的风环境下。

(2)雨是拉索发生风雨激振的必要条件,一般发生在雨量为小到中雨的天气。

(3)沿风向向下倾斜(即来流风向与拉索倾斜方向一致时)的拉索更易发生风雨激振。

(4)振动多发生在聚乙烯(PE)包裹的光滑表面拉索上,拉索直径一般为120~200mm,拉索表面材料性质,灰尘等对振动有重要的影响。

(5)振动主要发生在拉索平面内,但也存在一个面外振动分量,最大振幅可达100cm。

(6)振动频率主要发生在0.6~3Hz,进入或退出风雨振状态时常有振型转换现象。

(7)当风雨激振发生时,拉索的上下表面各有一条雨水形成的水线,沿倾斜的拉索向下流动。水线随着拉索的振动在拉索表面振荡,下水线对拉索风雨激振的影响不大。

相对于现场实测和风洞试验,斜拉索风雨激振的理论分析工作开展较晚。这是因为斜拉索风雨激振是涉及气-液-固三相耦合的复杂现象,其运动微分方程的建立非常困难。最早的理论分析文献是Yamaguchi在1990年建立的弯扭耦合两自由度模型,之后在整个20世纪90年代基本没有进展。进入21世纪以来,理论分析逐渐成为研究拉索风雨激振问题的重要手段之一。到目前为止,几乎所有的拉索风雨激振理论计算模型是基于拉索表面形成的上水线是引发拉索风雨激振的必要条件的基础上建立起来的,而下水线的影响则忽略不计。风雨激振理论计算模型按照选取拉索模型的不同,可分为节段拉索风雨激振理论模型和连续弹性拉索风雨激振理论模型。节段拉索风雨激振理论模型选取节段拉索作为研究对象,只能考虑拉索的某一阶模态频率,不能反映拉索风雨激振所表现出来的拉索振动过程中拉索模态的耦合和相互之间的转化现象。连续弹性拉索风雨激振理论模型选取连续拉索作为研究对象,更接近实际的拉索,这样的理论模型有可能反映出拉索风雨激振过程中拉索模态的耦合和相互之间的转化特性。按照建立模型时是否假设水线的运动规律来分类,可分为准运动水线拉索风雨激振理论模型和水线运动与拉索振动相互耦合的运动水线拉索风雨激振理论模型。准运动水线拉索风雨激振理论模型事先假定了水线的运动规律。运动水线拉索风雨激振理论模型事先不对水线的运动规律作假定,能够比较真实地反映实际情况,特别是对于连续弹性拉索模型,能够研究水线沿拉索轴向的分布规律,进而能够对拉索风雨激振现象进行深入的分析。因此,运动水线拉索风雨激振理论模型更能符合实际情况。有关拉索风雨激振理论模型的详细介绍,感兴趣的读者可进一步查阅相关文献。

6.4.6 桥梁风致振动控制

当桥梁气动稳定性不满足规范要求时,例如,颤振检验风速高于桥梁设计的颤振临界风速、涡振或抖振振幅超出规范限值,通常需要采取措施来提高颤振临界风速或抑制颤振的发生,并保证涡振和抖振振幅限制在允许的范围内,确保桥梁的抗风设计安全。一般而言,风致振动控制措施分为结构措施、机械控制措施和气动控制措施三大类。

1)结构措施

结构措施主要有增加结构的刚度(包括附加约束)和增加结构质量两大类,增加结构的总体刚度可提高结构的自振频率,从而提高桥梁气动稳定性,增加结构的质量也可以减小结构风致振动的振幅。

1966年,Zdakov桥(主跨330m)拱脚上的圆形钢管立柱在施工时即发生了明显的顺桥向涡激共振现象,风速为7~11m/s,最大振幅达到13cm,产生的应力约为78.3MPa。为控制该桥的涡振,工程师在拱桥立柱中填砂,增加结构质量的同时,也由于砂粒间的摩擦而增加了阻尼,有效减小了结构涡激共振的振幅(图6-4-13)。此外,瑞典的一座主跨为278m的拱桥钢立柱(高28.31m)在风速为20m/s时发生了涡激共振现象,振幅达到30mm,该桥亦采取立柱填砂的方法(填砂高度为23.90米)来抑制立柱的涡激共振现象。

图6-4-13 Zdakov桥立柱采用填砂的措施来抑制立柱的涡激共振

由于颤振极其危险,桥梁从施工建造到正常运营的过程中都必须杜绝颤振的发生,为此桥梁抗风设计的首要环节是防止颤振的发生。一般认为,桥梁的扭转刚度随跨径的增加而骤减,从而导致其扭转振动频率及其颤振临界风速大幅下降。为了提高主跨2000m以上超大跨悬索桥的扭转刚度,可通过合理改变缆索体系,如采用空间缆索代替平面缆索体系[图6-4-14a)],悬索桥增设斜拉索组成斜拉-悬索协作体系[图6-4-14b)]、设置辅助拉索系统、设置刚性吊杆等结构措施来增加结构的刚度,以增大弯扭模态频率间的分离和模态形状间的差异,从而提高大跨悬索桥的颤振稳定性。

a)空间缆索体系

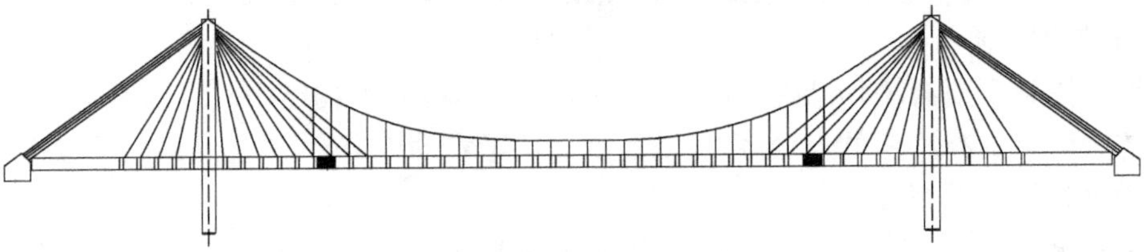

b)斜拉-悬吊协作体系

图6-4-14 悬索桥缆索体系结构措施

工程实践中如在拱桥的吊杆、斜拉桥的拉索采用钢丝绳相连,增加刚性的同时也增加了阻尼。目前已证明对拉索振动控制有效的是辅助索方法,即将各拉索之间用一根或多根辅助索连接起来,形成一个索网。辅助索方法减少了拉索自由长度,提高了整个索面的刚度,因而非常有效。辅助索最早应用于丹麦的 Faroe 桥,日本的 Meikoh West 桥、Yobuko 桥、法国的诺曼底(Normandy)桥(图 6-4-15)等也采用了辅助索,中国辽宁的长兴岛大桥也采用了这种减振方式。不过它的缺点也是显而易见的:破坏了原有索面的美观;辅助索设计复杂;安装困难。

a)诺曼底大桥

b)辅助索

图 6-4-15　诺曼底大桥辅助索构造

2)机械控制措施

机械控制措施是通过在结构中安装阻尼器等机械装置来提升结构阻尼,使桥梁避开风致振动的共振区,从而减小风致振动的响应,进而提升结构气动稳定性的一种措施。

调谐质量阻尼器(TMD)是最古老的结构振动控制装置之一。应用 TMD 进行结构减振的概念最早起源于 1909 年 Frahm 发明的机械工程中使用的"动力吸振器",它由一个小质量 M_d 和一个刚度 K_d 的弹簧连接于弹簧刚度为 K 的主质量 M 组成,如图 6-4-16所示。在简谐荷载作用下,当所连接的吸振器的固有频率被设置为激励频率时,主质量 M 理论上能保持完全静止。由于 Frahm 吸振器没有阻尼,只有当吸振器的频率与激励频率非常接近时,吸振器才能发挥较好的作用;当吸振器的频率与激励频率相差较远时,它的减振效果就差很多。

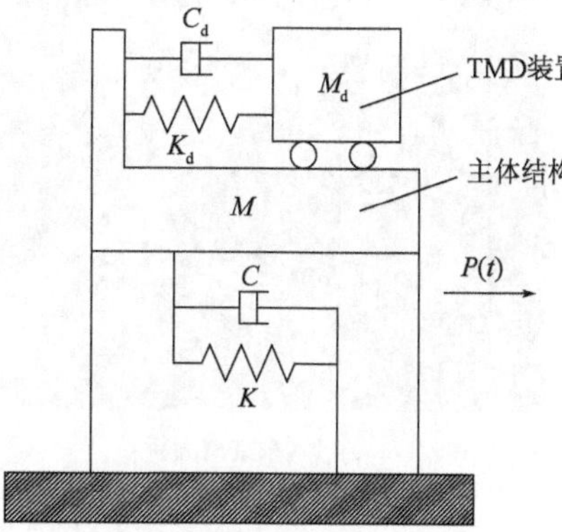

图 6-4-16　在单自由度结构上加装 TMD 的力学模型

然而,土木结构需要承受车辆、风、地震或者人群等多种形式的动力荷载,而且在动力荷载下的响应也是多模态响应,因此上述机械工程中使用的动力吸振器在多频率、有阻尼的一类土木工程中的减振性能是不一样的。从 20 世纪 70 年代开始,很多研究者分析研究了调频质量阻尼器在土木工程减振中的有效性。为了改善 TMD 的减振效果,将阻尼器加入吸振器中,开展了有阻尼吸振器的结构减振控制研究,从而提高 TMD 的耗能能力,并扩大了其应用范围。总体上来讲,调频质量阻尼器在控制结构振动方面是一种有效的减振装置,具有简洁、可靠、有效、安装简单方便、维修更换容易等优点,已被广泛应用于土木工程结构的减振控制,如高层建筑、电视塔、大跨空间结构及柔性桥梁等的风致振动。例如,为减少风致振动,2004 年建成的台北 101 大楼(高 508m)在 88 ~ 92 楼层安装了一个直径 5.5m、重 800t 的巨大钢球[图 6-4-17a)],本质上是一个 TMD,属单摆系统,通过调整摆的长度来调整振动周期;2008 年建成的上海环球金融中心(高 492m)在 395m 高处安装 2 台重达 150t 的 TMD 阻尼器[图 6-4-17b)]。日本东京湾大桥为主跨 240m 的 10 跨钢连续箱梁桥,该桥在通车前风速为 15 ~ 16m/s 时观察到了振幅为 ±50cm 的竖向涡激共振现象,最后采用 TMD 控制系统来抑制涡激共振,见图 6-4-18。

a)台北101大楼的阻尼器钢球(重800t)

b)上海环球金融中心的阻尼器

图 6-4-17 TMD 在建筑结构中的应用

a)日本东京湾大桥

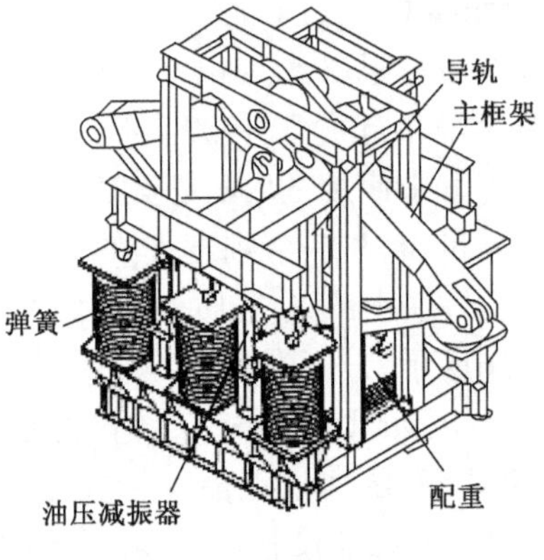

b)日本东京湾大桥采用的TMD

图 6-4-18 日本东京湾大桥涡激共振的 TMD 控制

磁流变阻尼器(MR 阻尼器)是近年推出的一种高科技产品,其构造与油阻尼器类似,但是它用的工作液体不是硅油,而是磁流变液。磁流变体是一种将亚纳米细度的铁粉与硅油混合制成的特殊材料。在外加磁场作用下,磁流变体可在几毫秒的短时间内变为半流体,从而使阻尼变大。在磁流变阻尼器内引入电磁线圈,可通过改变电流强度来调节阻尼力的大小,因此 MR 阻尼器是一种智能型的半主动阻尼器。陈政清院士在世界上首次将其开发的磁流变阻尼器减振系统安装在岳阳洞庭湖大桥上(图 6-4-19),到目前为止经过近二十年的风雨考验,证明该系统能有效抑制拉索风雨激振。在此基础上,陈政清院士进一步开发了永磁式磁流变阻尼器,摆脱了减振系统对电源的依赖,已在国内多座大桥应用，如图 6-4-20 所示。

图 6-4-19　岳阳洞庭湖大桥安装的磁流变阻尼器减振系统

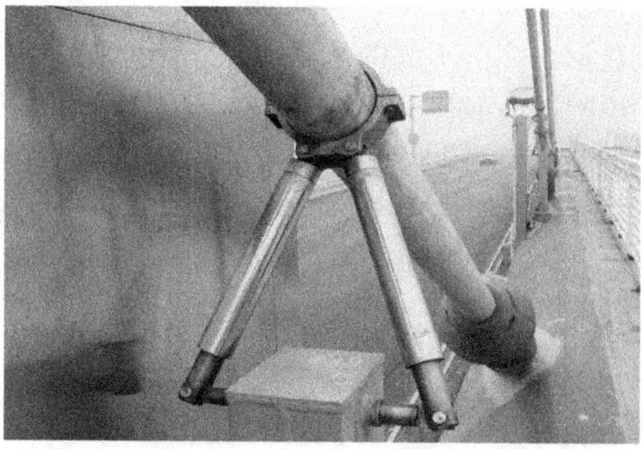

图 6-4-20　长沙洪山大桥的永磁式磁流变阻尼器减振系统

近年来，湖南大学陈政清院士发明了一种电涡流阻尼器。电涡流阻尼技术根据电磁感定律把物体运动的机械能转化为导体板中的电能，然后通过导体板的电阻效应耗散系统的振动能量。与摩擦阻尼器、黏滞液体阻尼器等常用的传统被动耗能减振装置相比，电涡流阻尼的产生不依赖于摩擦，也有工作流体，具有结构简单、可靠性高、耐久性好、阻尼系数易调节等优点，该技术在上海中心大厦、杭瑞洞庭大桥等重大工程中得到了应用(图 6-4-21)。

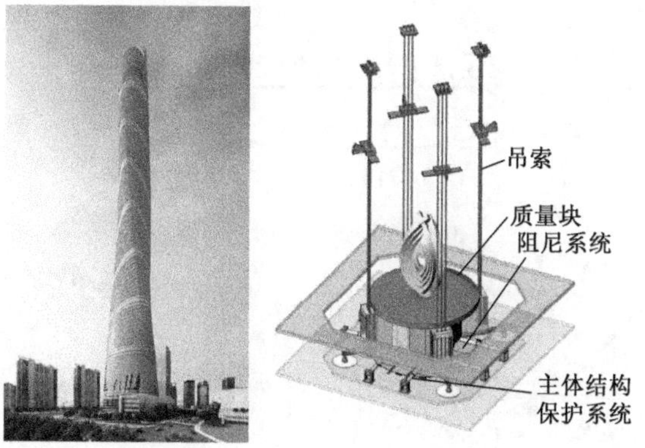

a)上海中心大厦

b)杭瑞洞庭大桥

图 6-4-21　电涡流阻尼器的应用

3)气动措施

由于造成桥梁风致振动的气动力都是气流绕过桥梁时发生相互作用而产生的，因此气动力与结构外形密切相关。气动控制措施是通过安装小的附属设施来改变断面外形，避免或者推迟涡旋脱落的发生，从而有效改变作用在结构上的气动力，从而提高桥梁的抗风能力。

目前常用的气动控制措施有安装风嘴、稳定板、导流板、中央开槽、风障等，这些气动措施的示意可见图 6-4-22，通过调整护栏、检修轨道风障等附属设施的位置和样式，也可提升桥梁气动稳定性。设计得当的气动措施可以大幅提升桥梁的气动稳定性，可以很好地解决大跨桥梁抗风安全储备不足的问题。然而，由于颤振、涡振对气动措施的形状、位置和实现细节较为敏感,不当的措施不仅不能起到抑制作用,甚至有可能使气动稳定性劣化。实际工程中,气动措施在一部分桥梁类型中显示出较强的共性,在另一部分桥梁中又显示出完全不同的控制特点。例如,稳定板作为一种常见的颤振控制措施,在润扬长江大桥颤振性能研究中发现上稳定板的颤振控制效果优于下稳定板,而对东海大桥颗珠山大桥的抗风研究却得到相反的结论。因此,由于气动措施对外形非常敏感,具体实际工程的气动选型方案必须通过风洞试验优化和验证。下面对常见的气动控制措施及其影响机理进行简单介绍。

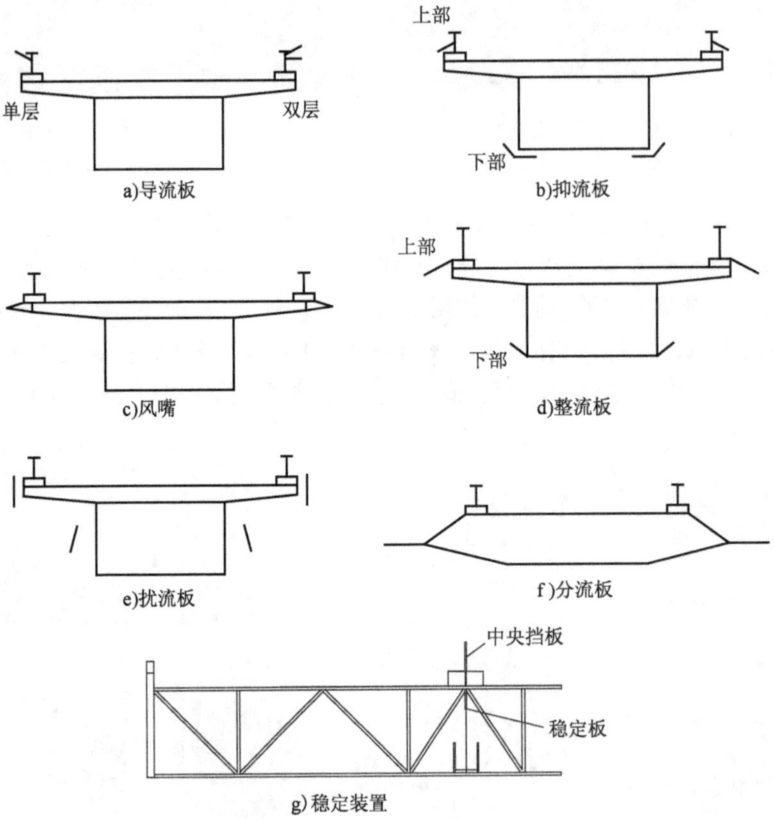

图6-4-22　典型气动控制措施示意图

在主梁断面两侧设置外形合理的风嘴,可以改善气流的绕流流态,使断面更趋向流线型,能有效提高断面的气动稳定性能,相对而言,风嘴的尖端角度越小,气动稳定性的改善越大。边缘风嘴措施的控制机理是扭转运动自身所形成的气动阻尼对系统的稳定作用得到增强,而自由度耦合效应形成的气动负阻尼的发展速度得到延迟,从而提高了结构的气动稳定性。我国东海大桥颗珠山大桥主桥采用设置风嘴的方式,将颤振临界风速提高到了95m/s以上(图6-4-23)。

研究表明,中央开槽气动措施对颤振稳定性能的影响取决于开槽前初始断面的气动外形及其颤振驱动机理和自由度耦合程度,并非对所有断面都能提高其颤振稳定性能。对于气动外形好、扭转和竖向自由度的耦合程度比较高的断面,中央开槽措施能提高断面的颤振临界风速;对于气动外形差、扭转和竖向自由度的耦合程度比较低的断面,中央开槽措施则会进一步降低颤振稳定性;对于气动外形一般(介于上述两类典型断面之间)的断面来说,中央开槽宽度大小对颤振稳定性能影响非常敏感,需要通过试验和分析确定其最优开槽宽度。我国目前最大跨度的悬索桥——西堠门大桥便采取在中央开槽的方式将颤振临界风速提高到了 88.4m/s 以上(图 6-4-24)。

a)颗珠山大桥主桥

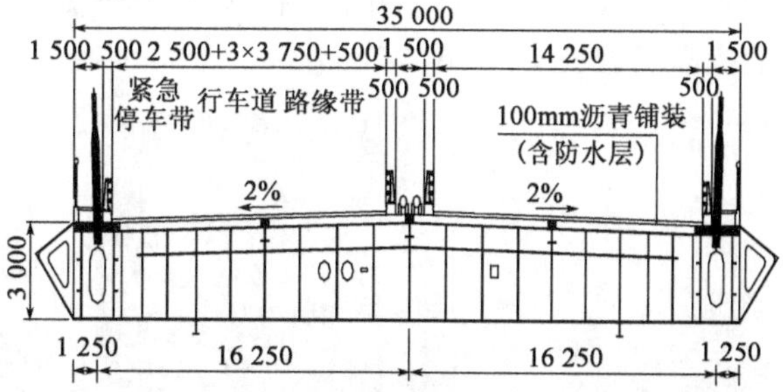

b)风嘴示意图

图 6-4-23 东海大桥颗珠山大桥主桥采用风嘴提高颤振临界风速(尺寸单位:mm)

a)舟山西堠门大桥

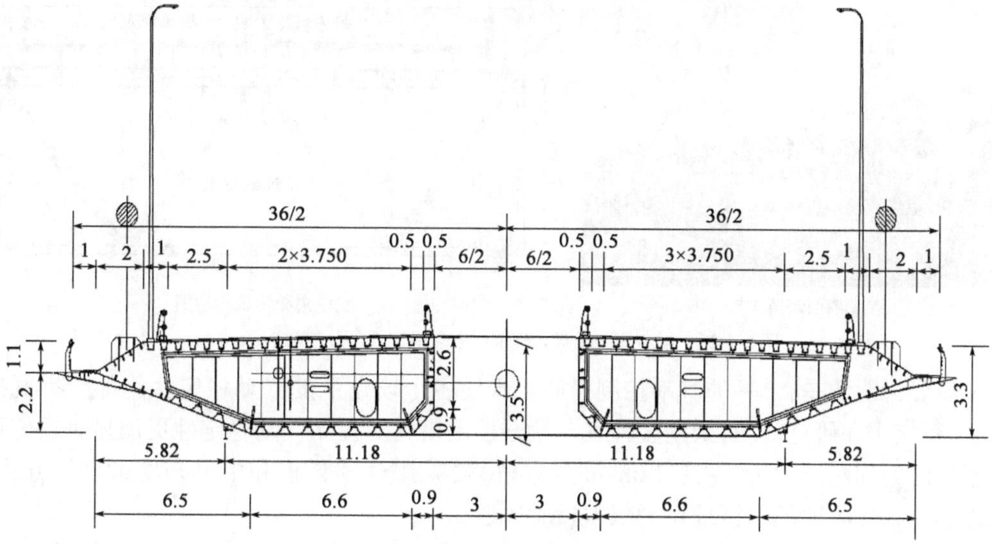

b)中央开槽示意图

图 6-4-24 舟山西堠门大桥中央开槽(尺寸单位:m)

对中央稳定板的气动影响机理研究表明,在断面设置中央稳定板后,断面的颤振形态从扭转形态转变为竖弯形态。当设置的中央稳定板高度适当时,系统竖弯牵连运动的稳定性相对较高,此时这种颤振形态发生转变的效果将提高系统的颤振稳定性能。例如,我国润扬长江大桥(悬索桥)在箱梁上表面设置中央稳定板后,颤振临界风速从 62m/s 提高到了 79m/s(图 6-4-25);湖南湘西矮寨大桥在设置中央稳定板后,颤振临界风速较初始断面提高了近一倍(图 6-4-26)。

a)润扬长江大桥

b)中央稳定板实物

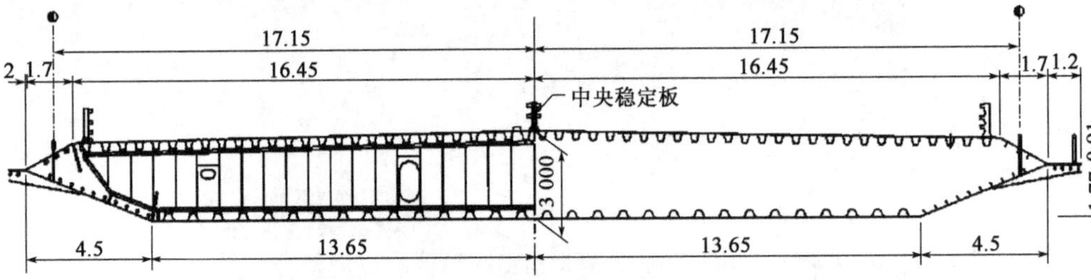

c)中央稳定板示意图

图 6-4-25　润扬长江大桥采用中央稳定板(尺寸单位:m)

a)湘西矮寨大桥

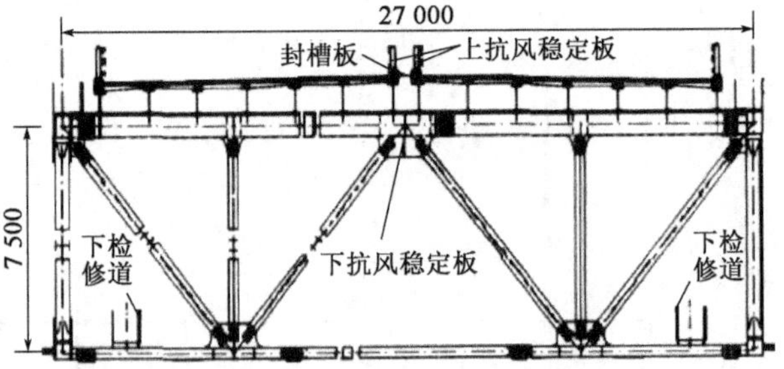

b)中央稳定板示意图

图 6-4-26　湖南湘西矮寨大桥采用中央稳定板(尺寸单位:mm)

需要说明的是,单一的气动控制措施很难使各个攻角下的气动稳定性能都能有所提高,工程应用和研究表明,采用多种气动组合控制措施对提高气动稳定性更加显著。位于黔西地区的坝陵河大桥(主跨 1 088m 悬索桥)便采用气动翼板和中央开槽组合的方式,使得颤振临界风速超过桥址位的颤振检验风速。

对于斜拉索风雨振控制而言,鉴于风雨振的产生与上水线的形成有密切的关系,于是日本学者提出了改变拉索表面形状,以阻止上水线形成的思路。经风洞试验证明,将 PE

护套外表面制成纵向肋条,缠绕螺旋线或压制一些凹坑,都能起到抑制风雨振的作用,如图6-4-27所示。日本Higushi Kobe斜拉桥,采用了PE护套带纵肋的拉索;日本多多罗(Tatara)大桥(主跨890m)采用了PE护套上压有凹坑的方法;法国诺曼底(Normandy)大桥(主跨856m),采用了PE护套上加螺旋线的方法;我国南京长江二桥采用了架设后再缠绕螺旋线的方法。

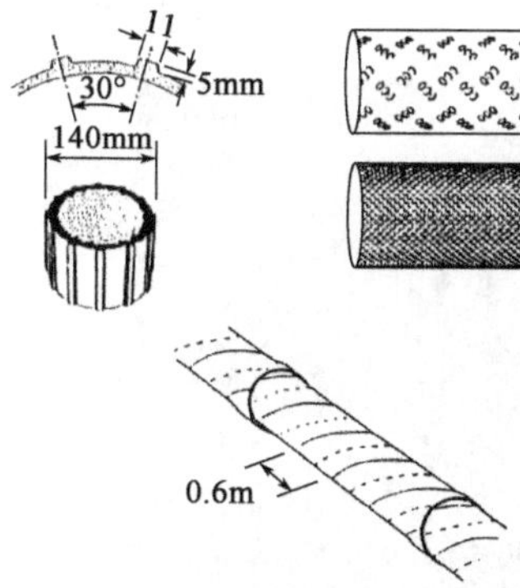

a)肋条、压坑和螺旋线

b)多多罗大桥斜拉索

图6-4-27 抑制拉索振动的空气动力学措施

6.5 桥梁抗风风洞试验方法

由于气体流动现象以及结构物几何外形的复杂性,空气动力学研究中的许多问题不可能单纯依靠理论或解析方法得到解决,必须结合物理试验才能解决实际问题。风洞试验方法既相对较节省人力、物力和时间,又可在试验过程中人为的控制、改变和重复试验条件,因而在进行变参数影响的机理研究中和在解决一些比较复杂的工程问题中具有较大的优越性,是开展桥梁抗风研究的有效方法。结合风洞试验研究对象和研究内容,本节仅简要介绍桥梁抗风试验常用的节段模型试验和全桥气弹模型试验。

6.5.1 边界层风洞简介

风洞是指在一个按一定要求设计的管道系统内,采用动力装置驱动可控制的气流,根据运动的相对性和相似性原理进行各种气动力试验的设备。风洞按试验段流速可分为低速风洞(0~135m/s)、亚音速风速(135~270m/s)、跨音速风洞(270~475m/s)、超音速风洞(475~1700m/s)、高超音速风洞(1700~3400m/s)和高焓高超音速风洞(>3400m/s)六种。边界层风洞属于常规的低速风洞,气流基本可以看作不可压缩的,根据其用途的不同可以分为建筑风洞、环境风洞、汽车专用风洞等。其中,建筑风洞是主要进行土木工程结构的抗风研究,如高层建筑、大型桥梁、输电线塔等结构的抗风研究;环境风洞主要是研究大气污染扩散和质量迁移进行模拟等;汽车专用风洞主要为汽车空气动力设计提供必要的参数和气动检验。

风洞有两种主要形式，一种是法国埃菲尔设计的直流式风洞；另一种是德国普朗特设计的回流式风洞。直流式风洞构造见图 6-5-1，这种类型的风洞通过风扇系统的驱动，气流连续地从外界大气通过进气口进入风洞，气流从进口段进入风洞，通过蜂窝器使气流变得较为均匀，然后通过收缩段将气流速度提高，进入试验段，当气流流过试验段后则通过扩散段到达出口，通过排气口排到外界大气。对于建在室内的直流式风洞，一般要求房屋空间应达到风洞试验段直径三次方的 400～500 倍，以减小房屋空间受限引起的气流混乱。

图 6-5-1　典型直流式低速风洞

回流式风洞构造见图 6-5-2，这种风洞通过风扇系统的驱动，气流连续地在风洞回路内流动。其特点是试验段气流品质容易控制，不会受到外界大气环境的影响，风洞运转时噪声对环境的影响小，并可以实现增压（$P_0 > 1 \times 10^5 \mathrm{Pa}$）运行，相应的风洞造价较高。

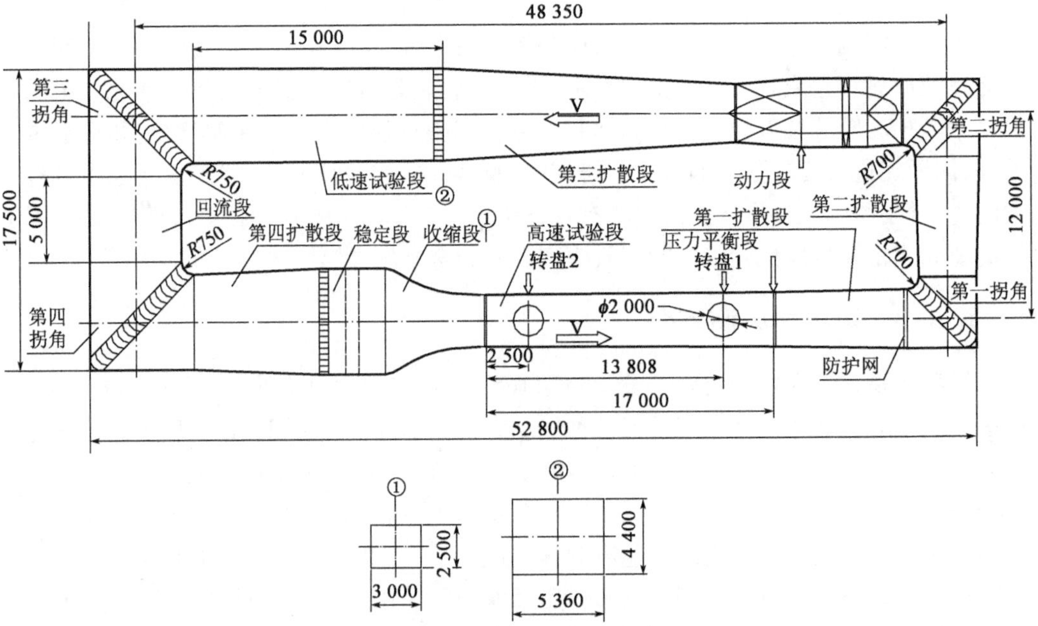

a)典型回流式风洞平面图

图　6-5-2

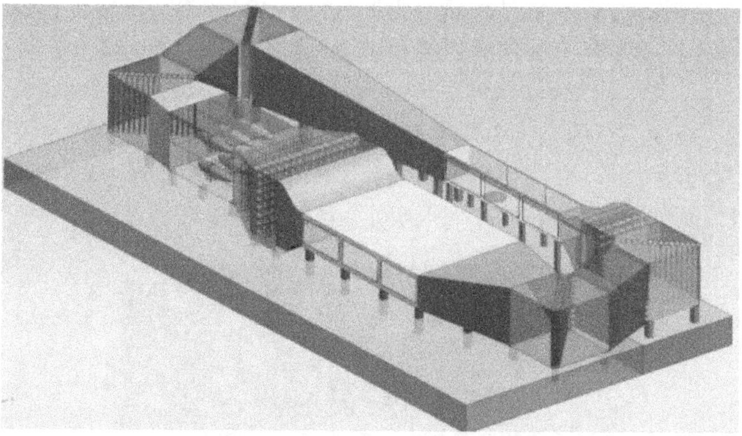

b)回流式风洞效果图(中南大学高速铁路风洞)

图 6-5-2 典型回流式低速风洞(尺寸单位:mm)

6.5.2 节段模型风洞试验

桥梁结构一般为柔长结构,在一个方向上有较大的尺度,而在其他两个方向则相对尺度较小。为此,可以假定桥梁足够长而且是平直的,于是任一桥梁断面的风荷载就可以代表其他断面的风荷载。风对桥梁结构的作用近似满足片条理论,可通过节段模型试验来研究桥梁结构的风荷载和风致振动响应。

节段模型试验根据其测试响应的不同可以分为测力试验和测振试验;根据节段模型试验悬挂方式的不同可以分为刚性悬挂节段模型试验、强迫振动试验和弹性悬挂节段模型试验。由于强迫振动试验需要复杂、昂贵的强迫振动设备,一般也只用来识别颤振导数,应用范围不太广泛,因此下面主要介绍常用的刚性悬挂节段模型测力试验和弹性悬挂节段模型测振试验。

1)刚性悬挂节段模型测力试验

刚性悬挂节段模型测力试验主要用来测定桥梁结构(主梁、桥塔等)断面在平均静气动力作用下的阻力、升力和扭转力矩及其随攻角的变化,结果以三分力系数表示,进而计算结构的风荷载(可见6.3节)。测定桥梁结构(主梁、桥塔等)断面在平均风作用下的表面压力分布。对于大跨度轨道交通桥梁而言,桥梁气动特性随列车的到达和离去而改变,桥上车辆处于桥梁断面的绕流之中,车-桥之间存在非常复杂的相互气动干扰,使得车-桥系统气动特性较单车、单桥时明显不同,需要考虑不同车-桥组合对桥梁和列车气动力的影响。

由于结构的气动力对结构外形高度敏感,因此刚性悬挂节段模型试验要求节段模型外形(包括附属装置)与实桥必须严格相似,模型尺寸加工误差应控制2%以内,并保证模型阻塞率(试验模型在迎风向的最大投影面积与风洞试验段横截面面积之比)应小于5%。由于试验在均匀流场中进行,如果模型的长宽比过小,端部对流场影响过大,测试结果会失真,为此要求增加模型的长度与宽度之比,一般不应小于2.5,且在两端均应设端板或具有1mm间隙的足够长的补偿模型。对于栏杆等与主梁几何尺寸相差很大的构件,由于缩尺无法严格几何相似时,应根据实际情况采取几何等效。由于模型刚度不足会导致试验过程中模型振动,或发生过大静力变形,进而影响试验结果精度,甚至会损坏测量设备,为此必须保证模型具有一定的强度和刚度,确保模型在试验风速下不发生明显的振动或变形。

刚性悬挂节段模型试验是将节段模型采用刚性杆直接固定在风洞内(或外),将固定杆与力传感器或天平相连,以测得桥梁断面在风作用下的阻力、升力和扭转力矩。悬挂装置具有调节风攻角的功能,图 6-5-3 所示为刚性悬挂节段模型示意图。

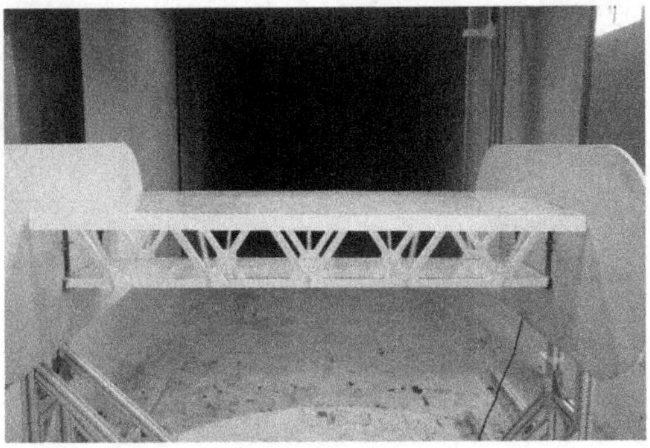

图 6-5-3　刚性悬挂节段模型示意图

试验的风攻角范围通常应不小于 ±12°,风攻角变化步长为 1°,对于桥塔塔柱或桥墩墩柱等竖直构件,风向的影响应以风偏角加以考虑,风偏角变化范围为 ±90°;由于均匀流场中测得阻力系数最大,试验一般在均匀流场中进行,每一攻角状态下的试验均应选择大于 10m/s 且相差一倍以上的两种不同风速下进行,以检验试验风速大小是否对三分力系数测试结果有影响。试验结果分别应在体轴坐标系和风轴坐标系下以三分力系数曲线表示。结构断面表面压力分布则可以直接绘制在结构断面的四周,从压力分布的角度反映桥梁结构断面的气动性能。

2)弹性悬挂节段模型测振试验

弹性悬挂节段模型测振试验主要用来测定桥梁结构的非定常气动力特性(气动导数等)以及在非定常气动力作用下的稳定性和振动响应(颤振和涡激共振)。此外,也可以测定桥梁结构主梁断面在非定常气动力作用下的表面压力分布状态,分析不同时刻的主梁断面压力分布变化情况。

桥梁弹性悬挂节段模型测振试验通常用来评估桥梁颤振稳定性能、涡激振动性能,因此,在节段模型的设计中,在严格模拟其气动外形的同时,必须模拟广义质量特性、频率特性及阻尼特性。一般需要模拟与颤振和涡振稳定性密切相关的竖向和扭转两个自由度的振动特性。也就是说,弹性悬挂二元刚体节段模型风洞试验,除了要求模型与实桥之间满足几何外形相似外,还通过弹簧和支承装置将刚性节段模型悬挂在风洞内,并使其能产生竖向平动及绕节段模型截面重心转动的二自由度运动。支承装置应具有改变模型攻角和约束任一自由度的机构,并可根据需要设置附加阻尼装置用于改变弹性悬挂系统的阻尼。测振的节段模型与测力节段模型要求基本一致,但由于过长的模型可能沿着展长方向出现竖向弯曲振动,从而影响测振试验的结果精度,因此模型不宜过长。表 6-5-1 给出的是按相似条件得到的模型系统的设计参数,弹性悬挂节段模型支承方式见图 6-5-4,模型质量和质量惯性矩偏差应小于3%,频率偏差则不应大于3%(对可能发生弯扭耦合颤振的桥梁结构,还要保证模型的弯扭频率比与实际结构一致),阻尼比应小于或等于原型结构。由于现在研究一般认为来流紊流强度越小,试验结果越偏于安全,因此大多在均匀流场中评价颤振和驰振稳定性以及涡振可能性。对于颤振临界风速试验,试验风速范围应覆盖检验风速,风速间隔的选取应考虑风洞控制风速调节的精度;对涡振试验,试验风速间隔应足够小,尽可能精确地捕捉涡振锁定区间。

节段模型参数缩尺比 表6-5-1

参数名称	符号	单位	表达式	缩尺率
梁长	L	mm	L_p	$1/n$
梁宽	B	mm	B_p	$1/n$
梁高	H	mm	H_p	$1/n$
单位长度质量	m	kg/m	M_p	$1/n^2$
单位长度质量惯性矩	J_m	kg · m²/m	I_p	$1/n^4$
结构阻尼比	ξ	—	ξ	1
时间	T	s	t_p	m/n
风速	V	m/s	V_p	$1/m$
频率	f	Hz	f_p	n/m

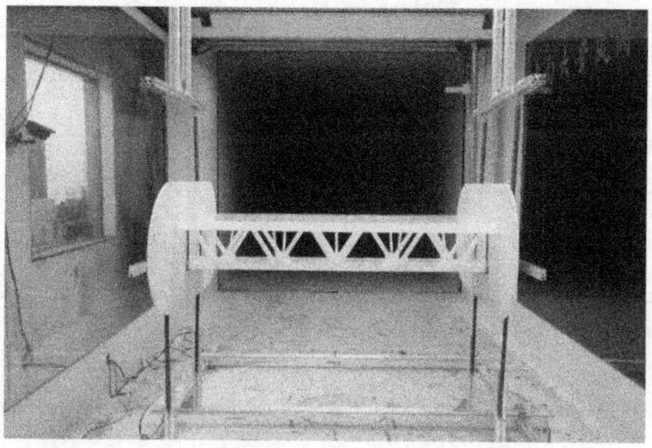

图6-5-4 弹性悬挂节段模型

6.5.3 全桥气动弹性模型风洞试验

全桥气动弹性模型风洞试验可更充分地模拟大气边界层的紊流,更直接地模拟桥梁结构在紊流风作用下的气动响应,试验结果可以更真实地反映桥梁结构在实际大气边界层中的气动稳定性。对于特别重要的大跨桥梁一般都要进行全桥气动弹性模型的风洞试验来检验。在全桥气动弹性模型风洞试验中,不仅要模拟结构外形几何尺寸和来流风场特性,而且要模拟反映结构与气流相互作用的气动弹性效应,与节段模型风洞试验相比更为复杂。一般说来,气动弹性模型设计时的相似准则包括结构的长度、密度、弹性和阻尼相似,以及气流密度和黏性、速度和重力加速度等相似,这些物理量可用雷诺数(Reynolds Number)、弗劳德数(Froude Number)、密度比(Density Ratio)、柯西数(Cauchy Number)、阻尼比(Damping Ratio)等无量纲参数来表示,其定义见表6-5-2。

全桥气动弹性模型模拟的一致性条件　　表 6-5-2

无量纲参数	表 达 式	力 学 意 义
柯西数(弹性参数)	$E/(\rho U^2)$	结构物弹性力与气动惯性力的比值
密度比(惯性参数)	ρ_s/ρ	结构惯性力与气动惯性力的比值
弗劳德数(重力参数)	gB/U^2	结构重力与气动惯性力的比值
雷诺数(黏性参数)	$\rho UB/\mu$	气动惯性力与空气黏性力的比值
阻尼比	δ(对数衰减率)	一个周期的耗散能量与振动总能量的比值

对于悬索桥,主缆为主要承重结构,其索力大小为全桥提供了竖向刚度和抗扭刚度,因此,弗劳德数(Froude Number)的一致性条件要求必须满足。表 6-5-3 给出了全桥气动弹性模型风洞试验设计时各部件的相似要求,表 6-5-4 给出了全桥模型与实桥参数的相似关系。

全桥气动弹性模型设计时各部件的相似要求　　表 6-5-3

构件		形状相似	刚度相似				气动力相似
			EA	EI_x	EI_y	GJ	
加劲梁	主梁	□		□	□	□	
	护栏	□					
	照明柱						
主缆			□				□
桥塔	塔柱	□	□	□	□		□
	横梁	□		□	□		□
	塔基	□					
桥墩		□	□	□	□		□
基础							

注:"□"表示需要满足相似要求;照明柱与基础不需要满足相似要求。

全桥模型与实桥参数的相似关系　　表 6-5-4

相似参数	相似关系	相似参数	相似关系
长度 C_L	$1/n$	弯曲刚度 C_{EI}	$1/n^5$
面积 C_F	$1/n^2$	自由扭转刚度 C_{GJ_d}	$1/n^5$
密度 C_ρ	1	风速 C_V	$1/n^{1/2}$
单位质量 C_M	$1/n^2$	频率 C_f	$n^{1/2}$
单位质量惯矩 C_{Im}	$1/n^4$	时间 C_t	$1/n^{1/2}$
拉伸刚度 C_{LEF}	$1/n^3$	对数衰减率 C_δ	1

模型几何尺寸的加工误差要求与节段模型一致,不仅质量、刚度和频率的误差应控制在 5% 以内,而且加劲梁的前两阶竖弯、扭转和侧弯振动振型与实际结构也应保持一致。对于山区或跨峡谷桥梁,当周围地形可能对桥梁的气动性能存在显著影响时,必须按几何相似关系模拟一定范围内的地形。

对于悬索桥和斜拉桥,其气动弹性模型风洞试验主要包括静风稳定试验、颤振试验、涡振试验和抖振试验。全桥气动弹性模型风洞试验应考虑多种不利施工状态,对于大跨度拱桥,应考虑主拱合龙前的不利施工状态;对于斜拉桥,不利施工状态包括最大单(双)悬臂状态或整体刚度最低(自振频率最低)的状态;对于悬索桥,应结合具体的施工方法考虑其主要自振频率的演变过程,保证对施工过程中抗风能力最薄弱环节进行充分研究。

思考题与习题

6.1 简述描述大气边界层风场特性(包括平均风和脉动风)的主要参数。

6.2 根据《公路桥梁抗风设计规范》(JTG/T 3360-01—2018),简述从基本风速确定桥梁设计基准风速的方法。

6.3 简述典型风致振动的概念及其特点。

6.4 简述斜拉索风雨振的主要特点及常用的控制措施。

6.5 简述桥梁风致振动的控制措施类型,并简要阐述每类控制措施的优缺点。

6.6 试推导理想平板的 8 个颤振气动导数,并画出各导数随折算风速变化的曲线。

6.7 简述桥梁节段模型风洞试验内容,以及模型设计加工过程和需要重点注意的地方。

6.8 阐述为什么能将二维节段模型风洞试验结果应用于复杂的三维桥梁结构。

6.9 为什么要进行全桥气动弹性模型风洞试验?它与节段模型风洞试验的区别是什么?

第7章

桥梁抗震设计方法

近年来国内外地震频发,地震损失惨重。我国的地震损失同样十分严重,2008 年汶川地震造成了巨大的人员伤亡(近 7 万人死亡,37 万多人受伤,1 万多人失踪)和经济损失(直接经济损失 8352 亿元),举世震惊。桥梁工程作为震区交通线的枢纽工程,其抗震性能关系到抗震救灾工作的大局,受到极大关注。

本章旨在用较小篇幅概括性地介绍桥梁抗震设计的基本知识,便于读者对桥梁抗震有全貌性了解。本章首先介绍了地震的基本概念与典型的桥梁震害,以及桥梁抗震设防标准和设计流程。接下来重点讲述了桥梁的抗震设计方法,包括桥梁抗震概念设计、地震动输入选择、计算模型建立、动力特性分析、地震反应分析、抗震验算及构造设计等内容。然后,阐述了桥梁延性抗震设计的基本概念和设计方法,以及桥梁减隔震设计的基本原理和常见的减隔震装置,这部分内容是上述抗震设计方法的重要补充,有利于桥梁抗震概念设计的优化、抗震验算的顺利通过以及构造设计的优化。最后,简要介绍了振动台试验及其工程应用情况。

7.1 地震概述与桥梁震害

7.1.1 地震概述

地震按照其成因分为火山地震、陷落地震、诱发地震和构造地震等。其中,构造地震发生次数最多(约为全球地震总数的 90%),涉及范围最广泛,释放能量最大,造成危害最大,是抗震研究的主要对象。

构造地震是指当地应力在某一地区增加到一定程度,在岩石比较薄弱的地方突然发生断裂错动,部分应变能突然释放,其中一部分能量以波的形式在地层中传播,引起地面震动。对于构造地震,在一次强烈地震(主震)之后,岩层的变形还有不断的零星调整,从而形成一系列余震。后文将构造地震简称地震,这些地震集中分布的地带称为地震带。

根据全球构造板块学说,地壳被一些构造活动带分割为彼此相对运动的大小不一的板块。大的板块有六个,包括太平洋板块、亚欧板块、非洲板块、美洲板块、印度洋板块和南极板块。全球大部分地震发生在大板块的交界处,一部分发生在板块内部的活动断裂带上,最主要的地震带为环太平洋地震带和欧亚地震带(又称为地中海-喜马拉雅地震带)。中国位于这两大地震带之间,受太平洋板块、印度板块(印度洋板块的内部板块)和菲律宾板块的挤压,地震断裂带十分活跃。

图 7-1-1 描述了构造地震的基本术语。断层形成并大量释放能量的地方为震源,震源正上方的地面位置为震中,震中与震源之间的距离为震源深度。结构物(例如某座桥梁)与震中之间的距离为震中距,与震源的距离为震源距。震中附近振动最剧烈并且破坏最严重地区称为极震区。

图 7-1-1 构造地震基本术语的物理含义

地震按照震源深浅分为浅源地震(震源深度 <60km)、中源地震(震源深度 60 ~ 300km)和深源地震(震源深度 >300km)。其中,浅源地震造成危害最大,当震源深度超过 100km 时,通常不会在地面上造成危害。地震按照震中距分为地方震(震中距 <100km,包含震中距 <20km 的近断层地震,近断层地震一般具有强烈的竖向地震、速度脉冲等特点)、近震(震中距 100 ~ 1 000km)和远震(震中距 >1 000km)。

震级是指衡量一次地震大小的等级,国际上比较通用的是里氏震级,常用 M_L 表示。里氏震级是指在距震中 100km 处用 Wood-Anderson 式标准地震仪(摆的自振周期为0.8s,放大倍数为 2800 倍)所记录到的最大水平地动位移(即振幅 A,以 μm 计)的常用对数值($M_L = \lg A$)。震级与震源释放能量关系可以表示为 $\lg E = 11.8 + 1.5M_L$,其中,E 为地震释放能量,单位为尔格,1 尔格 $= 1 \times 10^{-7}$ 焦耳。所以,地震每差一级,地震释放能量就相差 $1 \times 10^{1.5} = 31.622\,7$ 倍。

烈度是用来衡量地震破坏作用大小的一个指标(图 7-1-2),参考物理指标有加速度、速度等。对于一次地震,震级只有一个,烈度则随着地点的变化有若干个。一般来说,距震中越近,烈度越高;但是,有时会因局部场地的地形、地质条件等的影响,出现不符合上述规律的"烈度异常区"。我国基本烈度一般采用在 50 年期限内的一般场地条件下的遭受超越概率 10% 的烈度值,并以此为基础编制了《中国地震烈度区划图》[目前改进为《中国地震动参数区划图》(GB 18306—2015)],对国土进行长时期内可能遭受的地震危险程度划分,以图件的形式展示地区间潜在地震危险性的差异,并服务于工程抗震设计。

图 7-1-2　地震烈度

地震波是由于震源的剧烈振动而向各个方向传播并释放能量的弹性波。地震波按照其在地壳传播的位置的不同，分为体波和面波（图 7-1-3）。体波是在地球内部传播的波，分为纵波和横波。纵波（P 波或者疏密波）是从震源向四周传播的压缩波，在任何介质中都可以传播，周期短，振幅小，波速快，通常引起地面竖向振动。横波（S 波）是从震源向四周传播的剪切波，只能在固体介质中传播，周期长，振幅大，波速慢，通常引起地面水平方向振动。面波是在地球表面传播的波，是体波经地层界面多次反射、折射所形成的次生波，分为瑞利（Rayleigh）波和勒夫（Love）波。一般情况下，与体波相比，面波周期长，振幅大，波速慢，在体波之后到达；衰减慢，能传到较远的地方。在距离震中近的地方，面波成分较少，随着与震中距离的增加，面波成分增加。Rayleigh 波在传播时，质点在与地面垂直的平面内沿波的前进方向做椭圆反时针方向运动,振幅大,在地表以竖向运动为主。Love 波在传播时,类似蛇行运动,质点在地平面内做与波前进方向相垂直的运动。一般情况下,在 S 波和面波都到达时振动最剧烈,由两者产生的水平振动是导致结构地震破坏的重要因素;在震中区(尤其近断层地震),由 P 波产生的竖向振动所造成的破坏有时也不容忽略。

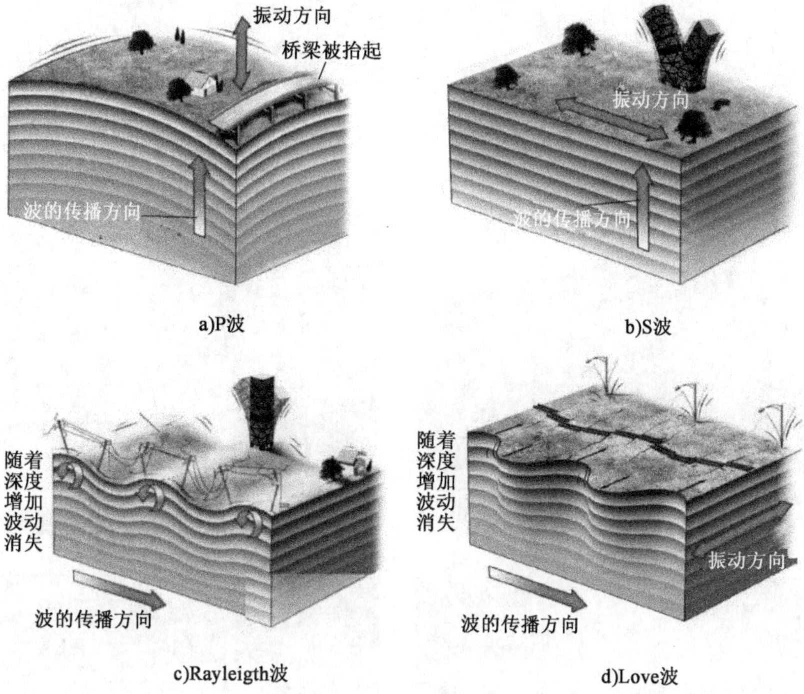

图 7-1-3　体波和面波示意图

地震动(地面运动)是指由震源释放出来的地震波引起的地表附近土层的振动,表现为以运动方式出现的随机振动,包括水平运动、竖向运动甚至扭转运动。桥梁抗震只关心可能引起桥梁破坏的强震动,一般用强震仪记录,强震仪根据记录物理量可分为强震位移仪、强震速度仪和强震加速度仪。地震动三要素包括强度(振幅、峰值)、频谱特性和强震持续时间。其中,频谱表示给定地震记录中振幅反应与频率关系的曲线,常用的有傅立叶谱、反应谱与功率谱,反应谱已经被国内外抗震设计规范普遍采用。地震动特性还需要考虑震源、传播介质与途径和局部场地条件等影响因素。

7.1.2　桥梁震害

桥梁主要震害表现为钢构件的局部屈曲、主梁位移较大(可能产生落梁和碰撞)、支座破坏(可能引起力的传递方式的变化)、桥墩弯曲破坏(延性破坏,主要为高柔桥墩)、桥墩剪切破坏(脆性破坏,主要为矮粗桥墩)、墩柱的基脚破坏(破坏了墩柱和下部结构的整体作用)、框架墩盖梁的破坏、框架墩节点的破坏(主要是剪切破坏)、桥台的震害、桥梁地基失效(为桥梁基础震害的主要原因,例如土体滑移、砂土液化等,主要引起扩大基础震害等)、桩基础的破坏(在软弱地基上,采用桩基础的结构往往比浅基础的结构具有更好的抗震性能,但桩基础的破坏不易发现和修复)。部分典型桥梁震害见图 7-1-4。

a)桥墩弯曲破坏

b)桥墩剪切破坏

c)桥台破坏

d)节点破坏

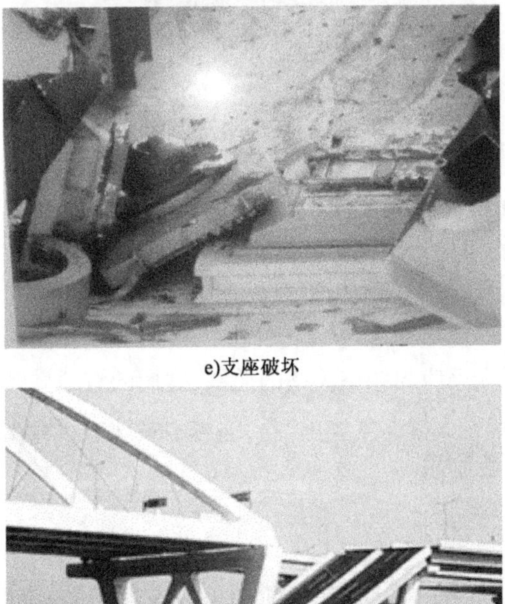

e)支座破坏

f)梁端撞击破坏

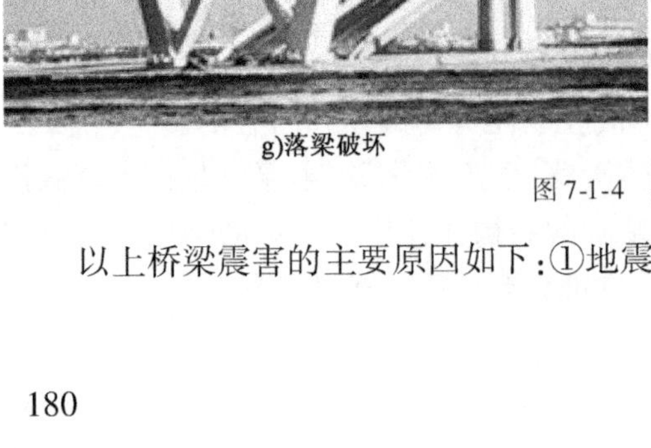

g)落梁破坏

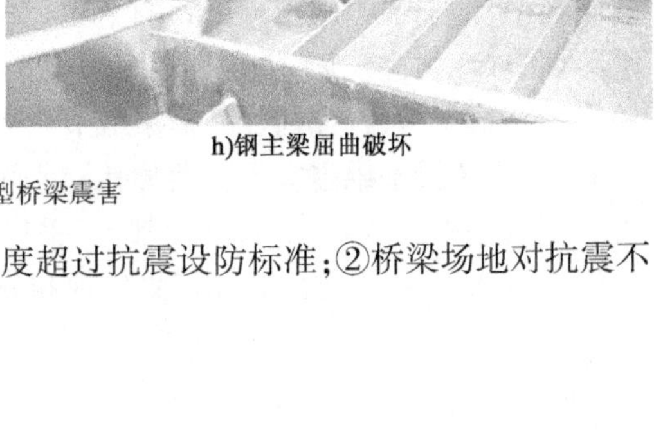

h)钢主梁屈曲破坏

图 7-1-4　典型桥梁震害

以上桥梁震害的主要原因如下:①地震强度超过抗震设防标准;②桥梁场地对抗震不

利,地震引起地基失效或地基变形;③桥梁结构设计、施工错误;④桥梁结构本身抗震能力不足,即结构地震易损性问题。从桥梁抗震设计角度出发,可分为地基失效引起的破坏和结构强烈振动引起的破坏。前者主要为静力问题,是由于地基失效产生的相对位移引起的,主要通过选择适当场地加以避免;后者主要为动力问题,是由于振动产生的惯性力引起的,这要求设计地震不敏感结构。

为了减小桥梁震害,需要开展以下工作:①重视总体设计,选择好的桥梁抗震结构体系和建造场地;②采用延性抗震设计,避免脆性破坏;③重视局部构造设计,避免构造缺陷;④对于复杂桥梁(斜桥、弯桥、高墩桥、墩刚度变化很大的桥梁等),应采用空间动力时程方法具体分析;⑤合理使用减隔震技术。

7.2 抗震设防标准与设计流程

7.2.1 抗震设防标准

抗震设防原则是指对工程进行抗震设防的总要求和总目的,其表述比较定性化,例如减轻结构损伤、避免人员伤亡、减少经济损失等。抗震设防目标是抗震设防原则的具体化,例如桥梁结构保持弹性,或者进入塑性损伤状态等。

抗震设防环境是指工程结构所处的地震危险性环境,例如汶川及周边地区经常发生地震且强度很大、长沙基本不发生地震等。抗震设防参数是指来定量描述地震大小的物理量(参数),曾经采用烈度描述地震大小,并制定了《中国地震烈度区划图》,目前采用地震加速度峰值和地震卓越周期描述地震大小,并制定了《中国地震动参数区划图》(GB 18306—2015)。对于某一地区,历史上曾经发生多次地震,且地震大小不一,一般采用地震超越概率或地震重现期衡量同一地区的地震大小。地震超越概率是指一定场地在未来一定时间内遭遇到大于或等于给定地震的概率,常以年超越概率或设计基准期超越概率表示,超越概率越小表明地震越大。地震重现期是指一定场地重复出现大于或等于给定地震的平均时间间隔,地震重现期越长表明地震越大。地震重现期 T 与设计基准期 T_0 内超越概率 P 之间的换算关系为 $T=-T_0/\ln(1-P)$,也可以粗略地简化为 $T=T_0/P$。例如,当 $T_0=50$、$P=10\%$ 时,按照以上两个公式计算得到的地震重现期 T 分别为 475 年和 500 年,两者误差 25 年,对于地震事件可以忽略。我国《中国地震烈度区划图》和《中国地震动参数区划图》(GB 18306—2015)都是采用 475 年地震重现期制定,这样可以明确对比我国不同地区的地震大小,例如汶川及周边地区 475 年地震重现期的地震加速度峰值为 $0.2g$ 以上,而长沙 475 年地震重现期的地震加速度峰值为 $0.05g$,前者明显大于后者,说明前者抗震设防环境较差。

地震设防水准是指在结构设计中,如何根据客观的地震可能性和已定的抗震设防目标,并考虑具体的社会经济条件,来确定采用具体的地震设防参数。例如,长沙某桥梁可以采用地震加速度峰值 $0.05g$ 进行抗震计算,也可以采用 $0.1g$ 进行抗震计算,这就是地震设防水准。合理的地震设防水准,应针对不同的结构性能目标(即结构在地震下的综合表现或损伤程度等),在综合考虑结构的当前投资和在未来设计基准期内遇灾时的损失期望的基础上经优化来确定。因而这是一个多变量、多目标、多约束的动态最优决策问题，需要对桥梁工程场地进行地震安全性评价，即对具体建设工程地区或场址周围的地震地质、地球物理、地震活动性、地形变化等进行研究，采用地震危险性概率分析方法，按照工程应采用的风险概率水准，科学给出相应的工程规划和设计所需的有关抗震设防要求的地震动参数和基础资料。

在以上概念基础上，可以提出合理的抗震设防标准。抗震设防标准是在特定的抗震设防环境下，为了满足抗震设防原则，规定在具体重现期的地震作用下工程结构的抗震设防目标。常见的抗震设防标准一般表述为小震（多遇地震或众值烈度，50 年超越概率 63%）不坏、中震（偶遇地震或基本烈度，50 年超越概率 10%）可修、大震（罕遇地震或罕遇烈度，50 年超越概率 2% ~3%）不倒。其中，小震、中震、大震及对应的具体抗震设防参数为抗震设防水准，而不坏、可修、不倒为抗震设防目标。简言之，抗震设防标准就是在一定的抗震设防水准下达到相应的抗震设防目标。

上述抗震设防标准是一般标准。对于特别重要的桥梁（例如跨江大桥），可以适当提高以上设防标准，例如可以提高为中震不坏、大震可修等，这样显然提高了结构的安全可靠度，但工程投资会变大很多；对于特别不重要的桥梁（例如临时性桥梁），可以适当降低以上设防标准，甚至不开展抗震设计，这样可以减少工程经济投资，但会显著降低结构的安全可靠度。因此，确定桥梁工程的抗震设防标准，需要在经济与安全之间进行合理权衡。

我国《铁路工程抗震设计规范》（GB 50111—2006）、《公路桥梁抗震设计规范》（JTG/T 2231-01—2020）和《城市桥梁抗震设计规范》（GJJ 166—2011）分别给出了铁路桥梁、公路桥梁和城市桥梁的最低抗震设防标准。例如，《公路桥梁抗震设计规范》（JTG/T 2231-01—2020）根据公路等级及桥梁的重要性和修复（抢修）的难易程度，将桥梁抗震设防类别划分为 A 类、B 类、C 类和 D 类。其中，设防类别 A 适用于单跨跨径超过 150m 的特大桥，相应的设防目标是：E1 地震（重现期 475 年的地震）作用下，一般不受损坏或不需修复可继续使用；E2 地震（重现期 2000 年的地震）作用下，可发生局部轻微损伤，不需修复或经简单修复可继续使用；设防类别 B 类、C 类和 D 类的桥梁由于没有 A 类重要，其抗震设防标准依次降低。公路桥梁抗震设计具体要求见表 7-2-1 与表 7-2-2。

各设防类别公路桥梁的抗震设防目标 表 7-2-1

桥梁抗震设防类别	设防目标	
	E1 地震作用	E2 地震作用
A 类	一般不受损坏或不需修复可继续使用	可发生局部轻微损伤，不需修复或经简单修复可继续使用
B 类	一般不受损坏或不需要修复可继续使用	应保证不致倒塌或不产生严重结构损伤，经临时加固后可供维持应急交通使用
C 类	一般不受损坏或不需要修复可继续使用	应保证不致倒塌或不产生严重结构损伤，经临时加固后可供维持应急交通使用
D 类	一般不受损坏或不需要修复可继续使用	

各桥梁抗震设防类别适用范围 表 7-2-2

桥梁抗震设防类别	适 用 范 围
A 类	单跨跨径超过 150m 的特大桥
B 类	单跨跨径不超过 150m 的高速公路、一级公路上的桥梁，单跨跨径不超过 150m 的二级公路上的特大桥、大桥
C 类	二级公路上的中桥、小桥，单跨跨径不超过 150m 的三、四级公路上的特大桥、大桥
D 类	三、四级公路上的中桥、小桥

目前，世界上最先进的抗震设防标准是多水准设防、多性能目标的基于性能的抗震设计。结构性能与经济支出是抗震研究面临的一个重要矛盾，为了解决这一矛盾，曾提出“小震不坏、中震可修、大震不倒”的粗略抗震设防标准，使得在保证结构安全的同时，尽量降低结构造价。为了进一步细致解决这一矛盾，20 世纪 90 年代初，基于性能的抗震设计思想被提出，并得到了各国研究者的重视和发展，见图 7-2-1。结构性能的选择具有两个基本原则：

（1）在不同的地震设防水准下，结构物对应于不同的抗震性能目标；

（2）对不同重要性的结构，结构性能应有所区别，比如，对于一般建筑物（如普通住宅等），可选择基本目标；对于重要建筑物（如医院等），可选择提高目标 1，而对于会引起严重次生灾害的建筑物（如核电站等），可选择提高目标 2。

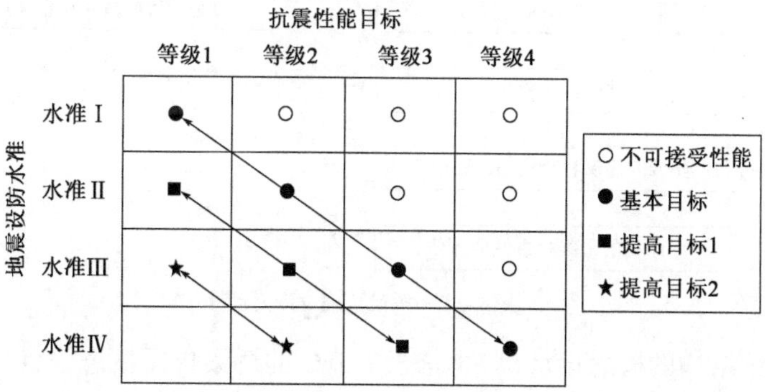

图 7-2-1 地震设防水准与抗震性能目标的关系

注：水准Ⅰ、Ⅱ、Ⅲ、Ⅳ表示小震、中震、大震以及重现期更长的巨震；等级 1、2、3、4 表示结构基本完好、轻微或中等损伤、严重损伤、倒塌

基于性能的抗震设计思想是一种基于投资和效益平衡的多级抗震设防思想。在这种思想中，首先，针对不同的结构、不同的地震设防水准，制定相应的抗震性能目标；然后，通过设计，使不同水准地震作用下的结构响应满足预期的抗震性能目标。与传统的抗震设计思想相比，基于性能的抗震设计思想主要有以下几个特点：

（1）结构性能目标的多级性。在不同的地震设防水准下，结构应满足不同等级的性能要求。

（2）结构性能目标的可选性。在基于性能的抗震设计中，可以在满足规范的前提下，根据结构的用途、重要性及业主、使用者等的特殊要求，由工程师同业主、使用者共同研究制订结构的性能目标。

(3)结构抗震性能的可控制性。在基于性能的抗震设计中,设计初始就明确了结构性能目标,通过设计,使相应设计在地震作用下的结构响应能够达到预先确定的结构性能目标,因而结构的抗震性能是可以预计和控制的。

7.2.2 抗震设计流程

桥梁抗震设计流程见图7-2-2。

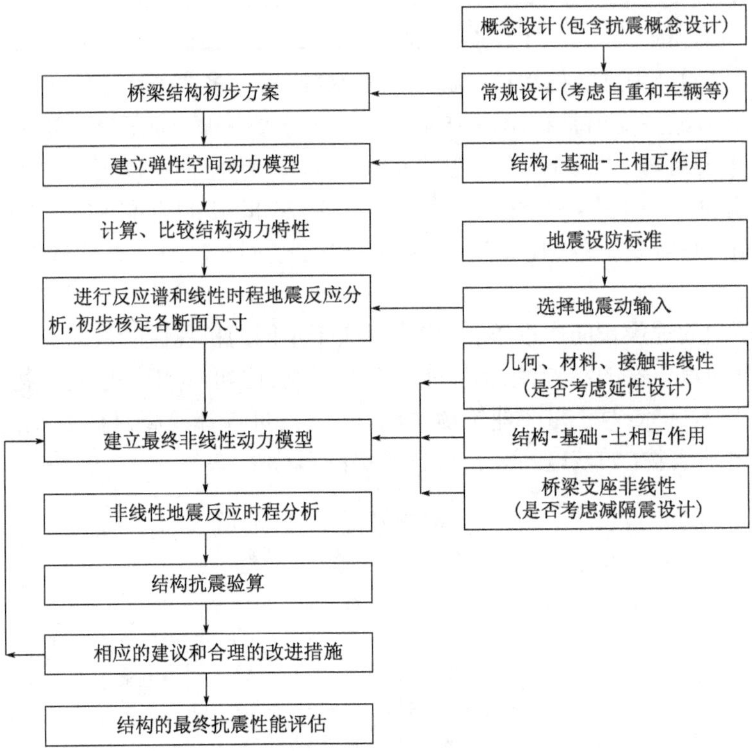

图7-2-2 桥梁抗震设计流程

在完成桥梁结构的概念设计(包含7.3.1节中的桥梁抗震概念设计)和常规设计(主要由结构自重等永久荷载和车辆荷载等可变荷载控制设计)之后,桥梁结构细节已经基本确定,可以建立桥梁结构的有限元动力模型。

基于有限元动力模型,可以开展结构动力特性分析,计算出桥梁结构的自振周期和振型等参数。这是桥梁的固有振动属性,与地震荷载无关。例如,根据桥梁自由振动响应式,高频振动比低频振动衰减快;阻尼比越大,衰减越快。根据 $\omega_{D}=\omega\sqrt{1-\xi^2}$,由于实际桥梁结构的阻尼比一般都小于0.05,阻尼对结构自振频率的影响很小,即 $\omega_{D}\approx\omega$。当桥梁出现大振幅时,严格来说不存在上述的固定自振频率和振型,因为在自振过程中结构的刚度甚至结构体系随着振动而不断变化。

在桥梁结构动力特性分析的基础上,开展地震作用下的桥梁结构地震反应计算,需要使用地震力理论或地震作用理论,研究地震时地面运动对结构物产生的动力效应。桥梁结构的抗震计算必须以地震场地运动为依据,但由于实际强震记录的不足,这个关键问题还未能很好解决,因此地震动输入仍然是结构抗震设计中最薄弱的环节。目前的解决办法是,根据桥址区地质构造情况、地震历史资料、场地情况,并参考一些地面运动的记录来确定作为设计依据的地震参数,具体见7.2.1节中的抗震设防水准概念。

在确定了地震动输入以后,可以采用以下两种地震力理论开展桥梁地震反应计算:①以地震运动为确定过程的确定性地震力理论,如静力法、动力反应谱法(只适用于弹性结构计算)、动态时程分析法(适用于弹性结构计算和非弹性结构计算)等;②以地震运动为随机过程的概率性地震力理论。目前,概率性地震力理论还不十分成熟,要应用于工程实践中还有待于进一步研究。因此,世界各国的桥梁抗震设计规范中普遍采用的是确定性地震力理论。确定性地震力理论中的静力法是指,把结构物在地面运动加速度$\ddot{\delta}_g$作用下产生的惯性力($F=m\ddot{\delta}_g$)视作静力作用于结构物上做抗震计算。静力法是早期采用的分析方法,假定结构物与地震动具有相同的振动,忽略了结构的动力特性,把地震加速度看作结构地震破坏的单一因素,因而有很大的局限性,只适用于刚度很大的结构,例如较矮的重力式桥墩或桥台的地震反应计算。因此,目前主要采用确定性地震力理论中的动力反应谱法和动态时程分析法,来开展桥梁结构的地震反应分析。

在桥梁地震反应计算之后,需要开展桥梁抗震验算,主要进行桥梁地震反应需求和桥梁抗震能力的对比。经过验算发现,较大的地震反应需求会对桥梁结构造成损伤,如果地震损伤程度超过预期值,需要改变结构的局部构造措施甚至整个结构体系,重新开展相应计算和验算工作。

7.3 桥梁抗震设计

7.3.1 桥梁抗震概念设计

桥梁工程必须确保运营功能,一方面要满足永久荷载和可变荷载的要求,这是静力设计的目标;另一方面要保证桥梁在地震荷载(偶然荷载)下的安全性,因此要进行抗震设计。目前,桥梁的抗震设计一般配合静力设计进行,贯穿桥梁结构设计的全过程。

桥梁抗震设计主要完成以下任务:

(1)选择能够有效抵抗地震作用的结构形式;

(2)合理分配结构的刚度、质量和阻尼等动力参数,最大限度地利用构件和材料的承载和变形能力;

(3)正确估计地震可能对结构造成的破坏(有时必须通过允许结构损伤来降低结构投资成本),以便通过结构构造和其他抗震措施,使损失控制在限定的范围内。

图7-2-2描述了桥梁抗震设计流程,可以简单概括为抗震设防标准选定、抗震概念设计、地震反应分析、抗震性能验算、抗震构造设计。

在上述桥梁抗震设计流程中,桥梁抗震概念设计是根据地震灾害和工程经验等获得的基本设计原则和设计思想,正确解决结构总体方案、材料使用和细部构造,以达到合理抗震设计的目的。其主要任务是选择良好的结构抗震体系。

“概念设计”是从概念上特别是从结构总体上考虑抗震的工程决策,“数值设计”主要是地震作用计算、构件强度验算、结构和支座变形验算等。两者相辅相成,有时“概念设计”比“数值设计”更为重要,可以灵活而又合理地运用抗震设计思想。合理的抗震设计应该是强度、刚度、延性以及经济等指标的最佳组合。

桥梁抗震概念设计的一般要求如下:

(1)选择桥位时,应尽量避开地震危险地段,充分利用地震有利地段。

(2)避免或减轻在地震作用下因地基变形或地基失效造成的破坏。

(3)本着减轻震害和便于修复(抢修)的原则,合理确定设计方案。

(4)提高结构与构件的强度和延性,避免脆性破坏。

(5)加强桥梁结构的整体性,避免连接部位破坏。

(6)在设计中提出保证施工质量的要求和措施。

桥梁抗震概念设计的主要任务是选择良好的结构抗震体系,理想的结构抗震体系布置要求具体如下。

(1)几何线形:优先选择直桥和各墩高相差不大的桥梁(避免地震力分配不均匀)。

(2)结构布局:上部结构连续,伸缩缝尽可能少(避免落梁);小跨径(减小轴压,从而获得更好的延性);在多个桥墩上布置弹性支座(把地震力分散到更多的桥墩);各个桥墩的强度和刚度在同一方向上相同(避免地震内力集中);基础建在坚硬的场地上。

实际工程中,由于各种限制条件,理想抗震体系很难达到,但应尽可能服从上述要求。如图 7-3-1 所示,该桥桥墩高度相差较大,如何防止低墩破坏是此类桥梁抗震设计的关键。因此,如何通过改变结构布置(或者说采用什么样的结构体系)来减小低墩的地震损伤,是这类桥梁进行具体抗震设计的任务,一些概念设计思路如下:

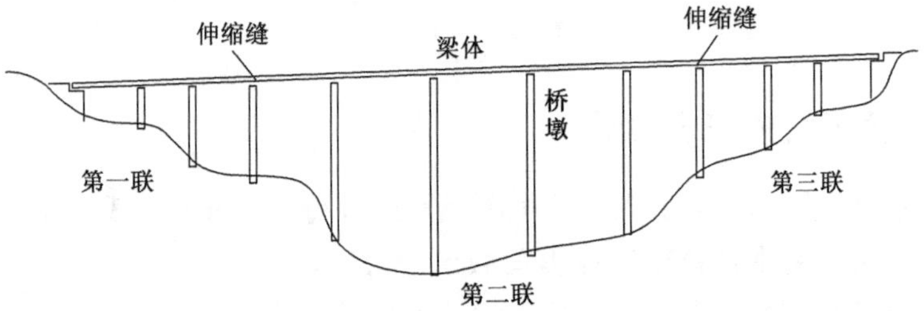

图 7-3-1 西部山区某桥梁

(1)将低墩处的桥墩长度设计得与高墩相同,其中一部分埋置于地下,但采用套筒等措施,使得埋置于地下的这一部分桥墩不与岩石等接触,从而使表面上不等墩高的桥梁变为了实质上等墩高的桥梁,如图 7-3-2 所示。

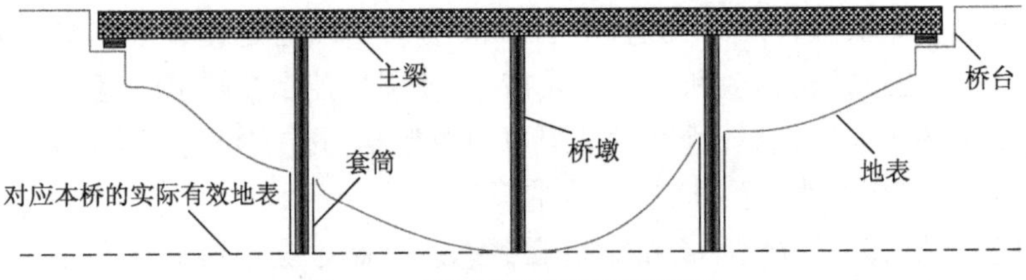

图 7-3-2 低墩采用套筒来调整刚度

(2)将高墩设计成变截面,高墩上部的长度、截面尺寸都与低墩一样,高墩下部则明显扩大截面尺寸。高墩的下部实质上退化为了基础,从而使表面上不等墩高的桥梁变为了实质上等墩高的桥梁，如图 7-3-3 所示。

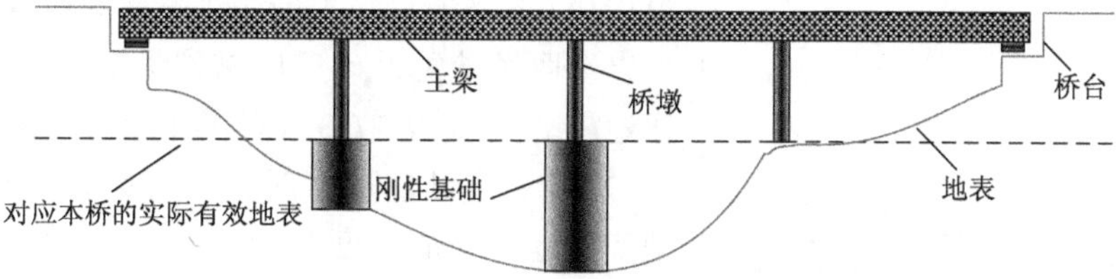

图 7-3-3　高墩采用变截面来调整刚度

(3)低墩支座采用柔性支座，从而减小低墩与支座的综合刚度，进而减小高、低墩之间的刚度差异，如图 7-3-4 所示。

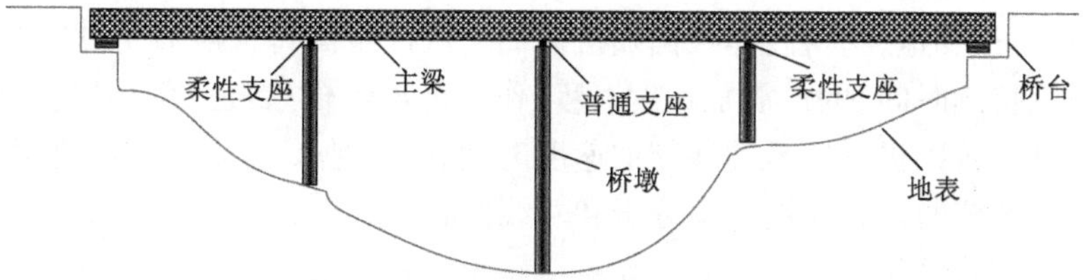

图 7-3-4　低墩采用柔性支座来调整刚度

(4)低墩采用减隔震支座，从而避免低墩的地震损伤，如图 7-3-5 所示。

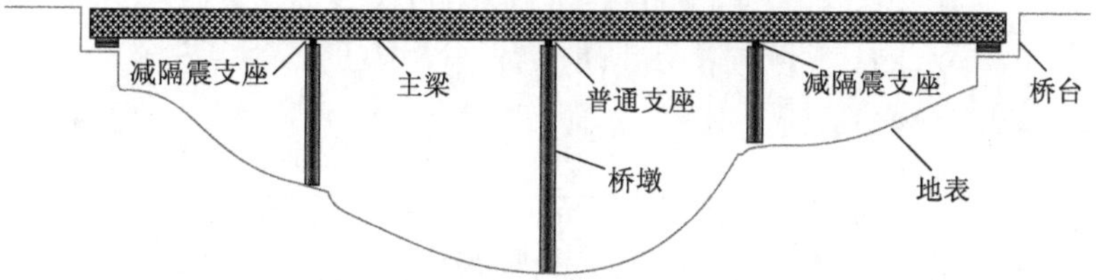

图 7-3-5　低墩采用减隔震支座来避免较大地震损伤

(5)将低墩截面尺寸设计的相对小一些，高墩截面尺寸设计的相对大一些，从而减小高、低墩之间的刚度差异，如图 7-3-6 所示。

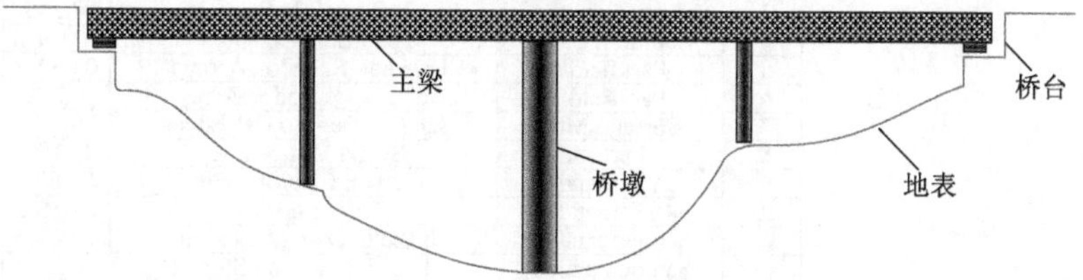

图 7-3-6　高、低墩采用不同的截面尺寸来调整桥墩刚度分布

7.3.2　地震动输入

桥梁地震反应分析是已知地震动输入和桥梁结构系统，求解桥梁地震反应。其三个关键问题：①确定合适的地震动输入；②建立结构系统的数学模型及振动方程(一般采用有限元方法建立)；③选择合适的方法求解地震振动方程得到地震反应。

地震动输入主要包括以下两种：

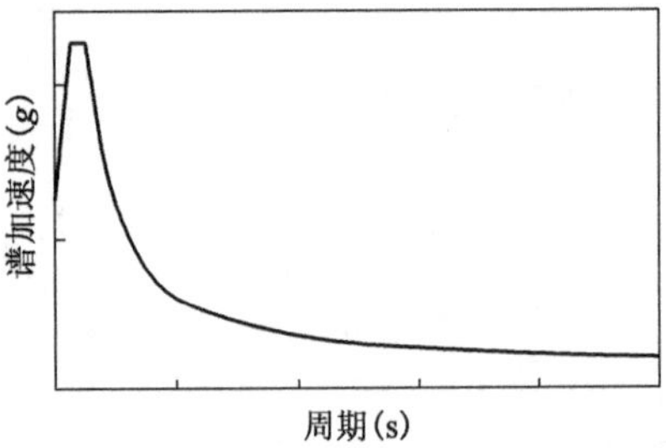

图 7-3-7　规范加速度反应谱示意图

(1)地震加速度反应谱。可以采用规范加速度反应谱(图 7-3-7);如果做过场地地震安全性评价,可以选取场地的设计反应谱作为输入。加速度反应谱地震动输入对应 7.3.4 节的地震反应谱分析。

(2)地震动加速度时程。可以直接利用世界各地实际地震的加速度时程记录(图 7-3-8)作为地震动输入,但应与工程场地各方面特性接近,例如,图 7-3-9展示了实际地震的调整后的 20 条加速度时程记录的加速度反应谱及其平均谱,如果这个平均谱与上述场地设计反应谱接近,那么这些调整后的 20 条加速度时程记录可以作为地震动输入;也可以根据规范设计反应谱为目标,拟合生成人工加速度时程,即根据随机振动理论产生的符合所需统计特征(加速度峰值、频谱特性、持续时间)的地震加速度时程,作为地震动输入;还可以对建桥桥址场地进行地震安全性评价以提供场地的地震加速度时程,作为地震动输入。加速度时程地震动输入对应 7.3.5 节的地震线性时程分析和非线性时程分析。

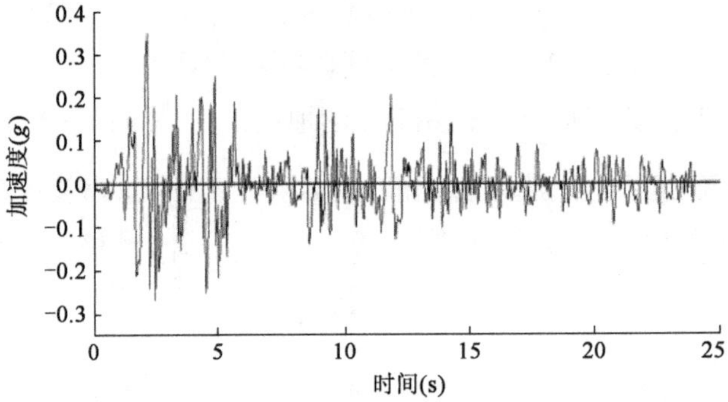

图 7-3-8　美国 El-Centro 地震水平加速度(N-S,1940 年)时程曲线

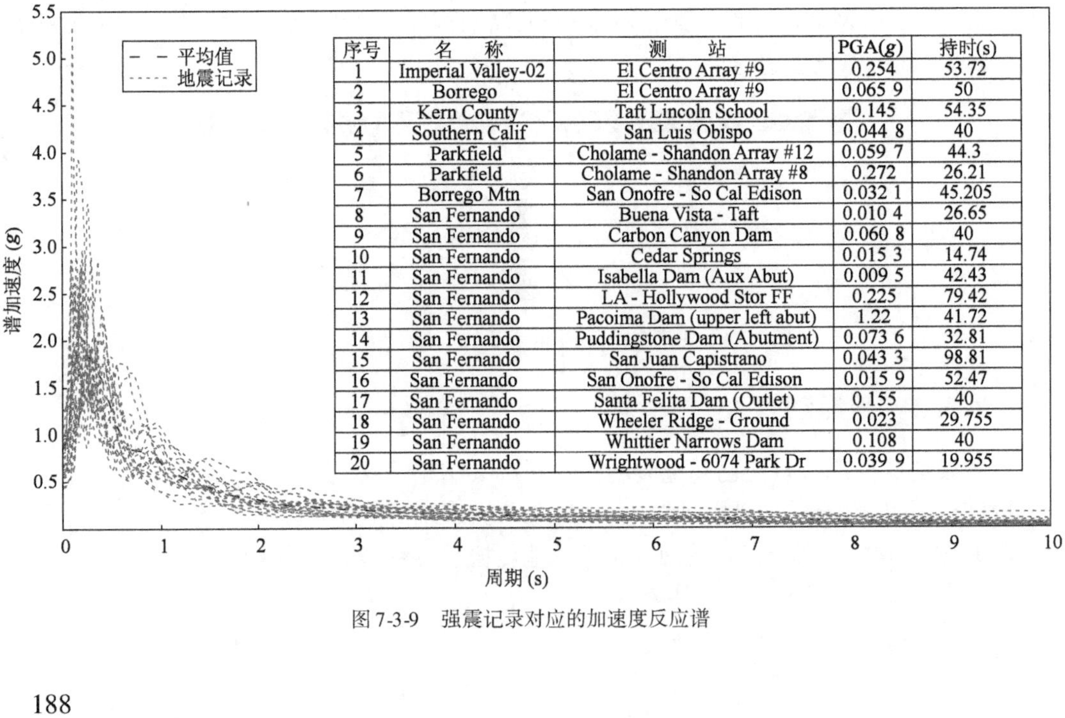

序号	名　称	测　站	PGA(g)	持时(s)
1	Imperial Valley-02	El Centro Array #9	0.254	53.72
2	Borrego	El Centro Array #9	0.065 9	50
3	Kern County	Taft Lincoln School	0.145	54.35
4	Southern Calif	San Luis Obispo	0.044 8	40
5	Parkfield	Cholame - Shandon Array #12	0.059 7	44.3
6	Parkfield	Cholame - Shandon Array #8	0.272	26.21
7	Borrego Mtn	San Onofre - So Cal Edison	0.032 1	45.205
8	San Fernando	Buena Vista - Taft	0.010 4	26.65
9	San Fernando	Carbon Canyon Dam	0.060 8	40
10	San Fernando	Cedar Springs	0.015 3	14.74
11	San Fernando	Isabella Dam (Aux Abut)	0.009 5	42.43
12	San Fernando	LA - Hollywood Stor FF	0.225	79.42
13	San Fernando	Pacoima Dam (upper left abut)	1.22	41.72
14	San Fernando	Puddingstone Dam (Abutment)	0.073 6	32.81
15	San Fernando	San Juan Capistrano	0.043 3	98.81
16	San Fernando	San Onofre - So Cal Edison	0.015 9	52.47
17	San Fernando	Santa Felita Dam (Outlet)	0.155	40
18	San Fernando	Wheeler Ridge - Ground	0.023	29.755
19	San Fernando	Whittier Narrows Dam	0.108	40
20	San Fernando	Wrightwood - 6074 Park Dr	0.039 9	19.955

图 7-3-9　强震记录对应的加速度反应谱

地震动输入方式如下：

(1)同步输入：对于中小桥梁，可假设所有场地支撑点上的地面运动都是相同的。

(2)不同步多点输入：对于桥梁长度(或单跨跨度)很大的桥梁，各场地支撑点可能位于显著不同的场地土上，由此导致各场地支撑处输入地震动的不同，在地震反应分析中要考虑多支撑不同激励，简称多点激励。即使场地土变化不大，也可能因地震动沿桥纵轴向先后到达的时间差，引起各场地支撑处输入地震时程的相位差，简称行波效应。行波效应是多点激励的一种典型形式。

欧洲规范指出，当存在地质不连续或明显的不同地貌特征，或桥长大于600m时，要考虑地震运动的空间变化性。另外，桥梁墩台具有深基础时(如桩基)，在同一基础、不同深度上的地震时程可能不同，要进行不同步多点输入，见图7-3-14。

7.3.3 桥梁动力计算模型建立及动力特性分析

关于桥梁结构建模，主要是完成桥梁几何形状、刚度、质量、阻尼、连接及边界条件等因素的建模。

如果假定结构单元的恢复力特性是线性的，则单元刚度矩阵是弹性刚度矩阵，对应的地震反应分析为线性地震反应分析。在强震作用下，桥梁结构的构件将进入塑性工作阶段，要模拟结构进入塑性时逐步开裂、损坏甚至倒塌的全过程，结构构件的恢复力模型应假定为非线性的，则刚度矩阵将是变系数的，所对应的地震反应分析为非线性的地震反应分析。

如果单元质量矩阵与单元刚度矩阵一样，采用有限元方法得到，具有非零非对角元素，称为一致质量矩阵。如果直接将整个单元的质量人为集中在单元节点上，这样得到的质量矩阵为对角矩阵，称为集中(堆聚)质量矩阵。与试验值相比，采用集中质量矩阵计算的结构反应结果可以被接受，而且相应计算工作量比采用一致质量矩阵少。在实际的结构动力分析中，一般都采用集中质量矩阵。

阻尼是桥梁结构建模和抗震分析中最复杂的因素，目前主要通过各种假定进行模拟。比例阻尼假设大部分的桥梁结构基本上是均质的，可以认为阻尼不引起振型耦合。比例阻尼一般采用瑞利阻尼假设，即结构阻尼矩阵可由结构质量矩阵和刚度矩阵线性组合而成。

桥梁动力计算模型建立要点如下：桥梁上部结构的设计主要由运营荷载控制，其刚度模拟不必太精细，但质量必须尽可能准确模拟；墩柱的刚度和质量分布需要准确模拟，需要详细划分单元；如果考虑钢筋混凝土的带裂缝工作状态，则采用开裂截面惯性矩代替毛截面惯性矩；如果分析墩柱的弹塑性反应，则应采用适当的弹塑性单元模拟潜在塑性铰区的工作性能。关于支座，对于不能移动的自由度采用主从约束，即上下连接点具有相同的位移；对于可移动的自由度，严格分析时则应根据支座的特点选取合适的恢复力模型。

对于桥梁动力计算模型，越精细，则所要求的计算量和存储量越大，数值计算的难度也越大，结果的稳定性也越差；反之，简单易行的方法却往往能得到稳定合理的结果。由于地震动本身是随机的，而且混凝土材料的离散性也比较大，因此在地震反应分析中过分追求精度没有太大意义。因此，工程界倾向于采用空间梁单元建立桥梁动力计算模型，如图7-3-10所示。

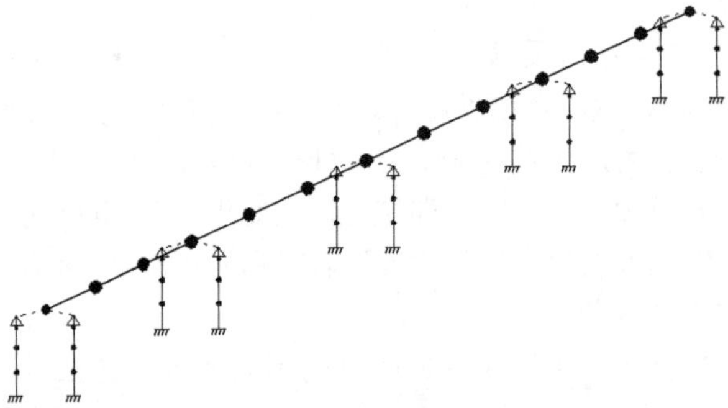

图 7-3-10　梁柱单元建模示意图

模拟钢筋混凝土墩柱弹塑性性能的方法主要有实体有限元法、纤维单元法、基于屈服面概念的弹塑性梁柱单元、弹簧模型等。其中,基于屈服面概念(图 7-3-11)的弹塑性梁柱单元是目前比较实用的一种分析方法。

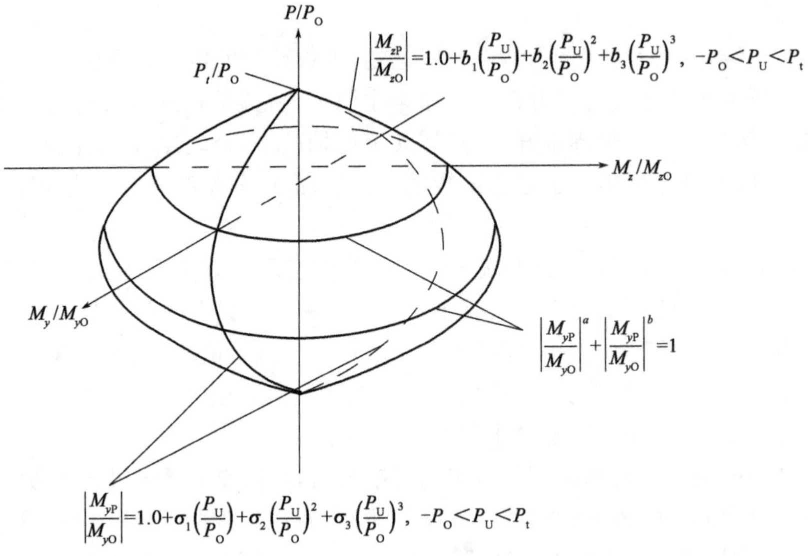

图 7-3-11　典型钢筋混凝土墩柱截面的屈服面

支座连接的模拟如下:

(1)板式橡胶支座

试验表明,其滞回曲线呈狭长形,恢复力模型可以近似取为直线型,即

$$F(x)=Kx \tag{7-3-1}$$

$$K=\frac{GA}{\sum t} \tag{7-3-2}$$

式中,x 为上部结构与墩顶的相对位移,即支座变形;K 为支座的等效剪切刚度;G 为支座的动剪切模量;A 为支座的剪切面积;$\sum t$ 为橡胶片的总厚度。

(2)聚四氟乙烯滑板橡胶支座、活动盆式支座、活动球型支座

试验表明,聚四氟乙烯滑板橡胶支座的动力滞回曲线类似于理想弹塑性材料的应力-应变关系,近似符合理想的双线性模型,如图 7-3-12 所示。

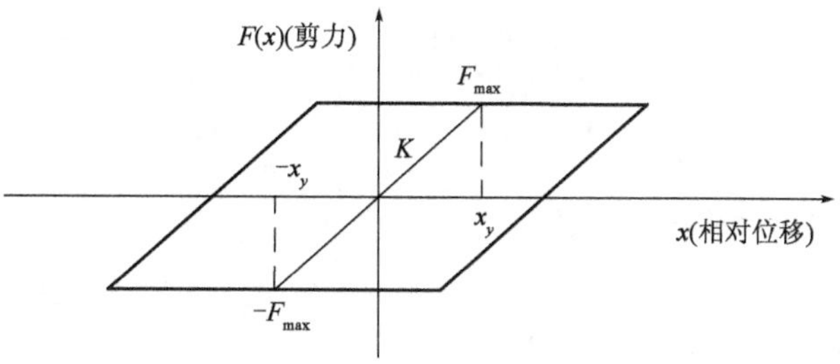

图 7-3-12　支座恢复力模型

支座可滑动方向的弹性刚度为

$$K = \frac{F_{\max}}{x_y} \tag{7-3-3}$$

$$F_{\max} = \mu N \tag{7-3-4}$$

式中，K 为支座可滑动方向的弹性刚度；$F_{\max}$ 为支座可滑动方向的屈服力；x_y 为支座可滑动方向的屈服位移，具体取值目前存在争议，有的文献认为取 0.002 ~ 0.005m，有的文献认为取 0（此时图 7-3-12 变为刚塑性恢复力模型）；μ 为支座滑动摩擦系数，一般取 2%；N 为支座恒载反力。

在活动盆式支座和活动球型支座中，相对位移几乎完全是由聚四氟乙烯滑板和不锈钢板的相对滑动完成的，同样符合图 7-3-12，只是临界位移 x_y 很小（根据试验取值）。

（3）铅芯橡胶支座和弧形钢板减震橡胶支座

试验表明，其动力滞回曲线类似于图 7-3-12，但是图 7-3-12 中的水平段应该改为上升段，从而变为了双折线恢复力模型，双折线的斜率取决于具体支座特点。

桥梁基础的模拟如下：

（1）在较硬土层中，地基变形的影响远比地震动产生的变形小，假定地基是刚性的。

（2）在软弱土层上，地基变形会使上部结构产生移动和摆动，而且会改变地震输入，这是由地基与结构的动力相互作用引起的。对于中小跨度桥梁，可以简单地用六根等效弹簧（三个平动和三个转动）模拟基础六个方向的刚度；对于大跨度桥梁，一般应考虑桩-土-结构相互作用，目前的常用方法是集中质量法，即将地基和基础离散为质量-弹簧-阻尼系统，并沿深度方向输入相应土层的地震动进行地震反应分析。

桥梁基础模拟如图 7-3-13 ~ 图 7-3-15 所示。

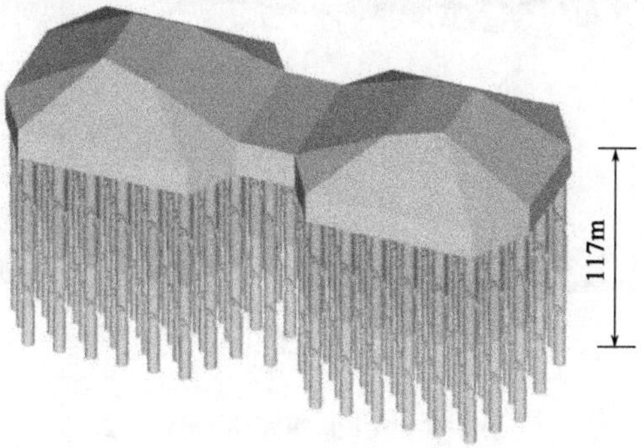

图 7-3-13　某大跨度桥梁基础示意图

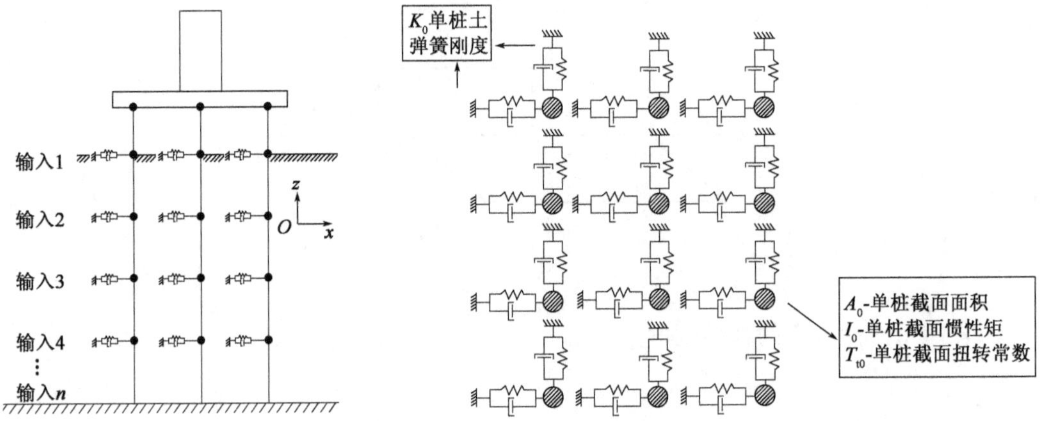

a)立面图　　b)平面图

图 7-3-14　某桥梁基础集中质量模型示意图

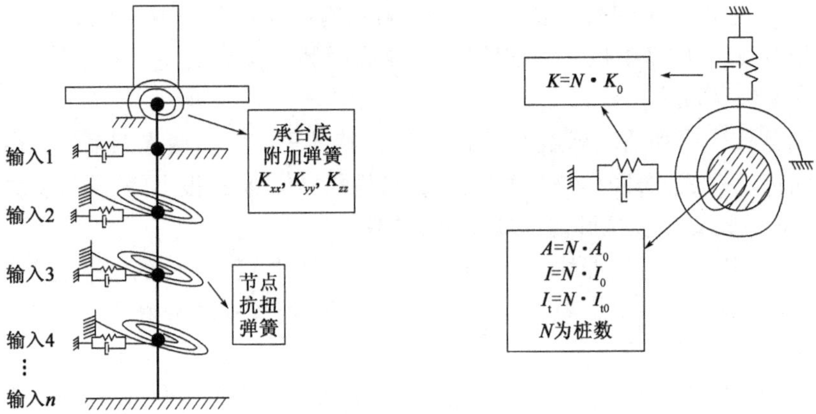

a)立面图　　b)平面图

图 7-3-15　某桥梁基础集中质量模型的并桩模型示意图

分析和认识桥梁结构动力特性是进行地震反应分析和抗震设计的基础。图 7-3-16 展示了某千米级斜拉桥的动力模型与部分振型。

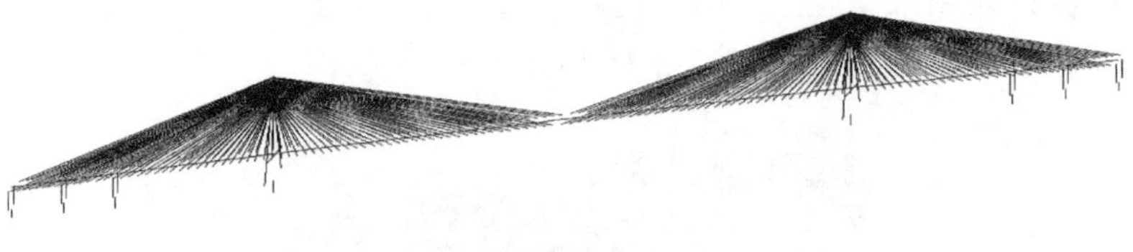

a)某千米级斜拉桥动力模型

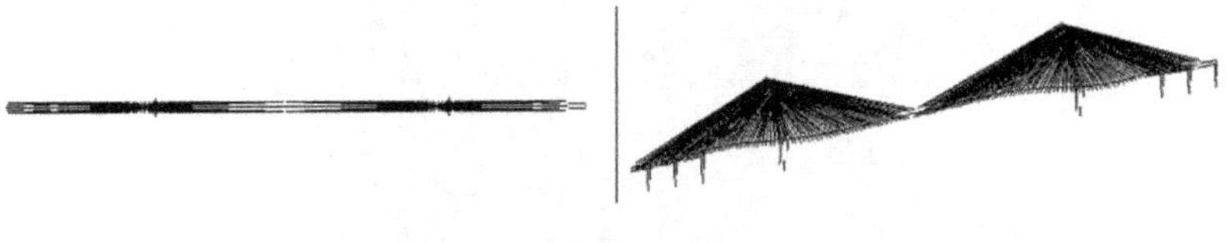

b)第1阶：主梁纵飘振型(f_1=0.064 9Hz)

图　7-3-16

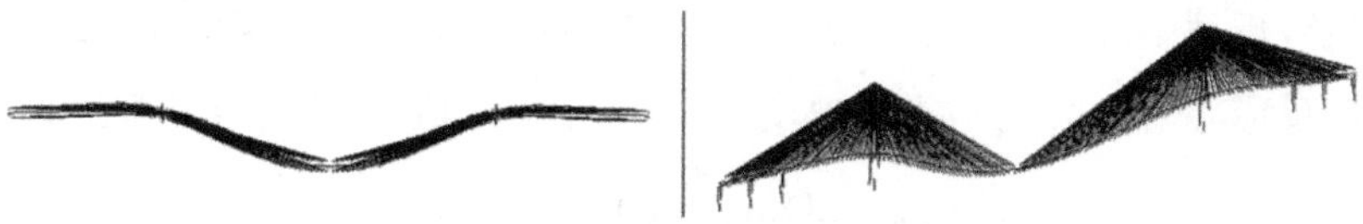

c)第2阶：中跨对称侧弯(f_2=0.100 1Hz)

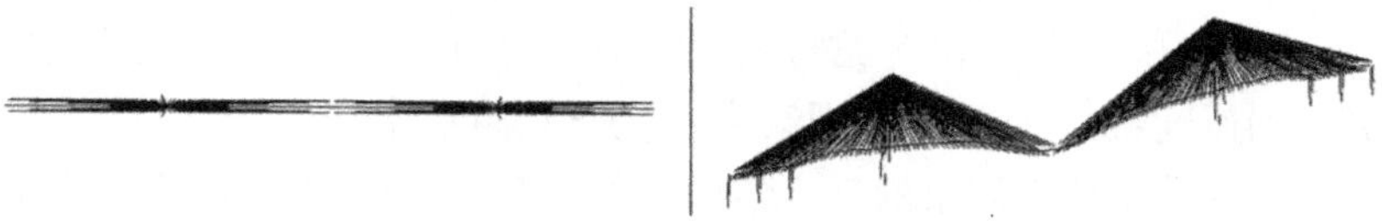

d)第3阶：一阶对称竖弯(f_3=0.177 7Hz)

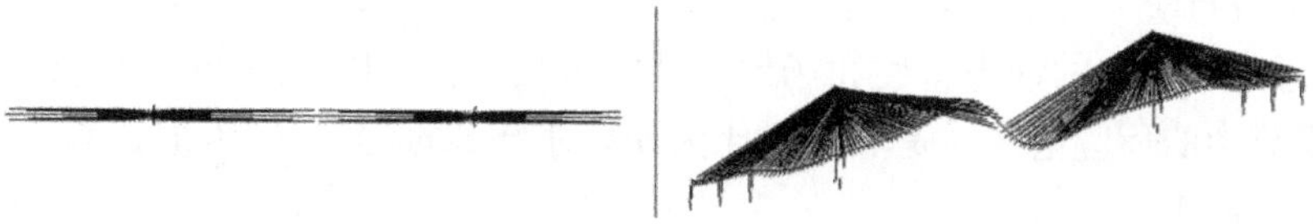

e)第4阶：一阶反对称竖弯(f_4=0.219 2Hz)

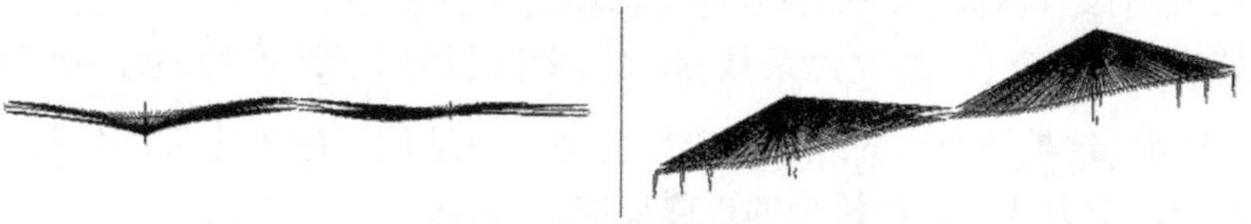

f)第9阶：北塔侧弯(f_9=0.424 2Hz)

图 7-3-16　某千米级斜拉桥动力模型与部分振型

7.3.4　地震反应谱分析

反应谱是指已知单自由度结构的阻尼比，对给定的地震输入，变化结构固有周期分别计算结构响应，某响应最大值随结构固有周期的变化关系，称为反应谱，见图 7-3-17。反应谱有加速度反应谱、速度反应谱和位移反应谱等。

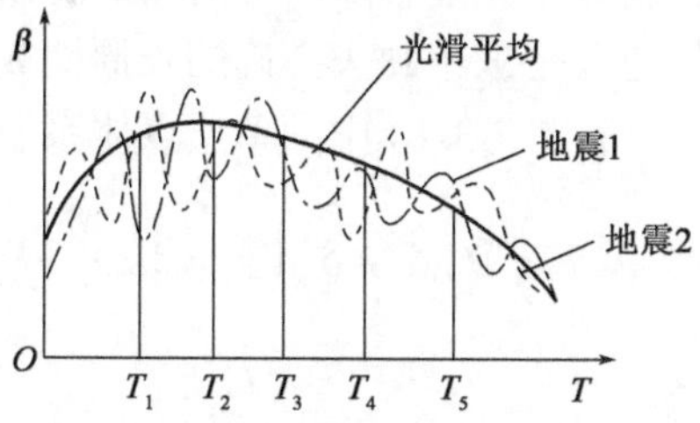

反应谱

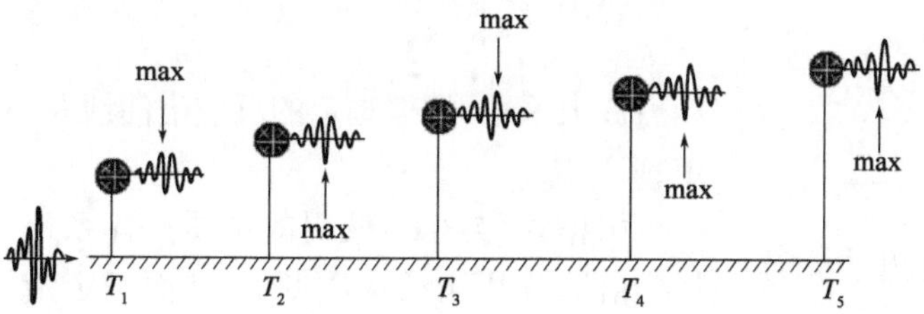

图 7-3-17　反应谱的生成原理

工程抗震设计中使用的反应谱常表示为动力放大系数β的形式，它是单自由度结构地震加速度反应峰值PSA与地震加速度峰值$\ddot{\delta}_{g,max}$的比值，称为标准化反应谱

$$\beta(\omega,\xi)=\frac{PSA(\omega,\xi)}{\ddot{\delta}_{g,max}}=\frac{|\ddot{\delta}+\ddot{\delta}_g|_{max}}{\ddot{\delta}_{g,max}} \tag{7-3-5}$$

式中，$PSA=|\ddot{\delta}+\ddot{\delta}_g|_{max}$；$\ddot{\delta}$为结构相对于地面的加速度；$\ddot{\delta}_g$为地面的加速度，$\ddot{\delta}_{g,max}$为地面的最大加速度；$\omega$为结构固有圆频率；$\xi$为结构阻尼比。

对为数较多的若干地震记录的反应谱曲线的平均化、光滑化，可得到设计反应谱，也就是规范反应谱。我国现行规范所采用的反应谱曲线，是在对数千条国内外地震加速度记录反应谱进行统计分析的基础上，针对不同场地条件，以动力放大系数的形式给出。反应谱理论考虑了结构的动力特性和场地条件的影响。阻尼比ξ是影响反应谱值的一个重要参数，规范中的反应谱曲线是取阻尼比为5%时绘出的；当结构阻尼比与5%明显不同时，应该考虑修正。

反应谱的两条基本特性如下：

(1)绝对刚性结构($\omega=\infty$即$T=0$)：结构相对位移和相对速度等于0，结构加速度等于地面加速度，即加速度动力放大系数$\beta=1$。此时，作用于结构的惯性力(即地震力)$F=M\beta\ddot{\delta}_g=M\ddot{\delta}_g$，这是静力法的理论基础。静力法只适用于刚度很大的结构，例如，可以近似计算较矮的重力式桥墩或桥台的地震反应。

(2)无限柔性结构($\omega=0$即$T=\infty$)：结构相对位移和相对速度分别等于地面绝对位移和绝对速度，结构加速度等于0。

目前我国规范给出了标准化的地震加速度反应谱曲线，一般适用于中小跨度桥梁结构，而且适用固有周期范围为0~5s，因为这一段的反应谱比较可靠。而大跨度桥梁结构的第一阶固有振动周期都很长，5~20s是常见的情况，但这一段的反应谱存在争议(5~10s段反应谱相对可靠)。一个重要原因是，由于强震仪频率响应范围的限制无法记录到周期超过10s以上的地面运动成分，在周期超过5s以上的成分中也存在失真，而且在对加速度记录进行误差修正时，将数字化过程所产生的噪声滤出的同时，也将地面运动长周期分量滤出了。因此，多数加速度记录中缺失准确的长周期成分。

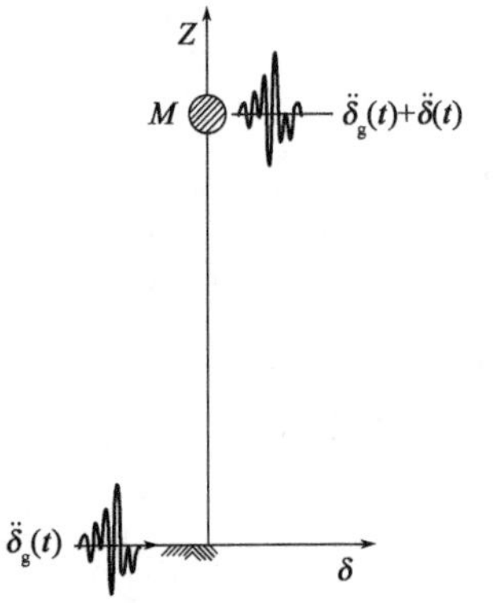

图7-3-18 单自由度体系的反应谱计算基本原理

图7-3-18中的单质点体系最大地震力计算如下

$$F=M|\ddot{\delta}+\ddot{\delta}_g|_{max}=Mg\frac{\ddot{\delta}_{g,max}}{g}\cdot\frac{|\ddot{\delta}+\ddot{\delta}_g|_{max}}{\ddot{\delta}_{g,max}}=K_h\beta W \tag{7-3-6}$$

式中，$K_h=\frac{\ddot{\delta}_{g,max}}{g}$，为水平地震系数；$\beta=\frac{|\ddot{\delta}+\ddot{\delta}_g|_{max}}{\ddot{\delta}_{g,max}}$，为动力放大系数，根据选定的反应谱曲线及体系的自振周期确定；$W=Mg$。

根据式(7-3-6)获得的单质点体系最大地震力P，可以作为静力作用于结构质点上，从而确定结构的内力、位移等反应。

反应谱是针对单自由度体系提出，见图7-3-18。桥梁结构一般为多自由度体系，可以分解为多阶振型，每一阶振型等同于一个固定自振周期的单自由度体系，可以通过反应谱求出各阶振型贡献的最大地震力。最后通过振型组合得到结构所受的地震力，将该地震力作用于多自由度桥梁结构体系可求得地震反应。

针对图7-3-19中的多自由度体系，如对于多质点体系，地震作用下的运动方程为

$$\boldsymbol{M}\ddot{\boldsymbol{\delta}}+\boldsymbol{C}\dot{\boldsymbol{\delta}}+\boldsymbol{K}\boldsymbol{\delta}=-\boldsymbol{M}\boldsymbol{I}\ddot{\delta}_{\mathrm{g}}(t) \tag{7-3-7}$$

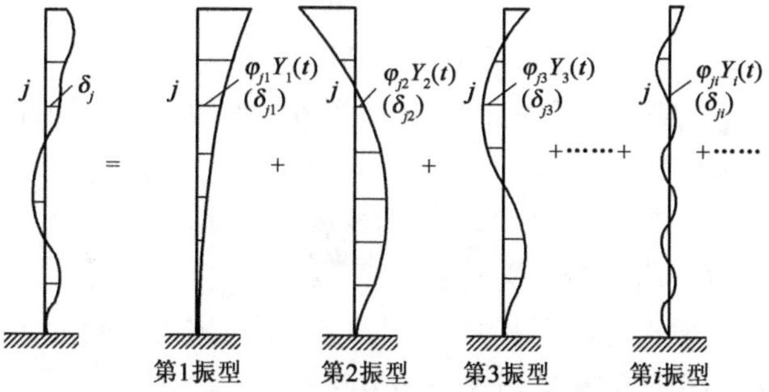

图7-3-19 多自由度体系的反应谱计算基本原理

若仅考虑纵桥向地震动的作用，则$\boldsymbol{I}$为对应于纵桥向自由度取1、其余为0的向量。利用振型的正交性，将多质点体系的复杂振动分解为各阶振型的独立振动，令

$$\boldsymbol{\delta}(t)=\sum_{i=1}^{n}\boldsymbol{A}_iY_i(t)=\boldsymbol{A}\boldsymbol{Y}(t) \tag{7-3-8}$$

式中，$\boldsymbol{A}=[\boldsymbol{A}_1\quad \boldsymbol{A}_2\quad \cdots\quad \boldsymbol{A}_n]$；$\boldsymbol{A}_i=\{\varphi_{1i}\quad \varphi_{2i}\quad \cdots\quad \varphi_{ni}\}^{\mathrm{T}}$。

将式(7-3-8)代入式(7-3-7)，得到

$$\boldsymbol{M}\boldsymbol{A}\ddot{\boldsymbol{Y}}(t)+\boldsymbol{C}\boldsymbol{A}\dot{\boldsymbol{Y}}(t)+\boldsymbol{K}\boldsymbol{A}\boldsymbol{Y}(t)=-\boldsymbol{M}\boldsymbol{I}\ddot{\delta}_{\mathrm{g}}(t) \tag{7-3-9}$$

用$\boldsymbol{A}^{\mathrm{T}}$左乘式(7-3-9)，得到

$$\boldsymbol{A}^{\mathrm{T}}\boldsymbol{M}\boldsymbol{A}\ddot{\boldsymbol{Y}}(t)+\boldsymbol{A}^{\mathrm{T}}\boldsymbol{C}\boldsymbol{A}\dot{\boldsymbol{Y}}(t)+\boldsymbol{A}^{\mathrm{T}}\boldsymbol{K}\boldsymbol{A}\boldsymbol{Y}(t)=-\boldsymbol{A}^{\mathrm{T}}\boldsymbol{M}\boldsymbol{I}\ddot{\delta}_{\mathrm{g}}(t) \tag{7-3-10}$$

当$i\neq j$时，根据振型正交条件（此处假定阻尼为瑞利阻尼）得到

$$\boldsymbol{A}_j^{\mathrm{T}}\boldsymbol{M}\boldsymbol{A}_i=0 \tag{7-3-11}$$

$$\boldsymbol{A}_j^{\mathrm{T}}\boldsymbol{C}\boldsymbol{A}_i=0 \tag{7-3-12}$$

$$\boldsymbol{A}_j^{\mathrm{T}}\boldsymbol{K}\boldsymbol{A}_i=0 \tag{7-3-13}$$

因此，对于第i阶振型，式(7-3-10)变为

$$\boldsymbol{A}_i^{\mathrm{T}}\boldsymbol{M}\boldsymbol{A}_i\ddot{Y}_i(t)+\boldsymbol{A}_i^{\mathrm{T}}\boldsymbol{C}\boldsymbol{A}_i\dot{Y}_i(t)+\boldsymbol{A}_i^{\mathrm{T}}\boldsymbol{K}\boldsymbol{A}_iY_i(t)=-\boldsymbol{A}_i^{\mathrm{T}}\boldsymbol{M}\boldsymbol{I}\ddot{\delta}_{\mathrm{g}}(t) \tag{7-3-14}$$

将式(7-3-14)两边同时除以$\boldsymbol{A}_i^{\mathrm{T}}\boldsymbol{M}\boldsymbol{A}_i$，得到

$$\ddot{Y}_i(t)+2\xi_i\omega_i\dot{Y}_i(t)+\omega_i^2Y_i(t)=-\gamma_i\ddot{\delta}_{\mathrm{g}}(t)\quad(i=1,2,\cdots,n) \tag{7-3-15}$$

式中，

$$2\xi_i\omega_i=\frac{\boldsymbol{A}_i^{\mathrm{T}}\boldsymbol{C}\boldsymbol{A}_i}{\boldsymbol{A}_i^{\mathrm{T}}\boldsymbol{M}\boldsymbol{A}_i} \tag{7-3-16}$$

$$\omega_i^2=\frac{\boldsymbol{A}_i^{\mathrm{T}}\boldsymbol{K}\boldsymbol{A}_i}{\boldsymbol{A}_i^{\mathrm{T}}\boldsymbol{M}\boldsymbol{A}_i} \tag{7-3-17}$$

$$\gamma_i = \frac{\boldsymbol{A}_i^{\mathrm{T}}\boldsymbol{M}\boldsymbol{I}}{\boldsymbol{A}_i^{\mathrm{T}}\boldsymbol{M}\boldsymbol{A}_i} \tag{7-3-18}$$

式(7-3-18)表达的 γ_i 定义为第 i 阶振型的振型参与系数。

式(7-3-15)本质上为一个固定自振圆频率 ω_i 的单自由度体系的运动方程,因此,可以采用单质点体系的反应谱理论来计算该振型引起的最大惯性力。

取式(7-3-15)中第 j 个方程,并在方程两侧同时乘以 φ_{ji},得到第 i 阶振型第 j 质点的运动方程为

$$\ddot{\delta}_{ji}(t) + 2\xi_i\omega_i\dot{\delta}_{ji}(t) + \omega_i^2\delta_{ji}(t) = -\gamma_i\varphi_{ji}\ddot{\delta}_{\mathrm{g}}(t) \tag{7-3-19}$$

上式相对于单自由度体系运动方程,其右侧多了参数 $\gamma_i\varphi_{ji}$。因此,由第 i 阶振型引起的第 j 质点的纵桥向最大惯性力为

$$F_{ji} = K_{\mathrm{h}}\beta\gamma_i\varphi_{ji}W_j \tag{7-3-20}$$

式中,$W_j = M_jg$,M_j 为第 j 阶广义质量。

需要注意的是,各阶振型所引起的最大惯性力不一定同时发生,因此不能直接求代数和,必须考虑不同振型引起的最大惯性力的组合问题。

根据式(7-3-20),由第 i 阶振型引起的第 j 质点的纵桥向最大惯性力为 F_{ji},令 $F_{i,\max} = F_{ji}$,通过不同振型引起的最大惯性力 $F_{i,\max}$ 的完全平方组合(Complete Quadratic Combination, CQC),可以得到第 j 质点的纵桥向最大惯性力 $F_{\max}$ 如下:

$$F_{\max} = \sqrt{\sum_{i=1}^{n}\sum_{j=1}^{n}\rho_{ij}F_{i,\max}F_{j,\max}} \tag{7-3-21}$$

式中,ρ_{ij} 为振型组合系数,近似为

$$\rho_{ij} = \frac{8\sqrt{\xi_i\xi_j}(\xi_i + \gamma\xi_j)\gamma^{3/2}}{(1-\gamma^2)^2 + 4\xi_i\xi_j\gamma(1+\gamma^2) + 4(\xi_i^2 + \xi_j^2)\gamma^2} \tag{7-3-22}$$

式中,$\gamma = \omega_j/\omega_i$。

根据式(7-3-21),得到了作用于第 j 质点的最大惯性力 $F_{\max}$。采用相同的方法,可以得到多自由度体系作用于每一个质点的最大惯性力。将这些最大惯性力作为静力作用于结构每一个质点上,从而确定结构的内力、位移等反应。

CQC 法来源于随机振动理论,它有三条基本假定:

(1)地震动为平稳随机工程;

(2)地震动为宽带工程;

(3)平稳随机过程的性质对其峰值因子的影响不显著。

地震动过程是强烈非平稳的,平稳性假定是对地震动过程的一个简化的描述。尽管如此,基于此假定还是能够较好地解决一些实际工程问题。反应谱法关心的只是结构反应的最大值,只要影响结构反应的主要振型的周期小于或不比地震动强震时大得太多,则平稳性假定对此问题可以接受。大多数工程结构都可以满足这一要求。但对于柔性结构,如大跨度桥梁,需要重新考虑这一假定。第二条假定在通常情况下也是可以接受的,但柔软场地、远距离浅源地震及柔性结构等情况则要排除在外。第三条假定导致对低阶振型贡献低估和对高阶振型贡献的高估,两者可部分抵消,一般认为不会产生大的误差,但未见翔实的论证。

对于式(7-3-22)，当 $\gamma > \frac{\xi + 0.2}{0.2}$ 并且 $i \neq j$ 时，则 $\rho_{ij} < 0.1$，可以近似认为 ρ_{ij} 为 0；而当 $i = j$ 时，$\rho_{ij} = 1$。因此，式(7-3-21)变为

$$P_{\max} = \sqrt{\sum_{i=1}^{n} P_{i,\max}^2} \tag{7-3-23}$$

式(7-3-23)称为 SRSS 法。

在确定同一方向(例如纵桥向)的不同振型引起的最大惯性力组合之后，还需要确定最大惯性力的方向组合，主要由于桥梁结构振动方向耦合导致以下现象：

(1)竖向地震动可能引起某个(纵桥向或横桥向)水平地震反应分量，需要与某个(纵桥向或横桥向)水平地震动引起的水平地震反应分量进行组合。

(2)某个(纵桥向或横桥向)水平地震动可能引起竖向地震反应分量，需要与竖向地震动引起的竖向地震反应分量进行组合。

从现有的研究结果来看，各方向反应分量的组合方法主要有以下几种：

(1)各方向反应分量最大值绝对值之和(SUM)，给出反应最大值的上限估计值。

(2)各方向反应分量最大值平方和的平方根(SRSS)。

(3)各方向反应分量最大值加上其他分量的一部分。

规范反应谱是否进行阻尼修正取决于以下 3 个影响因素：

(1)结构材料的影响：目前，抗震设计规范中的设计反应谱绝大部分给出的都是阻尼比为 5% 的标准反应谱。这一阻尼比对目前广泛应用的钢筋混凝土和砖混结构是适宜的，但对钢结构明显偏大。

(2)控制结构反应的振型数的影响：结构计算依赖于阻尼的假定，阻尼假定导致不同振型有不同的阻尼比。若结构的反应由多个振型控制，则可能要求对阻尼比进行修正。我国规范规定只适用于钢筋混凝土梁桥和拱桥，因此材料阻尼基本相同，同时这些桥梁结构的抗震设计重点在桥墩和基础，其地震反应主要由第一阶振型控制，高阶振型的贡献很小，因此通常采用单自由度体系模型进行动力计算，这样就无须进行反应谱的阻尼修正。即使采用多自由度体系计算模型，由于地震反应主要由第一阶振型及邻近振型控制，高阶振型阻尼比的变化导致反应谱的修正对反应的最后预测结果影响小，因此从实际意义上说，可以不对反应谱进行阻尼修正。

(3)阻尼元件的使用的影响：结构减隔震设计方法已经写入多国的桥梁抗震设计规范。减、隔震元件的阻尼特性显著不同于结构的材料阻尼特性。一是，减隔震装置产生的阻尼是集中阻尼，而材料阻尼是分布阻尼；二是，减隔震装置的阻尼比通常远高于材料的阻尼比。这种情况下显然要对反应谱值进行合理的修正，但如何修正尚待研究。1999 年 7 月出版的 *Caltrans Seismic Design Criteria*❶ 提出了一个修正方法，但只针对位移反应的计算结果进行修正。

阻尼比不仅影响反应谱的形状，而且对反应谱不同周期段的影响程度是不一样的，但总的趋势是阻尼比对长周期部分反应谱的影响小，对短周期部分反应谱的影响大。阻尼比取值的不同会直接影响地震反应的预测精度。同时，对于大跨度或者复杂结构桥梁而

❶译为中文为《美国加利福尼亚州交通局抗震设计准则》，以下简称《美国加州抗震设计准则》。

言,为了准确预测结构的地震反应,必须取足够多的振型,高阶振型对结构的地震反应贡献不能忽略,因此对规范反应谱进行阻尼影响的修正很有必要。我国《公路桥梁抗震设计规范》(JTG/T 2231-01—2020)通过阻尼调整系数这一简化方式对规范反应谱进行调整。

综上所述,反应谱分析方法的主要优点是,动力问题静力化,可以用较少的计算量获得结构的最大反应值,目前各国规范都把它作为一种基本的分析手段。该方法的主要缺点如下:①只适用于弹性结构,当结构在强烈地震下进入塑性工作阶段时不能直接应用;②只能得到最大反应值,不能反映结构在地震动过程中的经历,也不能反映地震动持续时间的影响;③振型组合问题等还不够成熟;④误导设计者只注重结构强度,而忽略结构延性作用。

7.3.5 地震线性时程分析和非线性时程分析

时程分析一般采用结构动力学中的逐步积分法开展计算。与反应谱分析方法相比,时程分析方法不存在振型组合问题,但是存在方向组合问题。时程分析方法的方向组合方式与反应谱分析方法相同。如果选择 3 条地震波输入开展时程分析,计算结果取 3 条地震波地震反应的最大值;如果选择 7 条或 7 条以上地震波输入开展时程分析,计算结果取多条地震波地震反应的平均值。

时程分析根据是否设置非线性因素,分为线性时程分析和非线性时程分析:

(1)多遇地震作用下,桥梁结构一般处于弹性状态,在时程分析中可以不设置非线性因素,相应的时程分析称为线性时程分析。线性时程分析可以计算桥梁结构的弹性反应,并可以与反应谱分析结果进行对比,因为两者计算过程都是线性过程。

(2)设计地震和罕遇地震作用下,应进行桥梁结构非线性时程地震反应分析,计算模型需要考虑墩柱、支座等构件的非线性性能。在地震反应分析中,各种非线性因素是通过恢复力反映的,从有限元的观点来看,考虑各种非线性影响的方法主要是根据地震反应适时修改刚度矩阵。

7.3.6 抗震验算

桥梁上部结构(例如主梁)的设计主要由恒载、车辆荷载、温度荷载等控制。而桥梁下部结构(例如墩柱、桩基础)在地震作用下将会受到较大的剪力和弯矩作用,一般由地震反应控制设计。因此,不仅需要验算墩柱、桩基础的抗弯能力和抗剪能力,还要验算支座等连接构件能否有效工作。

桥梁地震反应规律表明,桥梁结构的自振周期和地震动卓越(主要)周期越接近,结构的地震反应需求越大;结构阻尼比越小,结构的地震反应需求越大;遭遇的地震越大,结构的地震反应需求越大。必须要求这些地震反应需求小于结构抗震能力;否则,将引起结构地震破坏现象。

结构地震破坏准则主要有强度破坏准则、变形破坏准则、能量破坏准则、变形和能量双重破坏准则以及基于性能的破坏准则。其中,能量破坏准则、变形和能量双重破坏准则以及基于性能的破坏准则尚不成熟。下面将重点介绍强度破坏准则和变形破坏准则。

强度破坏准则如下

$$S_{d} \leqslant R_{d} \tag{7-3-24}$$

式中，S_d 为地震荷载与其他荷载合理组合后激起的最大内力；R_d 为结构抗力。

变形破坏准则是规定一个容许的最大变形为破坏界限值，并要求结构的最大位移反应不超过这个限值，即

$$\Delta_{max} \leqslant [\Delta] \tag{7-3-25}$$

式中，Δ_{max} 为地震荷载与其他荷载合理组合后激起的最大位移反应；$[\Delta]$ 为容许的结构位移值。

式(7-3-25)也可以采用位移延性系数的形式表示，即

$$\mu_{\Delta} \leqslant [\mu_{\Delta}] \tag{7-3-26}$$

式中，μ_{Δ} 为地震荷载与其他荷载合理组合后激起的最大位移延性需求系数；$[\mu_{\Delta}]$ 为容许的结构位移延性系数。

强度破坏准则适用于非延性破坏模式和非延性构件，以及不允许发生非弹性变形的构件，例如粗矮的桥墩。对桥梁抗震设计而言，一般不能单独使用强度破坏准则。因为通常允许结构在预期的强地震作用下发生弹塑性变形，则强度破坏准则不再适用，必须同时考虑变形破坏准则。各国的桥梁抗震设计规范基本上直接或间接地采用了变形破坏准则。

钢筋混凝土墩柱的抗弯能力验算包括抗弯强度验算和延性能力验算。抗弯强度验算采用强度破坏准则进行。如果允许墩柱出现非弹性变形，则应采用变形破坏准则验算墩柱的延性能力。对于规则桥梁，可以直接验算墩柱的位移延性；对于复杂桥梁，可根据墩柱可能发生的最大塑性转角和墩柱的最大容许塑性转角的相对大小判断墩柱的安全性。关于墩柱的变形验算，将在7.4节中详细阐述。

钢筋混凝土墩柱的抗剪强度验算需要采用强度破坏准则进行验算。因为我国现行公路桥涵设计规范中的抗剪强度计算公式只适用于梁，所以《公路桥梁抗震设计细则》(JTG/T B02-01—2008)和《城市桥梁抗震设计规范》(GJJ 166—2011)中，对于钢筋混凝土墩柱的抗剪强度计算主要引入了美国抗震设计规范的计算公式。《公路桥梁抗震设计细则》(JTG/T B02-01—2008)采用了《美国加州抗震设计准则》(2000)的抗剪计算公式，但对其混凝土提供的抗剪能力计算公式进行了简化；《城市桥梁抗震设计规范》(GJJ 166—2011)采用了美国《AASHTO Guide Specifications for LRFD Seismic Bridge Design》(2007年版)的抗剪计算公式。此处列出了《美国加州抗震设计准则》推荐的计算公式，其他国家相应公式与此类似。

钢筋混凝土墩柱的名义抗剪承载力 V_n 可以认为由混凝土提供的抗剪承载力 V_c 和横向钢筋提供的抗剪承载力 V_s 组成，即

$$V_{n} = V_{c} + V_{s} \tag{7-3-27}$$

计算混凝土提供的抗剪承载力 V_c 时，同时考虑弯曲变形和轴向荷载的影响

$$V_{c} = \nu_{c} A_{e} \tag{7-3-28}$$

式中，A_e 为有效剪切面积，$A_e = 0.8A_g$；A_g 为立柱横截面的毛面积；ν_c 为名义剪应力强度。

$$塑性铰区内\quad \nu_{c} = 2c_{1}c_{2}\sqrt{f'_{c}} \leqslant 0.33\sqrt{f'_{c}} \quad (\text{MPa}) \tag{7-3-29}$$

$$塑性铰区外\quad \nu_{c} = 0.5c_{2}\sqrt{f'_{c}} \leqslant 0.33\sqrt{f'_{c}} \quad (\text{MPa}) \tag{7-3-30}$$

式中,f'_c为混凝土圆柱体抗压强度(0.85R,R 为强度等级);c_1、c_2 为系数,按下式计算:

$$0.025 \leqslant c_1 = \frac{\rho_s f_{yh}}{1.25} + 0.305 - 0.083\mu_d \leqslant 0.25 \tag{7-3-31}$$

$$c_2 = 1 + \frac{P_c}{13.8A_g} \leqslant 1.5 \tag{7-3-32}$$

式中,ρ_s 为箍筋或螺旋钢筋的配筋率;f_{yh}为箍筋抗拉强度设计值;P_c 为立柱受到的轴压力;μ_d 为立柱的位移延性需求系数,取沿顺桥向和横桥向位移延性需求系数的最大值。

螺旋箍筋提供的抗剪承载力为:

$$V_s = \pi/2 \times A_v f_{yh} D'/s \tag{7-3-33}$$

矩形箍筋提供的抗剪承载力为:

$$V_s = A_v f_{yh} d/s \tag{7-3-34}$$

式中,A_v 为同一截面上箍筋的总截面面积;s 为箍筋的间距;f_{yh}为箍筋抗拉强度设计值;d 为沿计算方向立柱的宽度;D'为螺旋钢筋或圆形箍筋的直径。

另外,箍筋提供的抗剪承载力 V_s 还应满足下式:

$$V_s \leqslant 0.67 \times \sqrt{f'_c} A_c \tag{7-3-35}$$

为避免发生脆性剪切破坏,钢筋混凝土桥墩的抗剪强度应按下式进行验算:

$$V_{co} \leqslant \phi V_n \tag{7-3-36}$$

式中,V_{co}为墩柱可能承受的最大地震剪力;ϕ 为抗剪强度折减系数,一般取 0.85。

需要强调的是,采用延性设计思想设计的桥梁结构,墩柱的抗剪强度验算必须采用能力设计原理进行,即 V_{co}根据桥墩塑性铰处截面可能达到的最大弯曲强度计算,具体取桥墩塑性铰处截面达到最大弯曲强度时的墩柱各截面剪力值。

一般来说,从墩顶到墩底,墩柱所受的剪力不断增大,到墩底截面达到最大值。而剪切强度由混凝土和横向钢筋共同提供。其中,混凝土提供的剪切强度在塑性铰区以外最大,而在塑性铰区以内要根据延性水平折减;由于塑性铰区内横向钢筋的加密,其横向钢筋提供的剪力要比塑性铰区外大。可见,当墩柱未形成塑性铰时,潜在塑性铰区内的抗剪强度比塑性铰区以外大很多,这就有可能造成塑性铰区以外先发生剪切破坏,就像历次大地震常见的那样,剪切破坏常常发生在墩柱中部。因此,在进行抗震验算时,为了确保整个墩柱不发生剪切破坏,对塑性铰区内外截面都要进行抗剪强度验算。

桩基础本身的验算与墩柱类似,但由于桩基础修复困难,需要通过 7.4 节的能力设计进行保护,其设计弯矩、设计剪力和设计轴力应为与墩柱的极限弯矩(考虑超强系数)所对应的弯矩、剪力和轴力,同时需要验算场地承载力。

板式橡胶支座抗震验算如下:

(1)支座厚度验算

$$\sum t \geqslant \frac{X_E}{\tan\gamma} = X_E \tag{7-3-37}$$

式中,$\sum t$ 为橡胶层的总厚度;$\tan\gamma$ 为橡胶片剪切角正切值,取 $\tan\gamma = 1.0$;X_E 为支座

的水平位移,即设计地震和温度等作用下的支座顶底板的相对位移。

(2)支座抗滑稳定性验算

$$\mu_d R_b \geq E_{hzh} \tag{7-3-38}$$

式中,μ_d 为支座的摩阻系数,橡胶支座与混凝土表面的动摩阻系数一般采用0.15,与钢板的动摩阻系数一般采用0.10;R_b 为上部结构重力在支座上产生的反力;E_{hzh}为设计地震和温度等组合下的支座水平力。

盆式支座抗震验算如下:

(1)活动盆式支座

$$X_E \leq X_{max} \tag{7-3-39}$$

式中,X_{max}为支座容许滑动的水平位移。

(2)固定盆式支座

$$E_{hzh} \leq E_{max} \tag{7-3-40}$$

式中,E_{max}为支座容许承受的最大水平抗力。

对于设置在延性桥墩上的板式橡胶支座或固定盆式支座,应采用能力设计原理进行抗震验算,即支座的最大水平地震力根据桥墩塑性铰处截面可能达到的最大弯曲强度计算,具体取桥墩塑性铰处截面达到最大弯曲强度时的支座处剪力值。

7.3.7 抗震构造设计

抗震构造设计主要为墩(台)与梁的连接构造设计和墩柱的构造设计。

为了防止地震下的落梁,墩(台)与梁的连接构造设计如下:①限制支撑连接部位的支承面最小宽度;②在相邻梁之间安装纵向约束装置。

对于限制支撑连接部位的支承面最小宽度,各国规范都规定简支梁梁端至墩、台帽或盖梁边缘应有一定的距离 a,见图7-3-20。例如,我国和日本新桥梁抗震设计规范的最小距离 a(cm)的取值为 $a=70+0.5L$,L 是梁的计算跨径(m)。另外,斜桥与曲线梁桥的梁端较易发生落梁,需要特别重视在梁端至墩、台帽或盖梁边缘之间的距离设置。

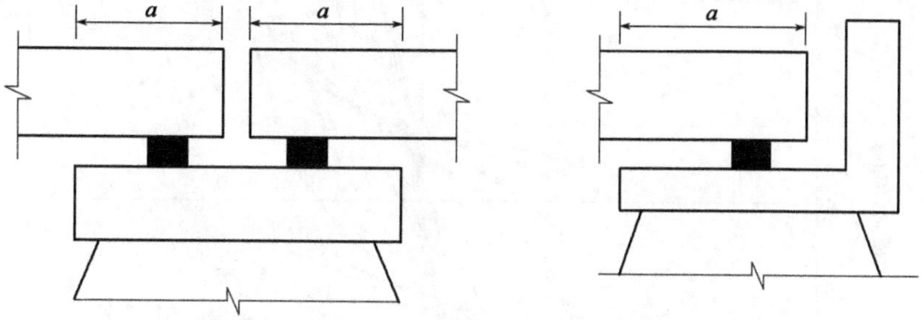

图7-3-20 梁端支承长度 a 示意图

对于相邻梁之间安装纵向约束装置,约束装置应具有足够的强度,同时不应妨碍支座的变形。目前的纵向约束装置形式主要有拉杆式和挡块式。在梁与梁之间、梁与桥台胸墙之间,应加装橡胶垫或其他弹性衬垫,以缓和冲击作用和限制梁的位移,见图7-3-21。

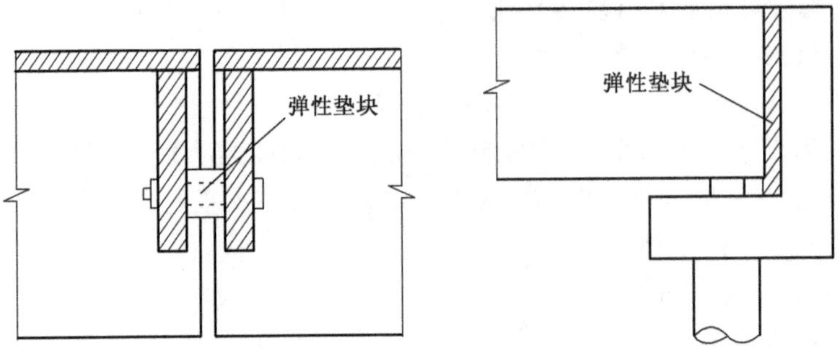

图 7-3-21　缓冲装置

墩柱的构造设计具体见 7.4 节。

7.4　桥梁延性抗震设计

7.4.1　延性的基本概念

震害调查显示，虽然一些结构不具备抵抗强震的足够强度，但是这些结构没有倒塌，甚至没有发生严重破坏。这主要因为结构构件发生地震损伤后，其初始承载能力能够基本维持，没有因非弹性变形的加剧而过度下降，即具有较好的延性。这也使人们开始从单一强度设防转入强度和延性（或变形）双重设防的研究。延性抗震理论不同于强度理论的是，它是通过结构选定部位的塑性变形（形成塑性铰）来抵抗地震作用的，不仅能消耗地震能量，还能延长结构固有周期。

延性是在初始承载能力没有明显退化的情况下的非弹性变形能力，包括材料延性、截面延性、构件延性（图 7-4-1）和结构延性。

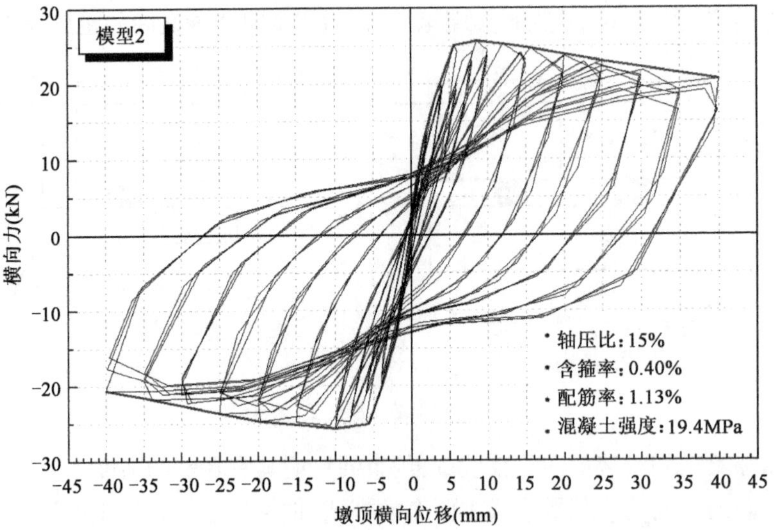

图 7-4-1　某桥墩滞回曲线

延性包括两方面的能力：一是承受较大的非弹性变形，同时承载能力没有明显下降；二是利用滞回特性吸收能量，见图 7-4-2。从本质上看，延性反映结构从屈服到破坏的后期变形能力。结构的整体延性与构件的局部延性密切相关，而构件的局部延性与截面、材料延性密切相关。在地震动这种反复荷载作用下，结构和构件的延性会有所降低，因此，在延性抗震设计中，延性能力系数应具有一定的安全度。

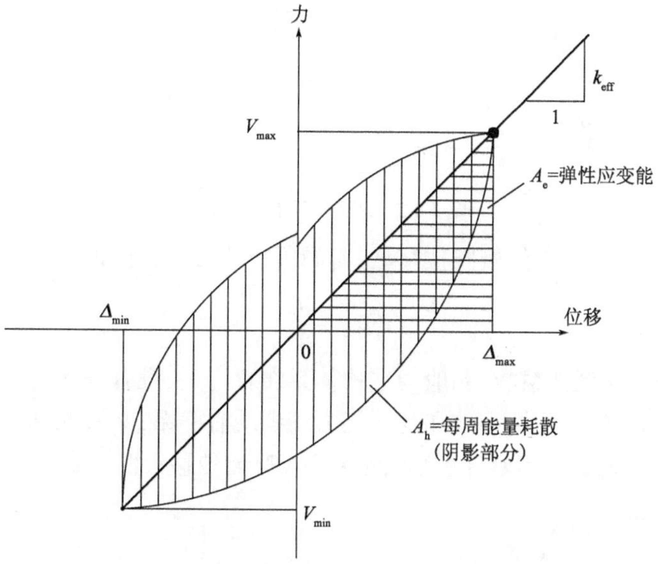

图 7-4-2　滞回耗能与弹性应变能

延性指标是度量延性的量化指标，最常用的延性指标有曲率延性系数（简称曲率延性）和位移延性系数（简称位移延性）。

钢筋混凝土延性构件的非弹性变形能力来自塑性铰区截面的塑性转动能力，曲率延性系数 μ_ϕ 为塑性铰区截面的极限曲率 ϕ_u 与屈服曲率 ϕ_y 之比，则有

$$\mu_\phi = \frac{\phi_u}{\phi_y} \tag{7-4-1}$$

对于钢筋混凝土构件，屈服曲率一般指最外层受拉钢筋初始屈服时的曲率或者截面混凝土受压区最外层纤维初次达到峰值应变值时的曲率；极限曲率通常由两个条件控制，即被箍筋约束的核心混凝土达到极限压应变值，或临界截面的抗弯能力下降到最大承载能力弯矩值的85%。

《美国加州抗震设计准则》采用的理论屈服曲率定义为 $\phi_y = \frac{M_i}{M_i'}\phi_y'$，式中，$\phi_y'$为最外层受拉钢筋初始屈服时的曲率（对应的弯矩为 M_i'），理论屈服弯矩 M_i 则根据实际曲线（图 7-4-3中的弯曲曲线）和理论 M-ϕ 曲线（图 7-4-3 中的双折线）分别与横坐标（原点至 ϕ_u 处）包围的两个面积相等的原则确定。

屈服曲率的定义方法还有很多种，按照不同的屈服曲率定义得到的延性指标一般不同，这一点一直被认为是延性设计理论的一个缺陷。实际上，只要在计算延性需求和评估延性能力时，基于同样的屈服曲率定义方法，这个问题就显得次要了。

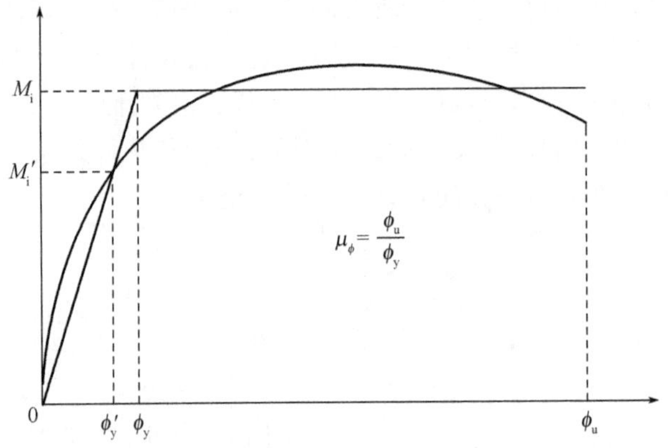

图 7-4-3 理论屈服曲率的定义

位移延性系数 μ_Δ 是构件极限位移 Δ_u 与屈服位移 Δ_y 之比，即

$$\mu_\Delta=\frac{\Delta_u}{\Delta_y} \tag{7-4-2}$$

至于结构的位移延性系数，一般与结构体系布置有关，没有统一的表达式。

曲率延性系数、位移延性系数和变形能力三者既有联系，又有区别。变形能力大并不意味着曲率延性系数大，曲率延性系数大也并不意味着位移延性系数大，如图 7-4-4 所示。

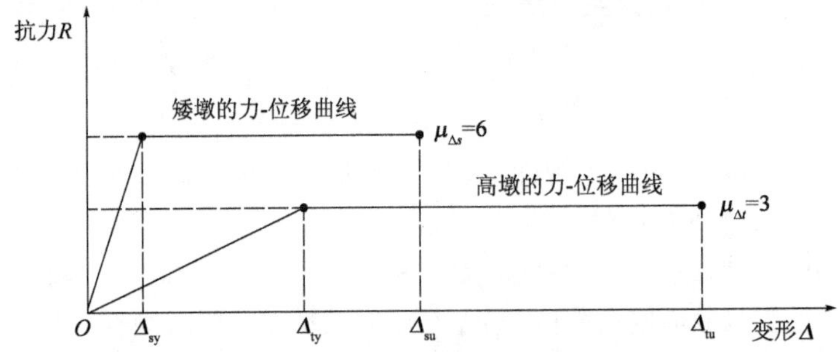

图 7-4-4 高墩与矮墩的延性比较

下面以悬臂墩墩顶承受集中水平力为例（图 7-4-5），说明曲率延性系数与位移延性系数的关系。对于受弯构件，位移 Δ 与曲率 ϕ 的基本关系如下

$$\Delta = \iint\phi(x)\,\mathrm{d}x\mathrm{d}x \text{ 或者 } \phi(x) = \Delta'' \tag{7-4-3}$$

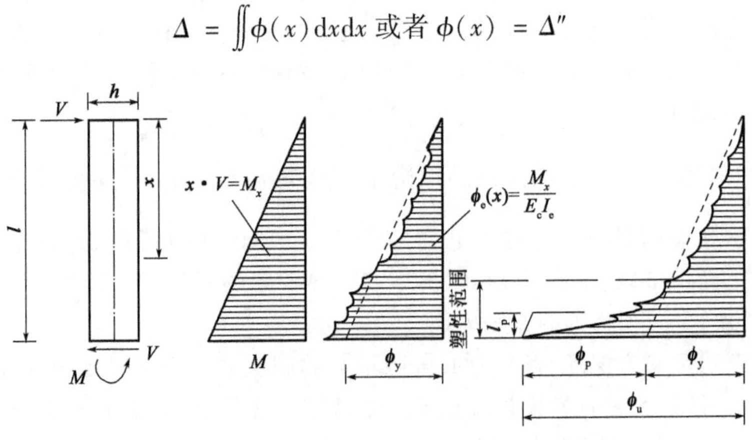

图 7-4-5 悬臂墩曲率分布

在墩底刚屈服时，可以认为曲率沿墩高线性分布，此时墩底截面屈服曲率 ϕ_y 为最大曲率，其他截面曲率为弹性曲率 $\phi_e(x)$，有

$$\phi_e(x)=\frac{x}{l}\phi_y=\frac{M_x}{E_cI_e} \tag{7-4-4}$$

将式(7-4-4)代入式(7-4-3)，通过积分得到

$$\Delta'=\frac{x^2}{2l}\phi_y+C \tag{7-4-5}$$

$$\Delta=\frac{x^3}{6l}\phi_y+Cx+D \tag{7-4-6}$$

根据边界条件 $\Delta'(l)=0$ 和 $\Delta(l)=0$，最后得到墩顶的屈服位移为

$$\Delta_y=\frac{1}{3}\phi_y l^2 \tag{7-4-7}$$

在墩底截面达到极限状态时，为了便于计算，引入"等效塑性铰长度"的概念，即假设在墩底附近存在一个长度为 l_p 的等塑性曲率段。在该段长度内，各截面的塑性曲率等于墩底截面的最大塑性曲率 $\phi_p=\phi_u-\phi_y$，见图7-4-5。由等效塑性铰长度 l_p 计算的墩顶塑性位移，应与在式(7-4-3)中代入实际曲率分布计算的结果相等。

根据等效塑性铰长度的概念，在墩底截面达到极限状态时，桥墩的塑性转角可表示为

$$\theta_p=l_p(\phi_u-\phi_y) \tag{7-4-8}$$

假定在达到极限状态时，桥墩绕等效塑性铰区的中心点转动，则墩顶的塑性位移为

$$\Delta_p=\theta_p(l-0.5l_p)=(\phi_u-\phi_y)l_p(l-0.5l_p) \tag{7-4-9}$$

则

$$\mu_\Delta=\frac{\Delta_y+\Delta_p}{\Delta_y}=1+\frac{\Delta_p}{\Delta_y}=1+3(\mu_\phi-1)\frac{l_p}{l}\left(1-0.5\frac{l_p}{l}\right) \tag{7-4-10}$$

从理论上讲，等效塑性铰长度 l_p 可以通过积分计算，但是由于实际的曲率分布函数难以确定，理论计算结果与试验测量结果往往不吻合。实际应用中都采用经验公式进行估算，各国规范并不统一。一般来讲，等效塑性铰长度 l_p 与塑性变形历史和混凝土的极限压应变有关，但不同的试验结果离散性很大。

根据式(7-4-10)，如果取 $l_p=0.5h$ 和 $\mu_\phi=20$，可以得到以下结论：临界截面的曲率延性系数比相应的墩顶位移延性系数要大很多；在截面和截面材料特性均相同的条件下，墩越高，具有的位移延性系数越低。

上述为桥墩延性系数的计算方法，桥墩延性为桥梁结构整体延性的一部分。下面以悬臂墩桥梁为例，说明桥梁结构整体延性与构件局部延性的关系。

如图7-4-6所示，结构的屈服位移 Δ_y^t 为

$$\Delta_y^t=\Delta_y+\Delta_b+\Delta_f=\Delta_y+\Delta_b+\Delta_t+\Delta_r=\left(1+\frac{\Delta_b+\Delta_t+\Delta_r}{\Delta_y}\right)\Delta_y=C\Delta_y \tag{7-4-11}$$

式中，Δ_y 为桥墩自身的墩顶屈服位移；Δ_b 为支座弹性剪切变形；Δ_f 为基础柔性产生的弹性变形，它包括基础的平动位移 Δ_t 和转动位移 Δ_r 两项；C 为变形增大系数。

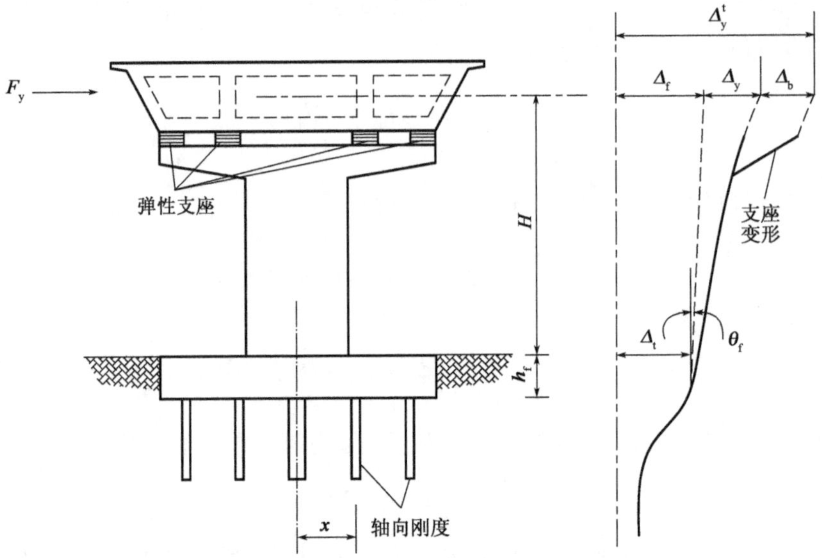

图 7-4-6　悬臂墩桥梁模型结构位移与桥墩位移的关系

在桥墩屈服后直到极限状态为止，结构的变形能力主要来自墩底塑性铰区的塑性转动，因此结构的极限位移 Δ_u^t 可以表示为

$$\Delta_u^t = \Delta_y^t + \Delta_p = C\Delta_y + \Delta_p = (C-1)\Delta_y + \Delta_u \tag{7-4-12}$$

结构位移延性系数 μ_Δ^t 为

$$\mu_\Delta^t = \frac{\Delta_u^t}{\Delta_y^t} = \frac{(C-1)\Delta_y + \Delta_u}{C\Delta_y} = \frac{C-1+\mu_\Delta}{C} \tag{7-4-13}$$

式中，μ_Δ 为桥墩自身位移延性系数。

式(7-4-13)反映了桥梁结构整体延性与构件局部延性之间的关系。当 $C=1$ 时，结构的整体位移延性系数 μ_Δ^t 等于桥墩的局部位移延性系数 μ_Δ；当 $C>1$ 时，μ_Δ^t 小于 μ_Δ。可见，构件局部延性好并不一定意味着桥梁结构整体延性好。

7.4.2　延性抗震设计方法

对于大量的普通桥梁，如果纯粹依靠强度来抵抗地震作用，无疑会造成材料的巨大浪费。所以，在工程抗震中，对于一般的结构，一般都希望利用结构和构件的延性抵抗较大水平的地震，即利用塑性铰减小地震力，并耗散能量。需要注意的是，延性抗震在经济上的优势是以结构出现一定程度的损坏为代价的。

规则桥梁可以近似简化为单自由度体系进行地震反应分析，因为规则桥梁的地震反应以一阶振型为主。要满足这个定义，实际桥梁结构的跨数不能太多，桥梁纵横向的质量分布、刚度分布以及几何形状都不能有突变，相邻桥墩的刚度差异不能太大，桥墩长细比应处于一定的范围[《公路桥梁抗震设计规范》(JTG/T 2231-01—2020)规定长细比为2.5～10之间]，桥址的地形、地质没有突变，而且桥址场地不会有液化危险等。

非规则桥梁是指规则桥梁以外的其他桥梁，以及貌似规则桥梁但是安装了隔震支座或阻尼器的桥梁。

关于延性需求的计算，对于规则桥梁，可以采用简化的延性抗震设计理论，来简化抗震设计计算过程(例如等效线性化、非弹性反应谱等方法),当然也可以采用弹塑性动力时程分析;对于复杂桥梁,只能进行弹塑性动力时程分析。

关于延性能力,要确保延性构件不发生脆性的破坏模式(如剪切破坏),并防止脆性构件和不希望发生非弹性变形的构件发生破坏,一般采用能力设计方法进行设计。这些脆性构件以及不希望发生非弹性变形的构件称为能力保护构件。下面以链子这一简单实例,来说明能力设计方法的基本概念。

在图 7-4-7 的链接中,如果所有的脆性链子都被设计成具有与延性链子相同的强度(等安全度设计),则一旦拉力 P 超过两者的强度,考虑到所有链子强度变异的可能性,整个链子发生脆性断裂的概率相当高,延性链子的塑性变形能力根本得不到发挥;相反,如果在设计脆性链子时,所有链子的强度都取得比延性链子可能发挥的最大强度还要高(不等安全度设计),则脆性链子就会受到延性链子的保护,整个链接在断裂时将表现出延性行为——因为当拉力 P 不断增大时,延性链子的屈服强度总是最先到达,并发生非弹性变形直至断裂。在这个过程中延性链子所起的作用如同保险丝,整个链接的最大强度由延性链子可能发挥的最大强度决定,脆性链子受到的拉力因始终低于其设计强度而不会遭到破坏。

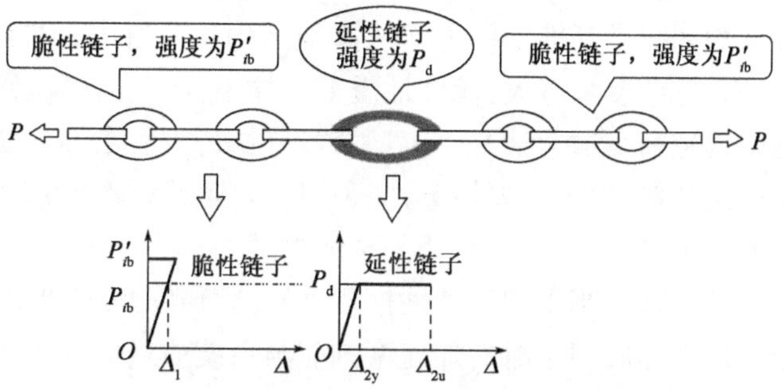

图 7-4-7 能力设计示意图

能力设计方法的基本思想就是假设延性链子的设计强度为 P_d,其可能发挥的最大强度(超强)为 $\lambda_0 P_d$。其中,λ_0 为超强因子。为保证整个链接破坏时是延性的,要求所有脆性链子的设计强度 P'_{ib}满足下式

$$P'_{ib} \geqslant \lambda_0 P_d$$

简而言之,能力设计方法的基本原理为在结构体系中的延性构件和能力保护构件之间建立强度安全等级差异,以确保结构不会发生脆性的破坏模式。

能力设计方法的内容如下:

(1)选定结构中潜在的塑性铰区的位置,把塑性铰区截面的抗弯强度尽可能设计得与需求的强度接近。然后对塑性铰区进行仔细的构造设计,以确保塑性铰区截面能够提供设计预期的塑性转动能力,这主要依靠约束混凝土概念实现。

(2)在含有塑性铰的构件中,对于剪切破坏、锚固失效和失稳等脆性破坏模式,依靠提供足够的强度安全系数加以避免。

(3)对于能力保护构件,确保其强度安全等级高于包含塑性铰的构件。这样,不论可能出现的地震动强度有多大,这些构件都因其“能力”高于包含塑性铰的构件而始终处于弹性状态,如图 7-4-7 所示。

潜在塑性铰位置应选择在易于发现、易于修复并使结构获得最优耗能的位置，一般选择在钢筋混凝土桥墩中，如图 7-4-8 所示。

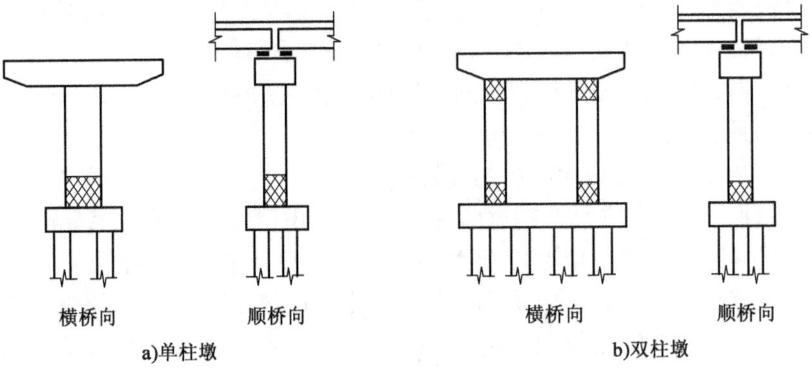

图 7-4-8　塑性铰的可能选择位置(见墩柱中的阴影部分)

根据延性性能的发挥程度，结构可以分为完全延性结构、有限延性结构和完全弹性结构：在设计地震下将延性能力 100% 发挥完的结构称为完全延性结构；在设计地震下不利用延性能力的结构称为完全弹性结构，即结构处于弹性状态，其延性能力仅作为安全储备；处于完全弹性结构和完全延性结构之间的其他结构称为有限延性结构。对于相同地震作用下的相同结构，延性发挥越大，设计地震力就越小，产生的位移就越大，其非弹性变形也越大，破坏程度就越高。通常情况下，对于普通的公路桥梁，尽可能采用完全延性结构，以获得最佳的经济效益；对于重要桥梁，应采用有限延性结构形式，以获得更佳的抗震性能；对于非常重要的关键性桥梁，宜采用完全弹性结构。

对于一个单自由度系统，当采用弹塑性模型严格计算其弹塑性地震反应时，可求得其加速度响应，由结构出现屈服现象时的加速度响应与系统质量的乘积得到系统惯性力 F_y(也称为屈服力)；当采用弹性模型近似计算其地震反应时，可计算出最大加速度响应，由此最大加速度与质量的乘积得到最大地震惯性力 F_E。基于上述定义，延性性能的发挥程度可用地震力折减系数 R 间接表示，即 $R = F_E/F_y$，见图 7-4-9。各国规范一般采用等位移准则(长周期结构)和等能量准则(中等周期结构)来确定地震力折减系数 R。

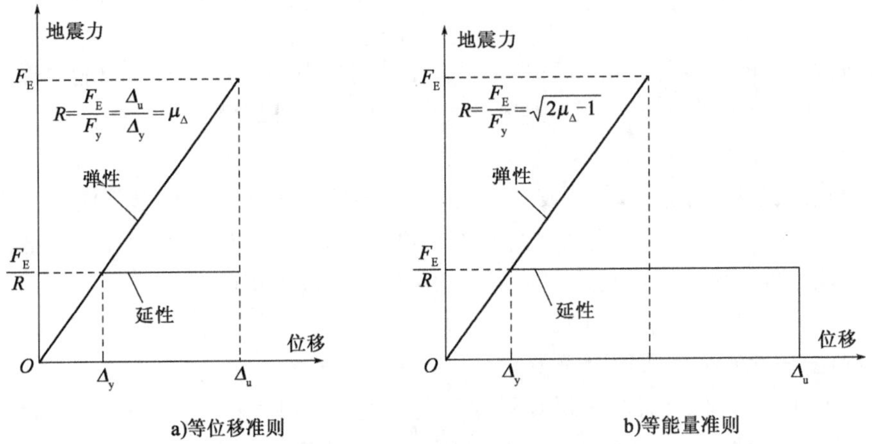

图 7-4-9　等位移准则和等能量准则

等位移准则是对于长周期的单自由度系统，弹塑性模型的最大位移反应与弹性模型的最大位移反应在统计平均意义上近似相等，从而得到

$$R=\frac{F_{\mathrm{E}}}{F_{\mathrm{y}}}=\frac{\Delta_{\mathrm{u}}}{\Delta_{\mathrm{y}}}=\mu_{\Delta} \tag{7-4-14}$$

新西兰规范和欧洲规范都规定，当结构自振周期大于0.7s时，可以适用等位移准则。

等能量准则是对于中等周期的单自由度系统，弹性体系在最大位移时所储存的变形能（图7-4-9弹性直线段与相应横坐标包围的面积）与弹塑性体系达到最大位移时的耗能（图7-4-9弹塑性双折线与相应横坐标包围的面积）近似相等，从而得到

$$R=\frac{F_{\mathrm{E}}}{F_{\mathrm{y}}}=\sqrt{2\mu_{\Delta}-1} \tag{7-4-15}$$

在式(7-4-14)或式(7-4-15)中，当μ_{Δ}取为容许值时，R为对应的地震力折减系数最大值，可用其计算完全延性结构、有限延性结构和完全弹性结构的设计地震力，具体如下

对于完全延性结构类型的规则桥梁，桥墩设计地震力为

$$F=\frac{F_{\mathrm{E}}}{R}=\frac{K_{\mathrm{h}}\beta W}{R} \tag{7-4-16}$$

式(7-4-14)或式(7-4-15)中，F_{E}很方便采用弹性反应谱理论计算，具体见式(7-3-6)。

对于有限延性结构类型的规则桥梁，桥墩设计地震力为

$$F=\frac{\alpha F_{\mathrm{E}}}{R}=\frac{\alpha K_{\mathrm{h}}\beta W}{R} \tag{7-4-17}$$

式中，参数α反映有限结构的变形能力储备，其取值大于1.0，具体取值视结构重要性等因素而定。

对于完全弹性结构类型的规则桥梁，桥墩设计地震力为

$$F=F_{\mathrm{E}}=K_{\mathrm{h}}\beta W \tag{7-4-18}$$

延性结构的验算过程如下：

(1)将计算出来的地震力与其他荷载力组合后，按照承载能力极限状态进行临界截面的抗弯强度验算，即确定纵筋是否足够。

(2)计算上述截面的抗弯强度M_{R}和超强弯矩$M_0=\lambda_0 M_{\mathrm{R}}$。

(3)根据上述截面的超强弯矩M_0，确定桥墩的设计剪力V_{co}。例如，对于独柱墩，$V_{\mathrm{co}}=M_0/H$，H为墩高。然后按V_{co}进行抗剪验算，即确定箍筋是否足够。

(4)根据上述截面的超强弯矩M_0和结构力学知识，可以求解盖梁、支座和基础等能力保护构件的受力，并对盖梁、支座和基础等能力保护构件进行验算。

上述λ_0为抗弯超强因子，我国《公路桥梁抗震设计规范》(JTG/T 2231-01—2020)和《美国加州抗震设计准则》取为1.2。引起立柱抗弯超强的原因很多，最主要的原因是材料的实际强度与设计强度之间的差异以及混凝土强度取值的保守。为了确保延性构件不发生脆性的破坏模式，并确保能力保护构件处于弹性反应范围，其设计考虑立柱抗弯超强。

7.4.3 钢筋混凝土墩柱的延性构造设计

横向箍筋在延性桥墩中的作用如下：①约束核心混凝土，大幅提高混凝土的极限压应

变,从而大幅提高塑性铰区的转动能力;②提高斜截面的抗剪能力;③防止纵向受压钢筋过早压屈。

钢筋混凝土桥墩的延性设计本质,主要是根据结构预期的位移延性水平,确定桥墩塑性铰区范围内所需要的约束箍筋用量。

在许多情况下,无约束混凝土的极限压应变不足以保证桥墩塑性铰区具有设计预期的塑性转动能力,一旦塑性铰区截面最外层混凝土达到极限压应变,即意味着桥墩达到破坏极限状态。数量足够、配置合理的横向箍筋,能和纵向钢筋共同对核心混凝土提供有效的约束作用,限制混凝土的横向膨胀,维持核心混凝土的完整,提高核心混凝土的极限压应力,并阻止纵向钢筋出现屈曲,显著提高混凝土的延性,同时强度也能有所提高。

桥墩截面的不同箍筋构造及约束范围如图 7-4-10 所示,桥墩沿竖向的箍筋和纵筋约束范围如图 7-4-11 所示。

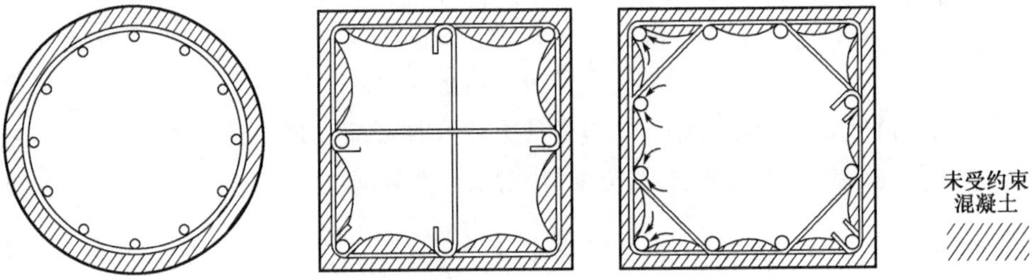

图 7-4-10　桥墩截面的不同箍筋构造及约束范围

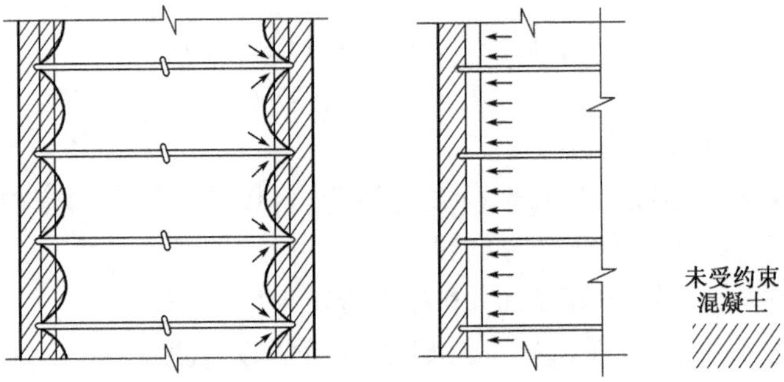

图 7-4-11　桥墩沿竖向的箍筋和纵筋约束范围

钢筋混凝土墩柱的延性影响因素如下。

(1)轴压比:表示构件截面承受的压力与截面轴向承载力的比值。轴压比提高,延性显著下降,当轴压比较大时(如轴压比达到或超过 25%),延性下降幅度更大。

(2)箍筋用量:适当增加箍筋用量可以大幅度提高延性。

(3)箍筋形状:螺旋箍筋比方形箍筋好,方形箍筋比矩形箍筋好。

(4)混凝土强度:强度越高,延性越低。

(5)保护层厚度:厚度增大,对延性不利。

(6)纵向钢筋:其增加会改变截面的中性轴位置,从而改变截面的屈服曲率和极限曲率,总体上对延性有不利的影响。

(7)截面形状:空心截面与相应的实心截面相比具有更好的延性,圆形截面与矩形截面相比具有更好的延性。

关于钢筋混凝土墩柱的延性指标计算,除了试验方法以外,可以通过塑性铰区截面的弯矩-曲率分析,从理论上确定。在保护层混凝土、核心混凝土和钢筋的应力-应变关系已知的情况下,利用计算程序进行数值积分(图7-4-12),可以计算出塑性铰区截面的弯矩-曲率关系曲线,得到屈服曲率和极限曲率,确定截面的曲率延性系数,进一步得到桥墩的位移延性系数。

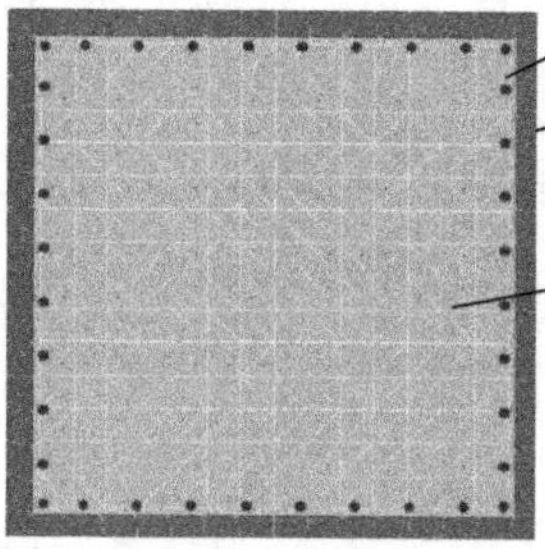

图7-4-12　采用纤维单元建立的桥墩截面示意图

关于约束混凝土的应力-应变关系,国内外学者进行了很多试验研究,并提出了很多应力-应变关系模式。其中,得到最广泛认可的是Mander等人提出的约束混凝土的应力-应变曲线(图7-4-13),它适用于任何截面形状和约束水平。

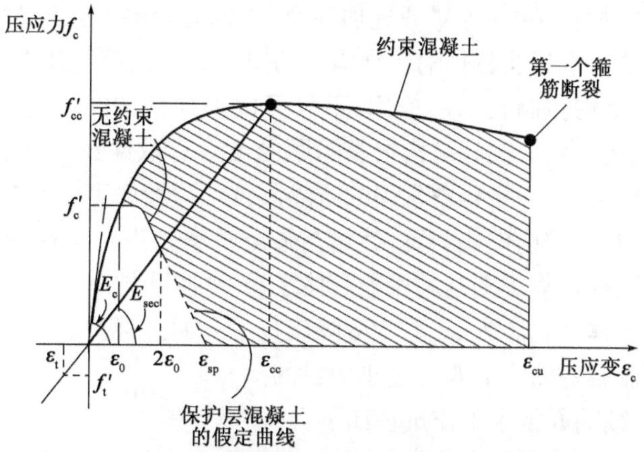

图7-4-13　混凝土应力-应变关系的Mander模型

关于钢筋的应力-应变关系,可以采用理想的弹塑性模式。

钢筋混凝土墩柱的部分构造设计(不同规范规定略有差异,且条文较多,此处仅为举例说明,具体应用时需要遵守相关规范条文)如下:

(1)横向箍筋配置

中国规范:位于7度和7度以上地震区的桥梁,桥墩箍筋加密区段的螺旋箍筋间距不大于10cm,直径不小于10mm;对矩形箍筋,顺桥向和横桥向的体积配筋率均不低于0.4%。

《美国加州抗震设计准则》:塑性铰区内横向箍筋间距取为min{$1/5b_{min}$,$6d_{bl}$,20cm},b_{min}为最小截面尺寸,d_{bl}为纵向钢筋直径;同时对不同形状箍筋的配筋率还有具体表达式。

(2)塑性铰长度

中国规范:采用具体公式计算塑性铰长度。

《美国加州抗震设计准则》:塑性铰长度取为max{b_{max},$1/6h_c$,610mm},b_{max}为横截面最大尺寸,h_c为桥墩净高。

(3)纵向钢筋的配筋率

中国规范:纵向钢筋的配筋率取0.006~0.04,纵筋之间最大间距不得超过20cm。

《美国加州抗震设计准则》:纵向钢筋的配筋率取0.01~0.04,纵筋之间最大间距不得超过20cm。

(4)钢筋的锚固与搭接

中国规范:螺旋箍筋接头必须焊接,矩形箍筋应有135°弯钩,并伸入核心混凝土内。

《美国加州抗震设计准则》:纵向钢筋不应在塑性铰区内搭接,箍筋接头必须焊接。

7.5 桥梁减隔震设计

7.5.1 减隔震设计基本原理

结构控制技术,是在工程结构的特定部位装设某种装置(如耗能支撑等)、或某种子结构(如调频质量阻尼器TMD等)、或施加外力(外部能量输入),以改变结构的动力特性或动力作用,确保结构本身及各种附属结构物的安全。结构控制技术分为被动控制、主动控制及混合控制。结构控制技术的应用,不仅可以提高结构的抗震性能,还可以节省造价;在有些情况下,还是解决实际结构抗震问题的唯一有效途径。目前,被动控制发展相对成熟,实际应用较为广泛,桥梁中常用的减隔震技术一般属于被动控制。

减震是利用特制减震构件或装置,使之在强震时率先进入塑性,产生大阻尼,大量消耗进入结构体系的能量;隔震则是利用隔震体系,设法阻止地震能量进入主体结构。在实践中,常常把这两种体系合二为一,称为减隔震技术。通过选择适当的减隔震装置与设置位置,可以达到控制结构内力分布与大小的目的。

根据图7-5-1,减隔震技术工作机理如下:

(1)采用柔性装置延长结构周期,避开地震能量集中的频率范围,减小结构地震内力反应(必然伴随着结构位移的增加),例如图7-5-2中,板式橡胶支座可延长周期并提供恢复力;

(2)采用阻尼器式能量耗散元件,限制结构位移,例如图7-5-3中,不同耗能机理的阻尼元件的滞回曲线包围的面积代表消耗的能量;

(3)保证结构在正常使用荷载作用下具有足够的刚度。

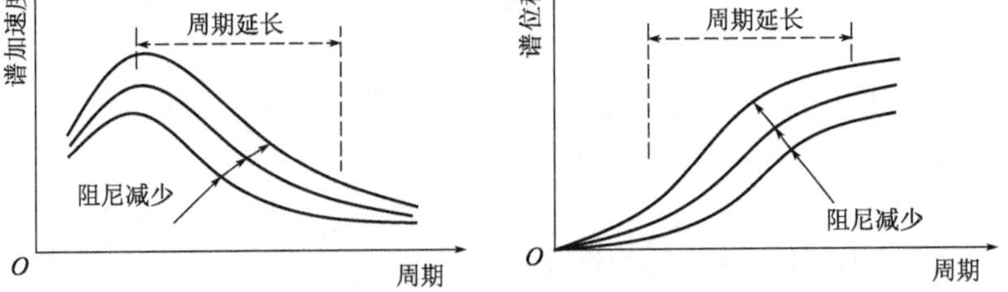

a)谱加速度变化趋势　　b)谱位移变化趋势

图7-5-1　减隔震技术工作机理

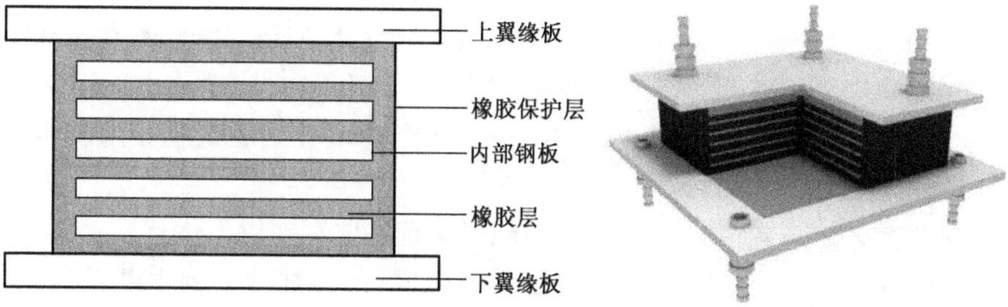

图 7-5-2　板式橡胶支座(可延长周期并提供恢复力)

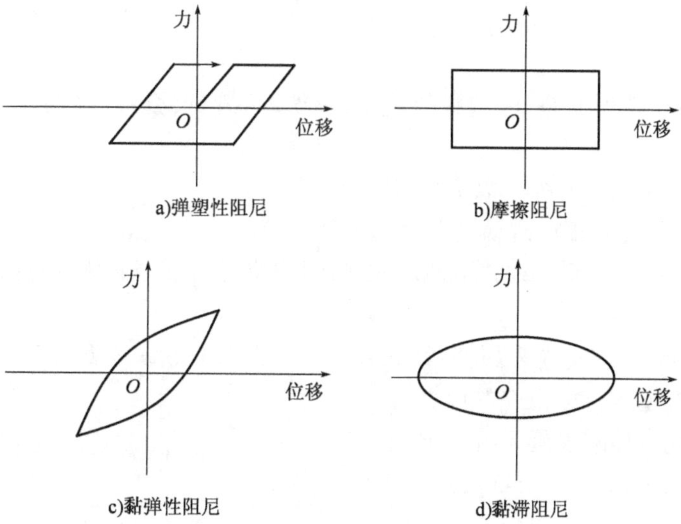

图 7-5-3　不同阻尼元件耗能机理

减隔震技术的优点如下：

(1)可以减小传递到结构重要构件上的能量(延性抗震设计允许很大的地震能量从地面传递到结构的重要构件上,然后设计结构如何抵抗)；

(2)可以避免结构的损伤,即使震后更换减隔震装置,替换相对简单(对于延性抗震设计,结构构件损伤不可避免,震后修复麻烦)；

(3)通过合理设计减隔震系统,可以改善地震力在下部结构间的分布,以保护基础、墩台等,必要时还可以保护上部结构；

(4)有些减隔震支座在正常使用条件下,由温度、收缩、徐变等变形引起的抗力很小,这为超多跨连续梁桥的采用提供了可能(可以减少伸缩缝的设置),可以使连续梁桥一联的长度增加,从而大幅度改善行车条件,并降低维护费用。

7.5.2　常见的减隔震装置

到目前为止,全世界主要研发了数十种减隔震装置。按照其力学模型,以 5 类减隔震装置为例进行分析。

1)纯摩擦减隔震系统

纯摩擦减隔震系统是用一层滑移或滚动材料将结构与基础隔开、仅靠滑动摩擦或滚

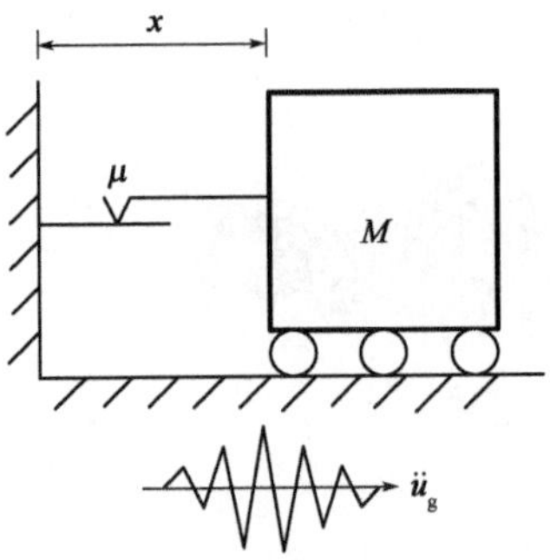

图 7-5-4　纯摩擦减隔震系统

动摩擦起隔震作用的系统。摩擦材料可用砂、滚球等。当结构在地震时的惯性力大于系统的摩擦力时，结构相对于基础产生相对错动。这种相对错动一方面限制了水平地震作用向结构上部传递，另一方面耗散了地震能量。其力学模型如图 7-5-4 所示。

这种减隔震系统主要存在以下优点：

(1)受地面运动频谱特性的影响程度很小，基本不会发生共振现象。

(2)当仅考虑水平地震动输入时，传递到减隔震结构的最大加速度峰值永远为 $\mu g = \mu Mg/M$，就隔离地震加速度来讲，它是所有隔震系统中最理想的一种。

(3)减隔震层造价低廉，可选材料较多，例如砂、滑石、石墨、聚四氟乙烯滑板、滚球、多层滚轴，等等。

这种减隔震系统主要存在以下缺点：

(1)减隔震系统的相对错动量太大，且不易控制。

(2)很多材料的摩擦系数并不稳定，随时间和位置而不停变化，给这种减隔震系统的计算工作带来了麻烦。

(3)目前的计算理论尚未严格考虑摩擦机理，更未考虑摩擦系数变异特性的影响，而是采用刚塑性模型进行很粗糙的计算。

为了弥补纯摩擦减隔震系统的缺陷，往往将摩擦面做成凹形(图 7-5-5)，这样不仅可以限制地震作用下的相对位移，而且可以保证震后结构在自身重力压迫下来完成自复位。一般将此装置称为摩擦摆支座。摩擦摆支座的水平恢复力 F 计算如下

$$F \approx \frac{W}{R}D + \mu W \mathrm{sgn}(\dot{D}) \qquad (7\text{-}5\text{-}1)$$

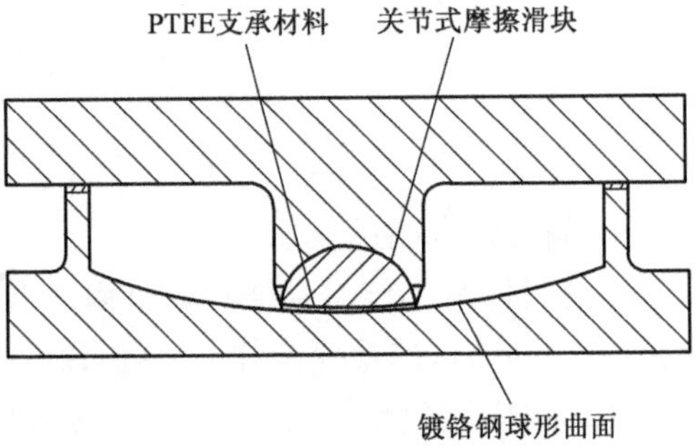

图 7-5-5　摩擦摆支座

注：PTFE 是一种聚四氟乙烯高分子化学材料

式中，R 为摩擦凹形曲面的曲率半径；μ 为摩擦凹形曲面的摩擦系数；D 为摩擦摆支座的水平相对位移；$\mathrm{sgn}(\dot{D})$ 为符号函数，表达如下

$$\mathrm{sgn}(\dot{D}) = \begin{cases} 1 & (\dot{D} > 0) \\ 0 & (\dot{D} = 0) \\ -1 & (\dot{D} < 0) \end{cases} \qquad (7\text{-}5\text{-}2)$$

需要注意，将普通水平摩擦面修改为凹形摩擦面，实质上等同于引入了弹簧装置，摩擦摆支座的固有自振周期 T 为

$$T = 2\pi\left(\frac{R}{g}\right)^{1/2} \qquad (7\text{-}5\text{-}3)$$

因此，需要合理设计摩擦凹形曲面的曲率半径 R，使得摩擦摆支座固有自振周期 T 避

开地震卓越周期。

2)弹簧-黏滞阻尼器减隔震系统

黏滞阻尼器(图 7-5-6)是一种耗能装置,一般由缸体、活塞、活塞阻尼孔(或间隙)、黏滞流体阻尼材料(例如油脂)和导杆等部分组成,活塞在缸筒内做往复运动。当活塞与缸筒之间发生相对运动时,由于活塞前后的压力差使流体阻尼材料从阻尼孔(或间隙)中通过,从而产生阻尼力,达到耗能的目的。

图 7-5-6 黏滞阻尼器

黏滞阻尼器的阻尼力 F 的简化计算如下

$$F = CV^{\alpha} \tag{7-5-4}$$

式中,C 为阻尼系数;V 为活塞的运动速度;α 为速度指数。

弹簧具有延长结构周期、减小结构相对位移和残余位移的特性,但是无法耗散能量(例如图 7-5-2 中的板式橡胶支座)。黏滞阻尼器(图 7-5-6)可以耗散能量,但是与位移基本不相关。将这两种装置并联使用,可以扬长避短,从而构成了弹簧-黏滞阻尼器减隔震系统,如图 7-5-7 所示。

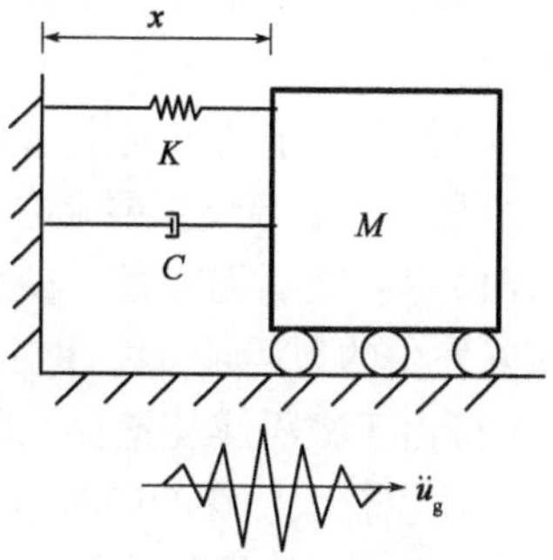

图 7-5-7 弹簧-黏滞阻尼器减隔震系统

这种减隔震系统主要存在以下优点:

(1)相对于非减隔震系统,延长了结构的自振周期,避开了地震卓越周期,并使得绝大部分变形集中于隔震层。

(2)具备一定的能量耗散机制,当地面停止振动后,振动的结构也会在短时间内停止振动。

(3)具备自复位能力。

这种减隔震系统主要存在以下缺点:

(1)弹簧装置(例如橡胶)容易老化,黏滞阻尼器容易漏油,无法满足不同桥梁结构 50 年、100 年甚至 200 年使用寿命的要求,不但减隔震装置本身昂贵,而且减隔震装置的更换增加了很多费用。

(2)尽管减隔震装置延长了结构的周期,但结构仍有一个固定周期或者周期范围,如果实际发生的地震频谱特性与设计地震不同,结构可能发生共振现象。

(3)由于减隔震装置存在固有刚度,如果实际发生的地震加速度比设计地震大,减隔震层在发生较大位移的同时,传给结构的地震力仍很大,结构可能遭受破坏。

3)弹簧-黏滞阻尼器-摩擦减隔震系统

将纯摩擦减隔震系统和弹簧-黏滞阻尼器减隔震系统进行并联组合,构成了弹簧-黏滞阻尼器-摩擦减隔震系统,如图 7-5-8 所示。事实上,严格意义的弹簧-黏滞阻尼器减隔震系统是不存在的,总有或多或少的摩擦机理介入,此时理论上应按照弹簧-黏滞阻尼器-摩擦减隔震系统进行计算。另外,在弹簧-黏滞阻尼器减隔震系统的基础上,刻意添加摩擦元件,可以有效改变弹簧-黏滞阻尼器减隔震系统的减隔震特性,最常见的是将固定橡胶支座、黏滞阻尼器和滑板支座联合使用。

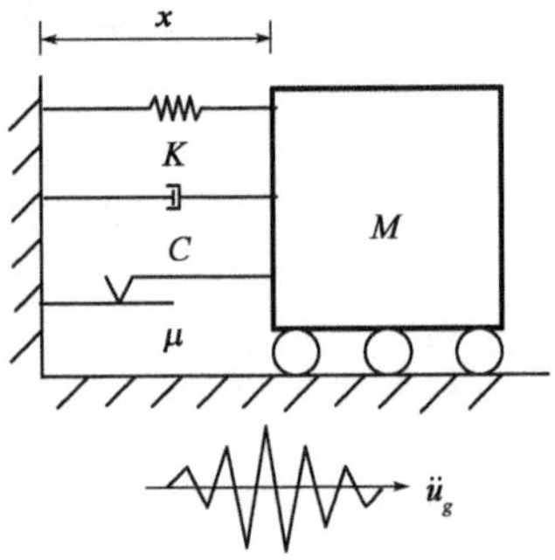

图 7-5-8 弹簧-黏滞阻尼器-摩擦减隔震系统

这种减隔震系统主要存在以下优点:

(1)摩擦机制构成临时锁定,可以满足结构的正常使用功能,防止结构在正常使用过程中的振动。

(2)在较大地震作用下,减隔震层发生错位变形,延长了结构的自振周期,避开了地震卓越周期,并使得绝大部分变形集中于减隔震层。并且,摩擦机制的存在,有效减小了减隔震层的变形量。

(3)阻尼器和摩擦机制联合耗能,当地面停止振动后,振动的结构也会在短时间内停止振动。

(4)具备一定的自复位能力。

这种减隔震系统主要存在以下缺点:

(1)尽管减隔震装置延长了结构的周期,但结构仍有一个固定周期或者周期范围,如果实际发生的地震频谱特性与设计地震不同,结构可能发生共振现象。

(2)由于减隔震装置存在固有刚度,如果实际发生的地震加速度比设计地震大,减隔震层在发生较大位移的同时,传给结构的地震力仍很大,结构可能遭受破坏。

(3)由于摩擦机制的存在,导致不能完全自复位。

(4)美国加利福尼亚大学伯克利分校的振动台试验表明,摩擦机制的存在增加了隔震系统的高频反应。

4)弹簧-黏滞阻尼器与摩擦串联减隔震系统

将纯摩擦减隔震系统和弹簧-黏滞阻尼器减隔震系统进行串联组合,构成了弹簧-黏滞阻尼器与摩擦串联减隔震系统,如图 7-5-9 所示。在小震作用下,摩擦系统无相对位移发生,此时,整个减隔震系统像弹簧-黏滞阻尼器减隔震系统一样工作;在大震作用下,摩擦系统发生相对位移,摩擦作用既能耗散地震能量,又能抑制

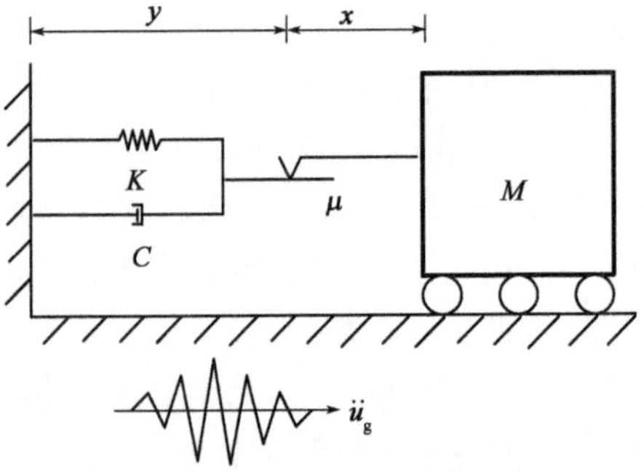

图 7-5-9 弹簧-黏滞阻尼器与摩擦串联减隔震系统

水平地震作用向主体结构传递。

弹簧-黏滞阻尼器与摩擦串联减隔震系统客观上体现了对于弹簧-黏滞阻尼器隔震系统的不信任。如果仅使用弹簧-黏滞阻尼器减隔震系统,假设实际地震显著区别于设计地震,减隔震层在发生较大位移的同时,传给结构的地震力仍很大,甚至会发生共振现象。而将纯摩擦减隔震系统和弹簧-黏滞阻尼器减隔震系统进行串联组合后,这一隐患得到了解决,因为如果实际地震显著区别于设计地震,一旦弹簧-黏滞阻尼器减隔震系统的反应过大,摩擦系统便会进入工作模式,从而抑制过大的水平地震作用向主体结构传递。

这种减隔震系统一般用于高烈度地区的极重要结构,例如,法国和南非将这种减隔震系统用在了核电厂,在桥梁上尚没有使用。

5)弹簧-滞回阻尼减隔震系统

弹簧装置添加延性较好的屈服构件(形成滞回阻尼),组合成弹簧-滞回阻尼减隔震系统,如图7-5-10所示。具有滞回阻尼功能的构件有铅棒、软钢等,最常见的减隔震装置有铅芯橡胶支座(图7-5-11)、软钢-橡胶支座组合装置等。滞回阻尼构件提供滞变恢复力,它具有两个作用:一是减小系统的变形;二是耗散地震能量,它随着弹簧变形,给系统一个缓冲,从而取得缓冲效果。

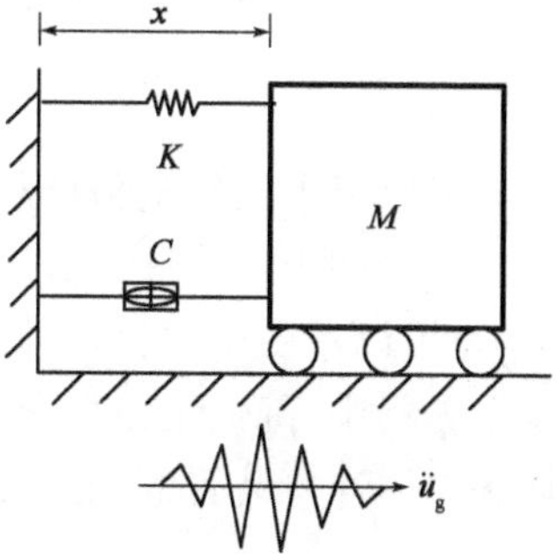

图7-5-10　弹簧-滞回阻尼隔震系统

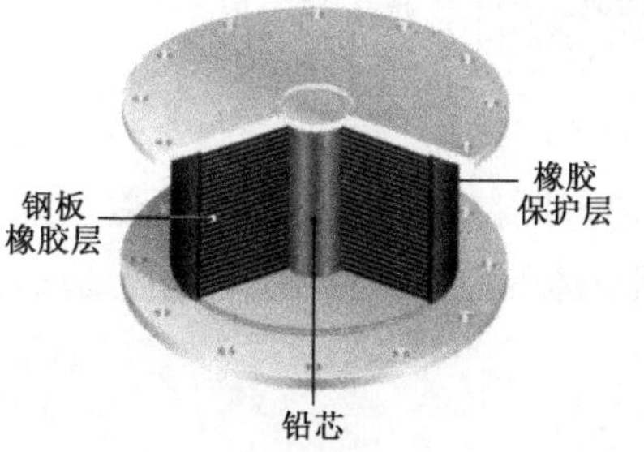

a)支座剖面

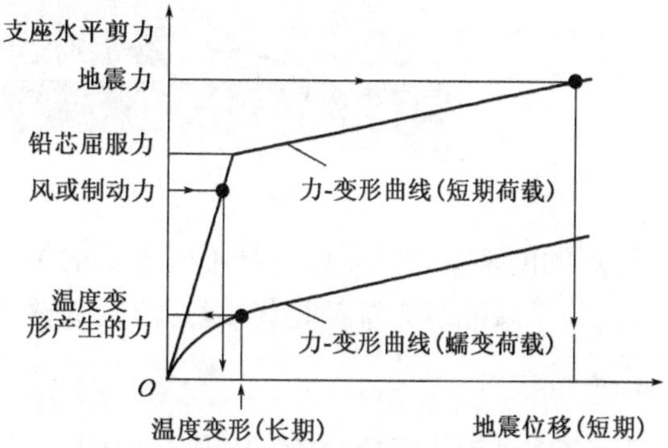

b)铅芯在不同荷载作用下的抗力

图7-5-11　铅芯橡胶支座

铅芯橡胶支座是在普通叠层橡胶支座的中心插入铅芯,以改善橡胶支座耗能性能。在短期荷载或快速变化荷载(例如地震、风、车辆制动力等)作用下,铅芯初始刚度和屈服力很大;在蠕变荷载或慢速变化荷载(例如温度、徐变等)作用下,铅芯抗力比较低,这为铅芯橡胶支座在长跨连续梁桥中的应用提供了条件。

软钢阻尼器是采用特种软钢为材料制作的一种易屈服、高耗能的结构减震装置,主要利用特种软钢屈服后的非弹性特点,耗散地震等外部激励输入结构中的能量。软钢阻尼器具有屈服点低、坚固耐用、造价低廉等优点,并且其减震性能不受温度、速度等影响。

如果将软钢阻尼器制作成"榫"形,一般称之为减震榫。地震作用下,减震榫顶部在水平集中力作用下,导致减震榫从上至下弯矩反应需求不停增加,而减震榫从上至下抗弯能力也不断增加。通过合理设计减震榫形状,可以确保地震作用下,减震榫每个截面都屈服耗能,从而避免软钢阻尼器屈服后的应力集中、多次滞回变形后的疲劳断裂等缺陷。减震榫屈服前后状态和安装模式如图 7-5-12 所示。

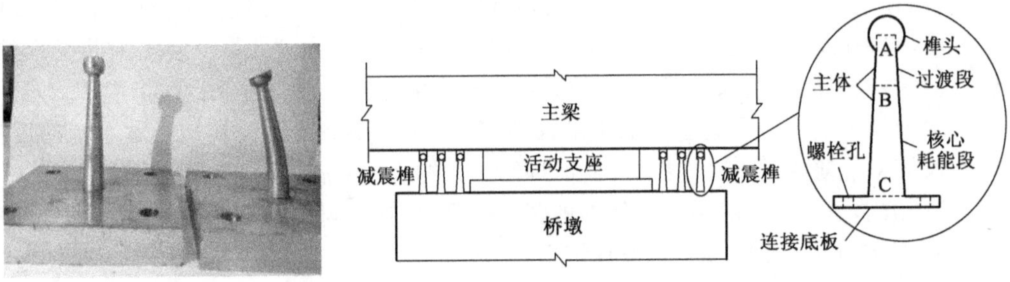

图 7-5-12 减震榫屈服前后状态和安装模式

可以将上述软钢阻尼器作为弹塑性挡块使用,如图 7-5-13 所示。弹塑性挡块为延性构件或滞回阻尼构件,允许屈服,并具有较大的塑性变形能力。拉压连接装置可以承受拉力,也可以承受压力,从而使两边挡块和支座共同对主梁提供横向约束作用,避免单侧挡块受力集中,降低了多次强主余震作用下弹塑性挡块的断裂可能性。同时,只要弹塑性挡块和拉压连接装置的刚度设计合理,就不会严重影响主梁在温度作用下的横向变形。

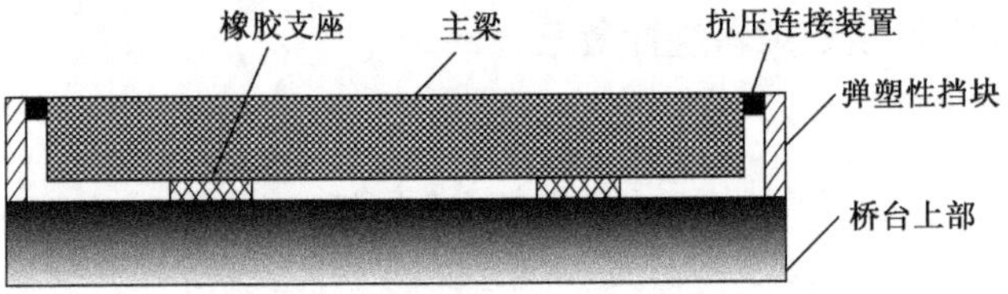

图 7-5-13 桥台处设置弹塑性挡块示意图

将不同的基本物理元件进行不同方式的组合,还可以得到其他多种减隔震系统。总体上讲,每个减隔震系统都是优缺点并存,需要根据具体的应用对象特点采用合适的减隔震系统。

7.5.3 减隔震技术的工程应用

减隔震技术自诞生以来,受到了广泛的重视。1973 年,新西兰建造了世界上第一座减隔震桥梁——Moto 桥,该桥主梁和桥墩之间采用滑动减隔震支承,其阻尼由 U 型钢弯曲梁提供。

美国第一次将减隔震技术用于桥梁是在 1984 年,用于对 Sierra Point 桥进行抗震加固。第一座采用减隔震技术新建的桥梁是 Sexton 桥(1990 年)。美国桥梁主要采用铅芯橡胶支承、摩擦滑动隔震装置、高阻尼橡胶支座等减隔震装置。

日本第一座建成的减隔震桥梁是静岗县横跨 Keta 河的宫川大桥,完成于 1990 年,为 3 跨连续钢桁架梁桥,使用铅芯橡胶支承减隔震。在阪神地震后,采用减隔震技术的桥梁日益增多,大部分减隔震桥梁采用铅芯橡胶支承、高阻尼橡胶支承等减隔震装置。

我国桥梁采用减隔震技术相对较晚,但进步较快。在 20 世纪 90 年代,采用减震技术建设了新疆维吾尔自治区北部 9 度地震区花山子和苇子沟桥、陇海线千河大桥、宝中线干河大桥、侯月铁路海子沟大桥以及新疆维吾尔自治区南部铁路 9 度地震区布谷孜大桥。

目前,穿越地震区在建的成兰铁路、渝昆高铁等也开始采用减隔震技术;地震区新建的大跨度公路桥梁(例如上海长江大桥、苏通大桥等)都采用了减隔震技术。我国桥梁常用的减隔震装置有摩擦摆支座、减震榫、黏滞阻尼器等。以成兰铁路为例,其部分桥梁采用的减隔震装置见表7-5-1。

成兰铁路的部分桥梁采用的减隔震装置 表7-5-1

序号	桥梁名称	地震动峰值加速度(g)	最大墩高(m)	减隔震装置
1	睢水河双线大桥	0.238	52	黏滞阻尼器
2	高川站四线大桥	0.265	7.5	摩擦摆支座
3	羊记沟左线大桥	0.227	49	黏滞阻尼器
4	羊记沟右线大桥	0.227	64	黏滞阻尼器
5	茂县站五线特大桥	0.20	48	摩擦摆支座
6	核桃沟左线大桥	0.20	22	摩擦摆支座
7	核桃沟右线大桥	0.20	20.5	摩擦摆支座
8	龙塘站四线大桥	0.30	31	黏滞阻尼器
9	太平站四线大桥	0.30	23	黏滞阻尼器
10	解放村双线大桥	0.30	35.5	黏滞阻尼器
11	镇江关站1号五线特大桥	0.30	29.5	摩擦摆支座
12	镇江关站2号双线大桥	0.30	19.5	摩擦摆支座
13	岷江村岷江双线大桥	0.30	22	摩擦摆支座
14	新塘关岷江双线特大桥	0.30	32	黏滞阻尼器 + 摩擦摆支座

7.6 振动台试验简介

振动台试验可以直接测试桥梁结构模型的抗震性能。为此,全世界建设了不同形式的振动台设备,我国振动台设备发展较晚,但建设速度最快。

中南大学高速铁路建造技术国家工程实验室拥有4个振动台,由固定的A台和可移动的B、C、D台组成(图7-6-1),其各自独立技术性能指标和联合工作性能指标如下:

1)A台(固定台)

固定台的台面尺寸为4m×4m,最大试件质量30t。模拟造波能力如下:

(1)X(水平顺槽向)、Y(水平横槽向)和Z(垂向)三向输出,同时三个转动自由度可以控制到零输出或指定波型输出。

(2)X、Y方向最大位移为±250mm,Z方向为±160mm,水平向作动器的工作行程为±250mm,垂向作动器的工作行程为±160mm。

(3)X、Y方向最大速度为±1000mm/s,Z方向为±1000mm/s。

(4)对于X、Y和Z方向最大加速度,200kN荷载时,X、Y向为±1.0g,Z方向为±2.0g;300kN荷载时,X、Y向为±0.8g,Z方向为±1.6g。

(5)工作频率范围为0.1~50Hz。

(6)最大抗倾覆力矩为300kN·m。

(7)造波形式包括各种确定性波、随机波及地震波。

(8)控制方式由计算机软件控制,六个自由度及倾覆力矩自动补偿,自动补偿由于试件偏心或系统几何误差等因素导致的加速度与位移失真。

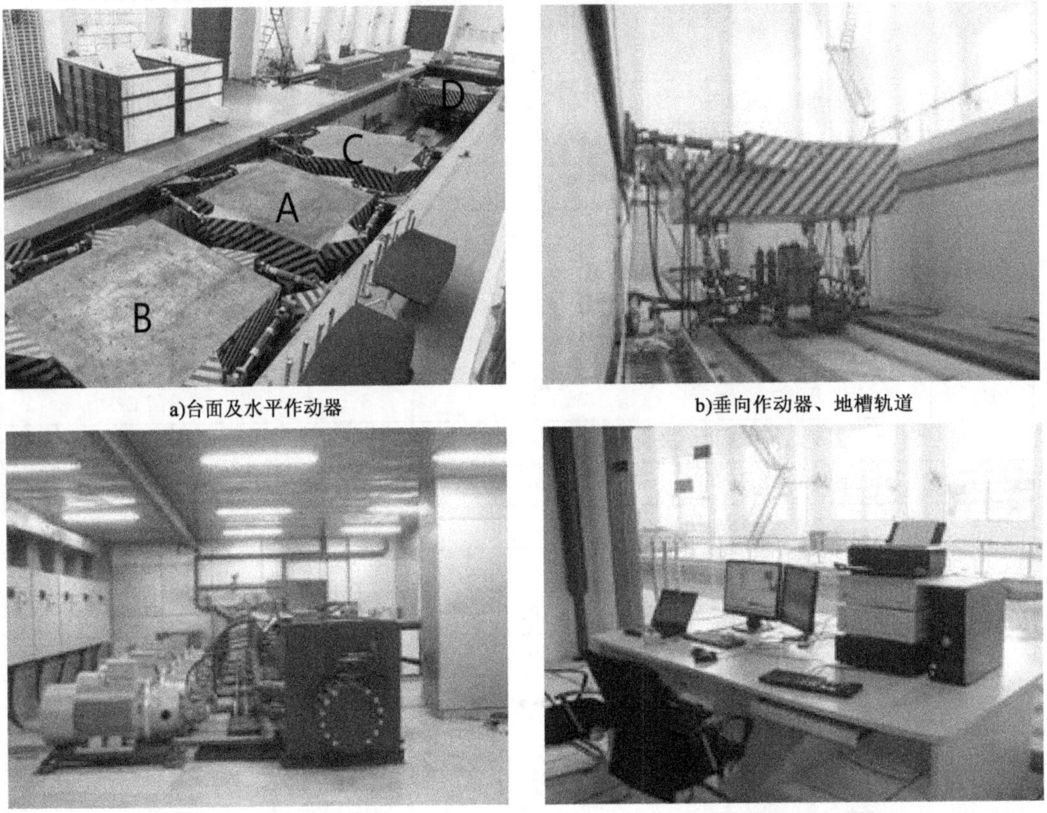

a)台面及水平作动器　b)垂向作动器、地槽轨道

c)地下室油源、泵、电源柜　d)控制室PULSAR系统

图7-6-1　多功能振动台试验系统

2)B、C、D台(移动台)

移动台的台面尺寸为4m×4m,最大试件质量30t,B、C、D台的移动方式应保证绝对安全可靠和方便。B、C、D台与A台的间距可在6~20m之间连续调节,B、C、D移动台在此间距范围内可方便地用缆绳移动,并可靠地固定在任意位置。模拟造波能力的技术性能指标同A台(固定台)。

图7-6-2展示了振动台试验系统的部分工作模式。根据实际试验需要,4个振动台既可以各自独立工作,也可以2个、3个或者4个振动台联合工作。振动台各自独立工作模式仅能进行一致地震动输入;多个振动台联合工作模式既可以进行一致地震动输入,也可以进行非一致地震动输入,从而模拟地震的多点激励或行波效应。

图7-6-3展示了铁路简支梁桥模型的振动台试验,采用3个振动台联合工作,共同支撑3个桥墩和2跨主梁,重点研究中间桥墩和相应支座的抗震性能。考虑到振动台有限的承载能力,桥梁结构需要缩尺,振动台试验实际测试的是桥梁缩尺模型的抗震性能。一般按照量纲理论进行桥梁结构缩尺,并建立缩尺模型与桥梁原型的抗震性能的量化关系。

a)单台独立工作模式

b)多台协同工作模式

c)行车舒适度研究模式

图 7-6-2　振动台试验系统的部分工作模式

a)8m墩高模型

b)25m墩高模型

图 7-6-3　铁路简支梁桥模型的振动台试验

图 7-6-4 展示了铁路简支梁桥模型的振动台试验的部分试验现象。使用普通支座时，即使在强烈地震作用下，强度过大的普通支座仍没有被剪断，并将巨大的主梁惯性力传递给了桥墩，导致墩底严重开裂，震后修复成本巨大。使用减隔震支座时，在小震作用下，桥梁结构保持完好（不需要发挥支座减隔震功能），减隔震支座像普通支座一样工作，震后桥梁可以正常工作，不需要修复；在强烈地震作用下，减隔震支座的剪力键或剪力销钉被剪断，摩擦摆支座开始摆动，隔离并耗散地震能量，主梁惯性力显著降低，震后桥梁结

构基本完好,仅需重新安装剪力键或剪力销钉等小范围修复后,桥梁结构就可以正常工作。

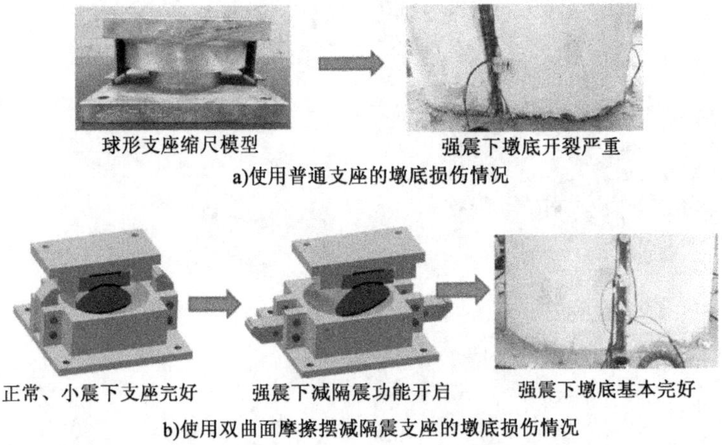

图 7-6-4　铁路简支梁桥模型的振动台试验的部分试验现象

思考题与习题

7.1　简述构造地震成因、地震动要素以及对桥梁结构造成的破坏形式。

7.2　简述桥梁抗震设计的基本流程。

7.3　简述桥梁抗震的合理结构体系。

7.4　简述桥梁抗震计算有限元模型的主要构件建模方法。

7.5　简述地震反应谱分析方法的基本原理、应用方法和优缺点。

7.6　简述地震非线性时程分析方法的基本原理、应用方法和优缺点。

7.7　简述桥梁结构抗震验算的主要内容。

7.8　简述桥梁延性抗震设计与能力设计的区别和联系。

7.9　简述桥梁减隔震设计的基本原理,列举 3 种具体常用的减隔震装置,描述其工作方式。

第8章

列车-桥梁时变系统振动分析方法

列车在桥上运行时,它与桥梁相互作用,形成列车-桥梁系统的振动。由于列车运行,此系统的质量、刚度、阻尼及两者的相互作用等都瞬息变化,故称为时变系统。随着列车速度的不断提高,行车密度的日益增加,荷载的逐渐加重,列车-桥梁时变系统的振动问题越来越受到人们的重视。一方面,高速运行的列车对桥梁产生动力冲击作用,直接影响桥梁的工作状态和使用寿命;另一方面,桥梁的动力响应又反过来影响桥上列车运行的平稳性和安全性。列车-桥梁系统的动力响应是评价桥梁结构动力设计参数合理与否的重要指标。因此,需对列车-桥梁系统动力相互作用进行综合研究,以便对桥梁的动力性能和桥上列车的走行性能作出动力分析和评估,确定它们在各种状态下的使用可靠性,对于铁路桥梁,特别是高速铁路桥梁、重载铁路桥梁、大跨度铁路桥梁的设计建造,具有十分重要的理论和工程意义。本章简要介绍列车-桥梁系统振动的起因及列车-桥梁振动分析理论的发展脉络,着重讲述列车-桥梁系统振动分析方法,并利用该方法对某高速铁路桥梁的动力性能以及列车走行性进行评估。

8.1 概　　述

8.1.1 工程中的列车-桥梁系统动力学问题

一百多年前英国一座铁路桥梁在列车通过时因振动失事,从此提出了桥梁行车振动问题。此后长期实践中发现有些铁路桥梁过车时侧向晃动,给驾驶员、旅客和桥上行人以不安全感,使列车限速过桥,影响桥梁正常使用。例如:佳木斯松花江桥,列车以58.1km/h通过时,横向晃动激剧,实测上、下弦最大横向全振幅分别为9.85mm和7.6mm;蚌埠淮河大桥引桥39.6m预应力混凝土梁,中心距1.8m,宽跨比1/22,驾驶员反映有明显晃动。

列车过桥引起桥梁晃动是列车-桥梁(简称“车-桥”)时变系统空间振动的结果。研究证明,此系统横向振动引起桥梁应力的增加量很少。前述英国一座铁路桥梁在列车通过时因振动失事,主要是此系统的竖向振动引起的桥梁应力增加量过大。另外,此系统振动引起各轮对向上的惯性力,使车轮减载,容易引发脱轨事故。我国货车主要因轮重减载率大而引起的脱轨事故较多。车-桥系统振动过大亦引起驾驶员、旅客和桥上行人的不安全感,影响列车正常通过和桥梁正常使用。

截至2020年底,我国高速铁路营业里程已达3.79万km以上,高铁桥梁已突破1.6万km。已建成和在建的跨度超过200m的大跨度高铁桥梁已达60余座,其中跨度超过1000m的两座,超过500m的9座。高铁桥梁的建造技术取得了很多成就,设计和施工水平令世界瞩目。例如,164.85km的京沪高铁丹昆特大桥为世界最长桥梁(图8-1-1),千米级公铁两用斜拉桥(沪通长江大桥)与悬索桥(五峰山长江大桥)已建成通车,昌赣高铁赣江特大桥成为世界首座突破300m跨度铺设无砟轨道桥梁(图8-1-2)。与普通铁路桥梁相比,随着速度的提高,高速铁路桥梁的动力特性更加明显,为保证列车的安全性和舒适性,需要进行车-桥耦合动力学分析,相关指标需满足安全性、舒适性要求。通过长期的车-桥动力相互作用理论研究与实车试验,我国建立了铁路车-桥耦合动力学分析理论,制定了相应的评定标准,形成了相应的计算仿真分析软件。通过多年科研攻关和工程实践,掌握了高速铁路车-桥动力响应作用机理,为轮轨系统列车桥上运营提供了评判标准。

图8-1-1 京沪高铁丹昆特大桥

图8-1-2 昌赣高铁赣江特大桥

8.1.2 列车-桥梁系统振动的主要影响因素

从车辆动力学的角度来看,铁路机车或车辆是由车厢、转向架、轮对以及弹簧悬挂装置所组成。列车在桥梁上运行时,会对桥梁结构产生动力冲击,使桥梁产生振动,而桥梁结构的振动又反过来对桥上运行车辆的安全性和平稳性产生很大的影响。这样,机车车辆的振动和桥梁结构的振动互相作用、互相影响,形成一个复杂的振动系统,因此成为人们极为关注的问题。目前着重研究列车过桥的竖向与横向振动,而对列车启动与制动引起的纵向振动研究较少。引起车-桥系统横向与竖向振动的主要影响因素有:

(1)列车以一定速度过桥时由移动重力加载所形成的周期性竖向作用力,与车辆的编组、轴重及其排列以及行车速度有关。

(2)由于车轮踏面的锥度以及轮缘与钢轨内侧的间隙,导致车辆运行时产生蛇行运动,成为列车乃至车-桥系统横向振动的激励源。

(3)轨道不平顺(包括几何及弹性不平顺),使车辆对结构产生附加的动力作用,也是车-桥系统振动重要的自激激励源之一。

(4)车-桥动力相互作用,即桥梁(包括上部结构和墩台)及桥上轨道结构振动对运行列车的动力影响。

(5)曲线上列车离心力所形成的横向移动力引起的系统横向和扭转振动。

(6)地震激励所诱发的车-桥系统的横向振动、地震动的空间变异性对大跨度桥梁的影响。

(7)平均风荷载可以引起桥梁整体横向和竖向变形,导致轨道弯曲半径过小,影响行车安全;脉动横风可引起桥梁的抖振;风荷载直接作用于运动着的车体本身,带有横向平均风压的移动车辆对桥梁产生动力作用。

车-桥系统振动的问题及其对应的影响因素总结见表8-1-1。

车-桥系统振动的问题及其对应的影响因素 表8-1-1

问　题	影响因素
车辆以一定速度过桥时对桥梁结构产生的移动重力加载作用	与车辆的编组、轴重及其排列、车速等有关
车辆以一定速度过桥时,车体、转向架和轮对的振动惯性力对桥梁的冲击作用	与车体、转向架、轮对质量以及悬挂装置的横向刚度和阻尼有关
桥梁变形及振动对桥上运行车辆产生动力作用	桥梁横向及竖向振动
轨道不平顺;车辆以一定速度通过桥梁时,形成自激强迫振动的随机激励源	横向、竖向、水平几何不平顺、动力不平顺
轮轨间蛇行运动:由于车轮踏面的锥度以及轮轮缘与钢轨内侧的间隙,导致车辆运行时产生蛇行运动,形成自激强迫振动的周期性的、随机的激励源	蛇行运动的波长和振幅
车轮不平顺	周期性加载
车辆与桥梁的动力相互作用、某种速度下车辆与桥梁结构的共振	桥梁跨度、列车轮轴排列、桥梁与车辆的横向和扭转振动自振周期、横向弹簧与阻尼器的特性
曲线桥:车辆离心力	形成移动横向加载,激起横向和扭转振动
地震作用:地震对桥梁结构安全、桥上运行列车安全的影响	横向及竖向地震加速度
强风作用:强风作用对桥梁结构安全、桥上运行列车安全的影响	带有横向风压的移动车辆、平均风及脉动风引起的桥梁结构变形
撞击荷载作用:船舶、车辆、漂流物等撞击桥梁,使桥梁产生横向或纵向振动	水平撞击力(大小、方向、撞击方式)

8.1.3 列车-桥梁系统振动的主要研究内容

车-桥耦合振动是一个涉及桥梁工程学、交通工程学、车辆动力学、轨道工程学、风工程学、地震工程学以及振动控制等多个工程科学领域的复杂的研究体系。

当前,车-桥耦合振动研究主要包括以下几个方面的内容。

(1)移动荷载作用下桥梁振动分析的基本理论

包括桥梁在移动力、移动集中质量、移动均布质量、移动车轮加簧上质量作用下的振动,车-桥耦合共振机理等。

(2)荷载特性和模拟方法

研究移动荷载(汽车、火车、移动荷载列)、地震荷载、风荷载、撞击荷载(船舶、车辆、漂流物)等荷载的特性,系统自激激励(轨道不平顺、车辆蛇行运动)的特性,以及各种荷载的数值模拟方法,确定车-桥耦合振动系统分析的外部激励和内部自激激励。

(3)桥梁结构在运行列车作用下的动力响应分析

利用车-桥系统动力分析模型,可直接计算得到各类桥梁结构在不同速度列车运行下的动力响应,包括梁跨的动挠度、冲击系数、竖向和横向振幅、杆件动应力、支座动反力、墩台的动位移和振幅等。

(4)地震发生时的车-桥耦合振动

我国是一个地震多发国家,随着列车速度的日益提高,地震对运行列车安全性的影响也日益加剧。对于大跨度桥梁和高速铁路桥梁,研究此问题特别重要。通过将地震波输入车-桥系统,可以得到地震或余震发生时桥梁和车辆的动力响应,结果可用于车辆运行安全性的评估,给出地震或余震发生时营运列车或救援列车的管控阈值。

(5)风荷载作用下车-桥耦合系统的振动分析

对于大跨度桥梁,风荷载作用下的车-桥系统振动以及相应的列车运行安全性是一个重要的问题。通过将风速(或风力)时程输入车-桥系统,可以得到风荷载作用下桥梁和桥上运行车辆的动力响应,结果可用于车辆运行安全性的评估,并可给出保证列车安全运行的桥梁振动控制阈值和交通控制的风速阈值。

(6)撞击荷载作用下车-桥耦合系统的振动分析

对于跨越河流或其他交通线路的桥梁,船舶、车辆、漂流物等作用下的车-桥耦合振动以及相应的列车运行安全性是一个重要的问题。通过将撞击荷载时程输入车-桥系统,可以得到撞击荷载作用下桥梁和桥上运行车辆的动力响应,结果可用于车辆运行安全的评估。

(7)桥梁结构在各种荷载作用下的振动控制问题

通过结构振动控制机构可以大大地减小桥梁结构在各种荷载作用下的振动。车-桥系统分析模型可用于控制参数的确定、控制效果的评估等。

(8)桥梁结构的动力性能评估和加固问题

随着行车速度的提高、荷载的加大,桥梁结构的动力问题日益突出,列车过桥时由于桥梁振动和变形导致应力重分配而产生的结构安全性、动力承载力和使用可靠性等问题,正在引起人们的广泛关注。车-桥动力反应的分析结果可直接用于桥梁动力性能评估、动力加固方法的确定和加固效果的评估。

(9)保证列车运行安全的车辆运行指标的确定

通过理论分析和现场试验相结合,可以确定保证列车运行安全的车辆动力指标(如车辆的加速度、脱轨系数、轮重减载率和运行舒适度指标等),进一步为桥梁设计提供必要的参数。通过研究,可将成果用于车辆运行振动指标、桥梁振动控制阈值、地震控制阈值以及交通控制的风速阈值的确定。

(10)基于车-桥耦合振动分析的桥梁损伤诊断方法

基于车-桥耦合振动分析理论,研究桥梁损伤诊断方法,探求动力响应与桥梁损伤的内在关联机理,提出基于少量测点响应的桥梁损伤定位和定量评估方法;研究直接利用车激桥梁响应和间接利用通行车辆响应,来识别桥梁模态参数的理论和信号分析方法。

车-桥耦合系统振动的主要研究内容见表8-1-2。

车-桥耦合系统振动的主要研究内容 表8-1-2

应用对象	研究内容	研究意义
荷载	(1)移动荷载(汽车、火车、移动荷载列)特性; (2)地震荷载特性; (3)风荷载特性; (4)系统自激激励(轨道不平顺、车辆蛇行运动); (5)撞击荷载(船舶、车辆、漂流物)特性; (6)各种荷载的数值模拟	通过荷载分析,可给出车-桥耦合系统分析的外部激励和内部自激激励
桥梁结构	(1)桥梁结构的自振特性(自振频率、振型、阻尼等); (2)桥梁结构在移动荷载作用下的动力响应(梁的动挠度与振幅、杆件动应力、支座动反力、墩台动位移与振幅等); (3)桥梁振动与桥上车辆振动响应的相互关系	通过计算得到不同桥梁结构在不同速度的运行列车作用下的动力响应,动力分析结果可直接用于: (1)桥梁结构的动力设计; (2)桥上轨道的动力设计; (3)桥梁抗风与抗震设计; (4)桥梁振动控制; (5)桥梁动力性能评估; (6)桥梁损伤诊断; (7)动力加固设计和加固效果评估; (8)杆件疲劳设计
桥上车辆	(1)车体、转向架振动加速度; (2)轮重减载率; (3)脱轨系数; (4)倾覆系数; (5)轮轨相互作用力(横向、竖向)	桥上车辆运行安全性分析,可给出保证列车运行安全性的参数: (1)车辆运行振动指标; (2)桥梁振动控制阈值; (3)地震控制阈值; (4)交通控制的风速阈值
乘客	(1)平稳性指标; (2)车体振动频率; (3)车体振动加速度	桥上车辆运行平稳性分析,可给出保证乘客乘坐舒适度的参数: (1)平稳性指标; (2)车体振动加速度

8.1.4 列车-桥梁系统振动的主要研究方法

在我国,相关科研单位和高等院校从20世纪80年代初就开始从事车-桥耦合振动理论与应用方面的研究,先后建立和发展了各自的分析模型。这些模型经过了大量实测数据的检验,具有较好的适用性和合理性,在很多工程实践中得到了应用。

车-桥耦合振动的研究方法主要有3种,即解析法、数值计算法、试验研究法。

1)解析法

所谓解析法,是对车辆-桥梁系统的每一个构成部分均采用理论模型来描述。解析法主要凭借数学和力学上的理论推导,比较严谨。它不仅能使研究者从理论上更深层次地理解问题,而且能够为数值计算结果和经验预测结果的验证提供强有力的参考。但是由于车-桥耦合振动分析是一个相当复杂的系统问题,在理论建模过程中必须对实际情况进行必要的简化,同时也必须对构件的几何特性和材料特性施加某些限制,或者直接选取理想状态。到目前为止,完全精确的解析结果实际上是不存在的。即使在某些理想状态下,一些复杂情况的完全封闭形式的解也很难得到,只能采用一些诸如数值积分等方法对解析法得到的公式进行计算。

2)数值计算法

对车-桥耦合振动问题,大部分的早期研究所采用的都是解析法和试验法。近三十多年,随着高性能计算机的问世,各种数值计算方法成为模拟车-桥耦合振动问题的一个非常有效的工具,并且发挥越来越重要的作用。国内大部分研究者现在采用的就是这种方法。比较常用的数值计算法包括有限元方法、边界元方法和混合方法。由于受到计算手段和参数条件的限制,数值计算法也不得不采用各种程度的近似假设,建立简单而易于计算的模型。这些简化模型面临的首要问题就是需要对建模的合理性进行验证,而这只能通过试验才能解决。鉴于实际桥梁和车辆的复杂性、移动荷载的时变特性,数值计算法是目前车辆耦合振动分析中采用最多的方法。

3)试验研究法

试验测试是研究车-桥耦合振动的主要手段之一。有限元方法出现之前,试验测试是研究的主体,通过对车辆及桥梁状态进行大规模试验测试,总结出经验公式或理论,用于指导桥梁设计;有限元方法出现以后,试验与理论分析密切结合,可节省大量的试验工作量。对于一系列新型结构或高速行车下的振动问题也进行过一些试验,在试验的基础上建立车-桥耦合振动模拟模型,根据模拟计算与试验结果的对比,寻找影响桥跨结构振动的主要因素。

对于试验方法而言,由于小比例模型试验难以模拟复杂的轮轨相互作用关系,车-桥系统的振动试验往往采用原型试验或现场实测的方法,这样得到的结果能客观而综合地反映桥梁在列车动载作用下的实际工作状况。但如果仅停留在试验阶段,而不去进一步揭露其内在规律,结果往往是为了确定新的动态参数而不得不随着桥梁结构类型、跨度及车辆性能等的不断变化而进行大量重复试验。这样不仅耗资巨大,而且周期较长。因此,单纯的试验方法往往受到许多限制。另一方面,单纯利用理论分析来解决这一问题也是很困难的。这是因为,车辆荷载作用下的桥梁振动是一个十分复杂的课题,要想通过理论分析得到符合实际的结果,必须考虑很多因素,包括车体和转向架的质量,阻尼器和弹簧的作用,行车速度,梁跨和墩台的质量、刚度和阻尼,桥上轨道结构的形式,轨道的动力特性,车轮和轨道、轨道和梁之间的动力相互作用关系等,此外还有车轮的不平顺、轨道的几何和动力不平顺以及轮对的蛇行运动等诸多随机因素的影响。这使得系统的力学模型十分复杂。所以,尽管对桥梁的动力分析早已有了比较成熟的算法,但由于受到计算手段的限制,不得不采用各种各样的近似方法,建立十分简单的桥梁和车辆系统分析模型。例如,把列车荷载简化成移动的常力或确定性简谐激励,把列车的动力状态考虑为平稳移动的质量模型、孤立的冲击力模型或是由弹簧和阻尼器所连接的簧上质量模型等。利用这些简化模型时,面临的首要问题就是需要对其建模的合理性进行验证,而这也只能通过试验才能解决。目前在解决车-桥耦合振动问题时,通常采用理论分析(包括解析法和数值计算法)与试验相结合的方法进行研究;用试验结果验证理论方法的正确性;用验证过的、正确的理论方法进行车-桥耦合振动问题的分析,研究结构各参数对振动的影响,分析各种运营条件下桥梁和车辆的安全性。

8.2 列车-桥梁系统振动分析模型

8.2.1 车-桥系统振动分析模型的演化

在古典车-桥耦合振动研究阶段,研究人员对车-桥耦合系统做了大量假定和简化,以便进行一些理论上的分析。但因为有些假定与实际情况相差甚远,计算结果最后与实测数据并不符合。不过这些工作还是起了一定作用,解释了一些存在的问题,推动了人们对于车-桥耦合振动问题认识不断深入,并且为后人的研究提供了经验和思路。

1849 年,为了找出切斯特(Chester)铁路桥于 1847 年损毁的原因,R. Willis 提交了第一份研究车-桥耦合振动的报告。在研究中,他将列车车辆当作沿桥纵向的随时间变化而移动的集中力,同时忽略桥梁结构的质量,建立了简支梁桥的车-桥的竖向振动方程,并最终计算得出了解析解,而且还验证了共振现象的存在。这标志着研究车-桥耦合振动的序幕被拉开了。

此后,Krylov、Schmidt、Timoshenko 以及 Lowon 等研究者,创造性地将车辆轮对对桥梁的冲击作用与简谐荷载联系起来,即将车体动轮偏心块的作用力模拟成简谐荷载,当作桥梁振动的激励源,同时考虑了桥梁质量,但是忽略了车辆质量和阻尼的作用,进而从理论上推导得出桥梁的竖向振动方程,而且还研究了桥梁共振的作用机理。C. E. Inglis 将桥梁和车辆质量考虑了进来,但是忽略了阻尼和轨道不平顺,同时将车辆动轮的锤击力等效成单个可移动的集中力,并将其作用在桥梁上,以此作为桥梁振动的激励源,然后据此推导出车-桥耦合系统的竖向振动变系数微分方程。但最后由于研究工具和研究技术的限制,只能使用试算法得到了该方程的近似解。Schallenkamp 在这一模型基础上,将车辆的惯性力和桥梁在荷载作用下产生的变形挠度均按傅立叶级数展开,然后进行求解,分析了单轮列车通过桥梁的问题。Mise 在这些研究的基础上,对计算理论进行了补充和修正,建立了桥梁受到移动荷载作用时的受迫振动的计算方法。R. K. Wen 从能量的角度出发,对二轴列车过桥的问题进行了研究。在进行车-桥耦合振动的研究时,他对车辆模型做了一定简化,只考虑沉浮和转动这两个自由度;在考虑轨道不平顺的影响的同时,对桥梁的动挠度曲线进行了假定,认为和桥梁的静挠度曲线形状类似。

到了20世纪60年代之后,由于欧洲和日本都开始着手修建高速铁路,这要求桥梁具有更好的动力性能,因此对桥梁的动力特性研究需要更加深入;同时,电子计算机和有限元技术的发展,为车-桥耦合振动的深入研究提供了强有力的分析工具。这些有利条件推动了车-桥耦合振动研究的步伐向前进,车-桥系统研究就此步入现代车-桥耦合振动研究阶段。这时的研究思路,从早期耗时费力的现场实测,发展到以理论分析、数值模拟为主,现场试验进行验证为辅的理论与实践相结合的阶段。除此之外,研究者开始摸索如何模拟以前常常被简化掉的车辆模型,以便更加贴近真实的车-桥耦合振动。

日本的研究者以松浦章夫为代表,于1976年提出了很有代表性的带有两轴式转向架的二系弹簧10自由度的车辆模型,使用能量法推导出了车-桥耦合振动方程,并根据新干线的实测数据,考虑了轨道不平顺的作用,计算出了包括列车速度、弹簧阻尼以及列车编组等因素变化时的桥梁动力响应,取得了较好的成果。

1978年,C. L. Dhar将车辆模型简化为车体、转向架和轮对,这三者之间用一系弹簧连接,并假定轮对与钢轨始终密贴。然后以车-桥之间的相互作用力为激振源,运用逐步积分法求解车-桥耦合振动方程,计算得到了车-桥时变系统的振动。

20世纪80年代,K. H. Chu、A. Wiriyachai、M. H. Bhatti和T. L. Wang等在研究中,建立了高自由度的车辆模型,将车辆模型模拟得更加精细化,并且把车-桥耦合系统拆分为车辆和桥梁两个子系统,分别建立运动方程,然后通过轮轨关系进行耦合,以轨道不平顺作为桥梁振动的激振源,得到比较贴近真实情况的车-桥耦合系统分析模型。

欧洲的研究人员也在对车-桥耦合振动的问题展开了相近的或者更深入的研究。1989年,G. Diana更加细致地分析了车-桥系统的动力问题。他将车辆模拟为一个二系悬挂系统,包括车体本身、2个转向架和4个轮对,各结构之间由弹簧和阻尼连接,建立了23个自由度的集中质量车辆模型,并建立了考虑轨道弹性的列车-轨道-桥梁动力耦合系统模型。1985—1991年之间,Olsson M.引入具有时变特性的模拟单元对车-桥耦合系统进行分析,并采用高效的模态叠加法对耦合振动方程进行求解,得到了比较好的解答。1994—1995年,Green和Cebon在研究中使用频域方法求解分离的车-桥系统方程,并将模态脉冲和模态激扰力当作车-桥耦合系统的激励源,采用快速傅立叶变换(FFT)和快速傅立叶逆变换(IFFT)技术并结合使用模态叠加法来计算车-桥系统的动力响应。

我国以曾庆元院士为代表的学者对于车-桥耦合振动的研究起于20世纪70年代,虽然起步较晚,但我国的研究人员不甘落后,奋起直追,站在前人的肩膀上,迅速取得了诸多成果,各大高校和科研院所的一大批杰出科研人员付出了自己的力量,作出了突出的贡献。目前,基于高性能计算机,各国学者均采用高自由度的车辆模型,将车辆模型模拟得更加精细化。曾庆元院士另辟蹊径提出了弹性系统动力学总势能不变值原理与形成系统矩阵的“对号入座”法则(见第2章),基于此原理与法则可简便地建立列车-桥梁系统振动模型,具体见后面各节相关内容。

8.2.2 车辆系统振动分析模型

建立车辆系统模型的思路:采取适当的假定,将车辆简化为弹簧、阻尼连接的多刚体系统;以各部件位移作为车辆系统的基本位移参量;推导出各部件之间的相对位移表达式,利用弹性系统动力学总势能不变值原理列出车辆系统的动力学总势能;对该动力学总势能进行位移变分,并应用形成系统矩阵的"对号入座"法则,列出车辆系统的动力矩阵。

1)车辆空间位移模式

一般来说,要对机车车辆进行动力学分析,必须先根据车辆系统的构造特点对车辆进行必要的简化。因为对于单节车辆模型模拟得越精确,所需自由度越多,最后计算得到的车辆响应就越真实,但这会使得车辆动力矩阵的阶数增加,导致计算效率变低。目前,比较经典的基于多刚体动力学的车辆空间振动分析模型如图 8-2-1 ~ 图 8-2-5 所示,分析中采用以下假定:

(1)车体、转向架和轮对均假设为刚体;

(2)不考虑车辆纵向振动,车辆沿桥跨方向做匀速运动;

(3)轮对、转向架和车体均做微振动;

(4)所有弹簧均为线性,所有阻尼按黏滞阻尼计算,蠕滑力按线性计算;

(5)沿铅垂方向,轮对与钢轨密贴,即车轮竖向位移等于钢轨竖向位移加轨道竖向不平顺;

(6)忽略轮对侧滚和点头运动。

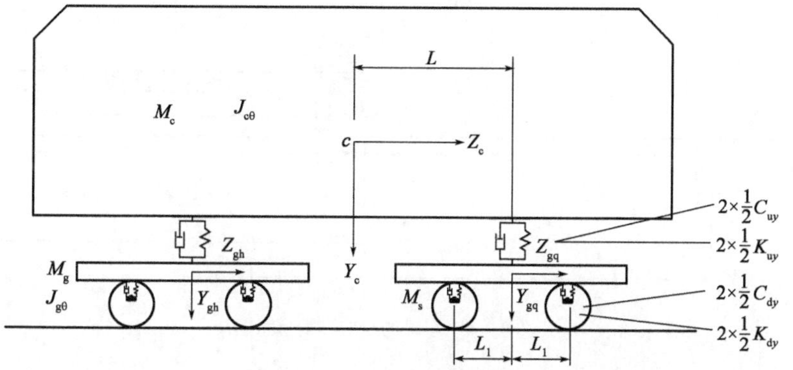

图 8-2-1 车辆模型立面示意图

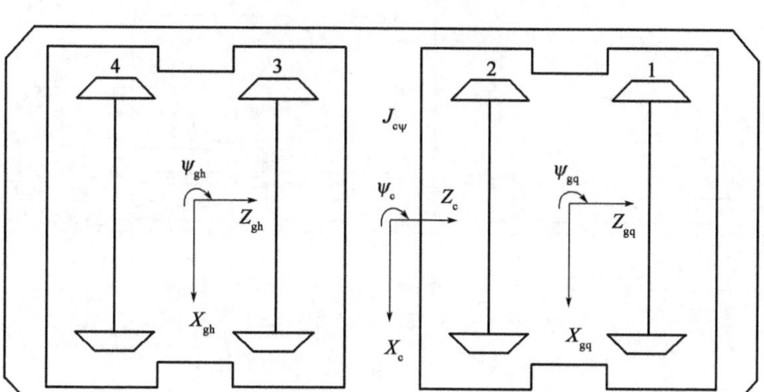

图 8-2-2 车辆模型的摇头角位移示意图

注:1 ~4 表示轮对编号

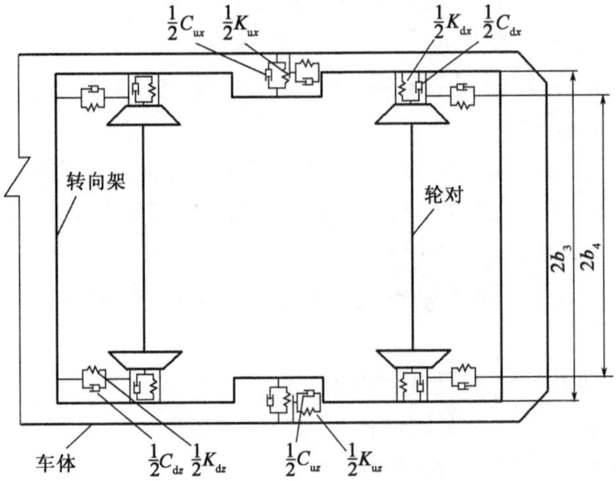

图 8-2-3　车辆的水平弹簧示意图

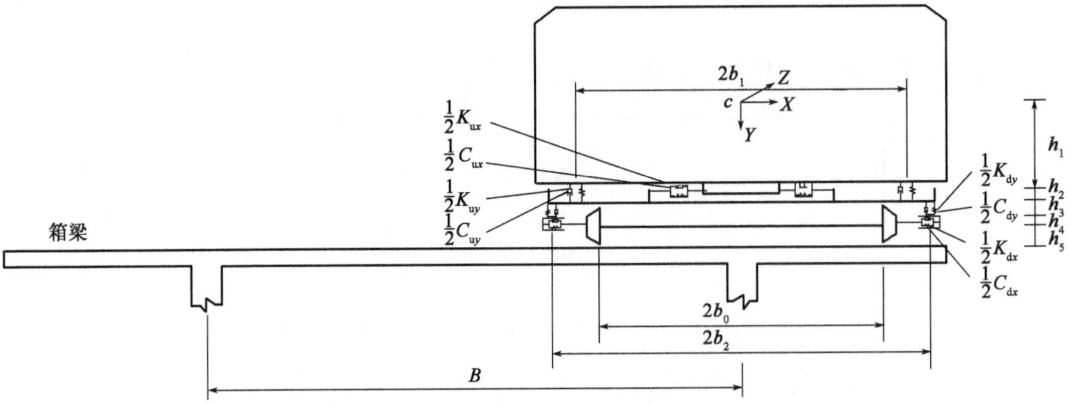

图 8-2-4　车辆的竖向弹簧示意图

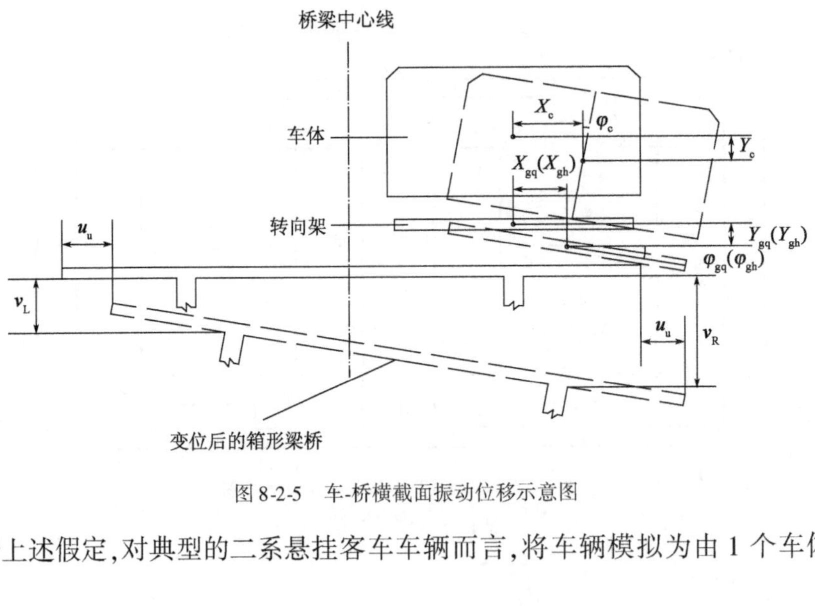

图 8-2-5　车-桥横截面振动位移示意图

基于上述假定,对典型的二系悬挂客车车辆而言,将车辆模拟为由 1 个车体、2 个转向架、4 对轮对和悬挂装置等构件组成的多刚体模型,如图 8-2-1 到图 8-2-5 所示。图中各参数的意义如下:M_c、M_g、M_s 分别代表单个车体、单个构架、单个轮对的质量;$J_{c\psi}$、$J_{g\psi}$、$J_{s\psi}$ 分别代表单个车体、单个构架、单个轮对的摇头转动惯量;$J_{c\varphi}$、$J_{g\varphi}$ 分别代表单个车体、单个构架的侧滚转动惯量;$J_{c\theta}$、$J_{g\theta}$ 分别代表单个车体、单个构架的点头转动惯量;K_{ux}、K_{uy}、K_{uz} 分别代表连接车体与构架间的横向、竖向、纵向弹簧的刚度系数;K_{dx}、K_{dy}、K_{dz} 分别代表连接构架与轮对间的横向、竖向、纵向弹簧的刚度系数;C_{ux}、C_{uy}、C_{uz} 分别代表连接车体与构架间的横向、竖向、纵向阻尼的阻尼系数;C_{dx}、C_{dy}、C_{dz} 分别代表连接构架与轮对间的横向、竖向、纵向阻尼的阻尼系数;L 代表在同一车体下的两个构架的中心距的一半;L_1 代表在同一构架下的两个轮对的轴距的一半;b_0 代表在同一轮对下的两个车轮的间距的一半;b_1 代表连接车体和构架的两个竖向弹簧之间横向距离的一半;b_2 代表连接构架和轮对的两个竖向弹簧之间横向距离的一半;b_3 代表连接车体和构架的两个纵向弹簧之间横向距离的一半;b_4 代表连接构架和轮对的两个纵向弹簧之间横向距离的一半;e 代表从轨道中心线到桥梁中心线的横向距离;h_1 代表从车体重心到连接车体和构架的横向弹簧的竖向距离;h_2 代表从构架重心到连接车体和构架的横向弹簧的竖向距离;h_3 代表从构架重心到连接构架和轮对的横向弹簧的竖向距离;h_4 代表从轮对重心到连接构架和轮对的横向弹簧的竖向距离;h_5 代表从轮对重心到行车桥面中心的竖向距离。

上述车辆模型中,每个车体和每个构架可简化为拥有侧摆、沉浮、摇头、点头和侧滚 5 个自由度;每个轮对可简化为拥有侧摆和摇头 2 个自由度。由此可得,对典型的二系悬挂客车车辆而言,每辆四轴车辆共有 23 个自由度。车辆模型的位移参数可表示为

$$\begin{aligned}\boldsymbol{\delta}_v^e = \{&X_{s1}\quad X_{s2}\quad X_{s3}\quad X_{s4}\quad \psi_{s1}\quad \psi_{s2}\quad \psi_{s3}\quad \psi_{s4}\quad X_{gq}\quad X_{gh}\quad Y_{gq}\quad Y_{gh}\\ &\psi_{gq}\quad \psi_{gh}\quad \theta_{gq}\quad \theta_{gh}\quad \varphi_{gq}\quad \varphi_{gh}\quad X_c\quad Y_c\quad \psi_c\quad \theta_c\quad \varphi_c\}^{\mathrm{T}}\end{aligned} \tag{8-2-1}$$

式中,$X_{si}(i=1,2,3,4)$ 代表沿侧摆方向第 i 个轮对的位移;$\psi_{si}(i=1,2,3,4)$ 代表绕沉浮方向第 i 个轮对的摇头位移;X_{gq}、Y_{gq}、ψ_{gq}、θ_{gq}、φ_{gq} 分别代表前转向架沿 X_{gq} 轴的侧摆位移、沿 Y_{gq} 轴的浮沉位移、绕 Y_{gq} 轴的摇头位移、绕 X_{gq} 轴的点头位移、绕 Z_{gq} 轴的侧滚位移;X_{gh}、Y_{gh}、ψ_{gh}、θ_{gh}、φ_{gh} 分别代表后转向架沿 X_{gh} 轴的侧摆位移、沿 Y_{gh} 轴的浮沉位移、绕 Y_{gh} 轴的摇头位移、绕 X_{gh} 轴的点头位移、绕 Z_{gh} 轴的侧滚位移;X_c、Y_c、ψ_c、θ_c、φ_c 分别代表车体沿 X_c 轴的侧摆位移、沿 Y_c 轴的浮沉位移、绕 Y_c 轴的摇头位移、绕 X_c 轴的点头位移、绕 Z_c 轴的侧滚位移。

2)车辆空间振动总势能的计算

列车对桥梁的作用是:机车和各节车辆依次进入桥梁,它们在桥上的位置随时间变化。为便于编制计算程序,先计算一节车辆的空间振动总势能,由弹性系统动力学总势能不变值原理与形成系统矩阵的"对号入座"法则,建立单节车辆的刚度矩阵 $\boldsymbol{K}_v$、质量矩阵 $\boldsymbol{M}_v$、阻尼矩阵 $\boldsymbol{C}_v$、荷载向量 $\boldsymbol{P}_v$。然后视它们在桥上的位置,按上述"对号入座"法则分别与桥梁刚度矩阵 $\boldsymbol{K}_b$,质量矩阵 $\boldsymbol{M}_b$,阻尼矩阵 $\boldsymbol{C}_b$ 及荷载向量 $\boldsymbol{P}_b$ 组拼,即得出任一时刻 t 的车-桥系统刚度矩阵 $\boldsymbol{K}$,质量矩阵 $\boldsymbol{M}$,阻尼矩阵 $\boldsymbol{C}$ 及荷载向量 $\boldsymbol{P}$。因桥梁在其自重作用下的静力平衡位置承受列车作用,故其荷载向量 $\boldsymbol{P}_b=\boldsymbol{0}$。

(1)车辆各弹簧伸缩量的计算

①车体与构架间的弹簧系。

a. 左、右边竖向弹簧的伸长(对应图 8-2-4)。

前端左边竖向弹簧的伸长:$\Delta_{uLq}=b_1(\varphi_c-\varphi_{gq})-Y_c+L\theta_c+Y_{gq}$

前端右边竖向弹簧的伸长:$\Delta_{uRq}=b_1(\varphi_{gq}-\varphi_c)-Y_c+L\theta_c+Y_{gq}$

后端左边竖向弹簧的伸长:$\Delta_{uLh}=b_1(\varphi_c-\varphi_{gh})-Y_c-L\theta_c+Y_{gh}$

后端右边竖向弹簧的伸长:$\Delta_{uRh}=b_1(\varphi_{gh}-\varphi_c)-Y_c-L\theta_c+Y_{gh}$

上面各式中的下标 u 表示"上",意指车体与构架之间的弹簧,R 表示"右",L 表示"左",q 表示"前",h 表示"后",以下同此。

b. 横向弹簧压缩(对应图 8-2-4)。

前端横向弹簧压缩:$\Delta_{uq}=X_c-h_1\varphi_c+L\psi_c-X_{gq}-h_2\varphi_{gq}$

后端横向弹簧压缩:$\Delta_{uh}=X_c-h_1\varphi_c-L\psi_c-X_{gh}-h_2\varphi_{gh}$

c. 左、右边纵向弹簧压缩(对应图 8-2-3)。

前端左边纵向弹簧压缩:$\Delta_{uzLq}=-b_3\psi_{gq}+b_3\psi_c$

前端右边纵向弹簧压缩:$\Delta_{uzRq}=b_3\psi_{gq}-b_3\psi_c$

后端左边纵向弹簧压缩:$\Delta_{uzLh}=-b_3\psi_{gh}+b_3\psi_c$

后端右边纵向弹簧压缩:$\Delta_{uzRh}=b_3\psi_{gh}-b_3\psi_c$

②构架与轮对间的弹簧系(对应图 8-2-4)。

a. 左、右边竖向弹簧的伸长。

第 1 轮对左边竖向弹簧的伸长:

$$\Delta_{dLs1}=b_2\left(\varphi_{gq}-\frac{v_{R1}-v_{L1}}{B}\right)-Y_{gq}+L_1\theta_{gq}+\frac{1}{2}(v_{R1}+v_{L1})+\frac{e}{B}(v_{R1}-v_{L1})+y_{v1}$$

第 1 轮对右边竖向弹簧的伸长:

$$\Delta_{dRs1}=-b_2\left(\varphi_{gq}-\frac{v_{R1}-v_{L1}}{B}\right)-Y_{gq}+L_1\theta_{gq}+\frac{1}{2}(v_{R1}+v_{L1})+\frac{e}{B}(v_{R1}-v_{L1})+y_{v1}$$

第 2 轮对左边竖向弹簧的伸长:

$$\Delta_{dLs2}=b_2\left(\varphi_{gq}-\frac{v_{R2}-v_{L2}}{B}\right)-Y_{gq}-L_1\theta_{gq}+\frac{1}{2}(v_{R2}+v_{L2})+\frac{e}{B}(v_{R2}-v_{L2})+y_{v2}$$

第 2 轮对右边竖向弹簧的伸长:

$$\Delta_{dRs2}=-b_2\left(\varphi_{gq}-\frac{v_{R2}-v_{L2}}{B}\right)-Y_{gq}-L_1\theta_{gq}+\frac{1}{2}(v_{R2}+v_{L2})+\frac{e}{B}(v_{R2}-v_{L2})+y_{v2}$$

第 3 轮对左边竖向弹簧的伸长:

$$\Delta_{dLs3}=b_2\left(\varphi_{gh}-\frac{v_{R3}-v_{L3}}{B}\right)-Y_{gh}+L_1\theta_{gh}+\frac{1}{2}(v_{R3}+v_{L3})+\frac{e}{B}(v_{R3}-v_{L3})+y_{v3}$$

第 3 轮对右边竖向弹簧的伸长:

$$\Delta_{dRs3}=-b_2\left(\varphi_{gh}-\frac{v_{R3}-v_{L3}}{B}\right)-Y_{gh}+L_1\theta_{gh}+\frac{1}{2}(v_{R3}+v_{L3})+\frac{e}{B}(v_{R3}-v_{L3})+y_{v3}$$

第 4 轮对左边竖向弹簧的伸长:

$$\Delta_{dLs4}=b_2\left(\varphi_{gh}-\frac{v_{R4}-v_{L4}}{B}\right)-Y_{gh}-L_1\theta_{gh}+\frac{1}{2}(v_{R4}+v_{L4})+\frac{e}{B}(v_{R4}-v_{L4})+y_{v4}$$

第 4 轮对右边竖向弹簧的伸长：

$$\Delta_{\mathrm{dRs4}} = -b_2\left(\varphi_{\mathrm{gh}} - \frac{v_{\mathrm{R4}} - v_{\mathrm{L4}}}{B}\right) - Y_{\mathrm{gh}} - L_1\theta_{\mathrm{gh}} + \frac{1}{2}(v_{\mathrm{R4}} + v_{\mathrm{L4}}) + \frac{\mathrm{e}}{B}(v_{\mathrm{R4}} - v_{\mathrm{L4}}) + y_{\mathrm{v4}}$$

以上诸式中的下标 d 表示“下”，意指构架与轮对间的弹簧，s 表示轮对。v_{R1}、v_{R2}、v_{R3}、v_{R4}、v_{L1}、v_{L2}、v_{L3}、v_{L4}顺次为桥梁上部结构的右腹板与左腹板在轮对 1、轮对 2、轮对 3、轮对 4 的位置的竖向位移，y_{v1}、y_{v2}、y_{v3}、y_{v4}分别为轨道竖向几何不平顺函数在轮对 1、2、3、4 位置的竖标，以向下为正。以上诸式亦表示车辆振动位移与桥梁振动位移的耦联关系。

b. 横向弹簧压缩(对应图 8-2-3)。

第 1 轮对横向弹簧压缩：$\Delta_{\mathrm{ds1}} = X_{\mathrm{gq}} - h_3\varphi_{\mathrm{gq}} + L_1\psi_{\mathrm{gq}} - X_{\mathrm{s1}} - h_4\left(\dfrac{v_{\mathrm{R1}} - v_{\mathrm{L1}}}{B}\right)$

第 2 轮对横向弹簧压缩：$\Delta_{\mathrm{ds2}} = X_{\mathrm{gq}} - h_3\varphi_{\mathrm{gq}} - L_1\psi_{\mathrm{gq}} - X_{\mathrm{s2}} - h_4\left(\dfrac{v_{\mathrm{R2}} - v_{\mathrm{L2}}}{B}\right)$

第 3 轮对横向弹簧压缩：$\Delta_{\mathrm{ds3}} = X_{\mathrm{gh}} - h_3\varphi_{\mathrm{gh}} + L_1\psi_{\mathrm{gh}} - X_{\mathrm{s3}} - h_4\left(\dfrac{v_{\mathrm{R3}} - v_{\mathrm{L3}}}{B}\right)$

第 4 轮对横向弹簧压缩：$\Delta_{\mathrm{ds4}} = X_{\mathrm{gh}} - h_3\varphi_{\mathrm{gh}} - L_1\psi_{\mathrm{gh}} - X_{\mathrm{s4}} - h_4\left(\dfrac{v_{\mathrm{R4}} - v_{\mathrm{L4}}}{B}\right)$

c. 左、右边纵向弹簧压缩(对应图 8-2-3)。

第 1 轮对左边纵向弹簧压缩：$\Delta_{\mathrm{dzLs1}} = -b_4\psi_{\mathrm{gq}} + b_4\psi_{\mathrm{s1}}$

第 1 轮对右边纵向弹簧压缩：$\Delta_{\mathrm{dzRs1}} = b_4\psi_{\mathrm{gq}} - b_4\psi_{\mathrm{s1}}$

第 2 轮对左边纵向弹簧压缩：$\Delta_{\mathrm{dzLs2}} = b_4\psi_{\mathrm{gq}} - b_4\psi_{\mathrm{s2}}$

第 2 轮对右边纵向弹簧压缩：$\Delta_{\mathrm{dzRs2}} = -b_4\psi_{\mathrm{gq}} + b_4\psi_{\mathrm{s2}}$

第 3 轮对左边纵向弹簧压缩：$\Delta_{\mathrm{dzLs3}} = -b_4\psi_{\mathrm{gh}} + b_4\psi_{\mathrm{s3}}$

第 3 轮对右边纵向弹簧压缩：$\Delta_{\mathrm{dzRs3}} = b_4\psi_{\mathrm{gh}} - b_4\psi_{\mathrm{s3}}$

第 4 轮对左边纵向弹簧压缩：$\Delta_{\mathrm{dzLs4}} = b_4\psi_{\mathrm{gh}} - b_4\psi_{\mathrm{s4}}$

第 4 轮对右边纵向弹簧压缩：$\Delta_{\mathrm{dzRs4}} = -b_4\psi_{\mathrm{gh}} + b_4\psi_{\mathrm{s4}}$

③轮对相对于轨道的偏移(对应图 8-2-5)。

$$\Delta_{\mathrm{xs}i} = X_{\mathrm{s}i} - u_{\mathrm{u}i} - h_5\left(\frac{v_{\mathrm{R}i} - v_{\mathrm{L}i}}{B}\right) \quad (i = 1,2,3,4)$$

这里$u_{\mathrm{u}i}$为图 8-2-5 桥梁上部结构的上翼缘在第 i 个轮对位置的侧向水平位移。$\Delta_{\mathrm{xs}i}$用于后面计算蠕滑力势能与重力刚度势能。

(2)车辆惯性力势能的计算

以图 8-2-4 桥梁自重下的静力平衡位置为势能零点，计算势能。

①轮对惯性力势能。

$$\begin{aligned} V_{\mathrm{ms}} = {} & X_{\mathrm{s1}}M_{\mathrm{s}}\ddot{X}_{\mathrm{s1}} + X_{\mathrm{s2}}M_{\mathrm{s}}\ddot{X}_{\mathrm{s2}} + X_{\mathrm{s3}}M_{\mathrm{s}}\ddot{X}_{\mathrm{s3}} + X_{\mathrm{s4}}M_{\mathrm{s}}\ddot{X}_{\mathrm{s4}} + Y_{\mathrm{s1}}M_{\mathrm{s}}\ddot{Y}_{\mathrm{s1}} + \\ & Y_{\mathrm{s2}}M_{\mathrm{s}}\ddot{Y}_{\mathrm{s2}} + Y_{\mathrm{s3}}M_{\mathrm{s}}\ddot{Y}_{\mathrm{s3}} + Y_{\mathrm{s4}}M_{\mathrm{s}}\ddot{Y}_{\mathrm{s4}} \end{aligned} \tag{8-2-2}$$

式中，

$$Y_{\mathrm{s}i} = \frac{v_{\mathrm{R}i} + v_{\mathrm{L}i}}{2} + \left(\frac{v_{\mathrm{R}i} - v_{\mathrm{L}i}}{B}\right)e + y_{\mathrm{v}i} \quad (i = 1,2,3,4)$$

$$\ddot{Y}_{si}=\frac{\ddot{v}_{Ri}+\ddot{v}_{Li}}{2}+\left(\frac{\ddot{v}_{Ri}-\ddot{v}_{Li}}{B}\right)e\quad(i=1,2,3,4)$$

因 y_{vi} 为轨道几何不平顺,它不是时间 t 的函数,故 $\ddot{y}_{vi}=\dot{y}_{vi}=0$。

②构架惯性力势能。

$$V_{mg}=X_{gq}M_g\ddot{X}_{gq}+X_{gh}M_g\ddot{X}_{gh}+\psi_{gq}J_{g\psi}\ddot{\psi}_{gq}+\psi_{gh}J_{g\psi}\ddot{\psi}_{gh}+\varphi_{gq}J_{g\varphi}\ddot{\varphi}_{gq}+\varphi_{gh}J_{g\varphi}\ddot{\varphi}_{gh}+Y_{gq}M_g\ddot{Y}_{gq}+Y_{gh}M_g\ddot{Y}_{gh}+\theta_{gq}J_{g\theta}\ddot{\theta}_{g\theta}+\theta_{gh}J_{g\theta}\ddot{\theta}_{gh}\tag{8-2-3}$$

③车体惯性力势能。

$$V_{mc}=X_cM_c\ddot{X}_c+\psi_cJ_{c\psi}\ddot{\psi}_c+\varphi_cJ_{c\varphi}\ddot{\varphi}_c+Y_cM_c\ddot{Y}_c+\theta_cJ_{c\theta}\ddot{\theta}_c\tag{8-2-4}$$

(3)车辆阻尼器阻尼力势能的计算

①车体与构架间阻尼器的阻尼力势能 V_{Fu}。

a. 竖向阻尼器的阻尼力势能。

$$V_{Fu1}=\Delta_{uLq}\frac{1}{2}C_{uy}\dot{\Delta}_{uLq}+\Delta_{uRq}\frac{1}{2}C_{uy}\dot{\Delta}_{uRq}+\Delta_{uLh}\frac{1}{2}C_{uy}\dot{\Delta}_{uLh}+\Delta_{uRh}\frac{1}{2}C_{uy}\dot{\Delta}_{uRh}$$

将前面列出的 Δ_{uLq}、Δ_{uRq}、Δ_{uLh}、Δ_{uRh} 及其对时间的一阶导数代入上式可得

$$V_{Fu1}==\boldsymbol{\delta}_1^{T}\boldsymbol{N}_1^{T}C_{u\varphi}\boldsymbol{N}_1\dot{\boldsymbol{\delta}}_1+\boldsymbol{\delta}_1^{T}\boldsymbol{N}_2^{T}C_{u\varphi}\boldsymbol{N}_2\dot{\boldsymbol{\delta}}_1+\boldsymbol{\delta}_2^{T}\boldsymbol{N}_3^{T}C_{u\varphi}\boldsymbol{N}_3\dot{\boldsymbol{\delta}}_2+\boldsymbol{\delta}_2^{T}\boldsymbol{N}_4^{T}C_{u\varphi}\boldsymbol{N}_4\dot{\boldsymbol{\delta}}_2\tag{8-2-5}$$

式中,

$$\boldsymbol{\delta}_1=\{Y_c\quad\varphi_c\quad\theta_c\quad Y_{gq}\quad\varphi_{gq}\}^{T}\quad\dot{\boldsymbol{\delta}}_1=\{\dot{Y}_c\quad\dot{\varphi}_c\quad\dot{\theta}_c\quad\dot{Y}_{gq}\quad\dot{\varphi}_{gq}\}^{T}$$

$$\boldsymbol{\delta}_2=\{Y_c\quad\varphi_c\quad\theta_c\quad Y_{gh}\quad\varphi_{gh}\}^{T}\quad\dot{\boldsymbol{\delta}}_2=\{\dot{Y}_c\quad\dot{\varphi}_c\quad\dot{\theta}_c\quad\dot{Y}_{gh}\quad\dot{\varphi}_{gh}\}^{T}$$

$$\boldsymbol{N}_1=\left\{-\frac{1}{b_1}\quad 1\quad\frac{L}{b_1}\quad\frac{1}{b_1}\quad -1\right\}\quad\boldsymbol{N}_2=\left\{-\frac{1}{b_1}\quad -1\quad\frac{L}{b_1}\quad\frac{1}{b_1}\quad 1\right\}$$

$$\boldsymbol{N}_3=\left\{-\frac{1}{b_1}\quad 1\quad -\frac{L}{b_1}\quad\frac{1}{b_1}\quad -1\right\}\quad\boldsymbol{N}_4=\left\{-\frac{1}{b_1}\quad -1\quad -\frac{L}{b_1}\quad\frac{1}{b_1}\quad 1\right\}$$

$$C_{u\varphi}=\frac{1}{2}b_1^2C_{uy}$$

后面各势能表达式均可采用同样方式将其写成矩阵形式,限于篇幅,不再详细列出。

b. 横向阻尼器的阻尼力势能。

$$V_{Fu2}=\Delta_{uq}C_{ux}\dot{\Delta}_{uq}+\Delta_{uh}C_{ux}\dot{\Delta}_{uh}\tag{8-2-6}$$

c. 纵向阻尼器的阻尼力势能。

$$V_{Fu3}=\Delta_{uzLq}\frac{1}{2}C_{uz}\dot{\Delta}_{uzLq}+\Delta_{uzRq}\frac{1}{2}C_{uz}\dot{\Delta}_{uzRq}+\Delta_{uzLh}\frac{1}{2}C_{uz}\dot{\Delta}_{uzLh}+\Delta_{uzRh}\frac{1}{2}C_{uz}\dot{\Delta}_{uzRh}\tag{8-2-7}$$

②构架与轮对间阻尼器的阻尼力势能 V_{Fd}。

a. 竖向阻尼器的阻尼力势能。

$$V_{Fd1}=\Delta_{dLs1}\frac{1}{2}C_{dy}\dot{\Delta}_{dLs1}+\Delta_{dRs1}\frac{1}{2}C_{dy}\dot{\Delta}_{dRs1}+\Delta_{dLs2}\frac{1}{2}C_{dy}\dot{\Delta}_{dLs2}+\Delta_{dRs2}\frac{1}{2}C_{dy}\dot{\Delta}_{dRs2}+\Delta_{dLs3}\frac{1}{2}C_{dy}\dot{\Delta}_{dLs3}+\Delta_{dRs3}\frac{1}{2}C_{dy}\dot{\Delta}_{dRs3}+\Delta_{dLs4}\frac{1}{2}C_{dy}\dot{\Delta}_{dLs4}+\Delta_{dRs4}\frac{1}{2}C_{dy}\dot{\Delta}_{dRs4}\tag{8-2-8}$$

b. 横向阻尼器的阻尼力势能。

$$V_{Fd2}=\Delta_{ds1}C_{dx}\dot{\Delta}_{ds1}+\Delta_{ds2}C_{dx}\dot{\Delta}_{ds2}+\Delta_{ds3}C_{dx}\dot{\Delta}_{ds3}+\Delta_{ds4}C_{dx}\dot{\Delta}_{ds4} \tag{8-2-9}$$

c. 纵向阻尼器的阻尼力势能。

$$\begin{aligned}V_{Fd3}=&\Delta_{dzLs1}\frac{1}{2}C_{dz}\dot{\Delta}_{dzLs1}+\Delta_{dzRs1}\frac{1}{2}C_{dz}\dot{\Delta}_{dzRs1}+\Delta_{dzLs2}\frac{1}{2}C_{dz}\dot{\Delta}_{dzLs2}+\Delta_{dzRs2}\frac{1}{2}C_{dz}\dot{\Delta}_{dzRs2}+\\&\Delta_{dzLs3}\frac{1}{2}C_{dz}\dot{\Delta}_{dzLs3}+\Delta_{dzRs3}\frac{1}{2}C_{dz}\dot{\Delta}_{dzRs3}+\Delta_{dzLs4}\frac{1}{2}C_{dz}\dot{\Delta}_{dzLs4}+\Delta_{dzRs4}\frac{1}{2}C_{dz}\dot{\Delta}_{dzRs4}\end{aligned} \tag{8-2-10}$$

③轮对与钢轨间的蠕滑力势能 V_{FW}。

研究证明,两个相互滚动接触的弹性体之间存在蠕滑现象,产生蠕滑力(图 8-2-6)。设车轮前进速度为 V,车轮的转动角速度为 ω,车轮的初始滚动圆半径为 r_0,则 $V=r_0\omega$。当轮对产生横向滑移 x_w 时,其左、右边车轮的滚动圆半径分别为 r_L、r_R。则左、右车轮的纵向(沿图 8-2-6 的 z 轴)蠕滑率分别为

$$\varepsilon_{zL}(x_w)=\frac{V-\omega r_L}{V}=\frac{(r_0-r_L)\omega}{V}=-\frac{\lambda x_w}{r_0},\varepsilon_{zR}(x_w)=\frac{\lambda x_w}{r_0}$$

式中,λ 为车轮踏面斜率。

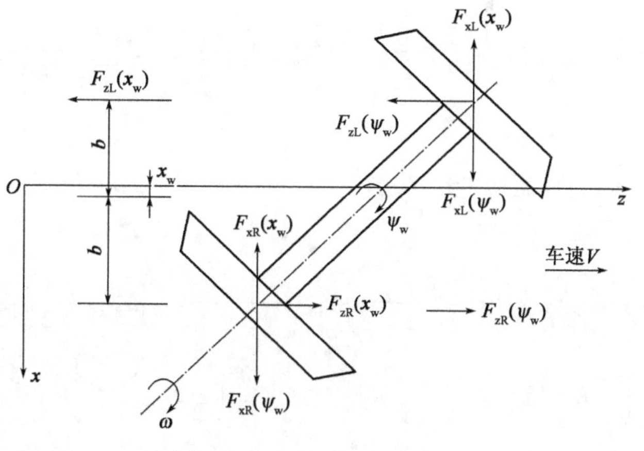

图 8-2-6 作用于轮对的蠕滑力

相应的纵向蠕滑力为

$$F_{zL}(x_w)=\xi\frac{\lambda x_w}{r_0}\quad F_{zR}(x)=-\xi\frac{\lambda x_w}{r_0}$$

左、右两轮的横向蠕滑率同为

$$\varepsilon_{xL}(x_w)=\varepsilon_{xR}(x_w)=\frac{\dot{x}_w}{r_0\omega}$$

相应的横向蠕滑力为

$$F_{xL}(x_w)=F_{xR}(x_w)=-\xi\frac{\dot{x}_w}{r_0\omega}$$

式中,ξ 为蠕滑系数,见车辆动力学。

蠕滑率 ε 和蠕滑力计算式中的第一个下标表示沿 z 或沿 x 方向;第二个下标 L、R 分

别表示左、右车轮;括号中的 x_w 或 ψ_w 表示蠕滑的原因,即表明蠕滑是由于横向偏移 x_w 或摇头角位移 ψ_w 引起。

因为不考虑纵向振动,故只计算横向蠕滑力势能。考虑轮对相对于轨道的横向偏移量 Δ_{xsi},则有

$$V_{FW}=\sum_{i=1}^{4}\frac{2\xi\dot{\Delta}_{xsi}}{V}\Delta_{xsi} \tag{8-2-11}$$

(4)车辆弹簧应变能的计算

①车体与构架间弹簧系应变能 U_{Eu}。

a. 竖向弹簧应变能:

$$U_{Eu1}=\frac{1}{2}\left(\frac{1}{2}K_{uy}\right)\Delta_{uLq}^{2}+\frac{1}{2}\left(\frac{1}{2}K_{uy}\right)\Delta_{uRq}^{2}+\frac{1}{2}\left(\frac{1}{2}K_{uy}\right)\Delta_{uLh}^{2}+\frac{1}{2}\left(\frac{1}{2}K_{uy}\right)\Delta_{uRh}^{2} \tag{8-2-12}$$

b. 横向弹簧应变能:

$$U_{Eu2}=\frac{1}{2}K_{ux}(\Delta_{uq}^{2}+\Delta_{uh}^{2}) \tag{8-2-13}$$

c. 纵向弹簧应变能:

$$U_{Eu3}=\frac{1}{2}\left(\frac{1}{2}K_{uz}\right)\Delta_{uzLq}^{2}+\frac{1}{2}\left(\frac{1}{2}K_{uz}\right)\Delta_{uzRq}^{2}+\frac{1}{2}\left(\frac{1}{2}K_{uz}\right)\Delta_{uzLh}^{2}+\frac{1}{2}\left(\frac{1}{2}K_{uz}\right)\Delta_{uzRh}^{2} \tag{8-2-14}$$

②构架与轮对间的弹簧应变能 U_{Ed}。

a. 竖向弹簧应变能:

$$\begin{aligned}U_{Ed1}=&\frac{1}{2}\left(\frac{1}{2}K_{dy}\right)\Delta_{dLs1}^{2}+\frac{1}{2}\left(\frac{1}{2}K_{dy}\right)\Delta_{dRs1}^{2}+\frac{1}{2}\left(\frac{1}{2}K_{dy}\right)\Delta_{dLs2}^{2}+\frac{1}{2}\left(\frac{1}{2}K_{dy}\right)\Delta_{dRs2}^{2}\\&+\frac{1}{2}\left(\frac{1}{2}K_{dy}\right)\Delta_{dLs3}^{2}+\frac{1}{2}\left(\frac{1}{2}K_{dy}\right)\Delta_{dRs3}^{2}+\frac{1}{2}\left(\frac{1}{2}K_{dy}\right)\Delta_{dLs4}^{2}+\frac{1}{2}\left(\frac{1}{2}K_{dy}\right)\Delta_{dRs4}^{2}\end{aligned} \tag{8-2-15}$$

b. 横向弹簧应变能:

$$U_{Ed2}=\frac{1}{2}K_{dx}\Delta_{ds1}^{2}+\frac{1}{2}K_{dx}\Delta_{ds2}^{2}+\frac{1}{2}K_{dx}\Delta_{ds3}^{2}+\frac{1}{2}K_{dx}\Delta_{ds4}^{2} \tag{8-2-16}$$

c. 纵向弹簧应变能:

$$\begin{aligned}U_{Ed3}=&\frac{1}{2}\left(\frac{1}{2}K_{dz}\right)\Delta_{dzLs1}^{2}+\frac{1}{2}\left(\frac{1}{2}K_{dz}\right)\Delta_{dzRs1}^{2}+\frac{1}{2}\left(\frac{1}{2}K_{dz}\right)\Delta_{dzLs2}^{2}+\frac{1}{2}\left(\frac{1}{2}K_{dz}\right)\Delta_{dzRs2}^{2}+\\&\frac{1}{2}\left(\frac{1}{2}K_{dz}\right)\Delta_{dzLs3}^{2}+\frac{1}{2}\left(\frac{1}{2}K_{dz}\right)\Delta_{dzRs3}^{2}+\frac{1}{2}\left(\frac{1}{2}K_{dz}\right)\Delta_{dzLs4}^{2}+\frac{1}{2}\left(\frac{1}{2}K_{dz}\right)\Delta_{dzRs4}^{2}\end{aligned} \tag{8-2-17}$$

(5)轮对重力刚度引起的势能

车辆系统动力学详细演证了轮对重力刚度 k_{gx} 的计算公式,现加以简单介绍。

当轮对自其对中位置向右(或向左)移动时,左右钢轨给予左右车轮的法向反力就不相同,法向力的横向分力在左右车轮上也不相同,作用于左右车轮上的合成横向力有使轮对恢复到原来对中位置的作用,见图8-2-7。横向复原力的大小与轮对横移量及所受的荷载有关,如果不计轮对上的动荷载、悬挂变形力和蠕滑力并略去高阶微量,则钢轨作用于左轮和右轮上的横向反力分别为

$$F_{\mathrm{L}}=\frac{W}{2}\tan(\delta_{\mathrm{L}}-\varphi_{\mathrm{w}})$$

$$F_{\mathrm{R}}=\frac{W}{2}\tan(\delta_{\mathrm{R}}+\varphi_{\mathrm{w}})$$

式中,W为分配在每一轮对上的重量;δ_{L}、δ_{R}分别为轮对中心横移量为x_{w}时左轮和右轮的轮轨接触角;φ_{w}为轮对中心横移为x_{w}时的轮对的侧滚角。

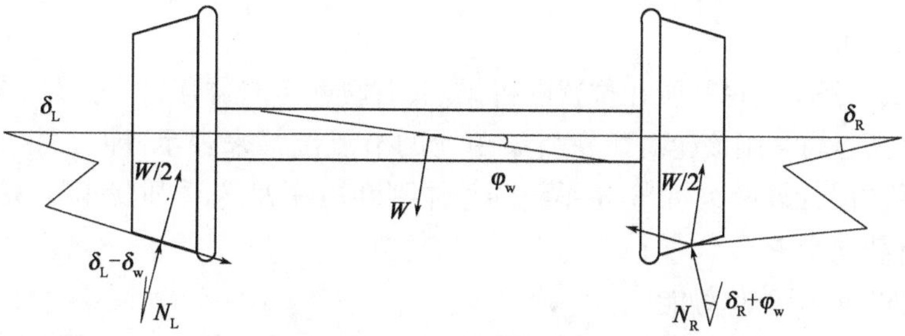

图8-2-7 轮对重力刚度

轮对横移量为x_{w}时由于重力作用产生的横向复原力为

$$F_{\gamma}=F_{\mathrm{R}}-F_{\mathrm{L}}=\frac{W}{2}[\tan(\delta_{\mathrm{R}}+\varphi_{\mathrm{w}})-\tan(\delta_{\mathrm{L}}-\varphi_{\mathrm{w}})]$$

复原力F_{γ}与轮对横移量x_{w}之比称为等效重力刚度k_{gx},即

$$k_{\mathrm{gx}}=\frac{F_{\gamma}}{x_{\mathrm{w}}}=\frac{W}{2x_{\mathrm{w}}}[\tan(\delta_{\mathrm{R}}+\varphi_{\mathrm{w}})-\tan(\delta_{\mathrm{L}}-\varphi_{\mathrm{w}})]$$

一般情况下k_{gx}不是一个常数,只有当采用新旋制成的锥形踏面轮对时,k_{gx}才可近似认为是线性的。因为锥形踏面在直线段范围内,$\delta_{\mathrm{R}}=\delta_{\mathrm{L}}=\lambda$,轮对的侧滚角为

$$\varphi_{\mathrm{w}}=\frac{2\lambda x_{\mathrm{w}}}{2b}=\frac{\lambda x_{\mathrm{w}}}{b}$$

式中,$2b$为同一轮对左右车轮与钢轨接触点之间的距离。

当$\delta_{\mathrm{R}}+\varphi_{\mathrm{w}}$和$\delta_{\mathrm{L}}-\varphi_{\mathrm{w}}$很小时,$\tan(\delta_{\mathrm{R}}+\varphi_{\mathrm{w}})\approx\delta_{\mathrm{R}}+\varphi_{\mathrm{w}}$,$\tan(\delta_{\mathrm{L}}-\varphi_{\mathrm{w}})\approx\delta_{\mathrm{L}}-\varphi_{\mathrm{w}}$,于是重力刚度可写为

$$k_{\mathrm{gx}}\approx\frac{W}{2x_{\mathrm{w}}}(\delta_{\mathrm{R}}+\varphi_{\mathrm{w}}-\delta_{\mathrm{L}}+\varphi_{\mathrm{w}})=\frac{W}{2x_{\mathrm{w}}}(2\varphi_{\mathrm{w}})=\frac{W}{2x_{\mathrm{w}}}\cdot\frac{2\lambda x_{\mathrm{w}}}{b}=\frac{W\lambda}{b}$$

可见,重力刚度是和轮对横移量无关的一个参数。

复原力 $F_\gamma = -k_{gx}x_w$，这里“ - ”号表示复原力的方向与横移 x_w 的方向相反。则单轮对复原力做功的负值就是单轮对重力刚度引起的势能 $\overline{U}_{EW}$，所以单轮对重力刚度势能 $\overline{U}_{EW} = 1/2k_{gx}{x_w}^2$。

考虑轮对相对于轨道的横向偏移量 Δ_{xsi}，可得一辆车 4 个轮对重力刚度引起的势能为

$$U_{EW} = \sum_{i=1}^{4}\frac{1}{2}k_{gx}\Delta_{xsi}^2 \tag{8-2-18}$$

(6) 车辆重力(自重和载物重量)势能 V_g

为算出车辆自重和载物重量引起的桥梁竖向位移，要计算车辆重力势能 V_g。设车体、转向架、轮对的重量分别为 G_c、G_g、G_s，则由图 8-2-5 可算出一辆车的重力势能为

$$V_g = -G_cY_c - G_g(Y_{gq} + Y_{gh}) - G_s\sum_{i=1}^{4}\left[\frac{1}{2}(v_{Ri} + v_{Li}) + \frac{e}{B}(v_{Ri} - v_{Li}) + y_{vi}\right] \tag{8-2-19}$$

(7) 坐标变换

以上各式中第 i 个轮对所在位置的桥梁左、右腹板竖向位移 v_{Li}、v_{Ri} 及桥梁上翼缘的侧向水平位移 u_{ui} 等均需用该轮对所在桥梁单元的节点位移来表示，即对 v_{Li}、v_{Ri}、u_{ui} 进行坐标变换，然后才能计算及组拼车-桥系统的总体刚度矩阵 $\boldsymbol{K}$、总体质量矩阵 $\boldsymbol{M}$、总体阻尼矩阵 $\boldsymbol{C}$、总体荷载向量 $\boldsymbol{P}$。

(8) 车辆空间振动总势能

先计算桥上第 j 个车辆空间振动总势能 Π_{vj}。将上述惯性力、阻尼力、蠕滑力等的势能、应变能、轮对重力刚度势能以及车辆重力势能相加，即得到

$$\begin{aligned}\Pi_{vj} = {} & V_{msj} + V_{mgj} + V_{mcj} + V_{Fu1j} + V_{Fu2j} + V_{Fu3j} + V_{Fd1j} + V_{Fd2j} + V_{Fd3j} + \\ & V_{FWj} + U_{Eu1j} + U_{Eu2j} + U_{Eu3j} + U_{Ed1j} + U_{Ed2j} + U_{Ed3j} + U_{EWj} + V_{gj}\end{aligned} \tag{8-2-20}$$

设任一时刻 t，桥上共有 N 辆车，则所有车辆空间振动总势能 Π_v 为

$$\Pi_v = \sum_{j=1}^{N}\Pi_{vj} \tag{8-2-21}$$

3) 车辆系统刚度矩阵、质量矩阵、阻尼矩阵、荷载矩阵的形成

根据弹性系统动力学总势能不变值原理，对第 j 个车辆惯性力势能进行位移变分 $\delta_\varepsilon(V_{msj} + V_{mgj} + V_{mcj})$，得出 $\boldsymbol{M}_{vj}$；对其阻尼力、蠕滑力势能进行位移变分 $\delta_\varepsilon(V_{Fu1j} + V_{Fu2j} + V_{Fu3j} + V_{Fd1j} + V_{Fd2j} + V_{Fd3j} + V_{Fwj})$，得出 $\boldsymbol{C}_{vj}$；对其应变能进行位移变分 $\delta_\varepsilon(U_{Eu1j} + U_{Eu2j} + U_{Eu3j} + U_{Ed1j} + U_{Ed2j} + U_{Ed3j} + U_{EWj})$，得出 $\boldsymbol{K}_{vj}$；对其重力势能进行位移变分 $\delta_\varepsilon V_{gj}$，得出 $\boldsymbol{P}_{vj}$。

8.2.3 桥梁结构振动分析模型

桥梁结构模型质量的好坏与车-桥耦合系统振动分析的准确性息息相关。建立一个能准确模拟实际情况同时又能兼顾计算效率的模型，是所有工作的前提。通常采用有限元法，将桥梁离散成有限个单元体的集合，且针对特性不同的桥梁各个部位的构件，采用与其特点相符的、合理的位移函数，将其模拟为不同类型的单元。基于假定的单元位移函数，可以计算得到模型中每个单元的总势能，然后根据弹性系统动力学总势能不变值原理

和形成系统矩阵的“对号入座”法则，就能得到桥梁振动分析模型。

1）质量矩阵和刚度矩阵的形成

建立桥梁结构有限元模型的基本单元是空间梁单元和空间杆单元。首先依据前述思路得到桥梁模型的每个单元在局部坐标系下的一致质量矩阵和刚度矩阵，然后再次运用“对号入座”法则将每个单元的一致质量矩阵和刚度矩阵进行组拼，得到整个桥梁模型的总体质量矩阵和总体刚度矩阵。

（1）空间梁单元

设一个空间梁单元 e 的两个端节点分别为 i、j，并且每个端节点沿局部坐标轴方向有 3 个线位移和 3 个角位移共 6 个自由度。设梁单元 e 的端节点 i 为单元局部坐标系的原点，设从节点 i 到节点 j 的梁单元形心轴方向为单元局部坐标系下 x 轴的正方向，且 y 轴和 z 轴与单元横断截面的两个主轴一致。局部坐标系下的 x、y、z 三轴方向满足右手系法则。相应的详细推导过程可参见相关文献。

在该局部坐标系下的空间梁单元的一致质量矩阵和刚度矩阵可分别表示为：

$$
\boldsymbol{M}_{\mathrm{b}}^{\mathrm{e}} = \rho A l \begin{bmatrix}
\frac{1}{3} & & & & & & & & & & & \\
0 & \frac{13}{35} & & & & & & & & & & \\
0 & 0 & \frac{13}{35} & & & & & & & & & \\
0 & 0 & 0 & \frac{I_{\rho}}{3A} & & & & \text{对} & & \text{称} & & \\
0 & 0 & -\frac{11l}{210} & 0 & \frac{l^2}{105} & & & & & & & \\
0 & \frac{11l}{210} & 0 & 0 & 0 & \frac{l^2}{105} & & & & & & \\
\frac{1}{6} & 0 & 0 & 0 & 0 & 0 & \frac{1}{3} & & & & & \\
0 & \frac{9}{70} & 0 & 0 & 0 & \frac{13l}{420} & 0 & \frac{13}{35} & & & & \\
0 & 0 & \frac{9}{70} & 0 & -\frac{13l}{420} & 0 & 0 & 0 & \frac{13}{35} & & & \\
0 & 0 & 0 & \frac{I_{\rho}}{6A} & 0 & 0 & 0 & 0 & 0 & \frac{I_{\rho}}{3A} & & \\
0 & 0 & \frac{13l}{420} & 0 & -\frac{l^2}{140} & 0 & 0 & 0 & \frac{11l}{210} & 0 & \frac{l^2}{105} & \\
0 & -\frac{13l}{420} & 0 & 0 & 0 & -\frac{l^2}{140} & 0 & -\frac{11l}{210} & 0 & 0 & 0 & \frac{l^2}{105}
\end{bmatrix}
\tag{8-2-22}
$$

$$
\boldsymbol{K}_{\mathrm{b}}^{\mathrm{e}}=\begin{bmatrix}
\frac{EA}{l} & & & & & & & & & & & \\
0 & \frac{12EI_z}{(1+b_z)l^3} & & & & & & & & & & \\
0 & 0 & \frac{12EI_y}{(1+b_y)l^3} & & & & & & & & & \\
0 & 0 & 0 & \frac{GJ}{l} & & & & \text{对} & & & \text{称} & \\
0 & 0 & \frac{-6EI_y}{(1+b_y)l^2} & 0 & \frac{(4+b_y)EI_y}{(1+b_y)l} & & & & & & & \\
0 & \frac{6EI_z}{(1+b_z)l^2} & 0 & 0 & 0 & \frac{(4+b_z)EI_z}{(1+b_z)l} & & & & & & \\
-\frac{EA}{l} & 0 & 0 & 0 & 0 & 0 & \frac{EA}{l} & & & & & \\
0 & \frac{-12EI_z}{(1+b_z)l^3} & 0 & 0 & 0 & \frac{-6EI_z}{(1+b_z)l^2} & 0 & \frac{12EI_z}{(1+b_z)l^3} & & & & \\
0 & 0 & \frac{-12EI_y}{(1+b_y)l^3} & 0 & \frac{6EI_y}{(1+b_y)l^2} & 0 & 0 & 0 & \frac{12EI_y}{(1+b_y)l^3} & & & \\
0 & 0 & 0 & -\frac{GJ}{l} & 0 & 0 & 0 & 0 & 0 & \frac{GJ}{l} & & \\
0 & 0 & \frac{-6EI_y}{(1+b_y)l^2} & 0 & \frac{(2-b_y)EI_y}{(1+b_y)l} & 0 & 0 & 0 & \frac{6EI_y}{(1+b_y)l^2} & 0 & \frac{(4+b_y)EI_y}{(1+b_y)l} & \\
0 & \frac{6EI_z}{(1+b_z)l^2} & 0 & 0 & 0 & \frac{(2-b_z)EI_z}{(1+b_z)l} & 0 & \frac{-6EI_z}{(1+b_z)l^2} & 0 & 0 & 0 & \frac{(4+b_z)EI_z}{(1+b_z)l}
\end{bmatrix}
\tag{8-2-23}
$$

$$\begin{cases} b_y = \dfrac{12kEI_y}{GA_z l^2} = \dfrac{24(1+\mu)A}{A_z}\left(\dfrac{r_y}{l}\right)^2 \\ b_z = \dfrac{12kEI_z}{GA_y l^2} = \dfrac{24(1+\mu)A}{A_y}\left(\dfrac{r_z}{l}\right)^2 \end{cases} \tag{8-2-24}$$

式中,ρ 为构成梁单元的材料的密度;A 为梁单元截面的面积;l 为梁单元的长度;I_ρ 为梁单元截面对单元局部坐标系的 x 轴的抗扭惯性矩;I_y 为梁单元横断截面绕 y 轴的惯性矩,$I_y = \int z^2 \mathrm{d}A$;$I_z$ 为梁单元横断截面绕 z 轴的惯性矩,$I_z = \int y^2 \mathrm{d}A$;$r_y$ 为梁单元横断截面绕 y 轴的惯性半径;r_z 为梁单元横断截面绕 z 轴的惯性半径;A_y 为梁单元沿局部坐标系中的 y 轴的受剪面积;A_z 为梁单元沿局部坐标系中的 z 轴的受剪面积。

当 r_y/l、r_z/l 两者的值都很小时,有 $b_y \approx 0$ 且 $b_z \approx 0$,即可以忽略剪切变形对单元刚度矩阵的影响。

(2)空间杆单元

同样,设空间杆单元 e 的两个端节点分别为 i、j,但每个端节点沿单元局部坐标轴只有3个平动自由度,并且局部坐标系的设定与梁单元一致。

在该局部坐标系下空间杆单元的质量矩阵和刚度矩阵可分别表示为:

$$\boldsymbol{M}_\mathrm{t}^\mathrm{e} = \frac{\rho A l}{6}\begin{bmatrix} 2 & & & & & \\ 0 & 2 & & \text{对} & \text{称} & \\ 0 & 0 & 2 & & & \\ 1 & 0 & 0 & 2 & & \\ 0 & 1 & 0 & 0 & 2 & \\ 0 & 0 & 1 & 0 & 0 & 2 \end{bmatrix} \tag{8-2-25}$$

$$\boldsymbol{K}_\mathrm{t}^\mathrm{e} = \frac{EA}{l}\begin{bmatrix} 1 & & & & & \\ 0 & 0 & & \text{对} & \text{称} & \\ 0 & 0 & 0 & & & \\ -1 & 0 & 0 & 1 & & \\ 0 & 0 & 0 & 0 & 0 & \\ 0 & 0 & 0 & 0 & 0 & 0 \end{bmatrix} \tag{8-2-26}$$

式中,各参数含义与梁单元中对应的参数相同。

2)阻尼矩阵的形成

阻尼是结构振动时能量耗散的原因,导致结构振动不断减弱,是结构的基本动力特性参数之一。影响阻尼的因素有很多,如结构形式、结构材料、节点形式、质量、刚度等。因为这些影响因素的随机性,相比于有明确的测量方法和分析方法的质量和刚度,阻尼难以被精确地分析计算。鉴于阻尼计算的复杂性,在实际工程中,常常采用瑞利(Rayleigh)阻尼来进行结构阻尼的模拟。Rayleigh 阻尼模型认为阻尼矩阵可表达为质量矩阵和刚度矩阵的线性组合,详见4.5节相关内容。

因此,当得到桥梁振动分析模型的总质量矩阵 $\boldsymbol{M}_\mathrm{b}$ 和总刚度矩阵 $\boldsymbol{K}_\mathrm{b}$ 后,即可通过上述方式得到相应的阻尼矩阵 $\boldsymbol{C}_\mathrm{b}$。

8.3 列车-桥梁系统振动方程的建立及求解

8.3.1 振动方程的建立

根据弹性系统动力学总势能不变值原理，要建立在 t 时刻的关于车-桥时变系统空间振动的矩阵方程，必须得到在 t 时刻的车-桥时变系统的空间振动总势能 $\Pi_{\mathrm{d}}(t)$，即 t 时刻于桥上运行的所有车辆的空间振动总势能 $\Pi_{\mathrm{v}}(t)$ 和桥梁的空间振动总势能 $\Pi_{\mathrm{b}}(t)$，然后联合运用弹性系统动力学总势能不变值原理与形成系统矩阵的"对号入座"法则，就能得到相应的矩阵方程。在前文中已分别得到了在 t 时刻的单个车辆的空间振动总势能和对应的质量矩阵 $\boldsymbol{M}_{\mathrm{v}}$、阻尼矩阵 $\boldsymbol{C}_{\mathrm{v}}$、刚度矩阵 $\boldsymbol{K}_{\mathrm{v}}$、荷载向量 $\boldsymbol{P}_{\mathrm{v}}$，以及桥梁结构的质量矩阵 $\boldsymbol{M}_{\mathrm{b}}$、阻尼矩阵 $\boldsymbol{C}_{\mathrm{b}}$、刚度矩阵 $\boldsymbol{K}_{\mathrm{b}}$。现按照形成系统矩阵的"对号入座"法则，可以比较简便地将其组拼成 t 时刻整个耦合系统的质量矩阵 $\boldsymbol{M}$、阻尼矩阵 $\boldsymbol{C}$、刚度矩阵 $\boldsymbol{K}$、荷载向量 $\boldsymbol{P}$，进而得到 t 时刻的振动方程：

$$\boldsymbol{M}\ddot{\boldsymbol{\delta}} + \boldsymbol{C}\dot{\boldsymbol{\delta}} + \boldsymbol{K}\boldsymbol{\delta} = \boldsymbol{P} \tag{8-3-1}$$

由于现有方程(8-3-1)中的荷载向量 $\boldsymbol{P}$ 仅考虑了列车重力荷载，此时直接解该方程只能求得列车重力荷载作用下的车-桥系统的动力响应。要解出该系统在列车重力荷载和列车走行共同作用下的振动响应，还需要用轨道不平顺和桥梁变形等来代替矩阵方程(8-3-1)左边的对应参数，具体方法如下：

将方程(8-3-1)的振动位移参数 $\boldsymbol{\delta}$ 可以细分为 k 个已知参数（轨道不平顺和桥梁变形体现在已知参数中）与 n 个未知参数，即 $\boldsymbol{\delta}$ 可以写成

$$\boldsymbol{\delta} = \begin{Bmatrix} \boldsymbol{\delta}_k \\ \boldsymbol{\delta}_n \end{Bmatrix}$$

于是，方程(8-3-1)可以表示为：

$$\begin{bmatrix} \boldsymbol{M}_{kk} & \boldsymbol{M}_{kn} \\ \boldsymbol{M}_{nk} & \boldsymbol{M}_{nn} \end{bmatrix} \begin{Bmatrix} \ddot{\boldsymbol{\delta}}_k \\ \ddot{\boldsymbol{\delta}}_n \end{Bmatrix} + \begin{bmatrix} \boldsymbol{C}_{kk} & \boldsymbol{C}_{kn} \\ \boldsymbol{C}_{nk} & \boldsymbol{C}_{nn} \end{bmatrix} \begin{Bmatrix} \dot{\boldsymbol{\delta}}_k \\ \dot{\boldsymbol{\delta}}_n \end{Bmatrix} + \begin{bmatrix} \boldsymbol{K}_{kk} & \boldsymbol{K}_{kn} \\ \boldsymbol{K}_{nk} & \boldsymbol{K}_{nn} \end{bmatrix} \begin{Bmatrix} \boldsymbol{\delta}_k \\ \boldsymbol{\delta}_n \end{Bmatrix} = \begin{Bmatrix} \boldsymbol{0} \\ \boldsymbol{P} \end{Bmatrix} \tag{8-3-2}$$

展开可得：

$$\boldsymbol{M}_{nn}\ddot{\boldsymbol{\delta}}_n + \boldsymbol{C}_{nn}\dot{\boldsymbol{\delta}}_n + \boldsymbol{K}_{nn}\boldsymbol{\delta}_n = \boldsymbol{P} - \boldsymbol{M}_{nk}\ddot{\boldsymbol{\delta}}_k - \boldsymbol{C}_{nk}\dot{\boldsymbol{\delta}}_k - \boldsymbol{K}_{nk}\boldsymbol{\delta}_k \tag{8-3-3}$$

$$\boldsymbol{M}_{kk}\ddot{\boldsymbol{\delta}}_k + \boldsymbol{C}_{kk}\dot{\boldsymbol{\delta}}_k + \boldsymbol{K}_{kk}\boldsymbol{\delta}_k + \boldsymbol{M}_{kn}\ddot{\boldsymbol{\delta}}_n + \boldsymbol{C}_{kn}\dot{\boldsymbol{\delta}}_n + \boldsymbol{K}_{kn}\boldsymbol{\delta}_n = \boldsymbol{0} \tag{8-3-4}$$

式(8-3-4)是非独立的矩阵方程，需要去掉。式(8-3-3)右边各项均为已知项，因此该方程可以求解，通过它能够解出耦合系统的空间振动响应。

8.3.2 轨道不平顺

1)轨道不平顺的类型

轨道不平顺是指两股轨道的实际几何尺寸相对于理想平顺状态的偏差。如图 8-3-1 所示，轨道常见几何不平顺主要有方向、轨距、高低和水平四种基本形式。

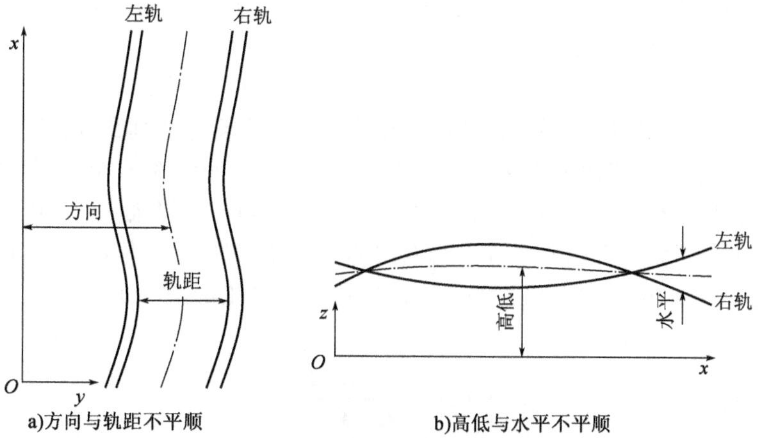

图 8-3-1 轨道常见几何不平顺

轨道方向不平顺是由于左右股钢轨横向偏移引起线路中心线的横向偏移,可表示为

$$y_t = \frac{y_l + y_r}{2} \tag{8-3-5}$$

式中,y_l、y_r 分别为左、右股钢轨的横向坐标。

轨距不平顺是由于左右两股钢轨横向偏移而引起的轨距变化,在轨顶下 16mm 位置处测量,可表示为

$$g_t = y_l - y_r - g_0 \tag{8-3-6}$$

式中,g_0 为名义轨距。

高低不平顺是由于左右钢轨顶面垂向偏移引起轨道中心线的垂向偏移,可表示为

$$z_t = \frac{z_l + z_r}{2} \tag{8-3-7}$$

式中,z_l、z_r 分别为左、右股钢轨的垂向坐标。

水平不平顺是由于左右钢轨的垂向偏移引起轨面高差,可表示为

$$\Delta z_t = z_l - z_r \tag{8-3-8}$$

2)轨道谱

目前,考虑到轨道不平顺的复杂性和随机性,最普遍的做法是用随机振动理论中的统计参数来描述轨道不平顺。功率谱密度函数是表述轨道不平顺最常用和最重要的统计函数,此统计函数也称为轨道谱。轨道不平顺通常用空间频率 F(单位:cycle/m)或 Ω(单位:rad/m)描述较为方便,它们之间的关系以及与时间频率 f(单位:cycle/s)及 ω(单位:rad/s)的关系如下

$$\begin{cases} \Omega = 2\pi F = \dfrac{\omega}{V} \\ F = \dfrac{f}{V} \end{cases} \tag{8-3-9}$$

式中,V 为机车车辆的运行速度(m/s)。

轨道不平顺的统计特征只能依靠线路实地测量获得。英国铁路于 1964 年就开始了这项测试工作,是世界上开展这一研究较早的国家之一。目前,美国、德国、中国、英国、日

本、俄罗斯、印度、捷克等国家都测定了各自的轨道不平顺的谱密度和相关函数。目前国内外比较典型的轨道谱有以下几种：

（1）美国轨道谱

美国运输部联邦铁路管理局（FRA）根据广泛分布在整个美国约7万英里❶的各级线路状态数据，制定了线路轨道不平顺的功率谱密度，并按照铁路安全法规（安全标准）将美国铁路按平顺状态的安全限度和相应的允许速度分为6个等级（1998年又增补3个高速等级变为9个等级），并公布了6个等级线路轨道不平顺的功率谱密度，其拟合曲线函数表达式见式（8-3-10）～式（8-3-12），其中水平不平顺和轨距不平顺功率密度谱采用相同的公式。

高低不平顺：
$$S_v(\Omega)=\frac{kA_v\Omega_c^2}{\Omega^2(\Omega^2+\Omega_c^2)} \tag{8-3-10}$$

方向不平顺：
$$S_a(\Omega)=\frac{kA_a\Omega_c^2}{\Omega^2(\Omega^2+\Omega_c^2)} \tag{8-3-11}$$

水平不平顺及轨距不平顺：
$$S_c(\Omega)=S_g(\Omega)=\frac{4kA_v\Omega_c^2}{(\Omega^2+\Omega_s^2)(\Omega^2+\Omega_c^2)} \tag{8-3-12}$$

式中，$S_v(\Omega)$、$S_a(\Omega)$、$S_c(\Omega)$及$S_g(\Omega)$分别为对应不同的轨道不平顺功率谱密度[$cm^2/(rad/m)$]；Ω为轨道不平顺的空间频率（rad/m）；A_v、A_a是粗糙度常数（$cm^2\cdot rad/m$）；Ω_c、Ω_s是截断频率（rad/m）；k是安全系数，可根据要求在0.25～1.0之间选取，一般取0.25。其他参数取值见表8-3-1。

美国轨道谱参数 表8-3-1

参数		线路等级					
		1级	2级	3级	4级	5级	6级
A_v（$cm^2\cdot rad/m$）		1.2107	1.0181	0.6816	0.5376	0.2095	0.0339
A_a（$cm^2\cdot rad/m$）		3.3634	1.2107	0.4128	0.3027	0.0762	0.0339
Ω_s（rad/m）		0.6046	0.9308	0.8520	1.1312	0.8209	0.4380
Ω_c（rad/m）		0.8245	0.8245	0.8245	0.8245	0.8245	0.8245
允许最高速度（km/h）	货车	16	40	64	96	128	176
	客车	24	48	96	128	144	176

（2）德国轨道谱

对于高铁轨道不平顺，应用最广泛的是德国轨道谱。20世纪80年代初，联邦德国在进行高速列车理论研究时采用了式（8-3-13）、式（8-3-14）和式（8-3-15）的轨道谱公式

高低不平顺：
$$S_v(\Omega)=\frac{A_v\Omega_c^2}{(\Omega^2+\Omega_r^2)(\Omega^2+\Omega_c^2)} \tag{8-3-13}$$

方向不平顺：
$$S_a(\Omega)=\frac{A_a\Omega_c^2}{(\Omega^2+\Omega_r^2)(\Omega^2+\Omega_c^2)} \tag{8-3-14}$$

❶1英里＝1609.344m。

水平不平顺：

$$S_c(\Omega)=\frac{A_v b^{-2}\Omega_c^2\Omega^2}{(\Omega^2+\Omega_r^2)(\Omega^2+\Omega_c^2)(\Omega^2+\Omega_s^2)} \tag{8-3-15}$$

德国不平顺轨道谱没有给出轨距不平顺的功率谱密度表达式，但规定轨距不平顺在 -3 ~ +3mm 范围内变化。一般轨距不平顺与水平不平顺具有相同的功率谱密度表达式，所以

轨距不平顺：

$$S_g(\Omega)=\frac{A_g\Omega_c^2\Omega^2}{(\Omega^2+\Omega_r^2)(\Omega^2+\Omega_c^2)(\Omega^2+\Omega_s^2)} \tag{8-3-16}$$

以上各式中，高低、方向以及轨距不平顺功率谱密度 $S_v(\Omega)$、$S_a(\Omega)$、$S_g(\Omega)$ 的单位为 $m^2/(rad/m)$；水平不平顺由于采用倾角度量，因而其功率谱密度 $S_c(\Omega)$ 的单位为 $1/(rad/m)$；Ω 为轨道不平顺的空间频率(rad/m)；Ω_c、Ω_r、Ω_s 是截断频率(rad/m)；A_v、A_a、A_g 是粗糙度常数($m^2 \cdot rad/m$)；b 为左、右滚动圆距离之半(m)，一般可取 0.75m。德国轨道谱的粗糙度系数和截断频率见表 8-3-2，其中 A_g 为满足轨距不平顺在 -3 ~ +3mm 内变化经试算得出的参考值。低干扰轨道谱适用于德国时速 250km 以上的高速铁路，高干扰轨道谱适用于德国普通铁路。

德国轨道谱粗糙度系数及截断频率 表 8-3-2

轨道级别	Ω_c (rad/m)	Ω_r (rad/m)	Ω_s (rad/m)	A_a ($m^2 \cdot rad/m$)	A_v ($m^2 \cdot rad/m$)	A_g ($m^2 \cdot rad/m$)
低干扰	0.824 6	0.020 6	0.438 0	2.119×10^{-7}	4.032×10^{-7}	5.32×10^{-8}
高干扰	0.824 6	0.020 6	0.438 0	6.125×10^{-7}	1.08×10^{-6}	1.032×10^{-7}

(3)中国轨道谱研究

1982 年铁道科学研究院罗林等讨论了各种轨道不平顺的测量方法，用“惯性基准法”测量了轨道不平顺，并对大量轨检车实测的不平顺数据进行了分析处理，列举了平稳的轨道不平顺的样本记录功率谱密度。1985 年长沙铁道学院随机振动研究室将轨道不平顺分为弹性和几何不平顺，对先后三次用地面测试方法在京广线测定的轨道不平顺进行分析处理，得到了各种不平顺谱，并且统计出我国Ⅰ级干线轨道不平顺功率谱密度的解析表达式。但是应该认识到，两单位早期研究中所获得的轨道谱分辨率精度都不高，尤其是样本数据太少(长沙铁道学院测取的数据仅数百米，铁道科学研究院测取的数据也只有数十公里)，所以都不足以代表我国铁路轨道不平顺的统计特征。

20 世纪 90 年代末，中国铁道科学研究院对我国轨道不平顺进行了深入细致的研究，在我国东西南北各主要干线铁路约 4 万 km 轨检车检测数据和部分地面测量数据的基础上，经筛选、分类处理、统计分析，提出了我国主要干线轨道高低、水平、轨向不平顺和部分轨道长波波长不平顺的功率谱密度。

轨道高低、水平、轨向不平顺功率谱密度采用系数不同的同一解析式表达式，即

$$S(f)=\frac{A(f^2+Bf+C)}{f^4+Df^3+Ef^2+Ff+G} \tag{8-3-17}$$

式中，$S(f)$ 为轨道不平顺功率谱；f 为空间频率(1/m)；$A \sim G$ 为轨道不平顺功率谱密度的特征参数，对不同线路和不同类型的轨道不平顺有不同的数值。表 8-3-3 和表 8-3-4

分别给出了我国京哈、京广、京沪三大提速干线和60kg/m 钢轨超长无缝线路轨道的特征参数。表8-3-4 实质上是基于1998 年郑武线(郑州—武昌)200km/h 以上高速铁路试验段轨道状态的测试结果而拟合得出的,因而也可称之为郑武线高速铁路试验段轨道谱。

我国京沪、京广、京哈三大干线轨道谱的特征参数 表8-3-3

参数	A	B	C	D	E	F	G
左轨高低	1.102 9	-1.470 9	0.594 1	0.848 0	3.801 6	-0.250 0	0.011 2
右轨高低	0.858 1	-1.460 7	0.584 8	0.040 7	2.842 8	-0.198 9	0.009 4
左轨轨向	0.224 4	-1.574 6	0.668 3	-2.146 6	1.766 5	-0.150 6	0.005 2
右轨轨向	0.374 3	-1.589 4	0.726 5	0.435 3	0.910 1	-0.027 0	0.003 1
水平	0.121 4	-2.160 3	2.021 4	4.508 9	2.222 7	-0.039 6	0.007 3

注:测量时三大干线提速目标为160km/h。

我国钢轨跨区间无缝线路轨道谱拟合曲线参数 表8-3-4

参数	A	B	C	D	E	F	G
左轨高低	0.127 0	-2.153 1	1.550 3	4.983 5	1.389 1	-0.032 7	0.001 8
右轨高低	0.332 6	-1.375 7	0.549 7	2.490 7	0.405 7	0.085 8	-0.001 4
左轨轨向	0.062 7	-1.184 0	0.677 3	2.123 7	-0.084 7	0.034 0	-0.000 5
右轨轨向	0.159 5	-1.385 3	0.667 1	2.333 1	0.256 1	0.092 8	-0.001 6
水平	0.332 8	-1.351 1	0.541 5	1.843 7	0.381 3	0.206 8	-0.000 3

3)轨道不平顺的选择

轨道不平顺是引起机车车辆产生振动的重要原因,如果轨道的平顺状态不良,轨道不平顺引起的列车振动和轮轨作用力随车速的提高将成倍急剧增大,并会导致列车脱轨。对于车-桥耦合振动分析而言,桥梁变形和轨道不平顺相互叠加形成轨面位移,因此轨道不平顺对动力分析的影响不容忽视,选取合理的轨道不平顺波长等参数是计算结果真实可靠的重要前提条件。

(1)波长选择

在进行车-桥动力仿真分析时,轨道不平顺波长的选择应考虑机车、车辆、线路、桥梁的振动频率和拟定的计算速度。对长波波长而言,高速列车车辆自振频率一般在1.0~1.5Hz,因此舒适度标准是轨道不平顺长波波长选择的控制因素,从乘车舒适度的角度考虑,《关于全身振动评价指南》(ISO 2631)规定下限频率为0.89Hz,ORE/C116 推荐下限频率为0.5Hz。因此,依据ORE/C116 推荐下限频率,若拟定计算速度为400km/h(折合111.11m/s),则轨道不平顺长波波长应在125m 以上,若拟定计算速度为300km/h,则轨道不平顺长波波长应达到80m。表8-3-5 及表8-3-6 给出了我国车辆运行速度与轨道不平顺管理波长的关系。从表8-3-5、表8-3-6 中可以看出,当车辆运行速度在250~300km/h时,轨道不平顺管理波长应在40~80m 的范围。

对短波波长而言,由于目前国内外轨检车轨道不平顺采样间隔一般为0.25m 或1ft(折合0.3048m),因此轨道不平顺最短有效波长为1m 以上。当速度为400km/h 时,对应最高激振频率为100Hz 左右。综上可知,模拟轨道不平顺时可选择的波长范围大致为1~80m。

200～250km/h 线路轨道动态质量容许偏差管理值 表 8-3-5

项目		经常保养	舒适度	临时补修	限速(160km/h)
偏差等级		Ⅰ级	Ⅱ级	Ⅲ级	Ⅳ级
轨距(mm)		+4 -3	+6 -4	+8 -6	+12 -8
水平(mm)		5	8	10	13
扭曲(基长 3m)(mm)		4	6	8	10
高低(mm)	波长 1.5～42m	5	8	11	14
轨向(mm)	波长 1.5～42m	5	7	8	10
高低(mm)	波长 1.5～70m	6	10	15	—
轨向(mm)	波长 1.5～70m	6	8	12	—
车体垂向加速度(m/s^2)		1.0	1.5	2.0	2.5
车体横向加速度(m/s^2)		0.6	0.9	1.5	2.0
轨距变化率(基长 3m)(‰)		1.0	1.2	—	—

注:1. 表中管理值为轨道不平顺实际幅值的半峰值。
2. 水平限值不包括曲线按规定设置的超高值及超高顺坡量。
3. 扭曲限值包括缓和曲线超高顺坡造成的扭曲量。
4. 车体垂向加速度采用 20Hz 低通滤波;车体横向加速度Ⅰ、Ⅱ级标准采用 0.5～10Hz 带通滤波处理的值进行评判,Ⅲ、Ⅳ级标准采用 10Hz 低通滤波处理的值进行评判。
5. 避免出现连续多波不平顺和轨向、水平逆向复合不平顺。

250(不含)～350km/h 线路轨道动态质量容许偏差管理值 表 8-3-6

项目		经常保养	舒适度	临时补修	限速(200km/h)
偏差等级		Ⅰ级	Ⅱ级	Ⅲ级	Ⅳ级
轨距(mm)		+4 -3	+6 -4	+7 -5	+8 -6
水平(mm)		5	6	7	8
扭曲(基长 3m)(mm)		4	6	7	8
高低(mm)	波长 1.5～42m	4	6	8	10
轨向(mm)	波长 1.5～42m	4	5	6	7
高低(mm)	波长 1.5～120m	7	9	12	15
轨向(mm)	波长 1.5～120m	6	8	10	12
复合不平顺(mm)		6	8	—	—
车体垂向加速度(m/s^2)		1.0	1.5	2.0	2.5
车体横向加速度(m/s^2)		0.6	0.9	1.5	2.0
轨距变化率(基长 3m)(‰)		1.0	1.2	—	—

注:1. 表中管理值为轨道不平顺实际幅值的半峰值。
2. 水平限值不包括曲线按规定设置的超高值及超高顺坡量。
3. 扭曲限值包括缓和曲线超高顺坡造成的扭曲量。
4. 车体垂向加速度采用 20Hz 低通滤波;车体横向加速度Ⅰ、Ⅱ级标准采用 0.5～10Hz 带通滤波处理的值进行评判,Ⅲ、Ⅳ级标准采用 10Hz 低通滤波处理的值进行评判。
5. 复合不平顺指水平和轨向逆向复合不平顺,按水平和 1.5～42m 轨向代数差计算,避免出现连续多波不平顺。

(2)幅值选择

根据日本新干线轨道不平顺维修目标值(表 8-3-7)和我国历年来的研究成果,提出了秦沈客运专线 300km/h 综合试验段长波长轨道不平顺管理标准建议值:高低、轨向的最大不平顺波长应管理到 80m,高低的作业维修目标值(半峰值)为 7mm;轨向的作业维修目标值(半峰值)为 6mm。这些轨道不平顺的维修目标值可作为选择合适的轨道不平顺样本的参考。

日本新干线轨道不平顺维修目标值(1996 年)(mm)　　表 8-3-7

测定弦长	轨道不平顺种类	铁道综研(草案)		JR 东日本	JR 东海道	JR 西日本
		240km/h	300km/h	240km/h	270km/h	270km/h
40m 弦正矢	高低	10	7	10	7	8
	轨向	10	7	7	6	7

4)轨道不平顺的模拟

已有的研究表明,4 种轨道不平顺(即方向、轨距、高低和水平不平顺)相关性较弱,可将其视作多个独立的随机过程进行模拟。目前,国内外最常用的轨道不平顺数值模拟方法主要有二次滤波法、三角级数法、白噪声滤波法和周期性图法。其中,三角级数法计算简单,模拟样本的高斯特性、相关性及各态历经特性等均已得到数学证明。轨道不平顺可近似认为是一个平稳的各态历经的随机过程。对于一个零均值的平稳高斯过程,其样本可由下式来模拟:

$$f(t)=\sum_{k=1}^{N}a_k\sin(\omega_k t+\phi_k) \tag{8-3-18}$$

式中,$a_k=2\sqrt{S(\omega_k)\Delta\omega}$;$\omega_k=\omega_l+(k-0.5)\Delta\omega$;$\Delta\omega=(\omega_u-\omega_l)/N$;$\omega_u$、$\omega_l$ 分别为频率的上、下限;ϕ_k 为独立均匀分布在 $0\sim2\pi$ 范围内的随机数。

基于美国五级谱模拟的不平顺样本见图 8-3-2。

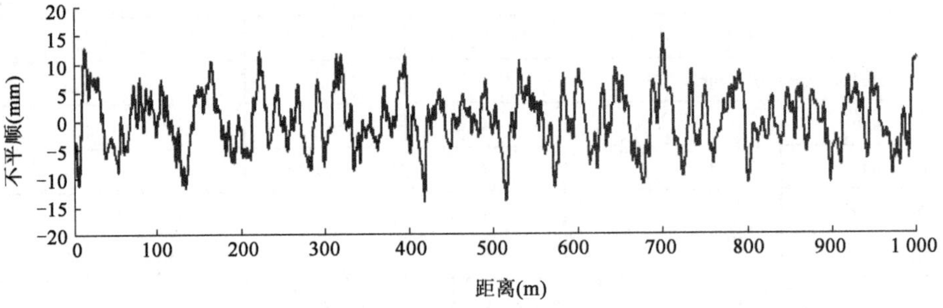

a)左轨水平不平顺样本

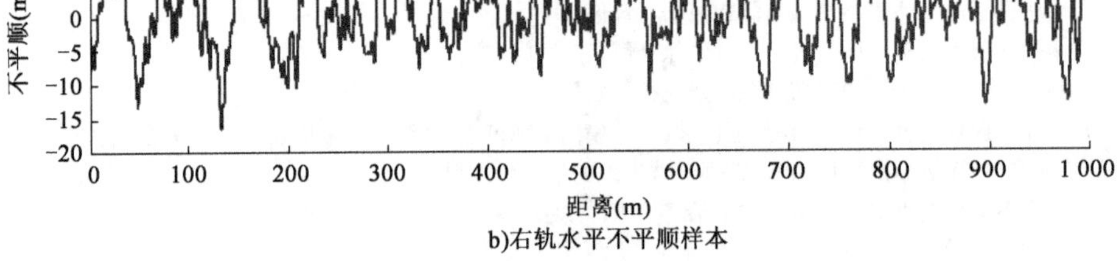

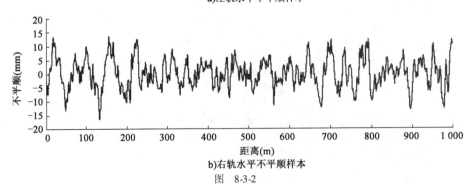

b)右轨水平不平顺样本

图 8-3-2

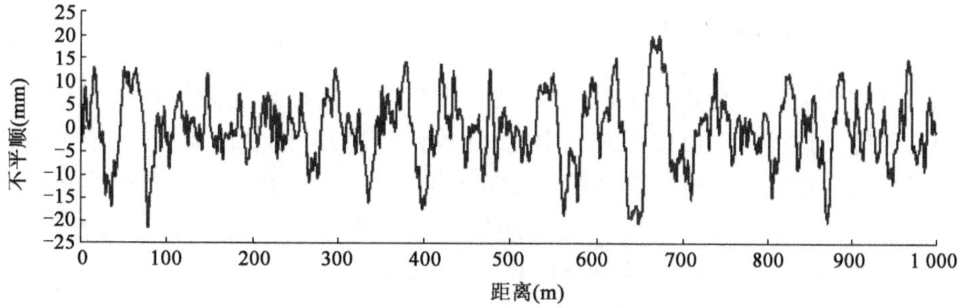

c)左轨高低不平顺样本

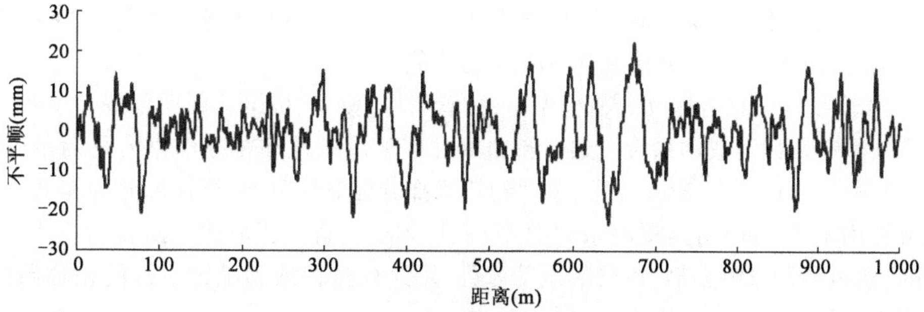

d)右轨高低不平顺样本

图 8-3-2　基于美国五级谱模拟的不平顺样本

基于德国低干扰谱,波长范围取 1 ~ 80m,模拟的轨道不平顺样本见图 8-3-3。可以看出,德国低干扰谱的高低不平顺幅值在 ± 10mm 之间,方向不平顺幅值在 ± 8mm 之间。

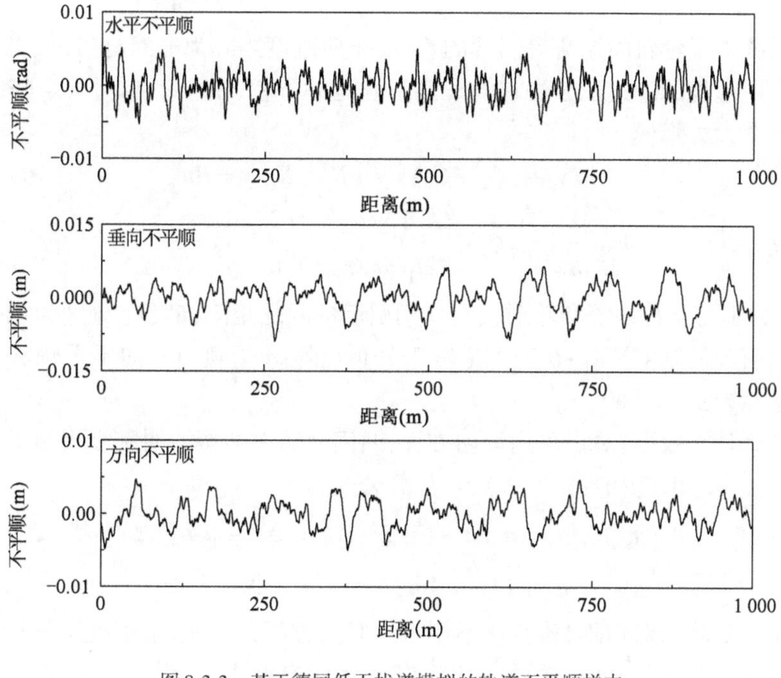

图 8-3-3　基于德国低干扰谱模拟的轨道不平顺样本

8.3.3 振动方程的求解

在以往计算资源不充足的年代,通常运用振型叠加法计算受到任意动力荷载作用的结构动力响应。这种方法可以缩减自由度,计算比较简便,概念比较清楚,能够看出各阶振型对于振动的贡献。不过对于非简支梁等振型比较复杂的结构,很难确定要取多少阶振型才能满足工程精度要求。此方法的基础是叠加原理,故只能应用于线性系统分析。现在计算机性能已经大幅提升,振型叠加法已经很少有人采用。

对于一般结构而言,一般使用逐步积分法对其进行动力分析。在实际应用中,常采用的逐步积分法有多种,包括显式积分法(如中心差分法、线性加速度法等)、隐式积分法(如平均加速度法、Wilson-θ 法和 Newmark 法)等。

前述车-桥空间耦合振动分析模型是由车辆计算模型、桥梁计算模型按一定的轮轨运动关系联系起来而组成的系统。通过轮轨的几何相容条件和相互作用力平衡条件,可建立车-桥系统总的动力学矩阵方程,考虑到桥梁部分为对称矩阵,车辆部分为非对称矩阵,为充分利用矩阵的对称性,提高求解效率,在具体运用直接积分法求解车-桥系统的动力响应时,通过分别求解车辆、桥梁的运动方程,用迭代过程来满足轮轨几何相容条件和相互作用力平衡条件。

显式积分法一般不须求解联立方程,在单个时间步内计算效率较高,但是为了保证计算结果的稳定性而必须采用极小的计算步长,这样反而会降低计算效率甚至造成求解失败,故对于桥梁的运动方程一般采用隐式积分法(如 Newmark 法),其递推计算公式为:

$$\dot{\boldsymbol{u}}_{t+\Delta t}=\dot{\boldsymbol{u}}_t+[(1-\delta)\ddot{\boldsymbol{u}}_t+\delta\ddot{\boldsymbol{u}}_{t+\Delta t}]\Delta t \tag{8-3-19}$$

$$\boldsymbol{u}_{t+\Delta t}=\boldsymbol{u}_t+\dot{\boldsymbol{u}}_t\Delta t+\left[\left(\frac{1}{2}-\alpha\right)\ddot{\boldsymbol{u}}_t+\alpha\ddot{\boldsymbol{u}}_{t+\Delta t}\right]\Delta t^2 \tag{8-3-20}$$

车辆系统由于轮轨间蠕滑等因素的存在,车辆刚度矩阵为非对称方阵,如式(8-3-21)所示。若采用常规的隐式积分法求解车辆系统运动方程,由于不能利用矩阵的对称性而使得计算效率大为降低。

$$\boldsymbol{M}\ddot{\boldsymbol{y}}+(\boldsymbol{C}_{\mathrm{s}}+\boldsymbol{C}_{\mathrm{r}})\dot{\boldsymbol{y}}+(\boldsymbol{K}_{\mathrm{s}}+\boldsymbol{K}_{\mathrm{r}})\boldsymbol{y}=\boldsymbol{B}\boldsymbol{u} \tag{8-3-21}$$

式中,$\boldsymbol{C}_{\mathrm{r}}=\begin{bmatrix}2f_{22}/v & 0\\ 0 & 2f_{11}b^2/v\end{bmatrix}$;$\boldsymbol{K}_{\mathrm{r}}=\begin{bmatrix}W\lambda/b & -2f_{22}\\ 2f_{11}b\lambda/r_0 & 0\end{bmatrix}$。

$\boldsymbol{C}_{\mathrm{s}}$、$\boldsymbol{C}_{\mathrm{r}}$ 分别为悬挂系统和轮对相互作用引起的阻尼矩阵;$\boldsymbol{K}_{\mathrm{s}}$、$\boldsymbol{K}_{\mathrm{r}}$ 分别为悬挂系统和轮对相互作用引起的刚度矩阵;$\boldsymbol{B}$ 为轨道输入分布矩阵;$\boldsymbol{u}$ 为轨道方向不平顺和水平不平顺的输入向量(详见文献[60])。

为了提高计算效率,对于车辆运动方程,西南交通大学翟婉明院士提出了一种新型快速显式积分法(Z-METHOD,翟方法),其计算公式为:

$$\begin{cases}\boldsymbol{u}_{n+1}=\boldsymbol{u}_n+\dot{\boldsymbol{u}}_n\Delta t+(1/2+\psi)\ddot{\boldsymbol{u}}_n\Delta t^2-\psi\ddot{\boldsymbol{u}}_{n-1}\Delta t^2\\ \dot{\boldsymbol{u}}_{n+1}=\dot{\boldsymbol{u}}_n+(1+\varphi)\ddot{\boldsymbol{u}}_n\Delta t-\varphi\ddot{\boldsymbol{u}}_{n-1}\Delta t\end{cases} \tag{8-3-22}$$

只要质量矩阵为对角阵,该方法不用求解联立方程,对于求解刚度矩阵具有非对称性质的车辆运动方程非常方便,但该方法为有条件稳定算法,其稳定临界步长为 1×10^{-5}s 左右,而对于车-桥系统动力响应而言,5×10^{-3}s 即可满足工程精度要求。

对此,中南大学郭向荣教授在 Z-METHOD 的基础提出了一种改进算法(G-METHOD),其算法为:对角元部分采用隐式积分法(Newmark 法),对于非对角元部分采用上述新型快速显式积分法(Z-METHOD)。G-METHOD 算法的稳定临界步长为 1×10^{-3}s 左右,是 Z-METHOD 稳定临界步长的 100 倍,在计算目标本身不要求计算步长必须小于 5×10^{-3}s(如列车运行平稳性与安全性计算)时,可显著提高车-桥系统动力响应的求解效率,限于篇幅,此处不详述。

8.4 列车-桥梁系统振动响应评价标准

为保障桥上列车的安全运营、车体平稳和乘车舒适,需要进行车-桥动力仿真分析,并考虑列车-桥梁之间的相互耦合作用。一般采用的技术路线为:对高速铁路可能采用的各种中速客车和高速客车车型和编组,优选其代表车型和编组,考虑其可能的速度范围并进行梯度分级,并在计算中将设计速度的 1.2 倍用于车-桥耦合动力响应分析,并采用脱轨系数、轮重减载率、横向摇摆力等判断列车运行安全性,采用斯佩林(Sperling)指标、垂向与横向车体加速度来判断车辆运行平稳性和舒适性,采用桥梁振动加速度等对桥梁动力性能进行评估(图 8-4-1)。

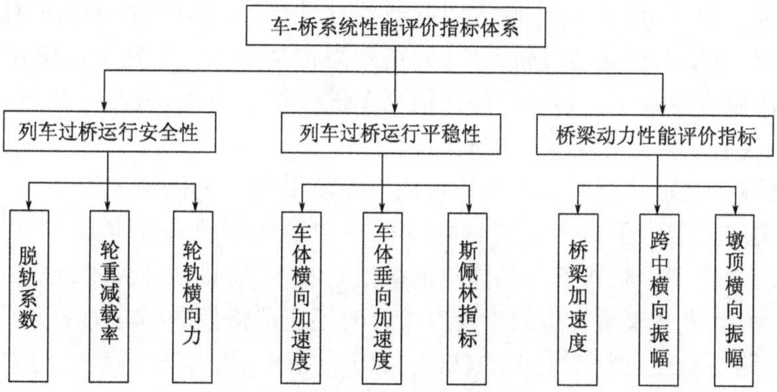

图 8-4-1　车-桥系统动力性能评价指标体系

8.4.1 行车安全评价指标

车辆运行时只有轮轨处于正常的接触状态,才能保证行车安全。车辆超速、轨道不平顺等非正常情况破坏了轮轨的正常接触状态,易造成车辆脱轨或者倾覆,发生安全事故。所有合理的评价车辆的安全性指标应该与轮轨之间的相互作用力有关,现有的评价体系采用脱轨系数、轮重减载率及轮轨横向力等重要参数评定。

研究脱轨问题最早的是法国科学家 Nadal,1896 年他根据车轮出现爬轨趋势的静力平衡条件,定义了车轮爬轨所需要的最小横向力和垂向力的比值 Q/P。图 8-4-2 给出了车轮轮缘与钢轨接触点处的受力关系。当钢轨作用于车轮的法向力 N、切向力 T 的合力 F 与轮轨垂向力 P、横向力 Q 相平衡时,有

$$\begin{cases} Q = N\sin\alpha - T\cos\alpha \\ P = N\cos\alpha + T\sin\alpha \end{cases} \tag{8-4-1}$$

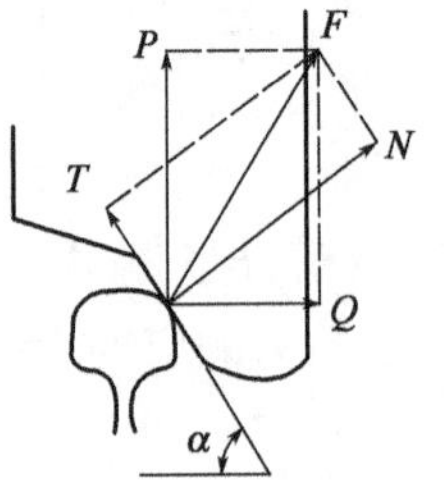

图 8-4-2 轮轨接触点受力关系

式中，α 为轮缘角。

设车轮与钢轨间的摩擦系数为 μ，即 $\mu = T/N$，从而可得脱轨系数

$$\frac{Q}{P}=\frac{\tan\alpha-\mu}{1+\mu\tan\alpha} \tag{8-4-2}$$

此即著名的 Nadal 公式。

由式(8-4-2)可见，Nadal 准则仅取决于最大轮缘接触角和轮轨间摩擦系数。因此，车轮踏面形状不同，脱轨系数临界值也就不同。为此，许多国家制定了各自的防脱轨安全标准。

轮重减载率为评定车辆在轮对横向力为零或接近于零的条件下，因一侧车轮严重减载而脱轨的安全性指标，定义为减载侧车轮的轮重减载量 ΔP 与轮对的平均静轮重 $\overline{P}$ 之比，记作 $\Delta P/\overline{P}$，其中

$$\overline{P}=(P_{st1}+P_{st2})/2 \tag{8-4-3}$$

$$\Delta P=\overline{P}-P_{i} \tag{8-4-4}$$

式中，P_{st1}、P_{st2} 分别为轮对左右侧车轮的静轮重；P_i 为减载侧车轮的轮轨垂向力。一般情况下，无偏载车辆各车轮的静轮重相同，即 $P_{st1}=P_{st2}=P$。

与脱轨系数一样，轮重减载率也是由作用于车轮的横向力以及竖向力的平衡条件经一系列公式推导而得出的。当车轮大幅度减载时，相应的轮轨横向力值往往也小，受测量误差的影响，难以求出正确的脱轨系数，特别是当轮载减至零时将无法测出脱轨系数，这时就需要采用轮重减载率从另一侧面评估列车安全性。所以，将轮重减载率与脱轨系数兼用，可以综合有效评定车辆运行的脱轨安全性。

早期的铁路，固定轨道的是下方的木枕。轮轨横向力的限值主要根据木枕线路道钉所能承受的横向力极限值或钢轨弹性扣件的横向设计荷载来确定。车辆在轨道上运行时，横向力过大，轻则引起轨道与梁体的连接松动破坏、轨排横移失稳，重则可导致道钉被挤出轨距加大，造成列车脱轨事故。所以设计时还应严格控制横向力的大小。

我国《铁路桥涵设计规范》(TB 10002—2017)指出：进行车-桥耦合动力响应分析时，脱轨系数、轮重减载率及轮对横向力应符合表 8-4-1 规定。

列车运营安全指标 表 8-4-1

项目	设计标准			
	高速铁路 城际铁路	客货共线 铁路	重载铁路	
			机车	货车
脱轨系数 Q/P	≤0.8	≤0.8	≤0.8	≤1.0
轮重减载率 $\Delta P/P$	≤0.6			
轮对横向力 Q(kN)	$\leqslant 10+P_0/3$	≤80	$\leqslant 0.90\left(15+\frac{P_{st1}+P_{st2}}{2}\right)$	$\leqslant 0.85\left(15+\frac{P_{st1}+P_{st2}}{2}\right)$

注：Q 为车轮作用于钢轨上的横向力(kN)；P 为车轮作用于钢轨上的垂向力(kN)；ΔP 为轮重减载量(kN)；P_0、P_{st1}、P_{st2} 为车轮静轮重(kN)。

除了脱轨系数和轮重减载率外，评定铁路车辆运行安全性指标还有倾覆系数，其主要用于评价车辆在侧向风力、离心力、横向振动惯性力等作用下车辆的倾覆可能性。我国

《高速试验列车客车强度及动力学规范》(95J01-M)定义倾覆系数 D 为

$$D=\frac{P_{\mathrm{d}}}{P_{\mathrm{st}}} \tag{8-4-5}$$

式中,P_{d} 为车辆或转向架同一侧车轮的垂向动荷载(kN);P_{st} 为相应车轮的垂向静荷载(kN)。

《高速试验列车客车强度及动力学规范》(95J01-M)规定:$D<0.8$。同时还规定,当车辆同一侧各车轮或一台转向架的同一侧各车轮其倾覆系数同时达到或超过0.8时,方可确认为有倾覆危险。

8.4.2 列车运行平稳性指标

车辆运行平稳性是衡量车辆运行性能的一项重要技术指标,它反映了车辆的振动性能。货车平稳性主要是评定货车振动对货物的损坏程度;客车平稳性是评定旅客舒适程度的主要依据,它反映了列车振动对旅客舒适性程度的影响。同时,平稳性指标也从侧面反映了支撑轨道结构的桥梁的竖、横向刚度,刚度大的桥梁上车辆的平稳性自然要好。铁道车辆的运行平稳性通过车体振动加速度和平稳性两个指标来评价。车体振动加速度指标是车体的瞬时振动特性;而平稳性指标是车体全程振动特性。评定铁道车辆运行的平稳性主要有Sperling平稳性指标评定方法、ISO2631评定方法、《铁路车辆内旅客振动舒适性评价准则》(UIC513)评定方法、等舒适度评价方法、疲劳时间法等(图8-4-3)。目前,欧洲采用UIC513评价方法,日本采用等舒适度评价方法,法国国铁(SNCF)采用疲劳时间作为评价指标。国际铁路联盟UIC在ISO2631基础上借鉴概率统计方法提出了车辆运行舒适性评价方法。我国铁路行业采用Sperling平稳性指标评定机车车辆的运行平稳性。下面重点介绍我国铁路规范使用的车体加速度指标与Sperling平稳性指标。

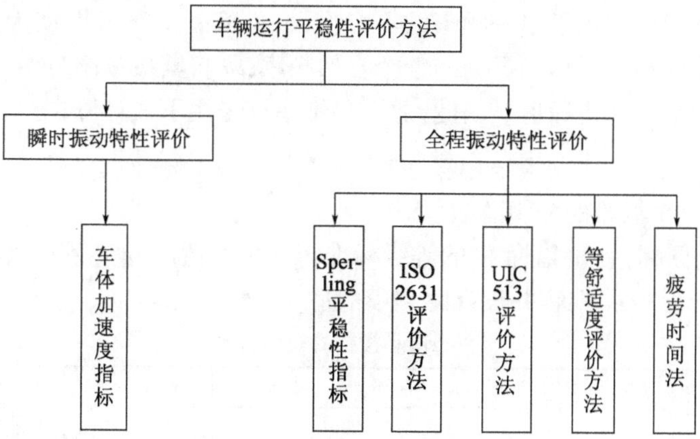

图8-4-3 车辆运行舒适性评价方法

1)车体加速度指标

轨道不平顺较大时,车辆振动可能会使旅客产生不舒适、不安全的感觉。为避免因车辆振动过大而导致乘客步态不稳,以及杯或碗中液体的溢出,通过控制车体振动加速度来反映轨道的平顺性。根据车辆动力学分析知,常规车辆振动加速度峰值一般持续时间很短,加速度峰值仅反映瞬时的舒适性,因此舒适度标准对应的加速度限值可作为瞬时舒适性指标,与 Sperling 平稳性指数作为总体舒适性指标反馈角度不同。

关于车体的振动加速度,对于货车和旅客列车是不同的,货车主要是保证车体的振动不引起货物破坏,而旅客列车主要是要保证人的舒适性。我国《铁路桥涵设计规范》(TB 10002—2017)对桥上列车的车体振动加速度评估,采用如下标准

$$\begin{cases} a \leqslant 1.3\text{m/s}^2 & \text{垂向(半峰值)} \\ a \leqslant 1.0\text{m/s}^2 & \text{横向(半峰值)} \end{cases} \tag{8-4-6}$$

2)Sperling(斯佩林)平稳性指标

早在第二次世界大战以前,德国 Sperling 等就进行了大量的、针对人体生理感觉的试验。被试验人员坐在专门的振动试验台上,在不同方向进行变频率、变振幅的重复试验,根据被试验人员的反映,将其感觉分级记载,在对上千次试验数据统计的基础上,提出了 Sperling 平稳性指标 W。

我国机车车辆运行平稳性指标采用 Sperling 指标,计算公式为

$$W = 7.08\left[\frac{A^3}{f}F(f)\right]^{\frac{1}{10}} \tag{8-4-7}$$

式中,W 为平稳性指标;A 为振动加速度(g);f 为振动频率(Hz);$F(f)$ 为频率修正系数,具体如下

$$\text{垂向振动}: F(f) = \begin{cases} 0.325f^2 & (f = 0.5 \sim 5.9\text{Hz}) \\ 400/f^2 & (f = 5.9 \sim 20\text{Hz}) \\ 1 & (f > 20\text{Hz}) \end{cases} \tag{8-4-8}$$

$$\text{横向振动}: F(f) = \begin{cases} 0.8f^2 & (f = 0.5 \sim 5.4\text{Hz}) \\ 650/f^2 & (f = 5.4 \sim 26\text{Hz}) \\ 1 & (f > 26\text{Hz}) \end{cases} \tag{8-4-9}$$

以上平稳性指标适用于单一频率的等幅振动,而实际上车辆振动为随机振动。从车体上测得的加速度包含了车辆振动的整个自然频率,需将其按频率分组,统计出每一频率中不同加速度的平稳性指标值。因此,总平稳性指标采用下式计算

$$W = (W_1^{10} + W_2^{10} + W_3^{10} \cdots + W_N^{10})^{\frac{1}{10}} \tag{8-4-10}$$

式中,N 为整个波段的分组总数。

Sperling(斯佩林)评价指标 W 的等级标准与乘坐舒适度的关系见表 8-4-2,由表可看出,当 W 的值小于 3 时,乘客并没有感到不舒适。

Sperling 指标的等级标准　　表 8-4-2

W 值	运行品质(对于车辆)	W 值	乘坐舒适度(对于人)
1	优	1	刚能感觉
2	良好	2	明显感觉
3	可以满足	2.5	更明显,但并无不快
4	允许运行	3	强烈,不正常,但还能忍受
4.5	不允许运行	3.25	很不正常
5	危险	3.5	极不正常,可厌,烦恼,不能长时间忍受
		4	极可厌,长时承受有害

我国《机车车辆动力学性能评定及试验鉴定规范》(GB/T 5599—2019)关于机车、客车、货车的平稳性评定等级见表 8-4-3,其中垂向和横向平稳性采用相同的评定等级。

我国机车车辆的平稳性等级　　表 8-4-3

平稳性等级		机车 W	客车 W	货车 W
1 级	优秀	$W\leqslant2.75$	$W\leqslant2.5$	$W\leqslant3.5$
2 级	良好	$2.75<W\leqslant3.10$	$2.5<W\leqslant2.75$	$3.5<W\leqslant4.0$
3 级	合格	$3.10<W\leqslant3.45$	$2.75<W\leqslant3.0$	$4.0<W\leqslant4.25$

3)桥梁加速度指标

为确保桥上线路结构的稳定性,需要对桥面振动加速度加以控制。欧盟对此进行过现场测试和试验研究,认为列车过桥时,有砟桥面相应于 20Hz 以内的竖向振动加速度在 $0.35g$ 及以下,可保证道床的稳定性;对于无砟桥面,为防止跳轨,其限值取 $0.50g$。

目前,我国《铁路桥涵设计规范》(TB 10002—2017)规定:设计时速 200km 客货共线、高速铁路、重载铁路桥面板在 20Hz 及以下竖向振动加速度限值,有砟桥面时不应大于 $0.35g$,无砟桥面时不应大于 $0.5g$。

对于横向振动,根据日本铁道综合技术研究所的试验研究结果,当桥梁的横向振动加速度达到 $0.1g\sim0.2g$ 时,运行于桥上的列车容易脱轨,因此不应超过此范围。我国《铁路桥梁检定规范》(铁运函〔2004〕120 号)规定,当列车通过桥梁时,桥跨结构在荷载平面的横向振动加速度不应超过 $0.14g$。

综合以上规定,桥梁振动加速度限值见表 8-4-4。

桥梁振动加速度限值　　表 8-4-4

桥梁分类	有砟轨道桥梁	无砟轨道桥梁
竖向振动加速度(m/s^2)	≤3.5	≤5.0
横向振动加速度(m/s^2)	≤1.4	≤1.4

8.5　列车-桥梁系统振动分析实例

本节对某跨海大桥的引桥(图 8-5-1 与图 8-5-2)进行车-桥耦合振动分析,引桥主梁为混凝土简支箱梁,跨度为 49.20m。选取其中 10 跨进行车-桥耦合振动分析。计算条件为:①铁路等级:高速铁路。②正线数目:2。③设计速度:350km/h。④设计活载:ZK 标准活载。⑤二期恒载:125kN/m。

对主梁及桥墩、桩基础均采用空间梁单元建模,桩基础采用 m 法,考虑桩土共同作用。应用中南大学车-桥耦合动力分析团队历经多年研发的列车-轨道-桥梁耦合动力分析专用软件 TTB 对全桥进行了精细化建模,如图 8-5-3 所示。

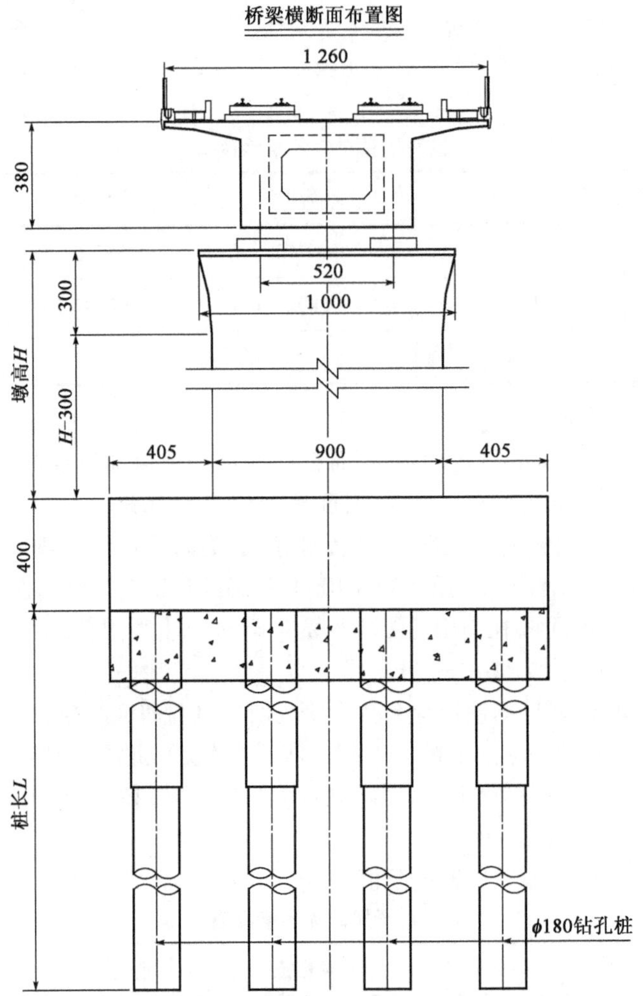

图 8-5-1 引桥墩梁横断面图(尺寸单位:cm)

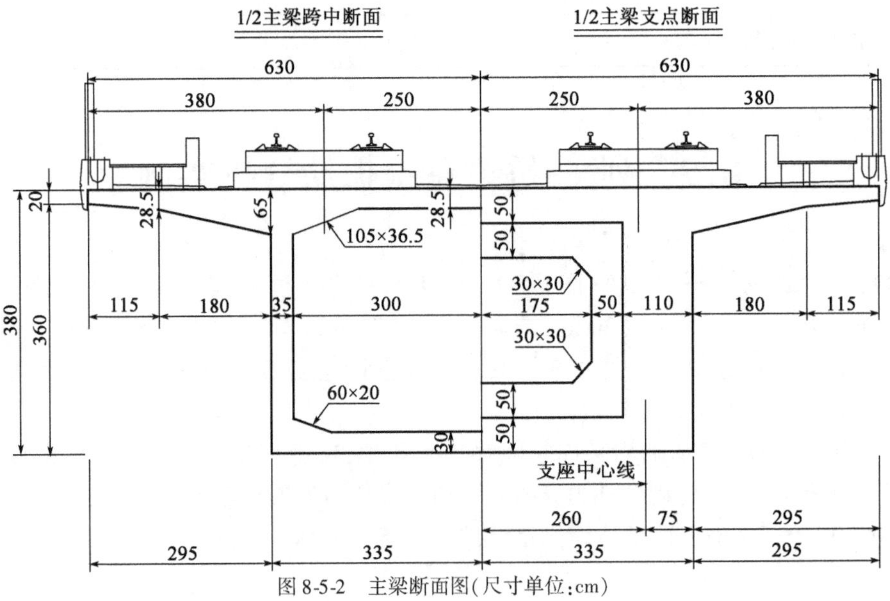

图 8-5-2 主梁断面图(尺寸单位:cm)

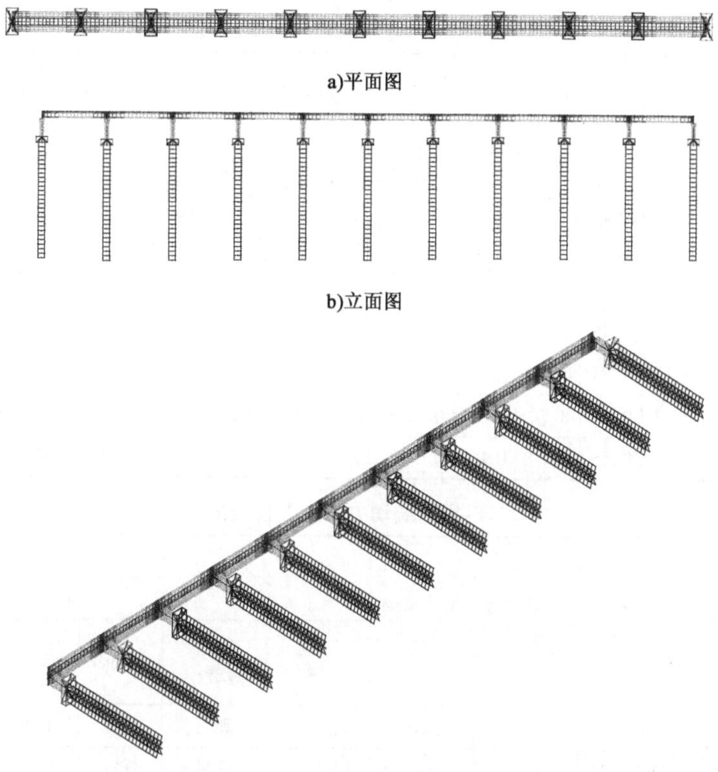

a)平面图

b)立面图

c)轴视图

图 8-5-3　全桥有限单元划分示意图

根据前述计算模型与计算原理，计算了 CRH3 列车通过桥梁时的车-桥系统空间动力响应，相应的列车编组及计算工况如表 8-5-1 所示。

列车编组及计算工况　　表 8-5-1

列车名称	编　组	计算车速(km/h)	轨道不平顺
CRH3	16 辆编组:4(1×动车+2×拖车+1×动车)	200,225,250,275,300 325,350,375,400,420	德国低干扰谱轨道不平顺

为便于评价，对车-桥系统空间动力响应计算结果按设计速度(200～350km/h)段和检算速度(375～420km/h)段的最大值进行汇总，桥梁与列车动力响应最大值分别汇总于表 8-5-2及表 8-5-3。根据前述评价标准，评价结果见表 8-5-4。计算结果表明，该桥在无风条件下具有良好的动力特性，桥梁动力响应、列车运行安全性及乘坐舒适性均满足要求。

车-桥耦合振动计算桥梁动力响应最大值　　表 8-5-2

车辆类型	工况	列车速度(km/h)	冲击系数	振动位移(mm)			梁端转角(10^{-4}rad)		振动加速度(m/s^2)		
				主梁横向	主梁竖向	墩顶横向	横向	竖向	主梁横向	主梁竖向	墩顶横向
CRH3	单线	200～350	2.17	0.36	5.54	0.28	0.08	3.53	0.11	1.25	0.17
		375～420	1.06	0.34	2.70	0.23	0.05	1.69	0.15	0.33	0.10
	双线	200～350	1.88	0.40	9.52	0.32	0.09	3.54	0.12	1.88	0.17
		375～420	1.03	0.34	5.22	0.24	0.06	1.71	0.20	0.49	0.10

车-桥耦合振动计算列车动力响应最大值 表 8-5-3

列车类型	工况	车速 (km/h)	动车							拖车						
			脱轨系数 Q/P	轮重减载率 $\Delta P/P$	横向力 (kN)	竖向加速度 (m/s^2)	横向加速度 (m/s^2)	Sperling 指标		脱轨系数 Q/P	轮重减载率 $\Delta P/P$	横向力 (kN)	竖向加速度 (m/s^2)	横向加速度 (m/s^2)	Sperling 指标	
								竖向	横向						竖向	横向
CRH3	单线	200~350	0.12	0.46	8.75	0.83	0.46	2.62	2.49	0.10	0.48	6.43	0.67	0.43	2.52	2.47
		375~420	0.15	0.55	10.79	0.81	0.67	2.73	2.63	0.12	0.56	7.12	0.79	0.46	2.62	2.57
	双线	200~350	0.12	0.46	8.70	0.83	0.46	2.63	2.49	0.09	0.48	6.23	0.68	0.43	2.52	2.47
		375~420	0.15	0.55	10.78	0.81	0.67	2.72	2.64	0.12	0.56	7.09	0.79	0.46	2.63	2.57

车-桥系统动力响应评价结果 表 8-5-4

列车类型	工况	车速 (km/h)	桥梁动力响应	车体振动加速度	行车安全性		乘坐舒适性			
							动车		拖车	
					脱轨系数	轮重减载率	竖向	横向	竖向	横向
CRH3	单线	200~350	满足	满足	满足	满足	优秀	优秀	良好	优秀
		375~420	满足	满足	满足	满足	优秀	优秀	良好	良好
	双线	200~350	满足	满足	满足	满足	优秀	优秀	良好	优秀
		375~420	满足	满足	满足	满足	优秀	优秀	良好	良好

思考题与习题

8.1 从列车、轨道、桥梁以及外部环境等方面，简述引起列车-桥梁系统振动的主要因素。

8.2 基于列车-桥梁系统振动分析理论，能解决的桥梁动力学问题有哪些？

8.3 常见的车-桥振动研究方法有哪些？简述各自特点及相互联系。

8.4 桥梁动力学评估的内容与指标有哪些？

8.5 列车走行性评估系统包括哪些内容，具体指标是什么？

附录

附录1　系统矩阵生成程序

```
%************************************
%              平面梁单元刚度、质量及阻尼矩阵自动生成程序
%************************************
function[K,C,M] = KCM( ~ )
syms vi vi_z vj vj_z;
syms vi_t vi_zt vj_t vj_zt;
syms vi_tt vi_ztt vj_tt vj_ztt;
syms z ln E In c m;
%-----------------------------------
N1 = 1 - 3 * (z/ln)^2 + 2 * z^3/ln^3;
N2 = z - 2 * z^2/ln + z^3/(ln^2);
N3 = 3 * (z/ln)^2 - 2 * (z/ln)^3;
N4 = - z^2/ln + z^3/(ln^2);
N = [N1,N2,N3,N4];                          %形函数
qe = [vi,vi_z,vj,vj_z];                     %节点位移参数向量
qe_t = [vi_t,vi_zt,vj_t,vj_zt];             %节点速度参数向量
qe_tt = [vi_tt,vi_ztt,vj_tt,vj_ztt];        %节点加速度参数向量
vz = N * qe';                               %单元竖向位移函数
vz_zz = diff(vz,z,2);                       %vz 对 z 的 2 阶导数
Nqe = size(qe,2);                           %单元自由度数
%-----------------------------------
Ui = int(1/2 * (E * In * vz_zz^2),z,0, ln);    %关于变量 z 从 0 到 ln 的定积分,得到
梁单元弯曲应变能 Ui
```

```
    Vc = int(c * N * qe_t' * vz,z,0, ln);                % 关于变量 z 从 0 到 ln 的定积分,得到
梁单元阻尼力势能 Vc
    Vm = int(m * N * qe_tt' * vz,z,0, ln);               % 关于变量 z 从 0 到 ln 的定积分,得到
梁单元惯性力势能 Vm
    Ptotal = Ui + Vc + Vm;                               % 单元任意时刻的总势能
    % - - - - - - - - - - - - - - - - - - - - - - - - - - - - - - - - - - - -
    Ke = sym((zeros(Nqe,Nqe)));
    Ce = sym((zeros(Nqe,Nqe)));
    Me = sym((zeros(Nqe,Nqe)));
    for i = 1:Nqe
        Ptotal_qei = diff(Ptotal,qe(i));
      for j = 1:Nqe
        Ke(i,j) = diff(Ptotal_qei,qe(j));               % 平面梁单元刚度矩阵
        Ce(i,j) = diff(Ptotal_qei,qe_t(j));             % 平面梁单元阻尼矩阵
        Me(i,j) = diff(Ptotal_qei,qe_tt(j));            % 平面梁单元质量矩阵
      end
    end
    Ke;                                                  % 输出单元刚度矩阵
    Ce;                                                  % 输出单元阻尼矩阵
    Me;                                                  % 输出单元质量矩阵
```

附录 2　振型叠加法程序

```
% * * * * * * * * * * * * * * * * * * * * * * * * * * * * * * * * * * * *
%                    振型叠加法(以例 4-5-1 为实例)
% * * * * * * * * * * * * * * * * * * * * * * * * * * * * * * * * * * * *
FP1 = fopen('input.txt','rt');                      % 打开数据输入文本
dt = fscanf(FP1,'%f',1);                            % 读入时间步长 dt
nt = fscanf(FP1,'%f',1);                            % 读入计算次数 nt
n = fscanf(FP1,'%f',1);                             % 读入自由度数 n
nmode = fscanf(FP1,'%f',1);                         % 读入选取振型数 nmode
p = fscanf(FP1,'%f',1);                             % 读入简谐外荷载的幅值
wbar = fscanf(FP1,'%f',1);                          % 读入简谐外荷载的频率
M = fscanf(FP1,'%d',[n,n]);                         % 读入质量矩阵
K = fscanf(FP1,'%d',[n,n]);                         % 读入刚度矩阵
A = fscanf(FP1,'%f',[n,nmode]);                     % 读入前 nmode 阶振型
rdamp = fscanf(FP1,'%f',[nmode,1]);                 % 读入前 nmode 阶阻尼比
W = fscanf(FP1,'%f',[nmode,1]);                     % 读入前 nmode 阶频率
```

```
% ----确定荷载向量
for i =1:nt;
    for j =1:n;
      if i> =0&i< =nt;
        Q(j,i) =p*sin(i*dt*wbar);
      end;
    end;
end;
% ----将振型进行正则化处理
Mgnrl =diag(A'*M*A);
for i =1:nmode
    for j =1:n
      Abar(j,i) =A(j,i)/sqrt(Mgnrl(i));
    end
end
% ----本程序以例4-5-1为实例,基于其正则坐标响应的解析式,写出其稳态响应的程序,对于无解析式的荷载工况,此处需改为杜哈美数值积分程序
for i =1:nmode
    D(i) =1/sqrt((1-wbar^2/W(i)^2)^2+(2*rdamp(i)*wbar/W(i))^2);
    cta(i) =atan((2*rdamp(i)*wbar/W(i))/(1-wbar^2/W(i)^2));
end
for i =1:nmode
    for j =1:nt
      Tbar(i,j) =p*Abar(:,i)'*ones(n,1)*D(i)*sin(j*wbar*dt-cta(i))/
      W(i)^2;
    end
end
% ----系统的稳态响应
for i =1:n
    for j =1:nt
      d(i,j) =Abar(i,:)*Tbar(:,j);
    end
end
% ---- 输出稳态响应
i =1:nt;
xlswrite('稳态响应.xlsx',d(:,i),1,'A1'); %将数据写入xlsx文件中,数据的开始位置为sheet1,A1
```

附录3　子空间迭代法程序

```
%*********************************************
%                    子空间迭代法
%*********************************************
FP1 = fopen('input.txt','rt');                  %打开数据输入文本
niter = fscanf(FP1,'%f',1);                     %读入最多迭代次数 niter
n = fscanf(FP1,'%f',1);                         %读入自由度数 n
nmode = fscanf(FP1,'%f',1);                     %读入假设振型阶数 nmode
err = fscanf(FP1,'%f',1);                       %读入容许误差限值 err
M = fscanf(FP1,'%d',[n,n]);                     %读入质量矩阵
K = fscanf(FP1,'%d',[n,n]);                     %读入刚度矩阵
A0 = fscanf(FP1,'%f',[n,nmode]);                %读入假设振型
for j = 1:nmode
    A0(:,j) = A0(:,j)/max(abs(A0(:,j)));        %将假设振型 A0 基准化
end
% ----开始迭代
for  iter = 1:niter
    % ----第 iter 次迭代
    F0 = A0;
    F1 = K\M * F0;
    for j = 1:nmode
      F1(:,j) = F1(:,j)/max(abs(F1(:,j)));
    end
    M1 = F1' * M * F1;
    K1 = F1' * K * F1;
    [V1,W1] = eig(M1\K1);
    for j = 1:nmode
      a1(:,j) = V1(:,j)/V1(j,j);
    end
    A1 = F1 * a1;
    for j = 1:nmode
      A1(:,j) = A1(:,j)/max(abs(A1(:,j)));
    end
    % ----精度判断
    for i = 1:n
      for j = 1:nmode
```

```
            if abs( A1( i,j) - A0( i,j) ) > = err
              A0 = A1;
            else if abs( A1( i,j) - A0( i,j) ) < err
                  break
              end
            end
          end
        end
    end
    ww = sqrt( diag( W1 ) ) ;
    S = A1;
    W = sort( ww) ;
    for j = 1:nmode
        for i = 1:nmode
          if W( j) = = ww( i)
            A( :,j) = S( :,i)/S(1,i) ;
          end
        end
    end
    % - - - - 输出自振特性
    xlswrite( '自振特性.xlsx',A,1,'A2') ;    % 将数据写入 xlsx 文件中,数据的开始位置为 sheet1,A2
    xlswrite( '自振特性.xlsx',W,2,'A2') ;    % 将数据写入 xlsx 文件中,数据的开始位置为 sheet2,A2
```

附录 4　威尔逊(Wilson) -θ 法程序

```
% * * * * * * * * * * * * * * * * * * * * * * * * * * * * * * * * * * * *
%                       Wilson-θ 法( 以例 4-5-1 为实例)
% * * * * * * * * * * * * * * * * * * * * * * * * * * * * * * * * * * * *
FP1 = fopen( 'input.txt','rt') ;                % 打开数据输入文件
dt = fscanf( FP1,'%f',1) ;                      % 读入时间步长 dt
nt = fscanf( FP1,'%f',1) ;                      % 读入计算次数 nt
n = fscanf( FP1,'%f',1) ;                       % 读入自由度数 n
cta = fscanf( FP1,'%f',1) ;                     % 读入参数 cta
Rayleigha0 = fscanf( FP1,'%f',1) ;              % 读入瑞利阻尼待定常数 Rayleigha0
Rayleigha1 = fscanf( FP1,'%f',1) ;              % 读入瑞利阻尼待定常数 Rayleigha1
p = fscanf( FP1,'%f',1) ;                       % 读入外荷载幅值
```

```
wbar = fscanf(FP1,'%f',1);                  %读入外荷载频率
M = fscanf(FP1,'%d',[n,n]);                 %读入质量矩阵
K = fscanf(FP1,'%d',[n,n]);                 %读入刚度矩阵
C = Rayleigha0 * M + Rayleigha1 * K;        %定义阻尼矩阵 C
% ----外荷载
for i = 1:nt
    for j = 1:n
      if i > 0&&i < = nt
        Q(j,i) = p * sin(i * dt * wbar);
      end
    end
end
% ---- 计算动力响应
b0 = 6/(cta^2 * dt^2);
b1 = 6/(cta * dt);
b2 = 3/(cta * dt);
b3 = cta * dt/2;
b4 = 6/(cta^3 * dt^2);
b5 = -6/(cta^2 * dt);
b6 = 1 - 3/cta;
b7 = dt/2;
b8 = dt^2/6;
d(:,1) = zeros(n,1);
v(:,1) = zeros(n,1);
a(:,1) = M\(Q(:,1) - C * v(:,1) + K * d(:,1));
Keff = b0 * M + b2 * C + K;
for i = 2:nt;
Qcta(:,i) = Q(:,i-1) + cta * (Q(:,i) - Q(:,i-1));
Qeff = Qcta(:,i) + M * (b0 * d(:,i-1) + b1 * v(:,i-1) + 2 * a(:,i-1)) + C *
(b2 * d(:,i-1) + 2 * v(:,i-1) + b3 * a(:,i-1));
dcta(:,i) = Keff\Qeff;
a(:,i) = b4 * (dcta(:,i) - d(:,i-1)) + b5 * v(:,i-1) + b6 * a(:,i-1);
v(:,i) = v(:,i-1) + b7 * (a(:,i) + a(:,i-1));
d(:,i) = d(:,i-1) + 2 * b7 * v(:,i-1) + b8 * (a(:,i) + 2 * a(:,i-1));
end
% ---- 输出动力响应
i = 1:nt;
xlswrite('动力响应.xlsx',d(:,i),1,'A1'); %将数据写入 xlsx 文件中,数据的开始位
置为 sheet1,A1
```

xlswrite('动力响应.xlsx',v(:,i),2,'A1'); % 将数据写入 xlsx 文件中,数据的开始位置为 sheet2,A1
xlswrite('动力响应.xlsx',a(:,i),3,'A1'); % 将数据写入 xlsx 文件中,数据的开始位置为 sheet3,A1

附录 5　纽马克(Newmark)法程序

```
% * * * * * * * * * * * * * * * * * * * * * * * * * * * * * * * * * * * *
%                    Newmark 法(以例 4-5-1 为实例)
% * * * * * * * * * * * * * * * * * * * * * * * * * * * * * * * * * * * *
FP1 = fopen('input.txt','rt');                   % 打开数据输入文件
dt = fscanf(FP1,'%f',1);                         % 读入时间步长 dt
nt = fscanf(FP1,'%f',1);                         % 读入计算次数 nt
n = fscanf(FP1,'%f',1);                          % 读入自由度数 n
alfa = fscanf(FP1,'%f',1);                       % 读入积分控制参数 alfa
dta = fscanf(FP1,'%f',1);                        % 读入积分控制参数 dta
Rayleigha0 = fscanf(FP1,'%f',1);                 % 读入瑞利阻尼待定常数 Rayleigha0
Rayleigha1 = fscanf(FP1,'%f',1);                 % 读入瑞利阻尼待定常数 Rayleigha1
p = fscanf(FP1,'%f',1);                          % 读入外荷载幅值
wbar = fscanf(FP1,'%f',1);                       % 读入外荷载频率
M = fscanf(FP1,'%d',[n,n]);                      % 读入质量矩阵
K = fscanf(FP1,'%d',[n,n]);                      % 读入刚度矩阵
C = Rayleigha0 * M + Rayleigha1 * K;             % 定义阻尼矩阵 C
% - - - - 外荷载
for i = 1:nt
    for j = 1:n
      if i > 0&&i <= nt
        Q(j,i) = p * sin(i * dt * wbar);
      end
    end
end
% - - - - 计算动力响应
b0 = 1/(alfa * dt^2);
b1 = 1/(alfa * dt);
b2 = 1/(2 * alfa) - 1;
b3 =  dta/(alfa * dt);
b4 = dta/alfa - 1;
b5 = dt/2 * (dta/alfa - 2);
```

```
d( :,1) =zeros(n,1);
v( :,1) =zeros(n,1);
a( :,1) =M\(Q( :,1) -C*v( :,1) +K*d( :,1));
Keff=b0*M+b3*C+K;
for i=2:nt
Qeff=Q( :,i) +M*(b0*d( :,i-1) +b1*v( :,i-1) +b2*a( :,i-1)) +C*(b3
*d( :,i-1) +b4*v( :,i-1) +b5*a( :,i-1));
d( :,i) =Keff\Qeff;
a( :,i) =b0*(d( :,i) -d( :,i-1)) -b1*v( :,i-1) -b2*a( :,i-1);
v( :,i) =b3*(d( :,i) -d( :,i-1)) -b4*v( :,i-1) -b5*a( :,i-1);
end
% ---- 输出动力响应
i=1:nt;
xlswrite('动力响应.xlsx',d( :,i),1,'A1'); %将数据写入 xlsx 文件中,数据的开始位
置为 sheet1,A1
xlswrite('动力响应.xlsx',v( :,i),2,'A1'); %将数据写入 xlsx 文件中,数据的开始位
置为 sheet2,A1
xlswrite('动力响应.xlsx',a( :,i),3,'A1'); %将数据写入 xlsx 文件中,数据的开始位
置为 sheet3,A1
```

参 考 文 献

[1] R 克拉夫, J 彭津. 结构动力学[M]. 王光远,译. 北京:科学出版社,1983.

[2] R 克拉夫, J 彭津. 结构动力学[M]. 2 版. 修订版. 王光远,译校. 北京:高等教育出版社,2006.

[3] Anil K Chopra. 结构动力学理论及其在地震工程中的应用[M]. 2 版. 谢礼立,吕大刚,等,译. 北京:高等教育出版社,2007.

[4] S 铁摩辛柯,D H 杨. 高等动力学[M]. 陈凤初,译. 北京:科学出版社,1962.

[5] 井町勇. 机械振动学[M]. 尹传家,等,译. 北京:科学出版社,1979.

[6] J S 普齐米尼斯基. 矩阵结构分析理论[M]. 王德荣,等,译. 北京:国防工业出版社,1974.

[7] S P Timoshenko, D H Young. Theory of structures[M]. Mc Graw Hill, 1965.

[8] S 铁摩辛柯,等. 工程中的振动问题[M]. 胡人礼,译. 北京:人民铁道出版社,1978.

[9] 胡海昌. 弹性力学的变分原理及其应用[M]. 北京:科学出版社,1981.

[10] 鹫津久一郎. 能量原理[M]. 尹泽勇,江伯南,译. 北京:中国建筑工业出版社,1977.

[11] F 柏拉希. 金属结构的屈曲强度[M]. 同济大学钢木结构教研室,译. 北京:科学出版社, 1965.

[12] 邱秉权. 分析力学[M]. 北京:中国铁道出版社,1998.

[13] 季文美,方同,陈松淇. 机械振动[M]. 北京:科学出版社,1985.

[14] 秦荣. 计算结构动力学[M]. 桂林:广西师范大学出版社,1997.

[15] 王光远. 建筑结构的振动[M]. 北京:科学出版社,1979.

[16] 唐友刚. 高等结构动力学[M]. 天津:天津大学出版社,2002.

[17] 刘晶波,杜修力. 结构动力学[M]. 北京:机械工业出版社,2007.

[18] 刘保东. 工程振动与稳定基础[M]. 3 版. 北京:清华大学出版社,2010.

[19] 曾庆元. 三跨连续变截面薄壁双室箱型梁计算的有限元法[J]. 长沙铁道学院学报,1981,34-48.

[20] 曾庆元,杨平. 形成矩阵的"对号入座"法则与桁梁空间分析的桁段有限元法[J]. 铁道学报, 1986,8(2):48-59.

[21] 曾庆元. 弹性系统动力学总势能不变值原理[J]. 华中理工大学学报,2000,28(1):1-3.

[22] 曾庆元. 弹性系统动力分析的位移变分法[C]//第十一届全国结构工程学术会议论文集第Ⅰ卷,2002.

[23] 曾庆元,郭向荣. 列车桥梁时变系统振动分析理论与应用[M]. 北京:中国铁道出版社,1999.

[24] 曾庆元,向俊,周智辉,等. 列车脱轨分析理论与应用[M]. 长沙:中南大学出版社,2006.

[25] 曾庆元,向俊,娄平. 车桥及车轨时变系统横向振动计算中的根本问题与列车脱轨能量随机分析理论[J]. 中国铁道科学, 2002, 23(1):1-10.

[26] 洪善桃. 高等动力学[M]. 上海:同济大学出版社,1990.

[27] 郑兆昌.机械振动(中册)[M].北京:机械工业出版社,1986.
[28] 闻邦椿,刘树英,陈照波,等.机械振动理论与应用[M].北京:高等教育出版社,2009.
[29] 周智辉,文颖,曾庆元.结构动力学讲义[M].2版.北京:人民交通出版社股份有限公司,2017.
[30] 张子明,周星德,姜冬菊.结构动力学[M].北京:中国电力出版社,2009.
[31] 刘延柱,陈立群,陈文良.振动力学[M].2版.北京:高等教育出版社,2011.
[32] Roy R Craig, Andrew J Kurdila. Fundamentals of Structural Dynamics [M]. Second Edition. NJ: John Wiley & Sons. Inc., 2006.
[33] 李耀庄,管品武.结构动力学及应用[M].合肥:安徽科学技术出版社,2005.
[34] 埃米尔·希缪,罗伯特·H·斯坎伦.风对结构的作用——风工程导论[M].刘尚培,项海帆,谢霁明,译.上海:同济大学出版社,1992.
[35] 张相庭.工程抗风设计计算手册[M].北京:中国建筑工业出版社,1997.
[36] John D Holmes. Wind loading of structures[M]. New York: Taylor & Francis, 2004.
[37] 陈政清.桥梁风工程[M].北京:人民交通出版社,2005.
[38] 项海帆.现代桥梁抗风理论与实践[M].北京:人民交通出版社,2005.
[39] 黄本才.结构抗风分析原理及应用[M].上海:同济大学出版社,2001.
[40] 张相庭.结构风工程理论、规范、实践[M].北京:中国建筑工业出版社,2006.
[41] 葛耀君.大跨度悬索桥抗风[M].北京:人民交通出版社,2011.
[42] 住房和城乡建设部.建筑结构荷载规范:GB 50009—2012[S].北京:中国建筑工业出版社,2012.
[43] 陈政清.工程结构的风致振动、稳定与控制[M].北京:科学出版社,2013.
[44] Y Tamura, A Kareem. Advanced structural wind engineering[M]. London: Springer, 2013.
[45] 葛耀君.大跨度拱式桥抗风[M].北京:人民交通出版社股份有限公司,2014.
[46] 葛耀君.桥梁风洞试验指南[M].北京:人民交通出版社股份有限公司,2018.
[47] 何旭辉,邹云峰.强风作用下高铁桥上行车安全分析理论与应用[M].长沙:中南大学出版社,2018.
[48] 交通运输部.公路桥梁抗风设计规范:JTG/T 3360-01—2018[S].北京:人民交通出版社股份有限公司,2018.
[49] 叶爱君,管仲国.桥梁抗震[M].3版.北京:人民交通出版社股份有限公司,2017.
[50] 范立础.桥梁抗震[M].上海:同济大学出版社,1997.
[51] 范立础,胡世德,叶爱君.大跨度桥梁抗震设计[M].北京:人民交通出版社,2001.
[52] 范立础,王志强.桥梁减隔震设计[M].北京:人民交通出版社,2001.
[53] 范立础,李建中,王君杰.高架桥梁抗震设计[M].北京:人民交通出版社,2001.
[54] 范立础,卓卫东.桥梁延性抗震设计[M].北京:人民交通出版社,2001.
[55] 王克海.桥梁抗震研究[M].2版.北京:中国铁道出版社,2014.
[56] 魏标.考虑摩擦机理的水平地震极限隔离理论研究[R].长沙:中南大学,2014.
[57] Business Transportation and Housing Agency, State of California. Caltrans seismic design criteria(version 1.2) [S].2001.

[58] 交通运输部. 公路桥梁抗震设计规范:JTG/T 2231-01—2020[S]. 北京:人民交通出版社股份有限公司,2020.
[59] 谢旭. 桥梁结构地震响应分析与抗震设计[M]. 北京:人民交通出版社,2006.
[60] 王福天. 车辆系统动力学[M]. 北京:中国铁道出版社,1994.
[61] 夏禾. 车辆与结构动力相互作用[M]. 北京:科学出版社,2002.
[62] 潘家英,高芒芒. 铁路车-线-桥系统动力分析[M]. 北京:中国铁道出版社,2008.
[63] 翟婉明,夏禾. 列车-轨道-桥梁动力相互作用理论与工程应用[M]. 北京:科学出版社,2011.
[64] 李小珍,晋智斌,朱艳. 车辆-桥梁时变系统随机振动——理论与工程应用[M]. 北京:科学出版社,2017.
[65] 姚忠达,杨永斌. 高速铁路车桥互制理论[M]. 台北:图文技术服务有限公司,1999.
[66] 李国豪. 桥梁结构稳定与振动(修订版)[M]. 北京:中国铁道出版社,1996.

中南大学桥梁工程专业系列教材

《桥梁工程》(第2版)	盛兴旺,乔建东,杨孟刚,等 编著
《钢桥》	郭文华,郭向荣,周智辉,文颖 编
《桥涵水文》(第2版)	文雨松 编著
《桥梁文化与创新》	戴公连,于向东 编著
《桥梁振动》	周智辉,魏标,邹云峰,郭向荣 编著
《桥梁建造与维养》	杨剑,黄天立,李玲瑶,胡狄 编著
《预应力混凝土结构设计基本原理》(第2版)	胡狄 编著
《结构动力学讲义》(第2版)	周智辉,文颖,曾庆元 编著
《土木工程结构分析程序设计原理与应用》	李德建 著
《混凝土结构徐变效应理论》	胡狄 著
《结构稳定理论》	盛兴旺,文颖,曾庆元 编著
《桥梁工程》(非桥梁方向)	戴公连,杨孟刚,等 编
Bridge Engineering	何旭辉,敬海泉,魏标 编
Analysis and Design of Prestressed Concrete	胡狄 编著
Fundamentals of Structural Dynamics	周智辉,文颖,蔡陈之,曾庆元 编著
Bridge Wind Engineering	敬海泉,何旭辉,邹云峰,严磊 编

编写委员会

主　任 何旭辉

副主任 杨孟刚　戴公连　盛兴旺　周智辉

委　员 (按姓氏笔画排序)

于向东　文　颖　文雨松　方淑君　史　俊　乔建东
刘文硕　严　磊　李　欢　李　超　李玲瑶　李德建
杨　剑　杨孟刚　杨熠琳　吴　腾　何旭辉　邹云峰
宋旭明　欧阳震宇　周　浩　周智辉　胡　狄　郭文华
郭向荣　唐　冕　黄天立　盛兴旺　敬海泉　蔡陈之
戴公连　魏　标　魏晓军